Group Discussion and Interview

समूह-चर्चा एवं साक्षात्कार

सही करियर के चयन और नौकरी सुरक्षित करने हेतु एक अपरिहार्य व अनूठी पुस्तक

अनीता गौड़

वी एण्ड एस पब्लिशर्स

प्रकाशक

F-2/16, अंसारी रोड, दरियागंज, नयी दिल्ली-110002
23240026, 23240027 • *फैक्स:* 011-23240028
E-mail: info@vspublishers.com • *Website:* www.vspublishers.com

शाखा: हैदराबाद
5-1-707/1, ब्रिज भवन (सेन्ट्रल बैंक ऑफ इण्डिया लेन के पास)
बैंक स्ट्रीट, कोटी, हैदराबाद-500 095
040-24737290
E-mail: vspublishershyd@gmail.com

फ़ॉलो करें:

किसी प्रकार सम्पर्क हेतु एसएमएस करें: **VSPUB to 56161**
हमारी सभी पुस्तकें **www.vspublishers.com** पर उपलब्ध हैं

© **कॉपीराइट:** *वी एण्ड एस पब्लिशर्स*
ISBN 978-93-505709-6-8
संस्करण: 2014

भारतीय कॉपीराइट एक्ट के अन्तर्गत इस पुस्तक के तथा इसमें समाहित सारी सामग्री (रेखा व छायाचित्रों सहित) के सर्वाधिकार प्रकाशक के पास सुरक्षित हैं। इसलिए कोई भी सज्जन इस पुस्तक का नाम, टाइटल डिजाइन, अन्दर का मैटर व चित्र आदि आंशिक या पूर्ण रूप से तोड़-मरोड़ कर एवं किसी भी भाषा में छापने व प्रकाशित करने का साहस न करें, अन्यथा कानूनी तौर पर वे हर्जे-खर्चे व हानि के जिम्मेदार होंगे।

मुद्रक: परम ऑफसेटर्स, ओखला, नयी दिल्ली-110020

प्रकाशकीय

जन विकास सम्बन्धी पुस्तकों के अग्रणी प्रकाशक वी एण्ड एस पब्लिशर्स प्रतियोगी युवाओं के करियर के चयन में सहायक तथा इंटरव्यू में समुचित मार्गदर्शन करने के लिए अपनी नवीनतम पुस्तक **'समूह-चर्चा एवं साक्षात्कार'** प्रकाशित करते हैं। अकसर देखा गया है कि अधिकांश युवा प्रतियोगी इंटरव्यू के दौरान अपनी क्षमता के अनुरूप प्रदर्शन नहीं कर पाते। हमने युवाओं की इसी समस्या को ध्यान में रखकर लेखिका अनीता गौड़ से इस पुस्तक का लेखन कार्य करवाया है। लेखिका ने इस पुस्तक को मुख्यत: तीन भागों में बाँटा है। पुस्तक के पहले भाग में छात्रों के करियर के चयन से सम्बन्धित जरूरी टिप्स दिये गये हैं। पुस्तक के दूसरे भाग में रेज्यूमे बनाने से लेकर पहली नौकरी की तलाश से सम्बन्धित जानकारी तथा तीसरे और अंतिम भाग में समूह-चर्चा में शामिल होने तथा अपने साथी प्रतिभागियों के बीच प्रभावशाली ढंग से अपनी राय रखने की जानकारी दी गयी है। इंटरव्यू के दौरान असहज परिस्थिति से बचने के लिए कुछ सम्भावित प्रश्नों की सूची भी दी गयी है जिसका उद्देश्य अभ्यर्थी को इस बात के लिए तैयार करना है कि अगर उससे कोई ऐसा प्रश्न पूछ लिया जाये तो वह मानसिक रूप से इन प्रश्नों का उत्तर देने के लिए हमेशा तैयार रहें। हमेशा की तरह इस पुस्तक की भाषाशैली सरल, सहज तथा प्रवाहमय है। इस कारण इस पुस्तक को आत्मसात करने में पाठकों को किसी प्रकार की परेशानी नहीं होगी।

हमें पूरी आशा है कि यह पुस्तक करियर के चुनाव करने तथा इंटरव्यू में शामिल होने वाले अभ्यर्थियों के लिए विशेषतौर पर सहायक सिद्ध होगी। हमारा उद्देश्य इंटरव्यू में शामिल होने वाले सभी प्रतिभागियों की मदद करना है।

भूमिका

किसी भी नौकरी के लिए उसकी चयन प्रणाली का एक महत्त्वपूर्ण अंग साक्षात्कार या इंटरव्यू है। इसके द्वारा किसी प्रत्याशी की योग्यता का आकलन करने के लिये साक्षात्कार कर्ताओं द्वारा उससे बातचीत की जाती है। इसमें एक या कई व्यक्ति किसी प्रत्याशी से प्रश्न पूछते हैं और वह प्रत्याशी इन प्रश्नों के जवाब देता है। यह बातचीत प्राय: प्रश्नोत्तरी के रूप में होती है। साक्षात्कार में प्रत्याशी की योग्यता को परखने के लिये प्राय: वर्तमान घटनाक्रम और सामान्य ज्ञान आदि के बारे में प्रश्न पूछे जाते हैं।

अधिकांश युवा कुशाग्र बुद्धि के होते हुए भी साक्षात्कार में उत्कृष्ट प्रदर्शन नहीं कर पाते। साक्षात्कार में हमेशा सर्वश्रेष्ठ प्रदर्शन करने वाले अभ्यर्थी का ही चयन होता है।

पर व्यावहारिक जगत में ऐसा नहीं होता। सच्चाई तो यह है कि चयन उसका नहीं होता जो उस पद के लिए सर्वश्रेष्ठ उम्मीदवार था, बल्कि उसका होता है जो साक्षात्कार में सर्वश्रेष्ठ प्रदर्शन करके अपना लक्ष्य प्राप्त करता है। बेशक हर आदमी मंजिल की तलाश में संघर्षरत है। हर आदमी की चाहत सफलता के ऊँचे मुकाम पर पहुंचने की होती है, लेकिन कड़ी मेहनत, सच्ची लगन, धैर्य और आत्मविश्वास के बिना जीवन में किसी को भी कामयाबी मिलना मुश्किल है। साक्षात्कार में सर्वश्रेष्ठ प्रदर्शन करने के लिए कड़ी मेहनत की आवश्यकता होती है।

साक्षात्कार के दौरान क्या कहना है, अभ्यर्थियों के लिए इसकी तैयारी करना महत्त्वपूर्ण है, लेकिन कैसे कहना है, ये उससे भी ज्यादा महत्त्वपूर्ण है। किसी भी संस्थान में दाखिल होने के लिए आपको नियुक्ति पत्र इंटरव्यू की सफलता के बाद ही मिलता है। वास्तव में देखें तो इस सफलता को पाने का रास्ता बहुत कठिन नहीं है।

यह पुस्तक युवा साथियों के सामने आने वाली ऐसी ही कई समस्याओं का समाधान करती है। खुद को जानने, समझने और दूसरों के ध्यानाकर्षण के लिए यह पुस्तक मददगार साबित होगी। इस पुस्तक में इंटरव्यू में सफल होने के कई तरीकों की जानकारी दी गयी है। जिसे पढ़कर आप स्वयं में परिवर्तन महसूस करेंगे। किसी भी सुझाव के लिए आप मुझसे संपर्क भी कर सकते हैं।

विषय सूची

परिचय *11*

भाग - 1 बेहतर करियर का चयन

अध्याय - 1 बेहतर करियर का चयन जरूरी ***14***

1. लक्ष्य सर्वोपरि 15
2. प्रत्येक क्षण का उपयोग कीजिए 16
3. योग्यताओं में करें वृद्धि 19
4. क्षमताओं का आकलन 21
5. बेहतर बनने की प्रकिया 24

अध्याय - 2 अपने सपनों को साकार करें ***26***

1. शुरुआत संकल्पों के साथ 27
2. पहले अपने सपनों को साकार करें 28
3. वास्तविक सपने निर्धारित करें 29
4. सपनों को छोटे-छोटे लक्ष्यों में बाँटकर योजना बनायें 29
5. नियमित समीक्षा करें 31

अध्याय - 3 करियर कंसलटेंट की जरुरत ***32***

1. पहचाने काउंसलिंग का सही समय 33
2. करियर का चुनाव कैसे करें? 35
3. कोचिंग संस्थानों का चयन कैसे करें? 35
4. नये विषयों की जानकारी प्राप्त करना आवश्यक 36
5. एप्टीटयूड टेस्ट को कैसे समों? 37
6. बेहतर करियर के लिए रोज सीखें 39
7. खुद को कमतर ना आँकिए 40
8. क्यों है जरूरी करियर की योजना? 41

अध्याय - 4 व्यक्तित्व निर्माण ***51***

1. डर के आगे जीत है 51
2. जरूरी है सकारात्मक सोच 52
3. परिस्थितियों को पहचानो 54
4. सोचें-समझें फिर आगे बढ़ें 55
5. स्वप्रेरणा से मिलेगी सफलता 57

6. विनम्रता ही आपकी पूँजी 58
7. सुनने की आदत डालें 59
8. कैसे करें आलोचना का सामना? 60
9. कैसे करें माइंड मैपिंग? 62
10. शार्ट कट का रास्ता न अपनायें 63
11. जिम्मेदारी का भाव जरूरी 64
12. ज्ञान के साथ प्रदर्शन भी 64
13. कंपनियों की माँग के अनुसार 65

अध्याय - 5 कॉलेज के आखिरी दिन 68
1. रेफरेंस से होगी राह आसान 68
2. आपका व्यक्तित्व ही आपकी सफलता 69
3. मन में है विश्वास तो मिलेगी मंजिल 70
4. मौके का इंतजार करना छोड़ें 71
5. ऐसे मिलेगी छुपी हुई नौकरी 72
6. नौकरी का अनुकरण करो 73

भाग - 2 नौकरी की तलाश

अध्याय - 1 पहली नौकरी की तलाश 76
1. जॉब@सोशल साइट 77
2. वर्गीकृत विज्ञापनों में भी पा सकते हैं पसंद की नौकरी 81
3. नौकरी के विज्ञापनों की भाषा समों 83
4. सूझबूझ से करें नौकरी का चयन 85
5. प्रवीणता से मिलेगी नौकरी 86
6. नौकरी की तलाश में टेक्नीक से कामयाबी 87
7. नौकरी का सवाल है 88

अध्याय - 2 रिज्यूमे की जरुरत 90
1. यह होना चाहिए रेज्यूमे में 90
2. कितना लंबा हो रिज्यूमे 92
3. रिज्यूमे के प्रकार 93
4. खुद की मार्केटिंग करें रिज्यूमे से 94
5. अपनी तारीफ करें परन्तु संभलकर 95
6. ऑन लाइन नौकरी का आवेदन पत्र 96
7. वीडियो रिज्यूमे 99

अध्याय - 3 कवरिंग लेटर 101
1. रिज्यूमे के साथ जरुर भेजिए कवरिंग लेटर 101
2. कवर लेटर कैसे लिखें? 101
3. सैंपल कवर लेटर 103

भाग - 3 ग्रुप डिस्कशन और इंटरव्यू की तैयारी

अध्याय - 1 ग्रुप डिस्कशन की तैयारी 108

1. ग्रुप डिस्कशन से न घबराएँ 108
2. क्या है ग्रुप डिस्कशन? 109
3. ग्रुप डिस्कशन के प्रकार 110
4. ग्रुप डिस्कशन क्यों किया जाता है? 112
5. ग्रुप डिस्कशन की तैयारी कैसे करें? 113
6. ग्रुप डिस्कशन के लिए ध्यान रखने योग्य बातें 114

अध्याय - 2 ग्रुप डिस्कशन के दौरान 116

1. ग्रुप डिस्कशन में चयनदल क्या देखता है? 116
2. ग्रुप डिस्कशन के फायदे 117
3. ग्रुप डिस्कशन के प्रमुख गुण 118
4. ग्रुप डिस्कशन में क्या करें? 118
5. ग्रुप डिस्कशन में क्या न करें? 119
6. ग्रुप डिस्कशन का महत्त्वपूर्ण बिन्दु 119
7. ग्रुप डिस्कशन के दौरान होने वाली गलतियाँ 121
8. ग्रुप डिस्कशन का एक अच्छा उदाहरण 122
9. विपक्ष में बोलना भी एक कला है 124
10. ग्रुप डिसक्शन में बॉडी लैंग्वेज का महत्त्व 125
11. ग्रुप डिस्क्शन को प्रभावी कैसे बनायें? 127
12. सकारात्मक वार्ता की कला 128

अध्याय - 3 ग्रुप डिस्कशन के विषय 130

1. भारतीय समाज में परिवर्तन की लहर 130
2. भारतीय संस्कृति: अनेकता में एकता 132
3. सिनेमा मनोरंजन के साधन के रुप में 133
4. अंतरिक्ष में भारत 135
5. सूचना प्रौद्योगिकी 136
6. कम्प्यूटर-आज की आवश्यकता 139
7. क्लोनिंग का भविष्य 140
8. इंटरनेट और विश्व गाँव की कल्पना 141
9. युवा वर्ग और बेरोजगारी 143
10. मादक द्रव्य व्यसन- युवा पीढ़ी का भटकाव 145
11. महिला आरक्षण 146
12. पोटा (आतंकवाद निरोधक अध्यादेश) 147
13. विश्व शांति और भारत 148
14. जैविक आतंकवाद का खतरा 150

15. मानव जीनोम परियोजना : चिकित्सा क्षेत्र में एक क्रांति............... 152
16. विज्ञापन-सूचना का दिव्यास्त्र... 155
17. भारत-पाक सम्बन्ध.. 157
18. सुनामी लहरों का कहर... 158
19. भ्रूण हत्या और बढ़ती जनसंख्या का असंतुलन........................... 160
20. प्रतिभा पलायन की समस्या.. 161
21. नक्सलवाद और उसका निपटारा... 163
22. रोबोट का भविष्य... 165
23. टूटते विवाह और समाज पर उनका प्रभाव............................... 166
24. टी.वी. एक व्यसन... 168
25. एडूसैट (भारत का प्रथम शैक्षणिक उपग्रह) की सार्थकता............... 169
26. इंटरनेट वरदान या अभिशाप.. 170
27. 2-जी स्पैक्ट्रम घोटाला.. 172
28. भारत में यौन शिक्षा... 174
29. स्टेम सेल पद्धति और चिकित्सा जगत................................... 175
30. स्वैच्छिक मृत्यु कानून का लागू होना.................................... 177
31. भारत में एफडीआई की धूम.. 179
32. मृत्युदंड या मानवीय गरिमा का हनन................................... 181
33. व्यापक परमाणु परीक्षण निषेध संधि और भारत........................ 183
34. भविष्य के सुपरपावर–भारत या चीन.................................... 185
35. शांति के लिए यू.एन. की भूमिका....................................... 186
36. ऑनर किलिंग और खाप पंचायत....................................... 188
37. सौन्दर्य प्रतियोगिताओं की सार्थकता.................................... 191
38. आईपीएल–अंतर्राष्ट्रीय क्रिकेट पर उसका असर......................... 192
39. नागरिक के कर्तव्य और अधिकार...................................... 195
40. ग्लोबल वार्मिंग का भयावह सच.. 197
41. विज्ञान, प्रौद्योगिकी और नवोन्मेष नीति-2013......................... 199

अध्याय - 4 इंटरव्यू कैसे दें?... 201
1. हासिल करें पूरी सफलता... 202
2. साक्षात्कार में बातचीत के नियम.. 203
3. साक्षात्कार की तैयारी कैसे करें?....................................... 207
4. टेलीफोनिक इंटरव्यू.. 208
5. स्मार्ट सवाल-स्मार्ट जवाब.. 212
6. कुछ बतायें अपने बारे में.. 218
7. आपकी कमजोरी क्या है?.. 219
8. व्यक्तित्व की छवि का सवाल है.. 220
9. नई नौकरी की शुरूआत.. 221

परिचय

आज के प्रतिस्पर्धी युग में अपने लिए बेहतर करियर का चुनाव करना सबसे महत्त्वपूर्ण कार्य है। अकसर विद्यार्थी वैसे करियर का चुनाव करना पसंद करता है जिसमें कम प्रस्पिर्धा हो। लेकिन उसे अपनी योग्यता के अनुसार ही करियर की तलाश करनी चाहिए। अन्य देशों के मुकाबले भारत में अधिकतर युवाओं को कम उम्र में करियर का चुनाव करना पड़ता है। परिपक्व न होने तथा करियर में सभी क्षेत्रों की जानकारी नहीं होने के कारण आगे चलकर भटकाव की स्थिति उत्पन्न हो जाती है। ऐसा इसलिए होता है कि छात्र-छात्राओं को अपनी रुचि और क्षमता के अनुसार विषयों का चुनाव दसवीं या बारहवीं कक्षा में ही करना पड़ जाता है। जबकि विदेशों में स्थिति भिन्न है। वहाँ के छात्र करियर का चुनाव 24-25 वर्ष के परिपक्व आयु में करते हैं। हमारे यहाँ के छात्र जब परिपक्व होते हैं तो उनकी रुचियों में बदलाव होने लगता है। ऐसे में छात्रों के सामने उहापोह की स्थिति उत्पन्न हो जाती है कि वह अपने लिए कौन-सा करियर चुनें। नये करियर के चुनाव में छात्रों को पुराने विषयों को छोड़कर फिर से नये विषयों की तैयारी करनी पड़ती है।

युवाओं के लिए जरूरी है कि वह जिस भी क्षेत्र में अपना करियर बनाना चाहते हैं वह उनकी शैक्षणिक उपलब्धि और तकनीकी कौशल के अनुरूप हो। आज कोई बैंकिग के क्षेत्र में जाना पसंद करता है तो कोई सिविल सर्विस में जाकर प्रशासक की भूमिका निभाना चाहता है। इसके लिए सर्वप्रथम जरूरी है कि हमें स्कूली शिक्षा के दौरान ही बेहतर प्रदर्शन करना चाहिए ताकि आगे चलकर लक्ष्य प्राप्ति की दिशा में कोई परेशानी पेश नहीं आये।

उच्च महत्त्वाकांक्षी युवाओं के लिए उदारीकरण के इस युग में बहुराष्ट्रीय कम्पनियों तथा निजी कम्पनियों में नौकरियों की भरमार है। इन नौकरियों में मिलने

वाली मोटी तनख्वाह तथा सुख-सुविधाओं के बाद भी आज देश के ज्यादातर युवाओं में सरकारी नौकरियों के प्रति रूझान कम नहीं हुआ है। यह कतई जरूरी नहीं है कि प्रशासनिक सेवा, इंजीनियरिंग, मेडिकल या शैक्षणिक आदि सरकारी क्षेत्रों से जुड़कर ही देश की उन्नति में योगदान दिया जा सके। आपकी जिस क्षेत्र में भी रुचि हो, उस क्षेत्र में अपना सर्वश्रेष्ठ प्रदर्शन देकर आप अपने देश का नाम रोशन कर सकते हैं। नौकरी चाहे जिस भी क्षेत्र में हो, चाहे वह चिकित्सा के क्षेत्र में हो या प्रकाशन के क्षेत्र में, हर क्षेत्र की अपनी चुनौतियाँ तथा अपनी माँग है।

पुराने समय के विपरीत आज महत्त्वपूर्ण तथ्य यह है कि आज आप अपने कौशल में कितने निपुण है? बल्कि बहुराष्ट्रीय कम्पनियाँ यह देखना चाहती हैं कि आप पहनावे तथा बातचीत करने की कला में कितने निपुण हैं। आज नौकरी में चुनाव की प्रक्रिया भी कितनी भिन्न हो गयी है। किसी भी नौकरी की नियुक्ति में आपकी तुलना साक्षात्कार के लिए आये अन्य उम्मीदवारों से भी की जाती है। कार्यकुशलता में निपुण होने तथा व्यक्तित्व के निखार को भी ज्यादा तरजीह दी जाती है।

आज के प्रतिस्पर्धी दौर में हर कोई करियर की ऊँचाइयों को छू लेना चाहता है। इसके लिए जरूरी है मन में दृढ़ विश्वास और कड़ी मेहनत करने की इच्छा शक्ति। इसके अभाव में कई युवा करियर के बीच डगर में हार मानकर लक्ष्य से विचलित हो जाते हैं। लिहाजा बेहतर करियर बनाने के लिए युवाओं को चाहिए कि कड़ी मेहनत से जी न चुरायें लक्ष्य प्राप्ति की दिशा में तब तक प्रयत्नशील रहें जब तक मंजिल की प्राप्ति न हो जाये।

इंटरव्यू का सामना करते हुए हमें कभी घबराना नहीं चाहिए। दरअसल में हम अपने जीवन में अनजाने ही कई तरह के इंटरव्यू का सामना करते हैं। जैसे स्कूल कॉलेज में नामांकन के दौरान या सफर के दौरान मिलने वाले लोगों से बातचीत के क्रम में एक-दूसरे का नाम और पता के बारे में पूछते हैं। लेकिन जब कभी हम किसी नौकरी या संस्थान में प्रवेश लेने के लिए साक्षात्कार की बात करते हैं तो इसके लिए गम्भीरतापूर्वक तैयारी करने की जरूरत होती है। इन बातों को ध्यान में रखकर नौकरी की तलाश कर रहे युवाओं के लिए हम 'समूह-चर्चा एवं साक्षात्कार' पुस्तक लेकर आ रहे हैं।

भाग - 1
बेहतर करियर का चयन

अध्याय-1

बेहतर करियर का चयन जरूरी

आज के बढ़ाये कदम से भविष्य बनता है। भविष्य की सफलता वर्तमान में बनाई योजना में निहित होती है। व्यक्ति अपने जीवन में सफलता प्राप्त करे, इसके लिए सर्वप्रथम जरूरी है कि वह सही करियर का चयन करे। प्रतिस्पर्धा के वर्तमान दौर में यदि सही करियर का चयन नहीं किया गया तो संभव है कि आगे चलकर अपेक्षित सफलता प्राप्त नहीं हो। सही करियर का चयन करने के लिए यह आवश्यक है कि पहले आप अपनी रुचि और क्षमता के बारे में अच्छी तरह से जान लें। वर्तमान में आपकी रुचि और क्षमता आपके करियर को निर्धारित करने में सहायता करता है, क्योंकि क्षमता और रुचि के अनुसार करियर को अपनाने वाले अकसर ऊँचाइयों को छू लेते हैं। अपना शतप्रतिशत देने में व्यक्ति तभी सक्षम होता है जब वह अपना काम मनोयोग से पूरा करें।

अच्छे करियर के लिए अच्छे अंकों के साथ केवल डिग्री लेना ही पर्याप्त नहीं है। जिस क्षेत्र में आपकी रुचि हो और जिस कार्य को करने की आप में क्षमता हो, उसी क्षेत्र का चयन करियर के लिए करें। कई बार विद्यार्थी अपने साथियों या अभिभावकों के कहने पर किसी एक क्षेत्र को चुन लेते हैं। उनके चयन का आधार उस समय का चलन भी होता है।

लेकिन यदि आप उस क्षेत्र के लिए उपयुक्त नहीं हैं तो हो सकता है, आपको संघर्ष के बाद भी आपेक्षित सफलता नहीं मिले, क्योंकि प्रत्येक व्यक्ति में किसी क्षेत्र में कार्य करने की स्वाभाविक विशेषता होती है। अपनी इस विशेषता को पहचान कर ही करियर का चयन करें।

1. लक्ष्य सर्वोपरि

सभी लक्ष्य पहले अपने दिमाग में तैयार किए जाते हैं। करियर में एक दृष्टिकोण अपनाने के बाद आप पायेंगे कि लक्ष्य प्राप्ति और आत्मसंतुष्टि दोनों आपके पास स्वतः चले आते हैं।

जीवन की सभी यात्राएँ एक ही वाक्य से शुरू होती हैं- 'मैं चाहता हूँ'। अपने जीवन की यादों के बारे में सोचें कि आपने कितनी बार कहा है 'मैं चाहता हूँ।' संभवतः कभी आपने कॉलेज में पढ़ना चाहा होगा और फिर किसी कॉलेज में दाखिला लिया था। शायद आपने कभी चाहा होगा कि आप किसी कंपनी के लिए काम करें और आज आप वहीं काम कर रहे हैं। दरअसल, 'मैं चाहता हूँ' एक शक्तिसंपन्न वाक्य है। बिना इसकी इच्छा संजोए आगे बढ़ना बहुत कठिन है।

आपके करियर के साथ भी कुछ ऐसा ही है। अपने आकांक्षी नतीजे के बारे में दृष्टिकोण नहीं अपनाने से लक्ष्य पूरा नहीं होता। लक्ष्य तब पूरा होता है, जब आपको अच्छी यह तरह पता हो कि आपको क्या चाहिए और उस दिशा में पूरे मनोयोग से कार्य करें। अंत को नजर में रखे बिना दिशाहीन भटकना पड़ता है और जब तक आप दिशाहीन भटकेंगे, आपका समय व्यर्थ जायेगा। आपकी हालत शाख से टूटे एक पत्ते की तरह होगी, जिसे हवा अपनी मर्जी से जिधर चाहे उड़ा ले जायेगी।

क्या होता है दृष्टिकोण?

इसकी एक परिभाषा तो यह है कि आप खुद को भविष्य में कहाँ देखना चाहते हैं। यह भावी तस्वीर एक दिन, सप्ताह, महीना, वर्ष या भविष्य में कभी की भी हो सकती है। लक्ष्य के प्रति यही दृष्टि आपको आगे बढ़ने के लिए प्रेरित करती है। दृष्टिकोण एक ऐसी तस्वीर होती है, जिसके आधार पर आप अपने करियर और जीवन की रूपरेखा तय करते हैं।

लक्ष्य प्राप्ति की संतुष्टि आपको कठिन समय में आत्मविश्वास देगी। आपकी सफलता की यह तस्वीर आपको एक शक्ति और रोमांच से भर देती है। दरअसल, एक सही दृष्टिकोण आपके जीवन का अर्थ प्रदान करता है।

कैसे तैयार करें दृष्टिकोण?

अपनी आँखें बंद करें और कल्पनाशील मन को विचरण करने के लिए खुला छोड़ दें। निर्धारित करें कि आपको असल में क्या चाहिए और आपके लिए क्या जरूरी है? खुद से प्रश्न करें और उनके उत्तर स्वयं अपने पास आने दें।

खुद से पूछें ये प्रश्न–

- यदि संभव हो तो मेरे करियर में क्या परिवर्तन होना चाहिए?
- किस तरह का काम मेरे लिए आदर्श है?
- मेरे लिए क्या जिम्मेदारियाँ ठीक होंगी?

- किस तरह की कंपनी में मुझे काम करना चाहिए?
- किस शहर में मुझे रहना चाहिए?
- मुझे कितना पैसा कमाना चाहिए?
- मैं तनाव, कार्यभार और कार्यनिर्धारण की अंतिम तिथि को कैसे संभालूँगा?

इन प्रश्नों पर विचार करने के बाद उनके उत्तर कागज पर लिखें। इन प्रश्नों के सही या गलत उत्तर आपको एक ही बार में नहीं मिलेंगे। मतलब, जो उत्तर आप चाहेंगे, हो सकता है उन्हें कोई अन्य आपके लिए ठीक न समझे लेकिन आपके भीतर की आवाज आपके लिए हमेशा ठीक रहेगी।

एक बार अपना दृष्टिकोण निर्धारित करने के बाद अब समय है उसे हकीकत में बदलने का।

अब अगर आप अपने लक्ष्य के बारे में जान गये हैं तो आपको अपने करियर को योजनाबद्ध करने के बारे में सोचना चाहिए। ऐसे लक्ष्य तय कीजिए और उनकी सूची बनाइए जो आप अगले पांच साल में करना चाहते हैं। इसके बाद दीर्घावधि लक्ष्य भी तय करें जो आप अगले दस सालों में पूरा करना चाहते हैं। फिर यह देखें कि इन लक्ष्यों को हासिल करने के लिए आपने अब तक क्या किया और क्या किया जाना बाकी है।

2. प्रत्येक क्षण का उपयोग कीजिए

अकसर युवाओं से यह बात कही जाती है कि वे समय का सदुपयोग करना नहीं जानते और फालतू बातों में अपना कीमती समय जाया करते रहते हैं। युवावस्था में व्यक्ति को कितना भी समझाया जाये, वह या तो झट से समझ जायेगा या फिर बिलकुल भी नहीं समझेगा। समय का सदुपयोग करना जरूरी है, क्योंकि समय गुजर जाने के बाद लाख प्रयत्न करने से भी वह क्षण वापस लौटकर नहीं आएगा, इस बात की जानकारी सभी को है। इसके बावजूद युवाओं को बार-बार इस बात की सलाह दी जाती है कि समय को बर्बाद मत करो। समय के साथ चलने में असल जिंदगी का मजा है पर क्या यह जरूरी है कि युवा चौबीस घंटे बस अपने करियर की तरफ ध्यान दें?

दरअसल समय न किसी के लिए रुका है और न ही वह किसी के लिए रुकेगा। उसकी तो अपनी गति है और इस गति में चलने का उसका शाश्वत नियम है और इसमें वह कभी कोताही नहीं बरतता है। उसे क्या करना है। वहीं युवाओं की बात करें, तो वे बंधन में नहीं बँधना चाहते और दूसरी ओर समय बंधन में बँधा हुआ है। उसके पास हर सेकंड और मिनट का हिसाब-किताब है। युवाओं को नियमों में बँधना अच्छा नहीं लगता, वे तो अपनी मर्जी के मालिक बनकर जीना चाहते हैं। फिर बात पढ़ाई की हो या फिर मौजमस्ती की क्यों न हो, वे अपनी इच्छानुसार कुछ खास करना चाहते हैं।

समय का प्रबंधन जरूरी है यदि युवाओं में समय प्रबंधन की कला आ जाये और उसके अनुसार वे स्वयं को मेहनत करने के लिए प्रेरित करें, तब वे खुद इसका सुखद परिणाम सामने देखेंगें।

कैसे करें समय प्रबंधनः हम अपने काम करने की क्षमता को और बढ़ा सकते हैं, बशर्ते हम अपने समय का ठीक तरह ख्याल रखें। इसे नष्ट न करें। इसके हिसाब से काम करने की योजना बनायें। समय प्रबंधन वह सबसे बड़ी कुंजी है, जो आपके भार को तो कम करती ही है, साथ ही साथ आपको औरों के मुकाबले सफलता के करीब लाती है। वहीं अगर आप समय बर्बाद करते हैं, तो तनाव बढ़ता है, तरह-तरह की समस्याएँ पैदा होती हैं और आपका ध्यान लक्ष्य से भटक जाता है। इसके साथ आपकी उत्पादकता में भी कमी आ जाती है। खुद को आँकें, खुद को आँकने के लिए सबसे पहले जरूरी है कि आप एक डायरी लिखना शुरू कर दें। डायरी में आप रोज अपना समय कैसे बिताते हैं, इस बात का उल्लेख करें और ध्यान रखें कि जो कुछ भी आप लिखें, उसमें पूरी ईमानदारी बरतें। खुद का आकलन करने का यह सबसे अच्छा तरीका है। इससे आपको पता चलेगा कि आपने अपना कितना समय गैरजरूरी कामों में दिया। जब आप अकेले बैठकर इन बातों पर गौर करेंगे तो दूसरे दिन खुद-ब-खुद अपने समय की कद्र करना शुरू कर देंगे।

समय का प्रबंधन जरूरी है : समय प्रबंधन बहुत ही व्यापक परिकल्पना है। इसमें किसी भी परीक्षा की तैयारी शुरु करने से लेकर, प्रश्नपत्र हल करने तक के अन्तर्गत आने वाले समय प्रबंधन कैसे किया जाये, सभी बिन्दु समाहित होते हैं। समय का सही इस्तेमाल कीजिए और मौके का फायदा उठाइए, तो आप विजेता बन सकते हैं। भिन्न-भिन्न कामों को करने के लिए लगाए गए समय और उनको करने के क्रम को सोच-विचार कर व्यवस्थित करना ही समय प्रबंधन कहलाता है। ठीक तरह समय प्रबंधन से आपकी दक्षता और उत्पादकता बढ़ जाती है और काम सही समय पर पूरे होते हैं। आपने अकसर लोगों को कहते सुना होगा कि वे करना तो बहुत चाहते हैं, लेकिन समय की कमी आड़े आ जाती है। बात ऐसी नहीं है। सभी को दिन भर में समय चौबीस घंटे का ही मिलता है। कोई इसका अधिकतम उपयोग करता है तो कोई नहीं। अगर जिंदगी में कदम से कदम मिला कर आगे बढ़ना है, तो आज की सबसे बड़ी जरूरत समय प्रबंधन ही है। प्रभावी रूप से समय प्रबंधन करने के लिए आपको लक्ष्य निर्धारित करने की जरूरत है। उचित लक्ष्य निर्धारित करने के बिना आप परस्पर विरोधी प्राथमिकताओं में फँसकर एक भ्रम पर अपना समय नष्ट कर देंगे। आपने बचपन में एक कहावत सुनी होगी कि समय अमूल्य होता है। समय के साथ आपका बचपन भले कहीं पीछे छूट गया, लेकिन इस कहावत का मतलब आज भी अपनी जगह अटल है।

चौबीस घंटों का बँटवारा कैसे : यदि आप जीवन में कुछ बेहतर पाना चाहते हैं, तो आपको अपने समय के उपयोग को लेकर अधिक सचेत व सावधान

रहना होगा। आपको यह भी ध्यान रखना होगा कि आप अपने समय को किस प्रकार व्यतीत करते हैं। आपको यह भी तय करना होगा कि आप ऐसे कौन-कौन से कार्य करें, जिनसे आपके जीवन में मूल्यों व आदर्शों की स्थापना हो। इसलिए अपने काम के दौरान उन छोटी-छोटी बातों का भी ध्यान रखना जरूरी है, जो हमारे लिए लाभकारी हो सकती हैं। आप अपना खाली समय कैसे और किन लोगों के साथ बिताते हैं, उनसे किन विषयों पर बातचीत करते हैं, साथ ही किस प्रकार के कार्यक्रमों और सामाजिक सम्मेलनों में जाते हैं। इन सभी बातों के लिए भी आपको काफी सतर्क रहने की जरूरत है। आपको उन चीजों की तलाश करनी होगी जो आपकी रचनात्मकता और योजना को अधिक प्रभावशाली बनाने में सहायक हो सकती है। साथ ही आपको गैरजरूरी कार्यों, बेकार के वाद-विवादों, अवरोधों और मन को विचलित करने वाली चीजों से भी खुद को दूर रखना होगा।

योजना बनाना जरूरी है : समय का समुचित उपयोग करने के लिए जरूरी है कि समय प्रबंधन की योजना सही तरीके से की जाये। रोज किए जाने वाले सारे कामों की सूची तैयार करें और उन कामों पर अपना फोकस बनाये रखें। यह काम रोज सुबह सबसे पहले करें।

अपनी प्राथमिकताओं को समझना जरूरी है। प्राथमिकताएँ और अन्य दूसरे कामों की सूची उनकी उपयोगिता के अनुसार बनायें।

आपने जिस काम को करने की समय सीमा पहले निर्धारित की है, उसे हर हाल में पहले करने की कोशिश करें। उसमें ज्यादा समय लग रहा है तो भले उसे छोड़ कर आगे बढ़ें, नहीं तो आपका पूरा शेड्यूल खराब हो जायेगा। एक काम में उलझे रहेंगे तो कोई भी काम पूरा नहीं हो पायेगा। इससे एक बार फिर आप तनाव में घिर जायेंगे।

ध्यान रखें

1. जो समय को बर्बाद करता है, समय उसको बर्बाद कर देता है। इसलिए समय का सही उपयोग कीजिए।
2. लोग कहते हैं कि समय से पहले और भाग्य से अधिक न किसी को मिला है और न किसी को मिलेगा, लेकिन आप समय के साथ चलकर तो देखिए।
3. कठिन काम थोड़ा समय लेता है, इसलिए खुद पर विश्वास कीजिए और योजना के साथ उसे पूरा करने की ठान लीजिए।
4. समय का सही इस्तेमाल कीजिए और मौके का फायदा उठाइए, फिर आप विजेता बन सकते हैं।
5. हर व्यक्ति के जीवन में सफलता पाने के लिए ईश्वर तीन अवसर देता है। पहला बचपन में, दूसरा जवानी में और तीसरा बुढ़ापे में।

लेकिन सफल वही होता है, जो किसी भी एक अवसर का समय रहते ही लाभ उठाता है।

3. योग्यताओं में करें वृद्धि

किसी भी क्षेत्र में शिखर तक पहुँचने की शुरुआत अपनी क्षमताओं के विकास से होती है और क्षमताओं के विकास का क्रम शुरू होता है उनकी पहचान से। कोई दूसरा आपकी प्रतिभा की पहचान कर यह बता तो सकता है कि आपमें यह क्षमता है और आप इसका विकास करें, लेकिन वह स्वाभाविक प्रक्रिया नहीं है। क्योंकि आपको उतनी अच्छी तरह कोई दूसरा व्यक्ति नहीं जानता जितना कि आप स्वयं। आप किसी के सामने अपने को उस तरह खोल कर नहीं रख सकते, जितने कि स्वयं के लिए खुले हुए हैं। आप अपनी खूबियाँ अच्छी तरह जानते हैं तो कमियाँ भी जानते हैं। अगर आप दोनों को ठीक तरह से समझ लें तो कमियों को पूरा करते हुए लक्ष्य तक पहुँचने का रास्ता भी स्वयं निकाल लेंगे। लेकिन यह तभी संभव है जब आप अपनी खूबियों और कमियों की पहचान स्वयं करें और दोनों के बीच सही संतुलन बना सकें। क्योंकि किसी लक्ष्य को हासिल करने में सबसे बड़ी ताकत आत्मप्रेरणा होती है, जो व्यक्तित्व के संतुलन से ही आती है।

आँकिए अपना मनोबल – मनोवैज्ञानिक 'माइकेल ली' के अनुसार इस प्रक्रिया की शुरुआत आप अपने मनोबल के आकलन से कर सकते हैं। इसका तरीका यह है कि आप अपने दिमाग की शक्तियों को पहचानें। अब सवाल यह है कि यह पहचान कैसे होगी? सच तो यह है कि अपनी ज्यादातर क्षमताओं की पहचान हर व्यक्ति को स्वयं ही होती है। कुछ बातें जो नहीं मालूम होती हैं, उन्हें आदमी समय आने पर जान जाता है। हालाँकि ऐसी स्थिति में कई बार आत्मविश्वास का अभाव आड़े आता है। अपनी ऐसी छिपी हुई क्षमताओं को कैसे पहचानें और कैसे इस सिलसिले में आत्मविश्वास अपने भीतर विकसित करें, यही आपके स्वत: नियोजन की सबसे बड़ी कसौटी है।

पहचान रुचियों की – अपनी छिपी हुई शक्तियों को पहचानने का सबसे पहला और प्रभावी उपाय अपनी रुचियों की पहचान है। वैसे अपनी रुचियों के बारे में हर कोई जानता है, लेकिन कई बार अतिमहत्त्वाकांक्षा और सामाजिक दबाव के चलते व्यक्ति अपनी रुचियों को स्वयं ही दबाने लगता है। अपनी मूलभूत रुचियों को दबाकर झूठी रुचियाँ अपने ऊपर आरोपित करने लगता है। यह स्वयं आपके अपने व्यक्तित्व के साथ ही अत्याचार है। यह प्रवृत्ति भारतीय युवाओं की विफलता के लिए सबसे ज्यादा जिम्मेदार होती है और यही उनकी दिशाहीनता का सबसे बड़ा कारण भी बनती है। यह जानते हुए भी कि आपकी पूरी रुचि संगीत में है और संगीत की दुनिया में आप बेहतर कार्य सकते हैं, ऐसे बहुत लोग हैं जो केवल इस लोभ में विज्ञान या वाणिज्य की पढ़ाई का प्रयास करते हैं कि वहाँ बेहतर रोजगार और आर्थिक लाभ की अधिक संभावनाएँ हैं। यह स्थिति उन्हें कहीं का नहीं रहने देती। क्योंकि उस क्षेत्र

में न तो वे पूरी रुचि के साथ काम कर पाते हैं और न अपनी क्षमताओं का विकास ही कर पाते हैं। इसके लिए जरूरत इस बात की है कि सबसे पहले तो यह समझ लें कि आज व्यवसाय का ऐसा कोई क्षेत्र नहीं है जहाँ पद, धन और प्रतिष्ठा की कोई कमी हो। जरूरत सिर्फ इस बात की है कि आप उस क्षेत्र में स्वयं को साबित कर सकें। इसलिए सभी तरह के दुराग्रहों और पूर्वाग्रहों से मुक्त होकर अपनी रुचि को पहचानें। उसके अनुरूप ही अपने लिए कार्यक्षेत्र के चयन तथा अपनी प्रतिभा को विकसित करने का प्रयास करें। आपके लिए अपने जीवन की दिशा तय करने में यही बात सबसे ज्यादा मददगार साबित होगी।

तलाश खुद की-इसका अगला चरण है आत्मनिरीक्षण। हालाँकि आत्मनिरीक्षण की शुरुआत आपकी रुचियों की पहचान की प्रक्रिया से ही शुरू हो जाती है। पर बात इतने से ही नहीं बनती। कई बार उन बातों में भी ढेर सारी क्षमताएँ छिपी होती हैं, जिन्हें आप शौक समझते हैं। हर किसी के बहुत सारे शौक होते हैं। आपके भी होंगे। समझने की बात यह है, कि इनमें ऐसे शौक कौन से हैं जो आपके व्यक्तित्व के विस्तार में सहायक हो सकते हैं। इनमें क्या संभावनाएँ हैं और इन्हें विकसित करने के लिए आपको क्या-क्या करने की जरूरत हो सकती है। ऐसे शौक सचमुच बड़े काम के साबित होते हैं। अगर इन्हें सही तरीके से विकसित किया जाये तो ये आपके व्यक्तित्व के विस्तार से लेकर व्यावसायिक आधार तक बन सकते हैं। शर्त यह है कि आप इनके प्रति सही दृष्टि रखें और साथ ही आलोचनात्मक नजरिया भी अपनायें। सोच-समझ कर अगर नियोजित ढंग से इनके विकास की कोशिश करें, तो इसमें कोई दो राय नहीं है कि ये आपके लिए सामाजिक प्रतिष्ठा से लेकर रोजगार के सहायक या मुख्य साधन तक बन सकते हैं। कई बार संकट में फँसने पर ये आपको संकट से उबारने का काम भी करते हैं, इसके ढेरों उदाहरण हमारे आसपास मौजूद हैं।

कल्पना संकट की -कई बार ऐसा भी होता है कि हममें कुछ ऐसी क्षमताएँ भी होती हैं, जिनके प्रति हम बिलकुल जागरूक नहीं होते हैं। अपनी ऐसी कुछ क्षमताओं के बारे में तो हमें संकट के क्षणों में एहसास हो जाता है, लेकिन कुछ क्षमता हमेशा सुषुप्त रह जाती हैं। यह बिलकुल वैसे ही है जैसे हम तेज दौड़ सकते हैं, लेकिन इसका पता हमें तब चलता है जब कोई आवारा कुत्ता हमारे पीछे पड़ जाता है और हमें भागकर जान बचानी होती है। पर इस तरह अपने गाने, चित्र बनाने या वैज्ञानिक आविष्कारों में सक्षम होने का अंदाजा हमें इसलिए नहीं हो पाता क्योंकि इन्हें उभारने के लिए कोई अवसर सामने नहीं आता। इस तरह अपनी कई क्षमताओं को हम चाहकर भी जगा नहीं पाते हैं। अपने भीतर आप जो क्षमता चाहते हैं, सबसे पहले उस सम्बन्ध में ऐसी ही कल्पना करें। यह कि आप ऐसी स्थिति में फँस गए हैं जहाँ आपको वह कार्य अवश्य करना है। मान लीजिए आप गाना चाहते हैं, पर आपको यह भरोसा नहीं है कि आप अच्छा गा सकते हैं। आपको डर है कि अगर आप गाएंगे तो लोग आपका मजाक उड़ाएंगे। इसके पहले कि आप लोगों के बीच जाकर हतोत्साहित हों, बेहतर होगा कि आप जाने

का अभ्यास पहले अकेले में कर लें। आप जो भी गीत या गजल गाना चाहते हैं, उसे अकेले में गाने की कोशिश करें। जैसे बाथरूम सिंगर करते हैं। दो-चार दिनों तक जब आप अकसर यह कोशिश करेंगे तो आपका आत्मविश्वास बढ़ेगा। फिर आप उसे रिकॉर्ड करें और पहले खुद सुनें। जब दो-चार बार सुन लें तो दोस्तों को वही रिकॉर्ड किया गया गाना सुनाएं। यदि कोई आलोचना करे तो हतोत्साहित न हों और अगर कोई सुझाव दे तो उसका स्वागत करें।

शुरुआत अकेले में-यह अलग बात है कि कोई भी सृजन होता तो है पूरी दुनिया के लिए, लेकिन सबकी शुरुआत अकेले में ही होती है। संगीत का आनंद तो सभी लेते हैं और होता भी यह इसीलिए है कि हर शख्स इसका आनंद ले सके, लेकिन रियाज हमेशा अकेले में होती है। गुरु का साथ भी तब होता है जब कलाकार अकेले प्रयास करके संगीत के प्रति अपनी एक समझ का एक स्तर विकसित कर लेता है। यह बात केवल गायन ही नहीं, दूसरे क्षेत्रों में भी ऐसे ही लागू होती है। आप पेंटिंग्स बनाना चाहते हैं तो इसकी शुरुआत भी ऐसे ही कर सकते हैं। कविता लिखना चाहते हैं तो इसकी शुरुआत भी ऐसे ही होती है। यहाँ तक कि अगर विज्ञान, दर्शन या व्यापार के क्षेत्र में भी अपनी प्रतिभा की पहचान करनी हो तो इसका तरीका भी यही है। बड़े-बड़े तर्कशास्त्री भी पक्ष-विपक्ष दोनों के तर्को की कल्पना पहले स्वयं ही करते हैं और स्वयं ही अपने विपक्ष के तर्को के खिलाफ तर्क भी ढूँढ़ते हैं। वैज्ञानिकों ने भी अपने आविष्कारों की प्रक्रिया इसी तरह शुरू की है। बड़े-बड़े पहलवान भी अपनी ताकत का प्रदर्शन बाद में, पहले उसके लिए साधना करते हैं। यह साधना सिर्फ कला या विज्ञान की ही साधना नहीं होती है, वास्तव में वह आपके आत्मविश्वास की साधना होती है। जब आप एक क्षेत्र में यह साधना पूरी कर लेते हैं तो अन्य क्षेत्र भी आपके लिए आसान हो जाते हैं।

4. क्षमताओं का आकलन

प्रतिभा सिर्फ क्षमताओं का जागरण ही नहीं, बल्कि उनका सुनियोजन भी हैं। हममें से प्रत्येक के भीतर चंद्रशेखर आजाद, भगत सिंह जैसी बलिष्ठता एवं कर्मठता अरविन्द, विवेकानंद सी दार्शनिकता, कालिदास, होमर, दांते जैसी कवित्व समाया हुआ है। इन अद्‌भुत क्षमताओं को न पहचानने के कारण ही हम आज गयी गुजरी स्थिति में रह रहे हैं। मनुष्य होकर भी कीड़े-मकोड़ों-सी जिंदगी गुजार रहें है। आज तक संसार में कोई भी व्यक्ति अपनी क्षमताओं का पूर्ण उपयोग नहीं कर पाया है और न ही यह सम्भव है कि वह अपनी समस्त क्षमताओं का उपयोग करने में सफल हो जाये। जितनी असीमित क्षमताएँ मनुष्य ने आपने अपने अन्दर समेट रखी हैं। ईश्वर के पश्चात् यदि कोई सर्वशक्तिमान है तो वह केवल मनुष्य है।

आप अपने जीवन के साथ जो भी करते है या करना चाहते है यह पूर्णतः इस तथ्य पर निर्भर करता है कि आप स्वयं को किस रूप मे स्वीकार करते हैं। आप अपने अस्तित्व को वैसा ही पाते हैं।

महान् अमरीकी व्यवसायी, मोटर-वाहन निर्माता हेनरी फोर्ड ने कहा था "प्रत्येक व्यक्ति अपनी क्षमताओं का जितना आकलन करता है, वह उस क्षमता से कहीं अधिक क्षमतावान होता है"। यदि आप एक बार ठान लें तो इनमे आप अविश्वसनीय विकास करने मे पूर्णतः समर्थ है। आपको मात्र अपनी क्षमताओं एवं योग्यताओं का पुनर्मूल्यांकन करने, उनमें आवश्यक परिष्कार करने की आवश्यकता है ध्यान रख कर आप अपनी क्षमताओं का समुचित आकलन कीजिए।

आप भी स्वयं को सही रूप मे समझने का प्रयत्न कीजिए, स्वयं का समुचित मूल्यांकन कीजिए और उसके बाद स्वयं को उसके अनुसार बदलने का प्रयास कीजिए। इन सब के लिए अपने मस्तिष्क में निम्न दस प्रभावशाली तथ्यों का स्मरण कराते रहिए-

अपने को स्वीकार कीजिए- आप जो भी हैं, जैसे भी हैं, जहाँ भी हैं उसी रूप मे अपने को स्वीकार कीजिए। आप अत्यन्त प्रतिभावान हैं, आकर्षक हैं, सुयोग्य हैं, हँसमुख है और लोकप्रिय हैं। इसलिए आप स्वयं को पर्याप्त मान-सम्मान प्रदान कीजिए, स्वयं को परिपूर्णता से स्वीकार कीजिए। सर्वशक्तिमान ईश्वर आपका पिता है आपको उसका पूर्ण स्नेह प्राप्त है। तो अब आपको स्वयं को स्वीकार करने मे क्या आपत्ति है, जबकि अनेक व्यक्तियों ने तो आपको बहुत पहले से ही स्वीकार कर लिया है।

अपने में विश्वास रखिए- आप स्वयं में सुदृढ़ विश्वास रखिए। इस श्रेष्ठ विश्वास को किसी भी परिस्थिति मे डगमगाने न दीजिए। महान् ईश्वर ने अपने समान श्रेष्ठ उपहारों से आपको सुसज्जित कर भेजा है इन सर्वोत्तम उपहारों को अपने भीतर सँजोए रखिए एवं अक्षुण्ण बनाये रखने का प्रयत्न कीजिए। इन समस्त उत्तम अलौकिक उपहारों का प्रभावशाली प्रदर्शन कर, अपने विशिष्ठ अस्तित्व को संसार में आलोकित करिए।

अपने से श्रेष्ठ व्यवहार कीजिए- जिस प्रकार आप अन्य लोगों उत्तम व्यवहार करने और उनसे उत्तम व्यवहार प्राप्त करने के लिए इच्छुक रहते है, उसी प्रकार का श्रेष्ठ व्यवहार अपने आप से भी कीजिए। अपने मस्तिष्क को भी उसी प्रकार विश्राम प्रदान करने की व्यवस्था कीजिए, जिस प्रकार आप अपने शरीर को विश्राम देते है। मस्तिष्क को प्रदान किया गया तनिक-सा यह विश्राम या कोई मनोरंजन आपके मस्तिष्क को नवीन उर्जा, नवीन उत्साह के साथ ही अतिरिक्त उर्जा उपलब्ध कराएगा और इसके बदले अपनी अतुलनीय सेवाएँ प्रदान कर आपको अभिभूत कर देगा।

सदैव व्यस्त रखिए- आप अपने मस्तिष्क को हमेशा व्यस्त रखिए। शारीरिक रूप से और मानसिक रूप से कुछ-न-कुछ अवश्य करते रहिए। यदि आप शारीरिक रूप से थक जायें तो मानसिक कार्य करके शरीर को विश्राम दीजिए और यदि मानसिक कार्य करते-करते थक जायें तो कुछ हल्का-फुल्का शारीरिक कार्य करके मस्तिष्क

को विश्राम प्रदान कीजिए। इस उक्ति का सदैव ध्यान रखिए-''खाली दिमाग शैतान का घर।'' अतः आप सदैव कुछ-न-कुछ करते रहिए और अपने को व्यस्त रखिए।

सदैव प्रसन्न रखते हुए चिंतामुक्त रहिए- अपने मस्तिष्क को सदैव आनन्द उत्सव मनाने का अवसर प्रदान करते रहिए, तभी आप अपने कार्यों को सुचारू रूप से सम्पन्न करने में सफल होंगे मन के अप्रसन्न होने पर किसी भी कार्य में अपना मन लगाना व्यक्ति के लिए दुष्कर होता है इसलिए जहाँ तक सम्भव हो अपनी प्रसन्नताओं को अन्य लोगों के बीच बाँटने का प्रयत्न भी करते रहिए और दूसरों के दुःख-दर्द में भागीदार बनने का भी प्रयत्न कीजिए। ऐसा करके आप अपनी प्रसन्नता में भी कई गुणा वृद्धि करने में भी सफल रहते हैं इस तरह आप स्वयं से अनुराग रखते हुए दूसरों को खुशी देगें। जब आप ही स्वयं से प्रेम नहीं करेंगे तो अन्य लोग आपको प्रेम करने के लिए कैसे उद्यत होंगे अपने से अनुराग रखने का तात्पर्य है अपनी स्थिति के प्रति पूर्णतः आश्वस्त होना। यह विश्वास रखना कि अपनी इस स्थिति को कायम रखते हुए मुझे अपना लक्ष्य प्राप्त करना है।

ऐसा करने के लिए आप चिन्ताओं को स्वयं से दूर रखने का कारगर उपाय कीजिए। ये दुश्चिन्ताएँ आपके अस्तित्व को कोई हानि पहुँचाए, आपकी कल्पना शक्ति को नष्ट करने का कोई प्रयास करें, उससे पूर्व ही आप इन चिन्ताओं की चिता सजाने का प्रयत्न कीजिए। 'न रहेगा बाँस, न बजेगी बाँसुरी'-जब दुश्चिन्ता ही नहीं रहेगी तो फिर कौन आपको हानि पहुँचा सकता है। आपको इससे मुक्ति पाने में विलम्ब करना 'स्वयं अपने पैरो पर कुल्हाड़ी मारने के समान है' इसलिए मस्तिष्क में उपजी किसी भी दुश्चिन्ता का उपचार करने में अति शीघ्र जुट जाइए।

अपनी भूलों को भूलिए- भूतकाल में हुई स्वयं की गलतियों को भूलने का यथासम्भव प्रयत्न कीजिए जो हो गया सो हो गया। बीते हुए समय के दुःखद क्षणों, अप्रिय प्रसंगों, विगत दुःस्वप्नों को भूलने का सार्थक प्रयास कीजिए और केवल भविष्य की सुनहरी किरणों में सराबोर होने का प्रयत्न कीजिए। भूतकाल की इन भूलों का स्मरणकर अपनी शारीरिक एवं कल्पनाशील क्षमताओं को कुंठित करने का प्रयास मत कीजिए। विगत की गलतियों को बार-बार याद करने की अपेक्षा उन गलतियों से सबक सीखने का प्रयत्न कीजिए और भविष्य में वैसी ही गलतियाँ दोहराने की भूल मत कीजिए। वर्तमान को सुन्दरतम बनाइए और उसी में पूर्णता से जीने का प्रयत्न कीजिए। खुशियों की तूलिका उठाइए और अपने जीवन को सफलता और उल्लास के इन्द्रधनुषी रंग प्रदान करने में जुट जाइए।

अपने सौभाग्य को आमन्त्रित कीजिए- अपने मस्तिष्क मे सौभाग्यशाली विचारधारा की बारात सजाइए सौभाग्यशाली विचारधारा ही आपके सौभाग्य को बलपूर्वक आकर्षित करती है

अपने ईश्वर के प्रति श्रद्धा रखिए- ईश्वर में आपका दृढ़ विश्वास आपकी समस्त बाधाओं को नष्ट करने में अविश्वसनीय रूप से समर्थ है इसलिए ईश्वर

के प्रति अपने दृढ़ विश्वास को किसी भी स्थिति मे कमजोर मत होने दीजिए। यह अखण्ड, दृढ़ विश्वास ही आपकी मंजिल को आपके निकट खींच लायेगा। महान् साहित्यकार एच डब्ल्य लोंगफैला ने लिखा है- ''महान् व्यक्तियों को जो श्रेष्ठ प्रतिष्ठा प्राप्त हुई, वह इन महापुरुषों को अनायास एक ही प्रयास में प्राप्त नहीं हुई। जब उनके अन्य साथी सोए पड़े थे, तब वे एकाग्रचित्त होकर आत्मोत्थान की दिशा में प्रयत्नशील थे, इस प्रकार वे सफलता के सर्वोच्च शिखर पर पहुँचकर महान् बने।''

महानता- अर्जुन के सिद्धान्तों का वर्णन करते हुए बैजामिन डिजरायली ने कहा था कि- ''अपने मस्तिष्क को महान् विचारों से पोषित करो नायकत्व में विश्वास करने वाला ही स्वयं को नायक बनाता है।'' आप महान् है, अपने इस विश्वास को दृढ़ता प्रदान कीजिए और स्वयं से कहिए-मैं भी महान् हूँ, महान् हूँ, महान् हूँ।

5. बेहतर बनने की प्रकिया

आज छात्रों को कठिन प्रतियोगिता का सामना करना पड़ रहा है। हर कोई करियर में आगे निकल जाना चाहता है। इसके लिए जरूरी है दिमागी मजबूती। यह न हो तो छात्र जल्द ही हार मान लेते हैं और अपने लक्ष्य से हमेशा दूर ही रह जाते हैं, लिहाजा हर छात्र के लिए दिमागी तौर पर मजबूती हासिल करना बहुत जरूरी है।

यह दौर कठिन प्रतियोगिता का है। यह करियर में नई ऊँचाइयाँ हासिल करने के लिए कड़ी मेहनत करने का भी दौर है। करियर चाहे एमबीए में बनाना हो या होटल मैनेजमेंट में, रेडियो जॉकी बनना हो या एनिमेटर, आज हर छात्र के लिए दिमागी तौर पर मजबूती जरूरी है। इसके अभाव में बहुधा कई छात्र जल्दी तनावग्रस्त हो जाते हैं।

इसलिए आज के इस दौर में दिमागी तौर पर मजबूत होना बहुत जरूरी है। दिमागी तौर पर मजबूती का अर्थ है तमाम प्रतिकूल परिस्थितियों में रहकर भी हर बाधाओं को पार करते हुए सकारात्मक होकर आगे बढ़ते रहना। इसके लिए यहाँ कुछ कार्यवाही के बिन्दु दिए जा रहे हैं जिनसे छात्र दिमागी तौर पर मजबूती हासिल कर सकते हैं।

विशेषज्ञ की सुनें- खुद दिमागी तौर पर मजबूती विकसित करने के लिए छात्र उन लोगों की जीवनी और ऑडियो संदेश पढ़-सुन सकते हैं, जिन्होंने विपरीत हालातों में कामयाबी हासिल की। दुनिया में ऐसे कई लोग हैं जिन्होंने यह कर दिखाया है।

इसके अलावा इंटरनेट अखबार या पत्र-पत्रकिओं में सफलता की कहानियाँ पढ़ सकते हैं। ये छात्रों को आत्मविकास के लिए प्रेरित करती हैं और उनके मन में नवीन उत्साह पैदा करती हैं। यह पढ़कर सोचिए कि आपमें और उनमें कोई अंतर नहीं। बस सोच का अंतर है क्योंकि उन्हें विश्वास था कि वे कामयाब होंगे। तो आप क्यों नहीं हो सकते?

बिना दुःख के सुख नहीं मिलता- यह झूठ है कि बिना किसी परेशानी के कामयाबी हासिल की जा सकती है। तमाम तरह की सफलता की कहानियाँ पढ़ें तो यह पायेंगे कि उन्होंने कामयाबी का स्वाद चखने के पहले कई तरह के शारीरिक और भावनात्मक दर्द सहे। इसलिए बेहतर यह होगा कि आप अपनी गलतियों के साथ ही दूसरों की गलतियों से भी सबक सीखें।

यही सीख आपको अपनी तकलीफों को भूलकर मजबूती से आगे बढ़ने के लिए प्रेरित करेगी। अपने से अपेक्षा रखें और उन्हें पूरा करने की ताकत हासिल करते रहें।

कल की चिंता न करें और सदैव अपने लक्ष्य की ओर केंद्रित रहें। छोटी-छोटी नाकामियों से परेशान, उदास और हतोत्साहित न हों। छोटी बातों में उलझेंगे तो मार्ग से भटक जायेंगे।

परेशानी क्या है- अपनी समस्याओं को पहचानें। उन्हें जानने और समझने की कोशिश करें। आप यह जान लेंगे तो उसके हल या उपाय के बारे में बेहतर ढंग से सोच सकेंगे और यदि सोच सकेंगे तो उसे हल करने की दिशा में आगे बढ़ सकेंगे। यदि आप यह देख पाते हैं कि आपसे क्या गलतियाँ हुई हैं तो फिर इस बात पर विचार करें कि आप कैसे आगे बढ़ सकते हैं?

करें कुछ अलग हट कर- कई बार छात्र रोजमर्रा के कामों में फंसे होते हैं। कभी-कभी कोशिश करें कि रोजमर्रा के कामों से हटकर कोई काम कर सकें। जो काम रोज करते हैं, उसे रोज बदलते रहें। अपने टीवी को एक माह के लिए अलमारी में बंद कर दें, क्योंकि यह आपका काफी समय और ऊर्जा खा जाता है। इससे आप अलग-अलग माहौल में आत्मविश्वास के साथ रहना सीखेंगे।

स्वस्थ रहें- स्वास्थ्य के प्रति सचेत रहें। इसके प्रति खुद को प्रशिक्षित भी करते रहें। आपके लिए क्या खानपान होना चाहिए, किस तरह की यह कठिन प्रतियोगिता का दौर है। यह करियर में नई ऊँचाइयाँ हासिल करने के लिए कड़ी मेहनत करने का भी दौर है।

साथ रहें- मानसिक तनाव में भी अकेले न रहें और न ही अकेले काम करें। ऐसे लोगों के साथ भी न रहें जो खुद को असफल मानते हैं और अब तक कुछ नहीं कर पाये हैं।

लक्ष्य के ऊपर नजर रखें- कल की चिंता न करें और सदैव अपने लक्ष्य की ओर केंद्रित रहें। छोटी-छोटी नाकामियों से परेशान और हतोत्साहित न हों।

अध्याय-2

अपने सपनों को साकार करें

वॉल्ट डेजनी का कहना था कि अगर आप सपना देख सकते हैं, तो उसे साकार भी कर सकते हैं। इसलिए सपने देखिए, लेकिन अपनी योग्यता पर भरोसा रखते हुए सपने देखें। बिना लक्ष्य के सपना देखना निरर्थक है न केवल अपने लिए बल्कि अगली पीढ़ी के लिए भी सपने देखकर उनकी विस्तृत योजना बनायें। करियर कांउसलरों का कहना है कि जो सपने नहीं देखते वे जीवन में कभी आगे नहीं बढ़ते। इसलिए सपने जरूर देखें लेकिन साथ ही अपने सपनों को पूरा करने के लिए साहस भी रखें। यही आपके रास्ते और मंजिल तय करने में आपकी मदद करेगा।

एक मनुष्य के तौर पर, हमारे लिए बेहद जरूरी है कि हम सपने देखें और उन सपनों को पूरा करने की दिशा में आगे बढ़ें। हमारे सपनें हमें आशा देते हैं और जीवन में महान और बड़े लक्ष्यों को हासिल करने के लिए प्रेरित करते हैं। पर, सिर्फ सपने और लक्ष्यों का होना की वहाँ तक पहुँचने के लिए काफी नहीं है। लक्ष्य हासिल करने की दिशा में हर कदम पर एकाग्रता बनाये रखना भी जरूरी है।

सपनों की सफलता का कोई मंजिल नहीं, बल्कि एक यात्रा है। लगातार चलने वाली यात्रा, जिसके लिए हमें अपना हर कदम बहुत सोच-समझ कर और देखभाल कर उठाना पड़ता है। अमीरी, शोहरत, खुशहाली, खुशियाँ ऐसी चीजें हैं जो तोहफे में नहीं मिलती, बल्कि हासिल की जाती हैं। कड़ी मेहनत से इन्हें हासिल कर लेने के बाद यह हमेशा आपके पास ही बनी रहें, यह भी कोई जरूरी नहीं है। इन्हें अपने पास बनाये रखने के लिए भी लगातार कोशिश करनी पड़ती है। हरेक व्यक्ति जीवन में सफल होने के रहस्यों के बारे में जानने उत्सुक होता है। ऐसे बहुत से लोग हैं जिन्होंने इस संसार में सफलता हासिल की है।

ये जानी मानी बात है कि सफलता उन व्यक्तियों के पास नहीं आती जो इंतजार करते हैं ... और यह भी सच है कि सफलता अपने पास आने के लिए किसी का इंतजार भी नहीं करती है। अधिकतर सफल व्यक्तियों ने कुछ नए गुणों या उन्हें प्राप्त अवसरों द्वारा ही अपने गंतव्य को प्राप्त नहीं किया है। उन्होंने तो अपने हाथ में आये अवसरों का विकास किया है। असफलता और सफलता के बीच अंतर बस इतना है, जैसे कोई काम लगभग सही करना तथा बिल्कुल सही प्रकार से करना। कोई भी व्यक्ति सफल रूप में पैदा नहीं होता है बल्कि वे तो इसका सृजन करते हैं। सफलता कोई इत्तेफाक नहीं है। इसे तो आपको स्वयं सृजित करना होता है। सफलता के रहस्यों की जानकारी और उनका सही कार्यान्वयन निश्चित तौर पर किसी व्यक्ति के लिए जीवन में सफलता हासिल करने में मददगार हो सकता है। यदि चाहते हैं कि सफलता आपका साथ निभाए तो चंद नुस्खों पर आप भी अमल करें, जैसे-

1. शुरुआत संकल्पों के साथ

कई लोगों को लगता है कि जिंदगी बहुत छोटी है, इसमें कई बड़े काम करने हैं। यह सही है कि जीवन बहुत छोटा है, लेकिन यह सोच कतई उचित नहीं है कि आप एक साथ कई संकल्प कर लें या अपने ऊपर काम का बोझ लाद लें। ऐसा करना अपनी क्षमताओं को बहुत ज्यादा आंकने से भी हो सकता है। इसलिए जरूरी है कि ठोक-बजाकर वही संकल्प लें, जिसे पूरा करना संभव हो।

अकसर देखा जाता है कि कुछ लोग देखा-देखी या किसी के कहने में आकर भी संकल्प ले लेते हैं। ऐसे संकल्पों की कोई ठोस जमीन नहीं होती। नतीजतन संकल्प का कोई मतलब नहीं रह जाता। इससे बेहतर है कि अपनी रुचि, इच्छा तथा तैयारी हो तभी संकल्प लें। हरेक व्यक्ति की क्षमता, सोच, उत्साह और प्रकृति अलग-अलग होती हैं। इसलिए अपने व्यक्तित्व को जाँचकर संकल्प लें।

जो संकल्प लिया गया है उसके बारे में अपने दोस्तों तथा रिश्तेदारों को भी बताना जरूरी है। इससे फायदा यह होगा कि आप संकल्प पूरा करने में जरा भी कमजोर दिखाई दिए तो आपके दोस्त व रिश्तेदार आपको आपके संकल्प की याद दिला देंगे।

बड़े काम तभी संभव हो पाते हैं, जब उन्हें पूरा करने में हम पूरी दृढ़ता तथा ऊर्जा के साथ लग जाते हैं। यदि हमारी मनःस्थिति ढुलमुल रही या हम 'हाँ-ना' के जाल में फँसे रहे तो एक कदम भी आगे नहीं बढ़ सकते। काम छोटा हो या बड़ा, उसे पूरा करने के लिए सकारात्मक सोच के साथ आगे बढ़ना चाहिए।

जीवन को अर्थवान बनाने के लिए कई लोग तरह-तरह के संकल्प लेते हैं। इससे उनके जीवन का लक्ष्य तय होता है। प्रसिद्ध विचारक स्वेट मॉर्डेन ने अपनी पुस्तक में लिखा है, "ऐसा व्यक्ति कठिनाई से मिलता है, जो विश्वासपूर्वक यह कह सके कि मैं यह काम करूँगा। जो कार्य मुझे करना चाहिए मैं उसे करता हूँ।"

यदि व्यक्ति इस आधार पर अपना संकल्प तय कर ले तो उसमें जो आत्मविश्वास एवं दृढ़ता आएगी, उसके संकल्प के पूरा होने में कोई संदेह नहीं रहेगा।

किसी भी संकल्प को लेने से पहले सबसे ज्यादा जरूरी है कि बिलकुल शांत तथा एकाग्रचित हो जायें। फिर अपनी तमाम क्षमताओं तथा कमजोरियों का पूरा आकलन करें। इसमें अपनी रुचि को सर्वोच्च स्थान दें। ऐसा करने से आपको अपनी सीमाओं का पता चल जायेगा और आप अपनी हद में रहकर संकल्प ले सकेंगे।

यदि ऐसा नहीं किया गया तो संकल्प अतिउत्साह में लिया हुआ होगा, जिसका ज्वार बहुत जल्दी उतर जाता है। ऐसे में व्यक्ति का संकल्प भी धरा-का-धरा रह जाता है। इसका असर इतना विपरीत होता है कि व्यक्ति निराश हो जाता है, जिससे उसके दूसरे कार्य भी बिगड़ जाते हैं। उसका संपूर्ण व्यक्तित्व नकारात्मक दिशा में जा सकता है।

2. पहले अपने सपनों को साकार करें

डिजरायली ने एक बार कहा था-''जीवन बहुत छोटा है और हमें संतोषी नहीं होना चाहिए।''

हमें अपने आपको जीवन की ऊँचाइयों पर देखने के लिए अनवरत प्रयास करते रहना चाहिए। आप अपने लिए जिस ऊँचे स्तर की कल्पना कर सकते हैं, उसके लिए मेहनत करनी चाहिए। अधिकतर लोग अपने आपको संकीर्णता की ओर ले जाते हैं और छोटी चीजों से संतुष्ट होने की मानसिकता रखते हैं। वे बहुत कम खुश हो जाते हैं।

अधिकांश मनुष्य एक दायरे में कैद होते हैं और यह सोचते हैं कि उन्होंने अपनी सीमाएँ पा ली हैं। बहुत सारे लोग अपने जीवन में यथास्थिति को स्वीकार कर लेते हैं और घिसटते रहते हैं। वे कभी किसी बड़े लक्ष्य के लिए अपने विचारों को आगे नहीं ले जाते। लेकिन वास्तव में लगातार पहले से बड़ा, बेहतर और ऊँचा होते जाना ही मनुष्य की नियति है। क्या आज हम दो लाख वर्ष पहले के होमो सेपियंस से बहुत अधिक विकसित नहीं है? क्या सौ वर्ष पहले तक लोग किसी तापमान-नियंत्रित वातावरण में रह सकते थे?

नेपोलियन हिल ने एक बार महसूस किया ''दुःख और गरीबी स्वीकार करने के लिए जितना प्रयास अपेक्षित है, जीवन में ऊँचा लक्ष्य रखने के लिए उससे अधिक प्रयास की जरूरत नहीं है।'' आपको बस एक पहल करनी है, एक संकल्प लेना है कि आपको उच्च विचार रखने हैं। यह एक बर्गर और एक फल के बीच चयन करने जितना आसान है। आप दोनों चीजों को खा सकते हैं। आपको बस यह फैसला करना है कि आपको क्या चाहिए।

हमारा मस्तिष्क विचारों का एक अद्भुत संग्रह है। यह हमारे ऊपर है कि हम अपनी प्लेट उठाएँ और जो हमें चाहिए, उससे भर लें। इसके लिए बस चुनने की जरूरत है,अपने जीवन को यथासंभव भव्यतम रूप में जीने के लिए एक व्यक्तिगत शर्त। इसके लिए कभी देर नहीं होती। जैसा कि टेनीसन ने कहा था-''मेरे मित्रों!

आओ, एक नई दुनिया बसाने के लिए कभी देर नहीं होती।'' इसलिए कुछ बड़ा सोचें और एक ऐसी दुनिया बसाएँ, जिसके बारे में हमसे पहले किसी ने सपना भी न देखा हो।

3. वास्तविक सपने निर्धारित करें

सपनों की सफलता किसी व्यक्ति द्वारा चुने गए लक्ष्यों को हासिल करना है। ऐसे लक्ष्य, जिनकी हर व्यक्ति आकांक्षा रखता है और उनके लिए कार्य करता है, भले ही वे कुछ भी हों। यह हमारे प्रयत्नों का सकारात्मक परिणाम है। उपलब्धियों के सिलसिले को जब एक साथ रखकर जीवन की बड़ी उपलब्धियों के साथ जोड़ा जाता है तो उसे सफलता के रूप में जाना जाता है। हम में से सभी व्यक्तियों के लिए सफलता के भिन्न-भिन्न अर्थ होते हैं। यह सब इस बात पर निर्भर करता है कि आप जीवन में क्या तलाश रहे होते हैं। सफलता एक यात्रा है और गंतव्य नहीं है, जिस पर आपको लगातार आगे बढ़ते रहना है। सफलता के शिखर को छूना किसी पहाड़ी पर चढ़ाई करने के समान होता है। हर चोटी गंतव्य होती है और आप एक बार में एक चोटी पर ही चढ़ते हैं। प्रत्येक गंतव्य स्थान तक पहुँचना भी एक चुनौती होती है। कोई संगीतकार अपनी सफलता हिट हुए गानों की संख्या में देख सकता है, किसी डॉक्टर के लिए वह सर्जरी सफलता हो सकती है जो सही प्रकार से सम्पन्न हुई है, किसी राजनीतिज्ञ के लिए सफलता सत्ता हासिल करना हो सकती है और किसी वैज्ञानिक के लिए कोई नया आविष्कार उसकी सफलता हो सकती है। मुख्यत: यह आपके जीवन की भविष्य-सापेक्षता पर निर्भर करता है।

लेकिन आप इंजीनियरिंग की पढ़ाई पूरी करने के बाद डॉक्टर बनने का सपना नहीं देख सकते। आप ऐसे सपने देखें जिन्हें साकार किया जा सकता हो। अन्यथा आपको निराशा का सामना करना पड़ेगा। सपना देखने के बाद इसे साकार करने के बाद के दृश्य की कल्पना करें, फिर यह निर्णय लें कि क्या यह परिणाम वही होगा, जिसे आप हासिल करना चाहते हैं। आपका सपना ऐसा होना चाहिए जिसे हासिल किया जा सकता हो।

4. सपनों को छोटे-छोटे लक्ष्यों में बाँटकर योजना बनायें

यह सुनिश्चित करने के लिए कि आप अपने सपनों को हासिल करने के लिए सही दिशा में बढ़ रहे हैं या नहीं? अपने सपनों को छोटे-छोटे लक्ष्यों में बाँट लें। इससे आप एक साथ किसी एक बड़े उद्देश्य की ओर काम करने की जगह छोटे-अल्पकालिक उद्देश्यों को हासिल करने की दिशा में काम करेंगे जो अंतत: आपको अपनी मंजिल की ओर ले जायेंगे।

लक्ष्यों की सफलता हासिल करने वाले अधिकतर लोग पहले इसे परिभाषित करते हैं और इसके बाद इसकी योजना तैयार करते हैं। वे इसकी प्राप्ति का लक्ष्य तय करते हैं। किसी भी व्यक्ति को स्वयं की सफलता की परिभाषा तैयार करने के लिए उसका सघन विश्लेषण करना पड़ता है और तद्नुरूप इसे तय करना

होता है। इससे सफलता की प्राप्ति के लिए आगे उठाए जाने वाले कदमों और कार्रवाइयों के निर्धारण में मदद मिलती है। अर्थात् सफलता शब्द को निम्नलिखित प्रकार से परिभाषित किया जाता है :-

- "एस" (solo focus) - एकल फोकस
- "यू" (unlocked imagination) - अव्यक्त कल्पना
- "सी" (crystal clear path) - पारदर्शक स्वच्छ मार्ग
- "सी" (connection to the heart) - हृदय से जुड़ाव
- "ई" (extraordinary energy) - असाधारण ऊर्जा
- "एस" (skill set) - कौशल
- "एस" (stopAt nothing) - कहीं भी न रुकना

लक्ष्यों का अल्पकालिक वर्गीकरण करने के बाद, योजना बनायें, जो लक्ष्य हासिल करने के लिए आवश्यक है। काम पूरा करने के लिए समय का निर्धारण भी करें और अपनी योजना पर पूरी गंभीरता के साथ काम करें।

अच्छी तरह स्मरण रखा जाने वाला लक्ष्य ही सही तरह हासिल होता है। सफल लोग सृजित लक्ष्यों के प्रति हमेशा ध्यान केंद्रित रखते हैं तथा उन्हें प्राप्त करने की अपनी क्षमता पर कभी संदेह नहीं करते। उनकी सफलता में सुविचारित जोखिम उठाने का साहस एक बड़ा कारण होता है। सफल व्यक्तियों में तीन समान विशेषताएँ होती है:

1. वे जानते हैं कि वे कहाँ हैं
2. वे जानते हैं उनकी मंजिल क्या है, और
3. उनके पास वहाँ पहुँचने की एक एक समयबद्ध योजना होती है।

आप सफलता के निर्माता स्वयं हैं इन्हें निम्नानुसार संक्षेप में दर्शाया जा सकता है :-

आप तय करते हैं : सफलता प्राप्ति का निर्धारण आप को स्वयं करना होता है। आप दर्शाते हैं कि सचेतन फैसले आपके स्व-मूल्यांकन और निर्णय पर आधारित होते हैं।

आप समझते हैं : आप अपनी सफलता के लिए स्वयं जिम्मेदार हैं भले ही इसमें सारथी होते हैं और परामर्शदाता होते हैं। उनकी प्रमुख भूमिका इस विषय में आपको निर्देशित और प्रेरित करने तक सीमित होती है। सफलता प्राप्ति की सही तकनीक केवल स्वयं तैयार की जा सकती है। आपको सफलता हासिल करने के लिए खुद की बनायी योजना पर कार्य करना होगा।

आप योजना तैयार करते हैं : यह ठीक ही कहा गया है कि योजना बनाने में असफल होना असफलता की योजना बनाना है। असफल होने वाले कुछ लोग कहा करते हैं कि उनके भाग्य में सफलता नहीं है। आपको अपने तरीके से सफलता हासिल करने की योजना बनानी होगी।

आप चुनौतियाँ से पार पाते हैं : सीढ़ी के सबसे ऊपरी हिस्से में कभी भीड़ नहीं होती, लेकिन सफलता का मार्ग चुनौतियों से भरा है। इन चुनौतियों से आपको स्वयं पार पाना होगा। आपको इन चुनौतियों का स्वयं समाधान ढूंढ़ना होगा तथा इन चुनौतियों को अवसरों में परिवर्तित करना होगा।

5. *नियमित समीक्षा करें*

जब भी योजना बनायें तो साथ में समय भी निर्धारित करें, इससे आप अपनी प्रगति की समीक्षा कर सकेंगे। आप नियमित रूप से अपनी प्रगति की समीक्षा करते रहें, इससे आपको योजना में आवश्यक बदलाव करने में सहायता मिलेगी साथ ही यह समझ सकेंगे कि आप लक्ष्य प्राप्ति की सही दिशा में बढ़ रहे हैं। योजना के अनुसार अपनी कार्यों की समीक्षा करने पर, आप देखें कि पथ से विचलित कहाँ हुए हैं। एक बार फिर सही राह पर आने के लिए आपको अपनी योजना में अल्पकालिक बदलाव भी करना पड़ सकता है, या फिर पूरी योजना बदलनी पड़ सकती है यदि आपको ऐसा लगता है कि आपकी योजना सही ढंग से काम नहीं कर रही है।

नियोजन सफलता के मार्ग में एक अनिवार्य पहलू है यदि आप नियोजन में असफल हैं तो समझिए कि असफल होने की योजना बना रहे हैं। चूंकि आज के बदलते संसार में बदलाव एक प्रक्रिया है और नियोजन अपने लक्ष्यों को हासिल करने की प्रक्रिया का ब्लू-प्रिंट है। योजना बनाये बिना लक्ष्यों को प्राप्त करने का प्रयास करना ठीक उसी प्रकार है जैसे स्टियरिंग के बगैर कार को चलाना अर्थात् अपनी दिशा पर नियंत्रण के बगैर सब कुछ हासिल करने का प्रयास करना। नियोजन एक सतत प्रक्रिया है। योजना एक नक्शे की तरह होती है। जब आप कोई योजना बनाते हैं तो आप यह देख सकते हैं कि आपने इस दिशा में कितनी प्रगति की है तथा लक्ष्य से कितना दूर हैं। योजना लक्षित विशिष्टयों की प्राप्ति की दिशा में उठाए जाने वाले कदमों का क्रम होता है। यदि आप प्रभावकारी तरीके से कार्य करें तो लक्ष्य हासिल करने के वास्ते जरूरी समय बचा सकते हैं। प्रभावी होने के लिए विभिन्न स्तरों पर नियोजन करना जरूरी होता है :

रणनीतिक स्तर : इसमें आपको भविष्य की दीर्घावधि की सफलता हासिल करने के लिए दिशा निर्धारित करनी होती है।

प्रचालन स्तर : इस स्तर पर नियोजन का उद्देश्य यह सुनिश्चित करना होता है कि दिन-प्रतिदिन की गतिविधियों की पहचान की जाये और प्रभावी रूप से उनका सफल प्रचालन हो।

अध्याय-3

करियर कंसलटेंट की जरुरत

प्रायः शिक्षा समाप्त करते ही लोग करियर की तलाश में जुट जाते हैं। नये लोगों के लिये करियर का चुनाव करना एक बड़ी समस्या के रूप में उभर कर सामने आता है। वास्तव में देखा जाये तो पूर्व में हमारे देश में अध्ययन किये गये विषय और प्राप्त नौकरी में अधिकतर किसी प्रकार का सम्बन्ध दिखाई नहीं देता था। जो व्यक्ति भौतिक शास्त्र, रसायन शास्त्र, गणित आदि का अध्ययन करता था वही व्यक्ति बैंक में नौकरी कर अकाउन्टिंग का काम करने लगता था। किन्तु अब समय बदल गया है और वर्तमान पीढ़ी करियर के चुनाव के प्रति पहले से ज्यादा जागरूक हो गयी है। करियर का चुनाव करने के लिये स्वयं की रुचि, व्यक्तित्व, पूर्व में किये गये अध्ययन के विषय, कार्य सम्बन्धित मान्यताएँ आदि अनेक बातों का ध्यान रखा जाना चाहिए।

करियर का चुनाव सोच-समझकर करना बहुत आवश्यक है वरना बाद में पछताना पड़ सकता है। किसी भी निश्चय पर पहुँचने के पहले स्वयं का आकलन कर लेना बहुत अच्छा होता है। साथ ही जिस करियर को हम अपनाना चाहते हैं उसका आकलन (जैसे कि वर्तमान में तो यह करियर तो बहुत अच्छी है किन्तु इसका भविष्य क्या है, क्या यह करियर मेरी समस्त या अधिकतम आकांक्षाओं को पूर्ण कर पायेगी आदि) कर लेना भी अति आवश्यक है।

दुर्भाग्य से हमारे शिक्षण संस्थाओं में करियर के चुनाव वाले विषय नहीं होते और इसी कारण से अधिकतर लोग गलत फैसला कर बैठते हैं जिसका परिणाम बाद में पछताना ही होता है। अतः किसी भी निष्कर्ष पर पहुँचने के पहले हर पहलू पर गम्भीरता पूर्वक विचार कर लेना बहुत जरूरी है।

स्वयं का आकलन करने के लिये निम्न बिंदुओं पर अवश्य ध्यान दें:

- **मान :** इसके अन्तर्गत वे वस्तुएँ आती हैं जिनका महत्त्व आपकी नजरों में बहुत अधिक होता है, जैसे कि उपलब्धियाँ, प्रतिष्ठा, स्वत्व आदि।
- **रुचियाँ :** इसके अन्तर्गत आपको आनन्द प्रदान करने वाली वस्तुएँ आती हैं, जैसे कि मित्रों के साथ लिप्त रहना, क्रिकेट खेलना, नाटक में अभिनय करना आदि।
- **व्यक्तित्व :** अलग-अलग लोगों का अलग-अलग व्यक्तित्व होता है जो उनकी विलक्षणता, आवश्यकता, रवैया, व्यवहार आदि का निर्माण करती हैं।
- **अहर्ताएँ :** अलग-अलग व्यक्तियों की अहर्ताएँ या योग्यताएँ भी अलग-अलग होती हैं जैसे कि किसी को लेखन कार्य में आनन्द आता है तो किसी को शिक्षण कार्य या फिर किसी को कम्प्यूटर प्रोग्रामिंग में।

उपरोक्त सभी बातें आप ही स्वयं का प्रतिनिधित्व करते हैं अत: करियर का चुनाव करते समय इनका ध्यान रखना सर्वाधिक महत्त्वपूर्ण है।

1. पहचाने काउंसलिंग का सही समय

शिक्षा के क्षेत्र में 'करियर काउंसलिंग' एक अलग क्षेत्र है। आज स्कूल से लेकर कॉलेज, यूनिवर्सिटीज और बड़े-बड़े संस्थानों तक में करियर काउंसलर की जरूरत पड़ रही है. युवाओं में करियर को लेकर बढ़ते भटकाव को दूर करने में आज करियर काउंसलरों की भूमिका अहम साबित हो रही है. छात्रों के लिए सही मार्गदर्शन की माँग ने करियर काउंसलिंग में नये अवसर पैदा कर दिये हैं. इसी के चलते गीतांजलि कुमार, ऊषा अल्बुकर्क, परवीन मल्होत्रा, राजीव खुराना, जतिन चावला, अशोक सिंह, डॉ अनिल सेठी जैसे नामों को बेहतरीन करियर काउंसलरों के रूप में जाना जाने लगा है।

करियर काउंसलर का काम

एक अच्छा करियर काउंसलर न सिर्फ छात्र को उसके लिए अच्छे करियर का चुनाव करने के बारे में बताता है, बल्कि वह छात्र की क्षमताओं, योग्यता और व्यवहार को परख कर यह भी बताता है कि उसके अंदर कौन-से खास गुण हैं और इन गुणों व क्षमताओं के अनुसार उसके लिए किस क्षेत्र में जाना बेहतर होगा।

करियर काउंसलर यह भी परखता है कि छात्र अंतर्मुखी है या बहिर्मुखी। उसके लिए आगे कौन-सा करियर ज्यादा बेहतर हो सकता है। पूरे वर्ष और खासतौर से परीक्षा के समय विद्यार्थियों में कई तरह की दिक्कतें देखी जाती हैं। जैसे हीन भावना का पैदा होना, अवसाद, नकारात्मक सोच का हावी होना। इन सभी चीजों से उबरने में करियर काउंसलर ही विद्यार्थियों की मदद करता है।

अकसर आप करियर काउंसिलिंग का समय पहचानने में देरी कर देते हैं।

दरअसल, करियर काउंसलिंग का सही समय वह है, जब छात्र आगे की राह चुनने की दहलीज पर होते हैं। इसे आप हाई स्कूल (सेकंडरी) ही मानिए क्योंकि इसके बाद ही छात्र के लिए स्ट्रीम परिवर्तन करने का समय होता है और यही वह समय है, जब उन्हें ठीक मार्गदर्शन की जरूरत होती है। अभिभावक को इसी चरण में बच्चों को करियर सम्बन्धी मार्गदर्शन प्रदान करवाना चाहिए। इससे उसे न सिर्फ सही विषय चुनने में मदद मिलती है, बल्कि वह यह भी जान जाता है कि किन विषयों में उसका रुझान है। अगर 11वीं में सही विषय का चुनाव न किया, तो पूरा करियर ही यू टर्न ले सकता है। प्रोफेशनल काउंसलर मनोवैज्ञानिक तरीके से छात्र से बातचीत करते हैं और मनोवैज्ञानिक या साइकोमेट्रिक टेस्ट के आधार पर छात्र की प्रतिभा को समझते हैं।

काउंसिलिंग का महत्त्वः अभिभावकों को बच्चे की पढ़ाई पर ध्यान तो देना ही चाहिए, जरूरत उन्हें यह समझने की भी है कि बच्चे की विशेष रुचि किन विषयों में है और वह उनमें कैसा प्रदर्शन कर रहा है? यह भी देखना चाहिए कि किन विषयों को पढ़ने में बच्चे का मन नहीं लगता इसके बाद अभिभावक करियर के चुनाव में बच्चे की मदद कर सकते हैं। लेकिन आज की भागदौड़ भरी जिंदगी में अभिभावक बच्चों के लिए कितना वक्त निकाल पाते हैं, यह सबको मालूम है। बच्चे का रिजल्ट भले अभिभावकों को पता हो, लेकिन वे अकसर उसकी पसंद को समझने में चूक कर जाते हैं। सिर्फ किसी विषय में अच्छे नंबर लाना उस विषय में बच्चे के आगे बेहतर की गारंटी नहीं है। अभिभावक के लिए इस बात को समझना बेहद जरूरी है कि इंजीनियरिंग और मेडिकल जैसे क्षेत्रों के प्रति उत्साह का ही यह नतीजा है कि मन मुताबिक पढ़ाई नहीं कर पाने की वजह से बच्चे आजकल तनाव में घिर रहे हैं। यहीं पर बच्चों यानी छात्रों को काउंसिलिंग की जरूरत होती है, ताकि उनके अभिभावक भी उनकी प्रतिभा को पहचान सकें और उसे अपनी पसंद के रास्ते पर बढ़ने की इजाजत दे सकें। यह कतई जरूरी नहीं है कि साइंस में नब्बे या सौ फीसदी अंक लाने वाला छात्र साइंस स्ट्रीम ही पसंद करे। हो सकता है उसकी रुचि गणित में न हो, क्योंकि दसवीं के बाद पढ़ाई का स्तर अचानक ऊँचा हो जाता है और अगर छात्र की रुचि उसमें न हो, तो उसका प्रदर्शन प्रभावित होने लगता है। काउंसिलिंग में इन्हीं बातों को अभिभावक को समझाने की कोशिश की जाती है।

नए क्षेत्रों की जानकारीः काउंसिलिंग का एक सबसे बड़ा फायदा यह भी है कि काउंसलर छात्रों को वैसे विषय या उभरते क्षेत्रों के बारे में भी बताते हैं, जिनसे वे अनजान होते हैं। उन्होने उस फील्ड के बारे में कभी सोचा ही नहीं होता है। काउंसलर्ज मार्केट ट्रेंड (देश-विदेश) के बारे में बताते हैं और इन सबसे ऊपर वे छात्रों को अच्छा इंस्टीच्यूट चुनने में मदद करते हैं। विषय पसंद का होने से वे अपनी पसंद की राह पर बढ़ तो सकते हैं, लेकिन इस गला काट प्रतियोगिता

के जमाने में अच्छे इंस्टीच्यूट का चुनाव करके ही वे दूसरों पर बढ़त ले सकते हैं। आज मैनेजमेंट में कई नए विषय आ गए हैं। इसी तरह लॉ का क्षेत्र बढ़ गया है। फैशन टेक्नोलॉजी का खुमार तो है ही, खेल के क्षेत्र में भी करियर बनाने के बेहतर मौके हैं।

सुधार और कमाई से इस क्षेत्र में क्रिकेट के अलावा नए विकल्प भी उभर कर सामने आये हैं। एक काउंसलर की सलाह यहीं कारगर होती है।

2. करियर का चुनाव कैसे करें?

प्राय: करियर संदर्भ में प्रत्येक व्यक्ति को ट्रस्टी के समान व्यवहार करना चाहिए, क्योंकि किसी व्यक्ति का करियर केवल उसके स्वयं के लिए नहीं है, अपितु यह परिवार, समाज एवं संपूर्ण राष्ट्र के लिए भी उपयोगी है। केवल यहीं तक सीमित नहीं रहना चाहिए कि वह करियर से क्या प्राप्त कर सकता है, बल्कि यह कि वह अपने करियर के जरिए वह क्या योगदान कर सकता है। प्रत्येक व्यक्ति स्वयं अपने करियर का स्वामी है। अन्य लोग तो केवल उसके मार्गदर्शक हो सकते हैं। अच्छे करियर का चयन करने के लिए उसे हमेशा जागरूक होना चाहिए। उसे चाहिए कि वह उपलब्ध अवसरों का हमेशा सर्वेक्षण करे और लोगों से संपर्क बनाये रखे। वह अपनी क्षमताओं को हमेशा सही समय पर प्रदर्शित करें। अपनी रुचियों एवं इच्छाओं के अनुरूप करियर का चयन करें। करियर के चयन में किसी को भी चाहे वह मित्र या परिवार कोई भी हो, उन्हें दोषी नहीं ठहराएँ। भारत प्रगति पथ पर अग्रसर है। अगली सदी में भारत सामाजिक एवं आध्यात्मिक शक्ति बनेगा तथा इसकी संपूर्ण अर्थव्यवस्था भी महत्त्वपूर्ण होगी। अत: समस्त प्रतिभा को राष्ट्र के उत्कर्ष के लिए गुनाओं की आवश्यकता है। करियर की विभिन्न क्षेत्रों की माँगों तथा प्रतिस्पर्धा को ध्यान में रखते हुए, भावी छात्रों को चाहिए कि वह अपनी क्षमताओं, रुचियों एवं दुर्बलताओं का आत्मनिरीक्षण करके ही करियर का सही चयन करे।

3. कोचिंग संस्थानों का चयन कैसे करें?

प्रतियोगिता संस्थान से जुड़ने से पहले हमें उस संस्थान का सर्वप्रथम परीक्षा परिणाम देखना चाहिए। वहाँ से शिक्षित हो चुके छात्रों से सही मार्गदर्शन लेना चाहिए। इससे कोचिंग की सही स्थिति के बारे में जानकारी मिलती है। किसी भी कोचिंग के विज्ञापन पर भरोसा नहीं करना चाहिए, क्योंकि कोचिंग एक प्रोफेशन बन चुका है। आजकल किसी भी कोचिंग संस्थान की फीस हजारों के आँकड़ों में होती है। इसके अलावा एक अच्छी कोचिंग के लिए यह भी जरूरी है कि वह शहर से बहुत दूर न हो। अगर दूर भी हो तो आसपास अन्य सुविधाएँ भी हो, जिससे आने-जाने में अधिक समय न लगे।

प्रतियोगिता परीक्षा की तैयारी हेतु आज अधिकतर कोचिंग इंस्टीच्यूट गुणवत्ता

व सफलता की कसौटी पर बेमानी साबित हुए हैं। दरअसल इन कोचिंग इंस्टीच्यूट की बुनियाद वैसे लोग रखते हैं, जो कभी परीक्षाओं में भाग लेते हैं प्रतियोगिता परीक्षाओं का स्तर और उनकी प्रवृति चूँकि सामान्य बोर्ड परीक्षाओं से बिल्कुल अलग होती है, इसलिए उन्हें अपने स्तर पर उत्तीर्ण कर लेना आसान नहीं होता। यह तब आसान हो सकता है, जब उन परीक्षाओं के लिए आपको बेहतर मार्गदर्शन यानी कोचिंग मिल रही हो। इस संदर्भ में हमारे मन में पहला सवाल यही उठता है कि हम आखिर कोचिंग संस्थान का चयन कैसे करें? कोचिंग की गुणवत्ता तथा उसके पूर्ववर्ती छात्रों के प्रदर्शन के बारे में जानकारी हासिल करना अति आवश्यक है। अतएव छात्र कोचिंग संस्थान के चयन के पहले इस बात की ओर भी ध्यान दें।

आज कोचिंग संस्थान 'अध्ययन सामग्री' नाम पर कुछ अच्छी किताबों के महत्त्वपूर्ण अंश चुराकर एकत्रित कर लेते हैं और छात्रों को दे देते हैं। बेचारा छात्र जब विस्तार से गहन अध्ययन करता है तो उसे खुद 'अध्ययन सामग्री' में विभिन्न पुस्तकों के चुराए गए अंशों का ज्ञान हो जाता है, लेकिन तब तक वह कोचिंग वालों के हाथ लुट चुका होता है। इसलिए छात्रों को कोचिंग संस्थान से जुड़ने से पहले पाठ्य सामग्री के बारे में भी विस्तारपूर्वक जानकारी हासिल करनी चाहिए। अतः अविश्वास, ठगी से युक्त और गुणवत्ता से कोसों दूर इन कोचिंग संस्थानों से छात्रों को बचकर रहना चाहिए।

4. नये विषयों की जानकारी प्राप्त करना आवश्यक

वर्तमान में हर छात्र की एडमिशन के प्रति सोच बदली हुई लग रही है। वे नौकरी मिलने वाले कोर्स में एडमिशन तो चाहते हैं, लेकिन कम्प्यूटर व आईटी जैसी चीजों से वे दूर हो रहे हैं:

लंबे समय से महानगरों के छात्र इंजीनियरिंग और एमबीबीएस जैसे कोर्स की तरफ आकर्षित होते रहे हैं। इस तरह के कोर्स में एडमिशन पाने के लिए छात्रों पर कट आफॅ मार्क्स लाने का भारी दबाव रहता था। साथ ही अभिभावक भी इसे अपनी प्रतिष्ठा का प्रश्न बना लेते थे। लेकिन अब यह धारणा बदल रही है। ग्लोबल मेल्टडाउन की वजह से आईटी और कम्प्यूटर से जुड़ी नौकरियाँ कम हो रही हैं, तो कम्प्यूटर व इंजीनियरिंग से जुड़े कोर्सेज का आकर्षण भी कम होने लगा है। छात्र परंपरागत सोच से बाहर निकलकर अब नए आयाम तलाश रहे हैं। वे अब जॉब देने वाले कोर्स तलाश रहे हैं। ये वे कोर्स हैं, जो छात्र को सिर्फ नौकरी मिल जाने का विश्वास ही नहीं दिलाते, बल्कि अच्छा पैकेज मिलने का भी मौका देते हैं। इन सारी स्थितियों की वजह से ही शायद नौकरी देने वाले कोर्स के इंस्टीट्यूट मशरूम की तरह उग आए हैं। पहले ऐसे ज्यादातर इंस्टीट्यूट्स सिर्फ कम्प्यूटर कोर्स ही ऑफर करते थे, लेकिन अब ऐसे भी इंस्टीट्यूट हैं, जहाँ से कोर्स खत्म करने पर आपको हैल्थकेयर, मीडिया, बैंकिंग, फाइनांस और एविएशन

सेक्टर में नौकरी मिल सकती है। इन क्षेत्रों में तेजी से बढ़ रही नौकरी में बहाली छात्रों को इनमें आने को प्रेरित करती हैं। इन कोर्सेज के काफी दूरगामी फायदे हैं।

दरअसल, नौकरी के क्षेत्र में भी काफी बदलाव आया है। अब तो आईटी सेक्टर भी थ्री-डी या एनिमेशन प्रोफेशनल्स को नौकरी देने लगे हैं। इसके अलावा, अच्छी बात यह है कि इसके लिए इंजीनियरिंग कॉलेज में एडमिशन पर भी लाखों खर्च करने की जरूरत नहीं है। फिर बड़ी बात यह है कि ग्रेजुएशन के साथ नौकरी देने वाले कोर्स कर चुके प्रत्याशियों को अब तमाम कंपनियाँ ज्यादा तवज्जो देती हैं। बदलते ट्रेंड के बारे में आजकल हर छात्र की पहली प्राथमिकता सैलरी पैकेज हो गयी है, नौकरी में संतोष तो बाद में आता है। छात्रों को ऐसे कोर्स करने चाहिएं, जो उनकी प्रतिभा को और निखारें। इसी से उनका भविष्य संवर सकता है।

5. एप्टीटयूड टेस्ट को कैसे समझें?

प्री-बोर्ड, बोर्ड परीक्षा, प्रवेश परीक्षा और फिर क्लास में होने वाली परीक्षाऐं। अब ऐसे में और परीक्षा कौन देना चाहेगा? शायद कोई नहीं। लेकिन जिंदगी एक कठिन परीक्षा है। सबसे पहले नवीं कक्षा में विषय के चयन को लेकर एप्टीटयूड टेस्ट से गुजरना पड़ता है। इसके बाद पढ़ाई समाप्त करते-करते करियर के चुनाव का दबाव एकदम से बढ़ जाता है। एक के बाद एक परीक्षा के बोझ से छात्र और उसके अभिभावकों का तनाव बढ़ने लगता है। इस समय निर्णय करना कठिन हो जाता है कि क्या करें, कौन-सा क्षेत्र करियर के लिए चुनें? ये स्थितियाँ और दुविधा में डाल देती हैं।

इस समस्या को देखते हुए एक परीक्षा की व्यवस्था बनाई गयी, जिससे युवा होते छात्र अपनी रुचि और योग्यता को ठीक से जान और समझ कर अपनी पढ़ाई और करियर का चुनाव कर सकें। इन परीक्षाओं को एप्टीटयूड टेस्ट के नाम से जाना जाता है। क्या ये परीक्षाएँ सही दिशा का चुनाव करने में सहायता करती हैं? कहीं ये परीक्षाएँ और दुविधा में तो नहीं डाल देती हैं? इसके लिए जानना जरूरी है कि करियर टेस्ट सही दिशा चुनने में कैसे सहायता करते हैं तथा इन्हें कैसे लेना चाहिए?

ज्यादातर युवा होते छात्र काउंसलर से अपने करियर के चयन में दो प्रकार की सहायता चाहते हैं। पहला, जो क्षेत्र आप चुन रहे हैं वह आपके लिए पूरे तौर पर सही साबित हो। दूसरे इस बात का विश्वास हो कि करियर का कोई भी विकल्प अनदेखा नहीं किया गया है। आज तेजी से बदलती दुनिया में जबकि आए दिन नए उद्योग और प्रोफेशन के नए रास्ते सामने आ रहे हों, जिनके बारे में पहले कभी सुना भी न गया हो, तब अपने लिए उपलब्ध सभी विकल्पों की जानकारी बहुत जरूरी हैं। जैसे कि आज से दस साल पहले वेब डिजाइनिंग के क्षेत्र में इतनी अपार संभावनाओं के बारे में सोचा भी नहीं जा सकता था। इसी तरह करियर का

एक अन्य क्षेत्र नैनोटेक्नोलॉजी भी तब इतनी चर्चा में नहीं था। यह आप करियर काउंसलर और एप्टीटयूड टेस्ट के द्वारा ही जान पाते हैं। इस टेस्ट से ही आप अपनी रुचि और योग्यता के अनुसार सही क्षेत्र का चुनाव कर पायेंगे।

करियर टेस्ट कैसे काम करता है?

हर प्रकार के करियर टेस्ट करीब-करीब एक समान नियमों पर आधारित होते हैं। वे आपकी रुचि और योग्यता को अलग-अलग क्षेत्रों से जोड़ कर ही यह निष्कर्ष निकालते हैं कि कौन-सा क्षेत्र आपके लिए सर्वाधिक उपयोगी होगा। हर क्षेत्र अलग वर्गों में इस आधार पर बाँटा गया है कि भिन्न क्षेत्रों के सफल लोगों की रुचियाँ क्या हैं तथा वे अपने-अपने क्षेत्र में क्यों, कैसे और कितने संतुष्ट हैं। यही वजह है कि करियर टेस्ट आपकी रुचि के अनुरूप करियर का चयन करने में सहायता करता है

जहाँ लोगों की भी समान रुचि हो और वे सफल भी हों। वास्तव में यह सही होता भी है, पर यह भी सच है कि :

1. एक तरह का करियर कई तरह की रुचि रखने वालों को माफिक आ सकता है। जैसे सी.ए. करने वाले को कला का शौक हो सकता है और एक कलाप्रेमी बेहतर बहीखाते संभाल सकता है।
2. किसी भी व्यक्ति की रुचि, शौक और चारित्रिक विशेषताएँ करियर के भिन्न क्षेत्रों के लिए लाभदायक हो सकती हैं।
3. यह स्वाभाविक है कि आप नहीं जान सकते कि किसी भी प्रोफेशन के बारे में जो जानकारी उपलब्ध है वह कितनी सही है, नई जानकारियों को रखने वाला और उपयोगी है?
4. यह भी समस्या है कि आपको नहीं पता कि कौन-सा टेस्ट आपके लिए सही रहेगा। जैसे सामान्य ज्ञान का टेस्ट आपकी सफलता के लिए कुछ हद तक उपयोगी साबित होगा। इसका सीधा मतलब है कि आपका सामान्य ज्ञान शैक्षिक योग्यता के लिए सही हो सकता है, लेकिन करियर के किसी क्षेत्र के चुनाव के लिए नहीं। यह भी ध्यान रखें कि टेस्ट देने की जगह आपको अपने अभिभावकों के क्षेत्र से जो अनुभव मिलेगा वह लाभदायक होगा। जैसे अभिभावक के वकील या डॉक्टर होने का फायदा उसके बच्चों को मिलेगा ही। एक बार जब आप यह जान जाते हैं कि ये करियर टेस्ट अंकों के प्रतिशत और योग पर आधारित हैं तो आप उसके परिणामों को आखिरी मंत्र मान जाप नहीं कर सकते। ये टेस्ट आपको व्यापक दृष्टि प्रदान करते हैं जिससे आपके सोचने और निर्णय लेने का दायरा बड़ा हो सके। ये टेस्ट आपको उस क्षेत्र को चुनने में मदद करेंगे, जिसमें अनेक संभावनाएँ हों। इससे विषयगत जानकारी व आवश्यक सूचनाओं को आप जान पायेंगे और अपने करियर की सही तौर पर योजना बना पायेंगे।

सफल करियर केवल टेस्ट नहीं

सफलतापूर्वक पढ़ाई करने और करियर की योजना बनाने का मुख्य सूत्र यह है कि आप पहले अपने को पहचानें, यह जानें कि आपको करियर के क्षेत्रों की कितनी ताजा जानकारी है? इसके लिए किसी अच्छे करियर काउंसलर से संपर्क कर सकते हैं। अच्छा और सही परीक्षण विश्वसनीय काउंसलर द्वारा ही हो पायेगा। इससे आप अपने भविष्य की बेहतर और उपयोगी जानकारियां पाकर लाभान्वित होंगे। एक अच्छे काउंसलर के पास ही इस बात की जानकारी हो सकती है कि हमारे देश में किसी क्षेत्र में कितना विकास हो रहा है। संसार के अन्य देशों की तुलना में हमारे देश की विकास की दर क्या है। अन्य देशों की तुलना में हमारे यहाँ योग्य युवाओं की संख्या कहीं अधिक है। लेकिन यह भी सच है कि भारत की तुलना में यू.एस. और यू.के. में उसी काम का दस गुना ज्यादा वेतन मिलता है। इसी आधार पर अमेरिकन कंपनियाँ अपने कार्यों का आउटसोर्सिंग कर भारतीय युवाओं की योग्यता का इस्तेमाल कर रही हैं। इनमें कॉल सेंटरों का बूम इसका ही एक नतीजा है।

इसलिए यह बात हमेशा ध्यान में रखें कि करियर की सही योजना केवल टेस्ट के जरिये नहीं बनाई जा सकती। यह सिर्फ आपकी रुचियों और आपके व्यक्तित्व के मेल आपके अध्ययन क्षेत्र के आधार पर उपलब्ध विकल्पों से अवगत करा सकते हैं। बेहतर होगा कि इसके लिए एक अनुभवी एवं संवेदनशील काउंसलर का दिशा निर्देशन लें। साथ ही यह भी समझें कि अंतिम तौर पर निर्णय आपको लेना है। आपकी इच्छा और लक्ष्य पूरी तरह स्पष्ट होने चाहिए। इसके सामने सभी टेस्ट बेमानी हैं।

6. बेहतर करियर के लिए रोज सीखें

आज की प्रतिस्पर्द्धा भरी दुनिया में करियर में आगे रहने के लिए कड़ी मेहनत करनी होती है। आगे बढ़ने के लिए आपको लगातार सीखने और व्यक्तित्व विकास की जरूरत पड़ती है। इन्हीं के जरिये आप अपने करियर या नौकरी में शीर्ष पर बने रह सकते हैं। आइए देखते हैं कि किन उपायों के जरिये आप करियर में औरों से आगे रह सकते हैं और शीर्ष पर पहुँचने की क्षमता कैसे विकसित कर सकते हैं।

गलाकाट प्रतिस्पर्द्धा के दौर में केवल वही शख्स आगे रह सकता है जो ज्ञान में भी आगे हो। जाहिर है इसके लिए पढ़ाई जरूरी है। इसलिए हर दिन समय निकाल कर एक घंटा जरूर पढ़ें। अगर आप रोजाना एक घंटा पढ़ते हैं तो एक सप्ताह में एक किताब खत्म कर सकते हैं और इस तरह एक साल में आप 50 किताब तक पहुँच सकते हैं। अगर आप किसी क्षेत्र के बारे में रोजाना एक घंटा पढ़ते हैं तो साल के अंत में इसके विशेषज्ञ बन सकते हैं।

कहा जाता है कि हर लीडर एक रीडर होता है। कहने का मतलब यह है शीर्ष पर काम करने वाले गहन अध्ययन करने वाले होते हैं।

पढ़ाई के मामले में भी आप चुनाव कर सकते हैं। आप अपने विषय से जुड़ी पत्रिकाओं और जर्नल पर ध्यान केंद्रित करें. आपके काम से जुड़ी जितनी भी पत्र-पत्रिकाएं निकलती हैं। उन्हें छान डालें। देखियेगा, इससे आपके ज्ञान में कितनी सकारात्मक बढ़ोतरी होती है। कुछ रुपये के निवेश से आपको अपनी प्रतिस्पर्द्धी क्षमता में जबरदस्त इजाफा देखने को मिलेगा। कभी-कभी किसी विशेषज्ञ का एक बेहतरीन लेख आपको अपने काम से जुड़ी बड़ी दृष्टि दे सकता है। अगर आप बिजनेस पत्रकारिता में सक्रिय हैं तो फोर्ब्स, फॉरच्यून, बिजनेस वीक, वॉल स्ट्रीट जर्नल जैसी पत्रिकाएं काम आ सकती हैं।

इसके अलावा आपको सीखने पर लगातार निवेश करना चाहिए। कहा जाता है कि किसी भी प्रोफेशनल को अपनी कमाई का तीन फीसदी अपने ज्ञान के विस्तार पर खर्च करना चाहिए और यह प्रक्रिया लगातार चलनी चाहिए।

इससे आपका व्यवसायिक और व्यक्तिगत विकास दोनों होगा। इसके लिए किसी भी अच्छी पत्रिका के ग्राहक बन जाइए।

हर उस किताब में निवेश करें जो आपका ज्ञान बढ़ाने में सहायक साबित होगा। इस सेक्टर से जुड़ी सीडी, वीडियो और पत्रिकाओं का सहारा लें। अपने काम से जुड़े ट्रेनिंग और सेमिनार सत्रों में हिस्सा लें। विशेषज्ञों का कहना है कि अगर आप अपनी आय का तीन फीसदी अपने करियर पर निवेश करते हैं तो इसके रिटर्न के बारे में आप सोच भी नहीं सकते। यह चीज आपको हमेशा मदद करेगी। इन कवायदों के अलावा आपको अपने व्यक्तिगत विकास पर ध्यान देना चाहिए। संवाद की शैली, शिष्टाचार, शब्दों का सही चयन आदि से आप अपने व्यक्तित्व में व्यापक निखार ला सकते हैं।

इसके साथ ही आपको एक और चीज आजमानी चाहिए और यह है, स्पीड रीडिंग। तेजी से पढ़कर आप काफी समय बचा सकते हैं और अपने ज्ञान में इजाफा कर सकते हैं। वैज्ञानिकों ने साबित कर दिया है कि स्पीड रीडिंग चीजों को बेहतर और तेजी से समझने में काफी मददगार है। कहने का मतलब यह है कि अगर करियर में ऊँचा मुकाम पाना है हर दिन सीखने की आदत बनाये रखें। अगर आप जीवन में निरंतर सीखने की प्रक्रिया अपनाते हैं तो करियर में पीछे नहीं रहेंगे।

7. खुद को कमतर ना आँकिए

कई बार ऐसा होता है कि छात्र दूसरों की विचार धारणा के आधार पर अपने बारे में गलत राय बना लेते हैं। इसी कारण वे न तो पढ़ाई पर ध्यान लगा पाते हैं और न ही लक्ष्य प्राप्त कर पाते हैं। उन्हें लगता कि उनमें कुछ भी अच्छा नहीं है और हीनभावना से ग्रस्त हो जाते हैं।

याद रखिए जो कामयाब हैं वे इसलिए कि वे अपने को किसी से कम नहीं आँकते। वे हमेशा बेहतर चीजों पर ध्यान लगाकर अपना आत्मविश्वास बढ़ाते रहते

हैं और अपने व्यक्तित्व को चमकाते रहते हैं। इसलिए अपने भीतर झाँकिए और दूसरों से अपने को बिलकुल कम मत आँकिए।

कई छात्र इस परेशानी से जूझते दिखाई देते हैं कि न तो उनका शारीरिक गठन अच्छा है, न उनकी चाल। न उनकी आवाज अच्छी है न एटिटयूड। वे दूसरों की राय पर अपने बारे में ऐसी धारणा बना लेते हैं और परेशान रहते हैं। वे जब भी आईना देखते हैं हमेशा अपने से नाखुश रहते हैं। वे अपनी पढ़ाई, करियर और जीवन से नाखुश रहते हैं। इसलिए वे कोशिश करते हैं कि वे कुछ और हो जायें।

याद रखिए कामयाब होने की पहली सीढ़ी है अपने को स्वीकार करना, अपने को प्यार करना और अपनी गलतियों को भूला देना। इसी से आप अपने व्यक्तित्व को विकसित कर सकते हैं। इसकी आज से ही शुरुआत कर दीजिए।

८. क्यों है जरूरी करियर की योजना?

दुनिया बड़ी तेजी से बदल रही है और प्रतिस्पर्धा जबरदस्त है, इसलिए करियर की सही तरीके से योजना बनाने वाला छात्र ही आगे निकल पाता है। अब प्रोफेशनल कोर्स करियर को नई ऊँचाई दे रहे हैं। इसमें सफलता के लिए योजना की अहम भूमिका हो गयी है। सही योजना लक्ष्य निर्धारित करने और उसे हासिल करने में बहुत मददगार होती है।

कैसे बनायें योजना?

नई पीढ़ी का नारा है-इन्फॉर्मेशन इज पॉवर। न्यूजपेपर, मैगजीन, रेडियो, टीवी और इंटरनेट-इन सभी माध्यमों से प्राप्त जानकारियों को आधार बनाकर करियर की योजना बना सकते हैं। करियर की योजना के दौरान छात्र खुद की क्षमता और रुचि को सामने रखें, फिर सम्बन्धित क्षेत्रों में संभावनाओं के बारे में पता करें। इसके बाद निर्णय लेने की बारी आती है और अंत में जब लक्ष्य तय हो जाये, तब उस पर डटे रहना जरूरी है। अपने अंदर की आवाज को सुनने की कोशिश करनी चाहिए। इसके लिए आत्मआकलन जरूरी है। हर छात्र के अंदर कुछ खूबियाँ और कुछ खामियाँ होती हैं।

इसलिए अपनी ताकत और कमजोरी दोनों को ध्यान में रखते हुए लक्ष्य तय करना चाहिए। कुछ छात्र अपनी क्षमता को ध्यान में नहीं रखते हुए बहुत बड़ी महत्त्वाकांक्षा पाल लेते हैं, जिसका अंत अच्छा नहीं होता। बड़ा लक्ष्य जरूर रखना चाहिए, लेकिन अपनी क्षमताओं और सीमाओं का सही मूल्यांकन भी जरूरी है।

8 से 14 वर्ष के आयु वर्ग से शुरुआत

8 से 14 वर्ष के आयुवर्ग के बच्चों का दिमाग बिल्कुल कोमल होता है। ऐसे बच्चों पर किसी भी चीज का शीघ्र प्रभाव पडता है। इन्हें किसी भी तरफ उनकी रुचि के अनुसार मोड़ा जा सकता है। यह कार्य माली की भूमिका में एक अभिभावक अच्छी तरह निभा सकता है।

अभिभावकों की महत्त्वपूर्ण भूमिका

अभिभावक का दायित्व है कि बच्चे का पढ़ाई में ध्यान केन्द्रित करके लक्ष्य की ओर ले जायें। यदि बच्चा गणित में तेज है तो बेहतर होगा उसे गणित में करियर बनाने के लिए प्रेरित करें। बच्चे को बेहतर पढ़ाई का तरीका, डाइट को संतुलित रखना, खेलकूद यानि आउटडोर ऐक्टिविटीज के बारे में जानकारी देना, उसे उर्वराशक्ति प्रदान करने जैसा है। बच्चे को केवल प्रेरित करें, उस पर अपनी रुचि न थोपें तो बेहतर होगा। कभी यह न सोंचे कि डॉक्टर, इंजीनियर या आईएएस, मैनेजमेंट की पढ़ाई ही महत्त्वपूर्ण हैं। अपने बच्चे की रुचि एवं क्षमता के अनुसार विकल्पों पर ध्यान केंद्रित कर उसके उज्ज्वल करियर के लिए आकर्षक विकल्प को चुनें।

इसमें काउंसलर आपके बच्चे के प्रोफेशन चयन में सहायता कर सकते हैं। यदि आपका बच्चा किसी विषय में बहुत तेज है और आप उसे उसी विषय में आगे देखना चाहते हैं, तो उस क्षेत्र से सम्बन्धित सारे विकल्प उन्हें बतायें और आगे बढ़ने के लिए प्रेरित करें, ताकि वह और मेहनत करे। कहने का आशय यह है कि यदि उसे हॉकी खेलना पसंद है तो उसके सचिन तेंदुलकर बनने का सपना कतई न देखें। यदि बच्चा इंजीनियर बनना चाहता है तो अभिभावक को आईआईटी-जेईई जैसी परीक्षाओं की जानकारी जरूरी है।

शिक्षक की भूमिका

अब सीबीएससी पैटर्न ही करियर आधारित हो गया है, जिसमें छात्रों की संपूर्ण कार्यकलापों का समावेश है। शिक्षक उसकी सक्रियता को ध्यान में रखकर यदि उनके अंदर छुपी प्रतिभा को निखारें, तो 8 से 14 वर्ष के आयु वर्ग के बच्चे बेहतर स्थिति में होंगे।

कहने का आशय यह है कि इस आयु वर्ग के प्रति अभिभावक, शिक्षक और सहपाठी का निःस्वार्थ लगाव होना चाहिए, तभी प्रतिभाएँ निखरेंगी। 8 से 14 वर्ष के आयु वर्ग के बच्चों में संभावनाएँ दिखने लगती हैं। कुछ बच्चे गणित में तेज होते हैं, तो कुछ खेल या फिर अन्य विधा में प्रवीण।

यदि बच्चे की प्रतिभा पहचानकर उसे उसी क्षेत्र में आगे बढ़ने का मौका दिया जाये तो वह निश्चित ही सफल होगा। यदि बच्चे की सम्बन्धित विषय में पकड़ है, तो राष्ट्रीय और अंतरराष्ट्रीय स्तर पर आयोजित परीक्षा जैसे कि ओलंपियाड आदि में भी भेज सकते हैं।

अन्य गतिविधियाँ

इस उम्र में इसका महत्त्वपूर्ण योगदान होता है। आजकल स्कूलों में अनेक तरह के सांस्कृतिक और मनोरंजक कार्यक्रम होते हैं, जिनमें विभिन्न स्कूलों के छात्र भाग लेते हैं और पुरस्कार जीतते हैं। यदि आपके बच्चे की इसमें रुचि है, तो उसे प्रोत्साहित करके आगे बढ़ने के लिए प्रेरित करें। करियर की योजना में उन

गतिविधियों की भी समीक्षा करना जरूरी है, जो छात्र कोई कार्य न होने पर करते हैं। यह बात कुछ अटपटी लग सकती है कि नॉन-वर्क एक्टिविटीज पर करियर प्लानिंग के दौरान क्यों विचार किया जाये, मगर ऐसा नहीं है। कई बार छात्रों की हॉबी उनके भविष्य के करियर की राह के बारे में काफी कुछ तय कर सकती है।

दसवीं के छात्र और योजना

करियर प्लानिंग का सबसे उचित समय 10 वीं कक्षा पास करने के बाद माना जाने लगा है। करियर प्लानिंग के लिए किसी अनुभवी करियर काउंसलर का मार्गदर्शन उपयोगी होता है। यह जरूरी है कि छात्रों की अभिरुचि, दक्षता और क्षमता का मूल्यांकन करके 10 वीं के बाद उपयुक्त विषय चयन कर उसे आगे बढ़ने के लिए प्रोत्साहित किया जाये। ऐसा होने पर विद्यार्थी अपनी पूरी शक्ति और परिश्रम से निर्धारित करियर की डगर पर आगे बढ़ पाते हैं। यदि छात्रों को मालूम हो कि कौन-से कोर्स करियर को ऊँचाईयाँ देने वाले हैं, कौन सी शिक्षण संस्थाएँ वास्तव में श्रेष्ठ है, प्रगति के लिए कौन-सी योग्यता और विशेषता जरूरी है, तो निश्चित रूप से उनका परिश्रम और समय का सार्थक उपयोग हो पायेगा। सामान्यत: हाईस्कूल स्तर की 10 वीं कक्षा के बाद 11वीं में प्रवेश के समय प्रमुख रूप से पाँच विषयों में से किसी एक विषय को चुना जाता है। ये विषय है गणित, जीव विज्ञान, वाणिज्य, कला तथा कृषि। इन मूल विषयों में से किसी एक विषय को चुनने के साथ-साथ कोई एक अतिरिक्त विषय भी लेने की व्यवस्था कई हायर सेकंडरी स्कूलों में उपलब्ध है। जैसे कॉमर्स विथ मैथ्स, बायोलॉजी विथ बायोटेक्नोलॉजी, मैथ्स विथ फिजिकल एजुकेशन आदि उपयुक्त विषय चुनकर उनकी पढ़ाई के साथ-साथ दो वर्षों तक छात्र प्रवेश परीक्षाओं की तैयारी कर सकते हैं, जिसमें उसे 12वीं के बाद सम्मिलित होना है। यदि छात्र औसत योग्यता का है या फिर उसे पारिवारिक परिस्थिति के कारण जल्दी धनार्जन करना आवश्यक है, तो उसे 10 वीं के बाद ऐसे कोर्स चुनने चाहिए, जो उसका व्यावसायिक कौशल बढ़ाकर उसे रोजगार दिला सके।

10+2 के छात्रों का मार्गदर्शन

बाहरवीं में पहुँचने पर छात्र अपनी चयनित फील्ड के अनुसार बोर्ड परीक्षा की तैयारी के साथ उसकी तैयारी भी करे। यदि स्टूडेंट ने इंजीनियरिंग क्षेत्र का चयन किया है तो आईआईटी-जेईई, एआईईईई तथा स्टेट लेवॅल इंजीनियरिंग प्रवेश परीक्षाओं की तैयारी कर सकते हैं। सारा पाठ्यक्रम इंटरमीडिएट स्तर का होता है। इसी प्रकार यदि मेडिकल, सीए, सीएस, मैनेजमेंट करने का मन बनाया है तो उसी के अनुरूप अपनी पढ़ाई को आगे बढ़ायें तो बेहतर होगा।

नौकरी या पढ़ाई

छात्र अपनी रुचि के मुताबिक विषय चयन करता है तो कामयाबी की इबारत लिख

सकता है। 10वीं में पढ़ाई के दौरान छात्रों को पूर्व में लिए गए निर्णय में अडिग रहने की जरूरत होती है। अभिभावकों को चाहिए कि जिस क्षेत्र में जाने का छात्र ने मन बनाया है, उस क्षेत्र में करियर के सम्बन्ध एवं विकल्पों के बारे में जरूर बतायें। व्यवस्थित पढ़ाई के लिए उसे उसका संकल्प ध्यान दिलाते रहें और पढ़ाई के प्रति प्रेरित करते रहें। यदि योजना के तहत आपका बच्चा आगे बढ़ रहा है, तो सही है अन्यथा उसके लिए फिर से करियर की योजना बनाने का यही उचित समय है।

10+2 के परीक्षा समाप्त होने के बाद छात्र स्ट्रीम चयन को लेकर असमंजस की स्थिति में रहते हैं। उनके समक्ष यह भी दुविधा रहती है कि वह ग्रेजुएशन करे या फिर प्रोफेशनल कोर्स। यदि पहले से लक्ष्य निर्धारित होता है, तो उसे आगे बढ़ने में अधिक परेशानी नहीं होती है।

टीचिंग, लॉ जैसे तमाम कोर्स करियर के रूप में चुने जा सकता हैं। जो छात्र अधिक प्रतिभाशाली हैं, उन्हें उपयुक्त स्नातक और स्नातकोत्तर कोर्स की ओर बढ़ना चाहिए। कला के छात्रों के लिए अर्थशास्त्र हिंदी, अंग्रेजी, भूगोल, विधि, समाजशास्त्र, राजनीति विज्ञान, मनोविज्ञान आदि मानविकी विषयों में करियर होते हैं। कॉमर्स के छात्रों के लिए वित्त, बैकिंग, सीए, सीएम, सीएफए, कास्ट एकाउंटेंसी, बीमा, विपणन, विदेश व्यापार आदि में करियर होते हैं। इतना ही नहीं गणित, रसायन और भौतिक शास्त्र में विशेषज्ञता किए जाने पर करियर की आपार संभावनाएँ भी बढ़ जाती है। करियर को निर्धारित करते समय पहली करियर प्राथमिकता के साथ-साथ करियर की दूसरी प्राथमिकता के बारे में भी जानकारी होनी चाहिए। इस संदर्भ में स्वरोजगार, कृषि, तकनीकी, पैरामेडिकल, कंप्यूटर और कॉमर्स इत्यादि क्षेत्रों में ऐसे कई रोजगार उपलब्ध हैं, जो छोटे-छोटे डिप्लोमा करने के बाद शुरू किए जा सकते हैं।

स्नातक के छात्र

इस समय छात्रों को खुद निर्णय लेना होता है। अभिभावकों या शिक्षक की भूमिका गौण हो जाती है। कला, वाणिज्य या विज्ञान चाहें किसी भी स्ट्रीम से छात्र स्नातक कर रहे हैं तो पूर्व योजना को ध्यान में रखते हुए पढ़ाई करें। प्रथम वर्ष से ही यदि सिलेबस का गहन अध्ययन करेंगे तो तृतीय वर्ष तक पाठ्यक्रम पर अच्छी पकड़ बना लेंगे। यदि वे सिविल सेवा परीक्षा में जाना चाहते हैं, तो पहले ही वैकल्पिक विषय का चयन कर लें और उसी के अनुरूप पढ़ाई की तैयारी करें। यदि शिक्षण कार्य को करियर बनाने को सोचा है, तो वे इसके लिए भी तैयारी कर सकते हैं। स्नातक के बाद आप सिविल सेवा, डिफेंस सर्विस, एमबीए, इंजीनियरिंग, मेडिकल आदि क्षेत्रों में करियर बनाने के साथ आगे की पढ़ाई कर सकते हैं।

आत्म आकलन औजार है उपयोगी

कोई भी करियर चुनने से पहले छात्र अपना मूल्यांकन, रुचि और योग्यता के बारे में जानें। साथ ही अपने व्यक्तित्व के गुणों की पहचान भी करें।

इससे वे आसानी से ये जान पायेंगे कि कैसा और किस क्षेत्र का करियर उनके लिए सही रहेगा और कौन-सा गलत। इसके लिए वे आत्म आकलन औजार जैसे करियर टेस्ट का भी इस्तेमाल कर सकते हैं, जो इंटरनेट पर आसानी से मिल जाते हैं।

दूरदृष्टि जरूरी

करियर की योजना का सबसे महत्त्वपूर्ण भाग छात्र की दृष्टि होती है। यह जानना बेहद जरूरी है कि आप क्या बनना चाहते हैं और असल में क्या हासिल करना चाहते हैं। एक दूरदृष्टि जरूरी होना बहुत जरूरी है, पर यह भी इतना ही जरूरी है कि आप अपने छोटे लक्ष्यों का दूरदृष्टि के हिसाब से ही निर्णय करें। सही करियर योजना के साथ-साथ यह भी जरूरी है कि इसे सही वक्त पर योजना बनाई जाये। जीवन में जल्दी करियर की योजना बनाना सही साबित होता है। इससे छात्रों के पास योजना को अनुसरण करने के लिए काफी समय होता है। इस प्रक्रिया में आप ज्यादा से ज्यादा सीख सकते हैं और अपने करियर से जुड़ी बारीकियों को समझ सकते हैं।

किन बातों का रखें ध्यान

करियर योजना बनाते हुए अपने क्षेत्र से जुड़ी सभी छोटी-बड़ी बातों का पूरा ध्यान रखना चाहिए। नौकरी से जुड़ी सारी जानकारी और जरूरतों को समझना, उस क्षेत्र से जुड़े आधुनिक बदलाव, अवसरों आदि के बारे में सही समझ किसी को शिखर की सफलता दिला सकती है। परिवर्तन जिंदगी का अंग है। जिंदगी में सब कुछ बदलता है, हमारी पसंद और नापसंद भी। जो काम हमें दो साल पहले करना पसंद था, वह कार्य अब आपको उतनी खुशी नहीं देता। इसलिए इन बातों पर विचार करने के लिए पूरा समय लें, और अपनी सबसे अधिक पसंदीदा व नापसंद चीजों की सूची तैयार करें।

अब इस सूची का विवेचन अपने वर्तमान में करें। अगर करियर आपकी पसंदीदा चीजों की सूची में आता है, तो आप सही राह पर चल रहे हैं।

अगर, आपकी नौकरी से जुड़े कार्यकलाप नापसंद चीजों की सूची में आते हैं तो फिर से योजना बनाने की जरूरत है।

योग्यता परखकर करियर का चयन

अपनी योग्यता को अच्छी तरह परखकर करियर का चयन करें। इस बात का ध्यान रखें कि जिस क्षेत्र का चुनाव आपने किया है, उसमें विकल्प जरूरी है। आठवीं का छात्र अपने भविष्य के बारे में सोच सकता है। बस जरूरत है उसमें छुपी प्रतिभा को पहचान कर प्रोत्साहन देने के साथ दिशा देने की। इस तरह पहचान सकते हैं स्किल्स..

रचनात्मक सोच

- क्रिटिकल थिंकिंग
- इफेक्टिव कम्युनिकेशन
- सेल्फ एवेयरनेस

- डिसीजन मेकिंग एबिलिटी
- प्रॉब्लम साल्विंग कैपिसिटी

यदि यह खूबियाँ छात्र में है तो वह किसी भी सीढ़ी को आसानी से चढ़ सकता है। इस बात को और ज्यादा साफ तरीके से समझने के लिए निम्न प्रश्न तालिका को परखा जा सकता है।

1. **किसी भी कार्य को करने से पूर्व-**
   अ : जो भी काम मिले, कर लेते हैं-ज्यादा सोच-विचार नहीं करते
   ब : काम करने से पहले बहुत सोचते हैं

2. **कार्य सम्बन्धी आपका नजरिया है-**
   अ : कई प्रोजेक्ट्स में एकसाथ काम
   ब : एक-दो प्रोजेक्ट्स में गंभीरता से काम

3. **आपका स्वभाव कुछ ऐसा है-**
   अ : बोलते ज्यादा हैं, सुनते कम हैं
   ब : सुनते ज्यादा हैं, बोलते कम हैं

4. **खुद के बारे में आपकी राय है-**
   अ : आम इनसान हैं, सबके जैसे हैं
   ब : खास और साहित्यिक रुचि के हैं

5. **जिंदगी का लक्ष्य क्या है**
   अ : जैसे जिंदगी चलाए, चलेंगे
   ब : खास लक्ष्यों पर काम करेंगे

6. **आप कितने व्यावहारिक हैं**
   अ : सपने देखना फितरत है
   ब : कल्पनाओं से ज्यादा हकीकत में यकीन रखते हैं

7. **भविष्य को लेकर क्या सोचते हैं**
   अ : कभी-कभी चिंतित होते हैं कि आगे क्या होगा
   ब : बस वर्तमान में जीते हैं

9. **नए प्रोजेक्ट में काम करते समय-**
   अ : हड़बड़ी और जल्दबाजी में रहते हैं
   ब : शांति से उसका प्रारूप तैयार करते हैं और अपनी टीम के साथ विमर्श करते हैं।

10. **नए विचारों के प्रति आपकी सोच**
    अ : तभी मानते हैं, जब व्यावहारिक हों
    ब : नई चीजों के प्रति जिज्ञासु रहते हैं

11. जीवन में क्या है महत्त्वपूर्ण-
    अ : सम्बन्ध, सुख-समृद्धि और प्रसिद्धि
    ब : ज्ञान, रचनात्मकता और सुकून
12. आपको कोई कार्य सौंपा जाये तो
    अ : मुख्य जिम्मेदारी लेना पसंद करेंगे
    ब : पर्दे के पीछे रहकर शांति से करेंगे
13. किस आधार पर फैसले लेते हैं?
    अ : जो सही लगता है, करते हैं
    ब : सोच-समझकर, सतर्कता के साथ
14. समय के कितने पाबंद हैं-
    अ : आमतौर पर देर होती है
    ब : पाबंद हैं, हमेशा समय पर पहुँचते हैं
15. दूसरों के बारे में आपका नजरिया-
    अ : अच्छे कार्यों की सराहना करते हैं
    ब : जल्दी तारीफ नहीं कर पाते, कई बार तो कटु आलोचक तक हो जाते हैं
16. आपकी भावनाओं का प्रभाव
    अ : कार्य पर हावी होती हैं भावनाएँ
    ब : भावनाएँ आसानी से छिपा लेते हैं
17. किसे ज्यादा प्राथमिकता देते हैं
    अ : सच्चाई और व्यावहारिकता दोनों को
    ब : व्यावहारिकता से पहले सच्चाई को
18. दफ्तर में आपकी स्थिति कैसी है?
    अ : हर बात की खबर रखते हैं, लगभग हर कर्मचारी को जानते हैं
    ब : सहकर्मियों तक सीमित है, ऑफिस की जानकारियाँ काफी देर से मिलती हैं
19. अगर आपसे कोई सवाल पूछा जाये
    अ : शीघ्रता से और विस्तृत जवाब देते हैं
    ब : पहले सोचते हैं, फिर जवाब देते हैं
20. आपके व्यवहार की खूबी
    अ : सबको दोस्त बना लेते हैं
    ब : सबसे निकटता नहीं हो पाती
21. फैसलों का आधार क्या होना चाहिए
    अ : तर्क और न्याय
    ब : सहानुभूति, स्थिति

22. जिंदगी का फलसफा

अ : क्यों करें रोज काम-कभी तो मिले हमें भी आराम

ब : आराम है हराम

23. काम में आपकी पसंद-

अ : लचीला माहौल और जल्दी निपट जाने वाले कार्य

ब : योजनाबद्ध-व्यवस्थित कार्य

24. विपरीत स्थिति में आपकी प्रतिक्रिया

अ : स्थिति के अनुसार खुद को ढालते हैं

ब : हरसंभव कोशिश करते है कि स्थिति को बदल सकें

25. कोई नया आइडिया आए तो-

अ : करीबी-भरोसेमंद लोगों को बताते हैं

ब : किसी के भी साथ उसे शेयर कर सकते हैं

26 जीवन के प्रति आपकी सोच

अ : संभावनाएँ हैं, उन्हें तलाशें

ब : वास्तविकता को नजरअंदाज न करें।

क्या है करियर एप्टीटयूड टेस्ट?

करियर एप्टीटयूड टेस्ट प्रश्नों की एक श्रृंखला है, जिसमें रुचियों, कार्यशैली, संवाद क्षमता, योग्यता पर आधारित सवाल पूछे जाते हैं। इसमें कुछ इस तरह की परीक्षाएँ होती हैं-

मानसिक योग्यता परीक्षा

इसमें व्यक्ति की विवेचनात्मक विचार योग्यता का परीक्षण होता है। मसलन, समस्या सुलझाने, संख्यात्मक तर्क क्षमता या गणितीय दृष्टिकोण और स्मरणशक्ति का परीक्षण होता है।

कार्य अनुरूपता परीक्षा

यह परीक्षा कार्य सम्बन्धी समस्याओं के लिहाज से ली जाती है। जैसे प्रोग्रामर पद के लिए व्यक्ति को बैंक स्टेटमेंट प्रोग्राम के लिए प्रोग्राम रीजनिंग करने को कहा जा सकता है।

विशेष योग्यता परीक्षा

कई विशेष पदों के लिए खास क्षेत्रों में विशेष योग्यता परीक्षण किया जाता है। इनमें विस्तृत प्रश्न पूछे जाते हैं।

कंप्यूटर या इंजीनियरिंग क्षेत्र में तकनीकी ज्ञान जाँचने के लिए यह परीक्षा ली जाती है।

व्यक्तित्व परीक्षा

इसमें देखा जाता है कि व्यक्ति कंपनी की जरूरतों के हिसाब से काम कर सकता है या नहीं। सवाल कुछ ऐसे होते हैं-आप पतंग उड़ाना पसंद करेंगे या कविता पढ़ना?, पुस्तक पढ़ना पसंद करेंगे या एयरोप्लेन उड़ाना?

ईमानदारी परीक्षा

संवेदनशील क्षेत्रों, गुप्त विभागों या व्यापारिक क्षेत्रों के लिए ऐसी परीक्षाएं ली जाती हैं। जैसे क्या आप कविता के बजाय शतरंज खेलना पसंद करेंगे?, क्या शतरंज के बजाय कविता पसंद करेंगे? कई बार ऐसे सवाल पूछे जाते हैं, क्या आपने कभी झूठ बोला? परीक्षा से पूर्व मानसिक-शारीरिक तौर पर तैयारी अनिवार्य है। यह भी जरूरी है कि जवाब ईमानदारी से दिए जायें। यह टेस्ट सिर्फ क्षमताओं के बारे में बताता है। यह जानने का कोई तरीका नहीं है कि परफेक्ट करियर मिलने के बाद क्या व्यक्ति योग्य कर्मी बन पाता है।

क्या कहते हैं आपके जवाब?

यदि आपके ज्यादातर जवाब अ में हैं आपको ऐसे कार्य पसंद आएंगे, जिनमें लोगों से मिलना-जुलना ज्यादा हो। थोड़ी आजादी आपको चाहिए, तभी अच्छा कर पाते हैं। नेतृत्व करना पसंद करते हैं। सम्बन्ध-मित्रता आपके लिए महत्त्वपूर्ण हैं। अकेले रहना आपकी फितरत नहीं, थोड़े उतावले हैं, बगैर सोचे-समझे बोल जाते हैं। प्रश्नों के जवाब में जल्दबाजी दिखाते हैं, भले ही उत्तर से खुद आश्वस्त न हों। भावनाएं नहीं छुपा पाते। लोगों का प्यार, स्नेह, सराहना आपको पसंद है। दूसरों के प्रभाव में जल्दी आते हैं।

आपके लिए सही करियर

स्टॉक ब्रोकर, सेक्रेटरी, रिसेप्शनिस्ट, डायरेक्टर, सलाहकार, मार्केटिंग, राजनीति, मानव संसाधन, शिक्षक, वकील, विज्ञापन, मेडिकल, जनसंपर्क, ट्रैवल एजेंट, होटल मैनेजमेंट, ईवेंट्स ऑरगेनाइजर।

2. यदि ज्यादातर जवाब ब में हैं आपको रचनात्मक कार्य पसंद हैं। अकेले और पर्दे के पीछे रहकर काम करना अच्छा लगता है, नहीं चाहते कि कई लोगों का ध्यान आकर्षित करें। आपके मित्रों की संख्या कम होती है। आप अच्छे श्रोता हैं, अपने बारे में बात करना ज्यादा पसंद नहीं। व्यावहारिक हैं, सोच-समझकर फैसले लेते हैं। जल्दी जवाब की आशा आपसे नहीं की जा सकती, स्थितियों का हरसंभव विश्लेषण करते हैं, तब निर्णय लेते हैं। एकाध प्रोजेक्ट में डूबकर काम करना आपको पसंद है। दूसरों के प्रति ईमानदारी और सहिष्णुता आपके स्वभाव में है, लेकिन तारीफ करने में कंजूस होते हैं। भाषा और शब्दों के चयन में काफी सतर्क हैं और बातों को विस्तृत ढंग से समझाते हैं। बने-बनाये ढर्रे पर काम करना आपको पसंद नहीं।

आपके लिए उपयुक्त करियर

कलाकार, इतिहासकार, उपन्यासकार, प्रोफेसर, फोटोग्राफर, बैंकर, ग्राफिक डिजाइनर, वेबमास्टर, प्रोडयूसर, मैनेजिंग डायरेक्टर, नर्सिंग, संगीत, एडवर्टाइजिंग, न्यूट्रशनिस्ट।

3. अगर आपके जवाब मिले-जुले हैं तो आप रचनात्मक-कल्पनाजीवी भी हैं, व्यावहारिक भी। जीवन के प्रति संतुलित नजरिया है आपका। आपके लिए इंजीनियरिंग, अभिनय, राजनीति, सलाहकार जैसे करियर उपयुक्त रहेंगे।

नोट : इस परीक्षा से सौ फीसदी सही नतीजे नहीं मिलते, लेकिन रुझान समझने में मदद मिल सकती है।

अध्याय-4
व्यक्तित्व निर्माण

कहते हैं कि काबिल होना जितना जरूरी है, उससे कहीं ज्यादा जरूरी है काबिल दिखना। यह सच भी है, क्योंकि रोजगार की तलाश में निकले शिक्षित युवाओं को जितनी मेहनत लिखित परीक्षा और उसकी तैयारी के संदर्भ में करनी पड़ती है, उससे कहीं ज्यादा सावधानी उन्हें साक्षात्कार यानी इंटरव्यू के दौरान बरतनी पड़ती है।

प्रत्येक नियोक्ता, कंपनी अथवा उपक्रम यानी इंटरव्यू कमेटी यह जरूर देखती है कि सम्बन्धित पद के लिए वह जिस अभ्यर्थी का चयन कर रही है, वह उसके लिए कितना उपयुक्त है। उसका व्यक्तित्व कैसा है यानी देखने में कैसा है।

उसकी भाषा शैली कैसी है वगैरह-वगैरह। इसलिए प्रत्येक अभ्यर्थी को अपने व्यक्तित्व के विभिन्न पहलुओं पर विशेष ध्यान देना चाहिए। आपका व्यक्तित्व न सिर्फ दूसरों के सामने आपको प्रभावी बनाता है, बल्कि आपकी सफलता भी सुनिश्चित करता है।

1. डर के आगे जीत है

हम सबके अपने भय हैं, जो अलग अलग मनस्थितियों और परिस्थितियों से उपज सकते हैं। कई बार भय हमारी इच्छाओं से पैदा होते हैं।

डर जिन्दगी का एकलौता सच्चा दुश्मन है। इसी डर के हारे हार है। यह चालाक, धोखेबाज दुश्मन है, जिसे हम सबसे बेहतर कौन जानेगा।

डर जो याददाश्त में गेंग्रीन की तरह समा जाता है, सब कुछ सड़ा डालता है, यहाँ तक कि शब्द भी उसके सामने मर जाते हैं।

डर को शब्दों में कहने के लिए बहुत कोशिश करनी होती है। उसका सामना करना होगा, ताकि शब्दों से वह रौशन हो जाये। अगर आप ऐसा नही करेंगे, अगर आपका डर ऐसा शब्दहीन अँधेरा बन जायेगा जिससे आप बचते हैं, शायद भुला भी देते हैं, तो आप डर के भावी हमलों के लिए सहज उपलब्ध होते हैं, क्योंकि हकीकत में आपने तो विजेता दुश्मन का मुकाबला किया ही नही......

हम सब के अन्दर कोई न कोई डर अवश्य मौजूद होता है। जब तक हम उसे बाहर नहीं करते हम उसके आगे नतमस्तक रहेंगे।

आप जब एक बार डर के कारणों को चिन्हित कर लेते हैं तो तसल्ली के साथ आपको इसकी वस्तुनिष्ठता पर विचार करना चाहिए। आपको जिन चीजों से डर लगता है कि उसे चिन्हित करके उसकी समीक्षा करनी चाहिए। आपको जिन चीजों से डर लगता है, उसे लिख कर अपने काम की मेज पर रख लें। मेधावी लोग भी किसी-न-किसी चीज को लेकर मन में डर पाले हुए रहते हैं। यह अनहोनी नहीं बल्कि यह बहुत ही स्वाभाविक सी बात है कि कोई स्वास्थ्य को लेकर बहुत सजग होता है तो कोई भावनात्मक पहलुओं को लेकर। कोई वित्तीय सुरक्षाओं को लेकर बहुत चिंतित रहता है। बहादुर व्यक्ति होने का मतलब यह कतई नहीं होता है कि वह डरविहीन होगा। बहादुर व्यक्ति का आशय उनसे लगाया जाता है कि तमाम आशंकाओं और डर के बावजूद वह काम को अंजाम देने में लगा रहता है।

आप जब भय का सामना करते हैं तो आपके अंदर का डर धीरे-धीरे बाहर निकलता जाता है।

आपने यह महसूस किया होगा कि डर की जितनी उपेक्षा करेंगे, डर में उतनी ही बढ़ोतरी होती जाती है। डर की सत्ता आपको घेर लेती है।

आप इस चक्र में पड़कर अपना बहुत ज्यादा नुकसान करते हैं

2. जरूरी हैं सकारात्मक सोच

रुख, रवैया अंग्रेजी में जिसे ऐटिट्यूड कहा जाता है। आखिर है क्या यह ऐटिट्यूड? अकसर ऐटिट्यूड को नकारात्मक अंदाज में ही देखा जाता है। मसलन अगर कोई अकड़ू है, कम बात करता है या सिर्फ अपने काम से ही मतलब रखता है तो लोग कहते हैं कि उसमें ऐट्टियूड है। सही मायने में ऐसा नहीं है, अगर डिक्शनरी में ऐटिट्यूड की परिभाषा देखें तो हम पायेंगे कि जिंदगी के प्रति देखने का एक नजरिया है ऐटिटड्ूड। सोचने, समझने और बर्ताव करने का तरीका है ऐटिट्यूड।

अच्छे-बुरे के आधार पर ही ऐटिट्यूड दो तरह के होते हैं सकारात्मक और नकारात्मक। अतः ऐटिट्यूड को सिर्फ नकारात्मकता के लिए समझना सही नहीं है। किसी भी काम की सफलता के पीछे हमारी सोच, उस काम के प्रति हमारे रवैये पर ही निर्भर करती है। या यूं कहें कि हमारे ऐटिट्यूड पर ही निर्भर करती है। हम

उस काम को किस नजरिए से देखते हैं यही बात हमारी सफलता-असफलता का कारण होती है। ठीक इसी तरह अपने अच्छे करियर के लिए जरूरी है कि हम उसकी शुरुआत के समय उसके प्रति अपने रुख को निर्धारित करें।

सिर्फ अपना करियर की योजना बना लेना ही सब-कुछ नहीं है। करियर की योजना बनाने के साथ अगर हम उसके प्रति अपने सकारात्मक रवैये को नहीं अपनाते हैं तब यह गलती हमारे करियर की योजना को क्षीण बना देगी और हम अपने लक्ष्य तक नहीं पहुँच पायेंगे। किसी भी करियर में सफलता अर्जित करने के लिए जरूरी है कि हम उसके प्रति सकारात्मक रुख के महत्त्व को समझें।

अपने काम के लिए आप नजरिया के रूप में अपने आदर्शों को निर्धारित कर सकते हैं जो लक्ष्य पाने के लिए हमेशा आपका मार्गदर्शन करते रहें। आप नीचे दिए तीन आदर्शों को करियर के प्रति अपने नजरिया के रूप में निर्धारित कर सकते हैं।

1. गर्व

हालाँकि यह एक बड़ा ही जटिल शब्द है, लेकिन इसे अहंकार के रूप में न लेते हुए अपने आत्म सम्मान के रूप में लिया जाना चाहिए। तभी आप अपने काम को गर्व करने लायक बना पायेंगे। वैसे भी गर्व और घमंड के बीच बहुत महीन पर्त है।

2. उत्साह

किसी भी करियर को महज इच्छा के कारण स्वीकारना अक्लमंदी का काम नहीं है। ऐसा करने से आगे मुश्किल दौर में आप उस करियर में अपने आप को साबित नहीं कर पायेंगे और न ही आपकी पदोन्नति हो पायेगी। करियर में आगे और आगे जाने के लिए जरूरी है उसके प्रति प्रबल इच्छा, रूचि। अपने काम के प्रति आपकी दीवानगी, आपका पैशन ही आपको उस क्षेत्र में असीम सफलता दिला सकता है। इससे काम के प्रति आपका उत्साह पूरे समय बना रहेगा।

3. प्रबल विश्वास

काम के प्रति इस दीवानगी के लिए जरूरी है खुद पर यकीन और आपकी गहरी आस्था। अगर जीवन में आपने कुछ मानक तय किए हैं और आपको अपनी सफलता का विश्वास है तो फिर आप अपने लक्ष्य की ओर जोश और जुनून के साथ बढ़ेंगे।

आपको अपने आप पर पूरा विश्वास रखना होगा कि आप यह काम बखूबी कर सकते हैं और आपमें प्रतिभा की कोई कमी नहीं है। आपकी यही सोच आपको उस लक्ष्य तक पहुँचाएगी जिसका ख्वाब आपने देखा है।

सकारात्मक सोच और सफलता एक दूसरे से जुड़े हुए हैं, हम जिंदगी को जिस नजरिये से देखेंगे, जिंदगी हमें वैसे ही दिखाई देगी। हमारी सोच जितनी सकारात्मक होगी, जीने के प्रति हमारा रवैया उतना ही जोशीला होगा। जिन्दगी हमें खुदबखुद खुबसूरत दिखने लगेगी।

किसी दोस्त या करीबी के कामयाब होने पर हम यह सोचने लगें कि उसकी किस्मत हमारी किस्मत से ज्यादा अच्छी है या वह हमसे ज्यादा काबिल है, सच बात तो यह है की ऐसी सोच ही हमें असफलता की ओर ले जाती है। हमें अपनी नकारात्मक सोच बदल कर सफलता पाने के लिए सबसे पहले सपने देखना होगा इसका अर्थ यह नहीं की सिर्फ सपने ही देखते रहें बल्कि उन सपनों को सच में बदलने के लिए सकारात्मक सोच के साथ उस दिशा में बढ़ना होगा, क्योंकि सफलता या कामयाबी अच्छे किस्मत वालों को नहीं बल्कि जीवन के प्रति सकारात्मक सोच रखने वालों को मिलती है।

'सकारात्मक सोच' व्यक्तित्व की सबसे बड़ी ताकत होती है। यदि सोच सही होगी तो कार्य भी होगा। यदि सोच गलत होगी तो शुरुआत गलत हो जायेगी। यदि सोच में हीनभावना या नकारात्मक होगी तो आप कोई भी कार्य मन से नहीं कर पायेंगे। इसलिए अच्छा सोचें, अपने बारे में और दुनिया के बारे में भी। सही सोचेंगे तो ही समस्यायों का समाधान ढूँढ़ पायेंगे। नहीं तो स्वयं समस्या बनकर रह जायेंगे। तो बस अपने एटिट्च्यूड में सकारात्मकता को अपनाइए और देखिए अपनी सफलता की उड़ान।

3. परिस्थितियों को पहचानो

कोई भी नहीं चाहता कि उसकी जिंदगी में मुश्किल दौर आए। हाँ, हम इतना जरूर जानते हैं कि मुश्किल हालात हमें मजबूत जरूर बनाते हैं। इसलिए जब भी हम कठिन परिस्थितियों से गुजरते हैं और उसके बाद हमें परिस्थितियों को आसान बनाने का अवसर मिलता है तो हम बनायेंगे। तो क्या आप कठिन दौर से गुजर रहे हैं? और आपको इसका इल्म नहीं कि हालात को सामान्य कैसे बनाया जाये। जानिए कुछ ऐसे उपाय जो इस दिशा में आपकी मदद कर सकते हैं।

क्या हैं मौजूदा चुनौतियाँ- आप लंबे समय से अपने करियर में बदलाव की सोच रहे हैं, लेकिन कुछ भी नया करने से डरते हैं और कुछ किया भी तो वो खराब हो गया। इसलिए आप कुछ भी नया करने से घबराते हैं। इसलिए आप बदलाव के बारे में सोचना बंद कर देते हैं और आप सोचते हैं कि हालात खुद उसी स्थिति में वापस आ जाये, जैसे वो पहले थे। आपकी यह सोच आपको आगे बढ़ने और उन्नति करने से दूर रखती है। सभी अपने करियर में संघर्ष करते हैं और कुछ अलग चाहते हैं। एक चीज है जिससे आप अपना जीवन बदल सकते हैं, वो है कड़ी मेहनत। जाहिर है मेहनत का शुरुआती हिस्सा कठिन हो सकता है और एक बार जब आप शुरुआत करते हैं, तो कई बार कदम आगे बढ़ाते ही अपने लक्ष्य तक पहुँच जाते हैं।

कैसे करें शुरुआत?

दिक्कतों का सामना: अगर आप परेशानी झेलने के लिए तैयार हैं तो आश्चर्यचकित

नहीं होंगे और इस पर काबू भी नहीं पा सकेंगे। कई बार हमारे करियर में सबसे बड़ी चुनौती यह नहीं होती कि क्या हुआ था बल्कि उस पर हमारी अति प्रतिक्रिया होती है।

इसलिए दिक्कतों से क्या घबराना। असुविधा का मतलब है कि आप चुनौतियों का सामना करने और उन्नति के लिए तैयार हैं। तरक्की का स्वागत करें, यदि शुरुआत में यह आपको थोड़ा दुखी करती है तो भी।

चुनौतियों को स्वीकार करें: आपके करियर में चुनौतियों के पीछे कुछ कारण होते हैं। चुनौती के कारण उत्पन्न दिक्कत बताती है कि कुछ कमी है। शायद कोई स्थिति जिसकी आप अवहेलना कर रहे हैं, लेकिन आप उसे लंबे समय तक नहीं टाल सकते।

आप जिस भी काम की अवहेलना करते हैं वो उतनी ही बड़ी समस्या आपके सामने पैदा करती है। भागना हल नहीं है। चुनौतियाँ आपको और मजबूत बनाती हैं, जिससे आपके व्यक्तित्व में सकारात्मक परिवर्तन भी आते हैं। हालाँकि, चुनौतियाँ निभाने का समय जरूर कठिन होता है, परंतु उसके दूसरी ओर आपका एक नया रूप खड़ा होता है।

खुल कर रहें: तो क्या इस नए रूप से आप जुड़ाव महसूस करते हैं? तो आपकी यात्रा जरूर कठिन होगी। याद रखें कि आपके समक्ष एक योजना है और उसका कार्यान्वयन आपने करना है। हम सब अपने हिसाब से नतीजे चाहते हैं, परंतु कई बार ऐसा नहीं हो पाता। फिर भी शायद नतीजे आपके हिसाब से हो सकते हैं। जो भी हो, याद रखें कि समय आपके पक्ष में है और सफलता आपके इंतजार में। समय के साथ-साथ कार्य आसान होता जाता है। इसलिए नई चुनौतियों और नए रूटीन की तलाश में रहें। कई बार आपको जरूर लगेगा कि आप किसी गलत रास्ते जा रहे हैं, परंतु आगे जाने पर भविष्य की कोई उलझन नहीं रहेगी। क्योंकि धीमी चाल चलने वाले ही अंततः दौड़ जीतते हैं।

4. सोचें-समझें फिर आगे बढ़ें

हमारा भविष्य बहुत कुछ हमारी सोच पर निर्भर करता है। जैसी सोच रखेंगे जिंदगी की दशा-दिशा उसी से तय होगी। बाधाओं से लड़ने की हममें कितनी क्षमता है, उससे हमारे जीवट का पता चलता है। सफलता उसी को मिलती है जिसमें अंत तक जूझने की क्षमता हो। जो हार से सीखते हैं, जीत उन्हीं के कदम चूमती है। सफलता पाने के कुछ मूलमंत्र को यहाँ दिया जा रहा है, जिसे अपना कर आप बहुत कुछ पा सकते हैं-

छवि बनायें - हम सभी अपने उज्जवल भविष्य की कामना करते हैं और सोचते हैं कि कैसा होगा हमारा भविष्य? पर जब आप खुद ही यह सोच लेंगे कि हमें तो असफल होना है तो ऐसा सोच कर आप खुद को हतोत्साहित करते हैं। इससे आप आपने कार्यों में कभी भी सफल नहीं होंगे। इसलिए कुछ ऐसा

करें, जो इन बातों को झुठला दे। किसी सफल व्यक्ति की तस्वीर अपने दिमाग में रखें और उस तरह अपनी छवि को बनाने की कोशिश करें, उनके नक्शे-कदम पर चलें। लोगों के बारे में जितना सकारात्मक सोचेंगे, आपके व्यक्तित्व के साथ आत्मविश्वास में भी सुधार आएगा।

सकारात्मक सोचें - अनिश्चित और बेवजह की चीजों के बारे में सोचने से मन में नकारात्मक ख्याल आते हैं। इसके बजाय दिमाग में सकारात्मक और सदविचार लाएं तभी अंदर का भय भी दूर होगा। जब भी नकारात्मक चीजें आप पर हावी हों, कुछ अच्छा सोचना शुरू कर दें।

बाधाओं को पहचानें - यदि करियर, पढ़ाई या फिर आपके व्यक्तित्व में किसी भी तरह की कोई बाधा है तो इसे दूर करें क्योंकि यह चिंता की बात हो सकती है। यदि आपको लगता है कि आपके अंदर कुछ कमजोरियाँ हैं तो उसे पहचान कर इसे दूर करने की कोशिश करें।

दूसरों की नकल न करें - सभी अपने-अपने स्तर पर खास होते हैं। सभी में कुछ खासियत, कमजोरियाँ व ताकत होती हैं।

कमजोरियों का रोना न रोएँ और अपनी ताकत के साथ आगे बढ़ें। इस बात को लेकर चिंतित न रहें कि सामने वाला कैसे उस काम को कर लेता है, जो आपसे नहीं हो पाया। किसी को कॉपी कर आगे न बढ़ें बल्कि आपको जितना आता है उसी से खुद को योग्य सिद्ध करें।

काउंसलर की मदद लें - खुद को जानना कोई आसान काम नहीं। बचपन से ही ऐसा माहौल मिलता है कि लोग अपनी क्षमताओं पर शक करने लगते हैं, ऐसे में आत्मविश्वास की कमी कम उम्र में ही घर कर जाती है। क्षमताओं, योग्यताओं के बारे में गलत धारणा न बनायें नहीं तो हीन भावना मन में आ जाती है। चाहें तो किसी काउंसलर की मदद लें ताकि वह आपकी कमियों को बता कर उससे उबरने का रास्ता दिखाए।

अभ्यास करें - 'आई कैन डू इट' जैसे वाक्यों को बार-बार बोलने का अभ्यास करें। इस वाक्य को प्रतिदिन दस बार दोहराएँ। यदि आपके अंदर विश्वास की भावना समाहित हो जायेगी तो आपसे प्रेरित होकर आपके दोस्त या आसपास के लोग भी इसे अपनाएंगे।

योग्यताओं को आँकें - किसी भी व्यक्ति की योग्यता शारीरिक, मानसिक या उसकी सोच से की जाती है। यदि कोई इनसान अपनी शारीरिक क्षमता को सही-सही आंक सकता है तो वह कभी भी अपनी खामियों को लेकर गलत नहीं महसूस करेगा। योग्यताओं को कम आँकने से हीनभावना विकसित होगी।

ईश्वर में भरोसा - भगवान आपका रचयिता है। वह आपके लिए ही है। जब

भी कभी अकेला महसूस करें और आपकी मदद में कोई न हो तो उसे याद करें। वह हमेशा आपके साथ है। जो आपका साथ न दे, बुराई करे उसके बारे में नहीं सोचें, खुद को सक्षम समझें, फिर देखें कैसे आपके अंदर की सारी हीन भावना दूर होने के साथ आपका आत्मविश्वास भी बढ़ता है।

5. स्वप्रेरणा से मिलेगी सफलता

'स्वयं को प्रोत्साहित करना' एक बहुत बड़ा संघर्ष माना जाता है, क्योंकि हम भविष्य की चिंता में सदैव नकारात्मक ही सोचते हैं। यह नकारात्मक सोच ही हमारे आगे बढ़ने में सबसे बड़ी बाधा है। प्रोत्साहन की कमी का हमारे पास कोई भी साधारण समाधान नहीं है। इस समाधान का एकमात्र विकल्प है कि हम अपने मनोभावों को हमेशा सकारात्मक बनायें। अपनी सोच को सकारात्मक बनाने के लिए सर्वप्रथम अपनी सोच में से नकारात्मक गुणों को हटायें, फिर निश्चय ही हर क्षेत्र में सफलता आपके चरण चूमेगी। प्राय: प्रेरणा की कमी में कई कारण पाये जाते हैं, लेकिन उनमें से तीन प्रमुख का जिक्र हम यहाँ पर कर सकते हैं। सर्वप्रथम 'विश्वास की कमी' प्रेरित न होने का मुख्य कारण मानी जाती है, अगर सफलता प्राप्त करने में विश्वास की कमी होगी, तब हम कभी भी सफलता प्राप्त नहीं कर सकते हैं। दूसरा कारण, अगर अपने लक्ष्य तक पहुँचने के लिए अपना ध्यान केंद्रित नहीं करेंगे, तब भी हम सफलता प्राप्त नहीं कर सकते हैं। तीसरा कारण, अगर हमें सही मार्गदर्शन नहीं मिलेगा, हम कभी सफलता प्राप्त नहीं कर सकते हैं। अत: इन तीन प्राथमिक कारणों को चिन्हित कर हम स्वप्रेरक हो सकते हैं।

विश्वास कैसे जागृत रखें : प्रोत्साहन के मार्ग की पहली बाधा विश्वास की कमी है। हमें अपने में विश्वास पैदा करने के लिए अपनी नकारात्मक सोच को सदैव के लिए हटाना होगा। किसी भी चीज को चाहने से पहले हम हमेशा अपने दिमाग में सोचते हैं और इस दौरान दिमाग में कई तरह के सवाल उठते हैं। इन्हीं अलग-अलग सवालों से हमारी आंतरिक कमियाँ हमारे विश्वास को खो देती हैं।

विश्वास की कमी से हम किसी भी क्षेत्र में सफलता प्राप्त नहीं कर सकते। हमारी गलत छवि सभी के सामने प्रस्तुत हो जाती है। अत: सफलता का सही मार्ग है कि हम अपनी आंतरिक सोच और नकारात्मक गुणों को सदैव दूसरों से अलग रखें।

ध्यान लक्ष्य पर केंद्रित रखें : प्रोत्साहन के मार्ग की दूसरी मुख्य बाधा अपना ध्यान लक्ष्य पर केंद्रित नहीं रखना है। अपने ध्यान को केंद्रित करने के लिए हम सदैव डरते रहते हैं। हमारा डर यह होता है कि हम कमजोर हैं, अकेले हैं, हमारा कोई आत्मसम्मान नहीं है। अपने दिमाग में से ऐसे डर को दूर करने के लिए हमें इस डर को हमेशा के लिए भगाना होगा। अपने भविष्य की सही सोच के लिए डर को दूर भगाने का सही तरीका है कि संभवत: हम असमंजस की स्थिति में नहीं हैं।

प्रेरणा में छिपी सफलता

यदि आप जीवन के किसी भी क्षेत्र मे सफल होना चाहते हैं, तो सबसे पहले आप को प्रेरित होने की जरूरत है। क्यों और कैसे, आइए जानते हैं....

सच कहा जाये तो प्रेरणा हमारे अंदर मौजूद उत्साह व स्फूर्ति की एक सरल अभिव्यक्ति है। यह वह अदृश्य ऊर्जा क्षेत्र है, जहाँ से सभी चीजें प्रस्फुटित होती हैं। वास्तव में जब हम किसी कार्य को करने के लिए प्रेरित होते हैं, तब उस कार्य को पूरा करने के लिए स्वयं ही किसी असीम ऊर्जा स्रोत से जुड़ जाते हैं। हमारा विश्वास और आत्मविश्वास हमारी प्रत्येक गतिविधि को हमारे लक्ष्य की ओर उन्मुख कर देते हैं। प्रेरणा एक आह्वान है, तब भी जब हम अपने लक्ष्य या उपलब्धि के बारे में अनिश्चय की स्थिति में हों। यहाँ तक कि यह हमें अनजान व अज्ञात क्षेत्र की ओर ले जाकर सफल होने के लिए बाध्य करती है। जब हम प्रेरित होते हैं, तो हमारे विचार अपने सारे बंधन तोड़ देते हैं, हमारा मस्तिष्क सीमाओं को पार कर जाता है, हमारी संवेदनाएँ सभी दिशाओं में फैल जाती हैं, हम अपने आप को पूरी तरह से एक नवीन, महान और चमत्कृत संसार में पाते हैं, सोई हुई शक्तियाँ और प्रतिभाएँ जाग्रत हो जाती हैं और हम अपने आपको उससे बेहतर व्यक्ति के रूप में पाते हैं, जहाँ पर हम कभी अपने होने की परिकल्पना भी नहीं कर सकते थे। इसीलिए यदि सफल होना है, तो अपने मस्तिष्क में सकारात्मक अभिलाषा बनाये रखना तथा स्वयं की क्षमताओं पर विश्वास करना आवश्यक है।

6. विनम्रता ही आपकी पूँजी

शरीर में कोई तनाव हो तो उसे स्वास्थ्य के लिए अच्छा नहीं माना जाता। इसी तरह मन में कोई तनाव हो तो वह भी हमें बीमार बनाता है। व्यक्ति के मनोभाव सकारात्मक होंगे तो तनाव पैदा ही नहीं होगा। ऐसा सकारात्मक मनोभाव है नम्रता का सर्वश्रेष्ठ उदाहरण हमारी जीभ है। जीभ अत्यंत कोमल होती है। वह हर समय तेज दाँतों के बीच रहती है, पर ये दाँत उसे कोई हानि नहीं पहुँचा पाते। जीभ को तभी कोई नुकसान पहुँचता है, जब असावधानी में वह कभी दाँतों के बीच आ जाती है। जिस तरह जीभ कठिन स्थितियों में भी अपनी रक्षा करने में समर्थ होती है, उसी तरह एक विनम्र व्यक्ति तनाव से मुक्त रहकर न केवल अच्छे स्वास्थ्य का लाभ उठाता है, बल्कि समाज में आराम से गुजर-बसर कर लेता है।

एक विनम्र व्यक्ति को यदि कोई बुरा-भला कह भी देता है तो वह ज्यादा दु:खी नहीं होता। इससे उसका तनाव भी नहीं बढ़ता। विनम्र व्यक्ति सबके प्रेम का पात्र बनता है। यदि वह कोई बिजनेस करता है, तो उसमें भी लाभ कमाता है। विनम्रता हमें दूसरों से काफी कुछ सीखने का भी अवसर प्रदान करती है। जो व्यक्ति जितना अधिक विनम्र होगा, वह उतना ही अधिक सीख पायेगा और जो जितना ज्यादा सीख पायेगा, वह जीवन में उतना ही आगे जायेगा। दूसरों से सीखना

है अथवा अपना कोई कार्य करवाना है तो विनम्रता का प्रयोग कीजिए।

हालाँकि विनम्र बनना आसान नहीं है। इसलिए इसका अभ्यास जरूरी है। विनम्रता हृदय को विशाल, स्वच्छ और ईमानदार बनाती है। यह आपको सहज सम्बन्ध स्थापित करने के योग्य बनाती है। विनम्रता न केवल दूसरों का दिल जीतने में कामयाब होती है अपितु आपको अपना ही दिल जीतने के योग्य बना देती है। यह आपके आत्म-गौरव और आत्म-बल में उर्जा का अनवरत संचार करती है। आपकी भावनाओं के द्वन्द्व समाप्त हो जाते है, साथ ही व्याकुलता और कठिनाइयाँ स्वत: दूर होती चली जाती है। एक मात्र विनम्रता से सन्तुष्टि, प्रेम, और सकारात्मकता आपके व्यक्तित्व के स्थायी गुण बन जाते है।

7. सुनने की आदत डालें

विंस्टन चर्चिल ने कहा है, 'यदि आप सिर्फ बोलना जानते हैं, तो कभी सफल नहीं हो सकते।' सुनना एक कला है, जिसे अपने अंदर विकसित किया जाये तो इससे जीवन में सफलता की सीढ़ियाँ चढ़ना आसान हो सकता है। जिस व्यक्ति में सुनने की कला होती है, वह दूसरों के साथ बेहतर संवाद स्थापित करने में हमेशा सफल होता है। सुनना एक जटिल संवाद प्रक्रिया है, जो ध्वनि तरंगों को सुन लेने मात्र से अधिक है। इस दौरान वक्ता और श्रोता को शारीरिक व मानसिक उपलब्धि, वक्ता द्वारा श्रोता तक संदेश का सही प्रतिपादन, श्रोता द्वारा संदेश को याद रखे जाने और उस पर श्रोता की प्रतिक्रिया आदि कुछ बातें अत्यंत महत्त्वपूर्ण है।

शोधों से पता चला है कि एक सामान्य व्यक्ति दिन-भर में बोलने से दोगुना व लिखने या पढ़ने से पाँच गुना अधिक बातें सुनता है।

दिनभर के कार्य में औसतन हम 80 प्रतिशत समय संवाद में व्यतीत कर देते हैं। इसमें से भी 45 प्रतिशत समय मात्र सुनने में ही व्यतीत होता है। अच्छे श्रोता होने के महत्त्व को जानने से पहले यह समझना जरूरी हैं कि हम दूसरों से बातें क्यों करते हैं। आइए जानते हैं मौखिक संवाद के चार मूल उद्देश्यों को -

1. अपना परिचय देने के लिए अथवा नया सम्बन्ध स्थापित करने के लिए।
2. अपनी भावनाओं को व्यक्त करने के लिए।
3. किसी को जानकारी प्रदान करने के लिए।
4. अपनी बात मनवाने के लिए।

आइए, अब देखते हैं कि अच्छे श्रोता में क्या गुण होना चाहिए।

- अच्छे श्रोता हमेशा वक्ता की बातों से अपनी काम की बात ग्रहण कर लेते हैं।
- अच्छे श्रोता वक्ता की शैली की जगह उसकी बातों में निहित संदेश और

उसके अर्थ पर ध्यान देते हैं, जबकि सामान्यतः लोग वक्ता के बात करने के तरीके पर ध्यान देते हैं।

- अच्छे श्रोता वक्ता की बात पूर्ण होने तक उसे सुनते हैं जबकि सामान्य व्यक्ति बीच में ही अपनी बात करने लगते हैं।
- अच्छे श्रोता अपनी पुरानी जानकारी से वक्ता के संदेश को जोड़ने का प्रयास करते हैं जबकि सामान्य व्यक्ति सिर्फ सुनते भर हैं।
- एक अच्छा श्रोता न केवल बातें सुनता है बल्कि वक्ता के हाव-भाव और आवाज की तीव्रता पर भी ध्यान देता है।
- एक अच्छा श्रोता बात पूर्ण हो जाने के बाद उस पर विचार करता है और अपने काम की बातें याद रख लेता है। इस तरह हमें सफल जीवन के लिए स्वयं के भीतर एक अच्छे श्रोता के गुण विकसित करने चाहिए। याद रखें, वक्ता भी एक अच्छे श्रोता से प्रभावित होता है और अपने मन में उसके प्रति सम्मान रखता है।

८. कैसे करें आलोचना का सामना?

एक धनवान व्यक्ति भेंगा था। उसे अपनी आँखों के दोष का पता न था। एक दिन उसने दर्पण में देखा कि उसकी आँखों की बनावट दूसरे व्यक्तियों से भिन्न तथा खराब है। उसे लगा दर्पण खराब है। दूसरे दर्पण में देखा, उसमें भी आँखों में दोष दिखायी दिया। उस व्यक्ति को क्रोध आ गया। जिस दर्पण में भी उसे अपनी आँखें दोषपूर्ण दिखती, वह उन सभी दर्पणों को तुड़वा देता। घर के सारे दर्पण तोड़ दिये गये थे। कुछ दिन तक ऐसा ही चलता रहाँ जहाँ दर्पण मिलता, वह उसे तोड़ देता।

एक दिन उसके मित्र ने उससे दर्पण तोड़ने का कारण पूछा। कारण सुनने के बाद मित्र ने कहा, ''भाई कमी दर्पण में नहीं, तुम्हारी आँखों में है। दर्पण में जो दिखता है, वह तो प्रतिबिंब मात्र हैं।''

कहने का मतलब कि यदि कोई आलोचना करे, तो आलोचक में कमी न देख, आत्ममंथन कर उसमें जरूरी सुधार करें। यदि कोई आपकी आलोचना कर रहा है तो इसका मतलब यह नहीं है कि आपमें वाकई कोई दोष या कमी है। आलोचना का एक पक्ष यह भी हो सकता है कि आपके आलोचक आपसे कुछ भिन्न विचार रखते हों। अमेरिकी राजनेता एलेनर रुजवेल्ट के अनुसार कोई आपको तब तक नीचा नहीं दिखा सकता, जब तक कि स्वयं आपकी उसके लिए सहमति न हो। घर हो या बाहर, ऐसी कोई जगह नहीं है, जहाँ आपको आलोचना का सामना न करना पड़े।

हर क्षेत्र में और हर जगह यह एक आम बात हैं। यह कभी स्वस्थ तरीके से की जाती है, तो कभी बीमार मानसिकता से, कभी आपके व्यक्तित्व को निखारने के लिए की जाती है तो कभी उस पर थोड़ी और धूल डाल देने के लिए, यह साबित करने के लिए कि आप किसी से कम हैं।

ठीक इसी तरह इसे ग्रहण करने की बात भी है। कुछ लोग तो इसे स्वस्थ मन से स्वीकार करते हैं और कुछ इसी से अपने मन को बीमार बना लेते हैं। कुछ ऐसे भी होते हैं जो सुनते हैं, अगर उन्हें लगता है कि बात सही है तो सुनते हैं, वरना ठहाका लगाते हैं और आगे बढ़ जाते हैं।

किसी की आलोचना का आप पर क्या असर होता है, यह बहुत हद तक आपके नजरिये पर निर्भर है। इस नजरिये से ही यह तय होता है कि आप अपनी जिंदगी में किस हद तक सफल होंगे. इसीलिए सजग लोग आलोचना को भी अपने व्यक्तित्व विकास की योजना का एक जरूरी हिस्सा बना लेते हैं. आप चाहें तो इसे आलोचना प्रबंधन का नाम दे सकते हैं। जी हाँ, जैसे समय का प्रबंधन होता है, संसाधनों और स्थितियों का प्रबंधन होता है, वैसे ही आलोचना का भी प्रबंधन किया जा सकता है। आलोचना का प्रबंधन करके आप उसका पूरा लाभ उठा सकते हैं, और न केवल अपने व्यक्तित्व, बल्कि व्यावसायिक विकास के लिए भी महत्त्वपूर्ण पूंजी बना सकते हैं।

अब यह आपके ऊपर है कि आप उस आलोचना से अपना मार्ग और उस पर चलने का तरीका किस तरह सुधारते हैं। यह भी आप पर है कि आप आलोचना से घबरा कर अपने मार्ग से ही हट जायें और चलना बंद कर दें। उचित यह होगा कि आलोचनाओं का विश्लेषण करके आप उनसे अपने जीवन और लक्ष्य तक पहुँचने के प्रयासों में सुधार कर लें। इसी को आलोचना प्रबंधन कहते हैं। आलोचना प्रबंधन का आशय यह है कि किसी बात पर तुरंत प्रतिक्रिया नहीं करें। पहले यह समझें कि आलोचना करते वाले का मंतव्य क्या है? क्या वह जो बात कह रहा है उसमें सचमुच कुछ दम है या ऐसे ही केवल अपनी संतुष्टि के लिए या आपको अपमानित करने के लिए आलोचना कर रहा है?

इसका आरंभ आप स्वयं अपने प्रति अपने नजरिए को स्पष्ट करके कर सकते हैं। जब भी कोई आपके विरुद्ध कोई बात करे तो सबसे पहले यह देखें कि क्या वास्तव में यह बात सच है। इसके लिए जरूरी है कि आप अपने सम्बन्ध में पूरी तरह विश्वस्त हों। अपने गुण-दोषों के आकलन के लिए आप दूसरों पर कतई निर्भर न रहें, चाहे वे आपके परिवार के सदस्य ही क्यों न हों। यह विश्वास रखें कि अपने गुण-दोषों को आप सबसे अच्छी तरह से जानते हैं। लेकिन इसका यह मतलब बिल्कुल नहीं है कि समझ के दूसरे दरवाजे बंद कर लें, क्योंकि गलती करना मनुष्य का स्वभाव है और आप उससे अलग नहीं हैं। अतः जब भी कोई आपकी कार्यप्रणाली या व्यक्तित्व के किसी भी पहलू को लेकर कुछ कहे तो उसे जरूर सुनें, फिर आत्मनिरीक्षण करें। यह सीखें कि क्या अगला जो कह रहा है, वह सही है या बस ऐसे ही उसने बिना जाने-बूझे ही कुछ कह दिया है। अगर आपको कभी यह लगे कि वास्तव में उसकी बात सही है तो आप स्वयं को सुधारने की शुरूआत तुरंत कर दें, इसके विपरीत यदि यह जाहिर हो कि इसमें

व्यक्तित्व निर्माण 61

आपकी गलती बिल्कुल नहीं है, दूसरे व्यक्ति ने केवल अपनी गलती छिपाने के लिए आप पर दोषारोपण किया है, तो उसे आप तुरंत अपने मन से निकाल दें। उसको लेकर कुछ भी सोचने या करने की कोई जरूरत नहीं है।

9. कैसे करें माइंड मैपिंग?

मस्तिष्क की कार्यप्रणाली और सीखने की कला का नाम है माइंड मैप। माइंड मैप का प्रयोग एक साल का बच्चा भी कर सकता है और बहुराष्ट्रीय कंपनियों में काम करने वाले युवा भी। इससे जिंदगी को बेहतर बनाने में मदद मिलती है।

मस्तिष्क माइंड मैप ठीक उसी तरह का नक्शा है जैसा हम किसी कागज के टुकड़े या कंप्यूटर स्क्रीन पर बनाते हैं या फिर अपने दिमाग में बनाते हैं। यह ठीक किसी शहर या नगर के नक्शे जैसा ही है। दरअसल माइंड मैप में शब्दों, रंगों, आकृतियों और लाइनों का इस्तेमाल विचारों को एक दूसरे से जोड़ने में किया जाता है। यह आपस में विचारों को जोड़कर एक जगह इकट्ठा कर देता है। माइंड मैप से संचार क्षमता बढ़ती है। इससे आप खुद को बेहतर तरीके से समझ सकते हैं। इससे सीखने की प्रक्रिया आसान होती है और आपसी सहयोग बढ़ता है।

माइंड मैप का इस्तेमाल एक साल की उम्र से लेकर युवा और वृद्ध कोई भी कर सकता है।

बच्चे अपने मस्तिष्क में माइंड मैप बना कर सीखते हैं। हर बच्चा अपने आसपास की कुछ प्रमुख आकृतियों को पहचानता है। और इनसे एक जुड़ाव कायम करने लगता है। बच्चे दिमाग के पहले माइंड मैप में अपनी माँ की आकृति बनाता है। यह उसके माइंड मैप की केंद्रीय आकृति होती है। इसी के इर्द-गिर्द बच्चा आकृतियों की अहम शाखाएं पैदा करता है। इसमें उसकी सुरक्षा से प्रमुख विचार होते हैं। वह अपने खाने, सीखने, अस्तित्व बनाये रखने और माँ-बाप पर निर्भरता से जुड़ी आकृतियों को अपने दिमाग में जगह देता है। दरअसल बच्चे वाक्यों या उनके टुकड़ों की तुलना में माइंड मैप को जल्दी ग्रहण करते हैं।

माना जाता है कि जैसे-जैसे हमारी उम्र बढ़ती जाती है, हमारी याददाश्त कमजोर होने लगती है। लेकिन यह सही नहीं है। एक सही तरह से प्रशिक्षित मस्तिष्क के साथ यह समस्या नहीं आती है। अच्छी तरह प्रशिक्षित मस्तिष्क समय के साथ अपनी अवधारणा सम्बन्धी योग्यता को बढ़ाता है। चूँकि माइंड मैप में अवधारणा से जुड़े कौशल का इस्तेमाल किया जाता है इसलिए यह एक तरह से मस्तिष्क की व्यायामशाला बन जाता हैं।

माइंड मैप के इस्तेमाल से अल्जाइमर और डिमेन्शिया जैसी बीमारी को कुछ हद तक रोकने में भी मदद मिल सकती है। माइंड मैप उन जरूरी तत्वों पर फोकस करता है जो मस्तिष्क के सोचने की प्रक्रिया से जुड़े हैं।

करियर बनाने के लिए भी माइंड मैप मददगार हो सकता है। सबसे पहले तो बायोडाटा तैयार करने में इससे काफी मदद मिलती है। बायोडाटा किसी व्यक्ति या इंटरव्यू लेने वाले व्यक्ति के सामने किसी उम्मीदवार की पूरी तस्वीर सामने रख देता है। बड़ी तादाद में लोगों ने यह स्वीकार किया कि जब वे माइंड मैप के साथ इंटरव्यू बोर्ड में गए तो ज्यादा आत्मविश्वास से भरे थे। वे अपनी पृष्ठभूमि और उम्मीदों के बारे में ज्यादा अच्छी तरह बता पाये। इनमें से ज्यादातर लोगों ने पहले की तुलना में ज्यादा अच्छी तरह से इंटरव्यू बोर्ड का सामना किया और उनके चुने जाने की संभावना भी बढ़ गयी।

उद्योग संगठन अपने कर्मचारियों को बताते हैं कि माइंड मैप के इस्तेमाल से उनकी क्षमता और उत्पादकता को कैसे बढ़ाया जा सकता है और इससे कंपनी का मुनाफा कैसे बढ़ता है। हम निजी जिंदगी में भी माइंड मैप का इस्तेमाल कर सकते हैं।

10. *शार्ट कट का रास्ता न अपनायें*

देखा गया है कि कई बार छात्र कामयाब होने के लिए शॉर्टकट अपना लेते हैं। वे चाहते हैं कि कम से कम समय में ज्यादा से ज्यादा फायदा उठा लिया जाये। हो सकता है कि इसके तुरंत कुछ फायदे मिलते हों लेकिन यह भी देखा गया है कि अकसर शॉर्टकट उनको नाकामयाबी के मुहाने पर छोड़ जाती हैं, जहाँ सिर्फ अफसोस बच जाता है। छात्रों को यह याद रखना चाहिए कि शॉर्टकट हमेशा खतरनाक होता है। स्थायी और चमकदार कामयाबी के लिए कड़ी मेहनत करने की जरूरत है। यह नहीं भूलना चाहिए कि परीक्षा के तीन महीने पढ़ाई करके आप कोई रैंक हासिल कर लेंगे या प्रतियोगिता परीक्षाओं में शीर्ष पर आ जायेंगे। इसके लिए आपको लगातार मेहनत करनी होगी। इसका सबसे अच्छा उदाहरण वे एथलीट हो सकते हैं जो ओलंपिक में कोई मैडल हासिल करने के लिए लगातार चार साल तक मेहनत करते हैं। छात्र के लिए एथलीट एक आदर्श हो सकते हैं।

इसलिए कोशिश करें कि जिस तरह से एथलीट अपने लक्ष्य को गंभीरता से लेते हैं, छात्रों को अपने लक्ष्य के प्रति उतना ही गंभीर होना चाहिए। इसके बाद हर छात्र को एथलीट की तरह लक्ष्य प्राप्त करने के लिए अपनी फिटनेस पर ध्यान देना चाहिए। जमाना कितना भी बदल जाये, समय कितना भी बदल जाये, कुछ कहानियाँ कभी नहीं बदलतीं और उनकी नसीहतें भी कभी नहीं बदलतीं। छात्रों को कछुए और खरगोश की कहानी कभी नहीं भूलनी चाहिए और उसका सबक भी कि -स्लो एंड स्टडी विन्स द रेस। यहाँ हमें आज के हिसाब से मोरल आफ दि स्टोरी में थोड़ा-सा परिवर्तन करना होगा -बी अवेकंड रैबिट। इसलिए रोज पढ़ाई करने के लिए योजना बनायें। उस योजना पर सच्चाई से अमल करें। यह कतई जरूरी नहीं कि आप आठ-दस घंटे पढ़ाई करें। यदि आप यह तय कर

लें कि रोज सिर्फ दो या तीन घंटे पूरी प्रतिबद्धता से पढ़ाई करेंगे, तो बेहतरीन परिणाम हासिल कर सकते हैं। लिखने की आदत डालें। कई बार छात्र अपने नोट्स को याद भर करते हैं लेकिन उसे लिख-लिखकर याद नहीं करते। एक एथलीट ओलंपिक में कामयाब होने के लिए रोज अपने ट्रैक पर दौड़ लगाता है और तब चार साल बाद कोई मैडल जीतने के काबिल बनता है। इसलिए रोज लिखने की आदत डालें। परीक्षा में यही आदत आपको कामयाब बनायेगी। जिस तरह से एक एथलीट नियमित अंतरालों में अपने परफार्मेंस को नोट करता है, ठीक उसी तरह आप हर सप्ताह या पंद्रह दिन में अपना मूल्यांकन करें कि रोज पढाई करते हुए आप कहाँ तक पहुँचे हैं और यहाँ से आगे किस तरह से बढ़ना है।

11. *जिम्मेदारी का भाव जरूरी*

हर एक आदमी की आदत होती है कि वह अपनी असफलता का दोष दूसरों पर थोप देता है। यहाँ तक अपनी गलती का कारण भी परिस्थिति या दूसरे व्यक्ति पर डाल देता है। मैं और आप भी इससे अछूते नहीं है। यदि किसी की गाड़ी या ट्रेन छूट जाती है तो वह दोष ट्रैफिक जाम को देता है। जबकि ट्रैफिक जाम की सम्भावनाओं को जानकर वह घर से पहले निकल सकता था। डण्डे से किसी का सिर फोड़ने वाला व्यक्ति भी अगले पीड़ित के दुर्व्यवहार को अपनी इस हरकत का जिम्मेदार बताता है और खुद को निर्दोष बताता है।

बचपन में माँ-बाप, रिश्तेदार व शिक्षक आपके भविष्य बनाने की जिम्मेदारी लेते है। एक उम्र के बाद ये जिम्मेदारी अपने आप स्वयं पर आने लगती है कुछ लोग इससे भागते है तो कुछ लोग इसे सहर्ष स्वीकार कर लेते हैं।

सचमुच अपने भविष्य के जिम्मेदार आप खुद होते है। इसका कारण यह है कि हम खुद के बारे में लगातार सोच सकते है, योजना बना सकते हैं। पिछली आदतें एवं घटनाओं के आधार पर आगे का रास्ता निर्धारित कर सकते है। हम परिस्थिति के अनुसार खुद को परिवर्तित कर सकते हैं। अपनी कार्य दक्षता बढ़ा सकते हैं। अपनी सोच में पैनापन ला सकते है। कई बार असम्भव से दिखने वाले कार्य को भी सम्भव बना सकते है, पर प्रयास करना जरूरी है।

12. *ज्ञान के साथ प्रदर्शन भी*

सिर्फ किताबी ज्ञान का होना काफी नहीं होता है, सफलता पाने के लिए पूर्ण प्रदर्शन जरूरी है। आज का वक्त विज्ञापन का है, जो दिखता है वो बिकता है। इसलिए हर क्षेत्र में प्रदर्शन नपा-तुला होना चाहिए। वैसे भी जब आप अपनी बात को आकर्षक अंदाज में प्रदर्शित करते हैं तो लोग उसे सुनना पसंद करते हैं। अपने क्षेत्र में स्थापित होने तथा निरंतर उन्नति करने के लिए प्रस्तुति की विशेष तैयारी करनी चाहिए। क्योंकि जहाँ छात्रों को अवसर तलाश कर नौकरी प्राप्त करनी होती है वहीं प्रोफेशनल्स को अच्छा वेतनमान तथा पदोन्नति के लिए कड़ी मेहनत करनी होती है।

समय-समय पर प्रोफेशनल्स को अपने कार्य से सम्बन्धित किसी न किसी मुद्दे पर तर्क, तथ्य और प्रमाण को योजनाबद्ध तरीके से अपने वरिष्ठ सहकर्मियों के साथ साझा करना होता है। मीटिंग-सेमिनार में पूरी तैयारी के साथ अपनी बात को रखना होता है। इसके लिए पूरी तैयारी से विषय का गहन अध्ययन करें। प्रदर्शन के लिए ग्राफ, सारिणी तथा आकड़ों के द्वारा अपनी बात को प्रभावी तरीके से बताने की चेष्टा करें। अपनी बात पर क्रॉस प्रश्नों की संभावनाओं को तलाशें।

प्रतियोगिता के दौर में खुद की काबिलियत साबित करने के लिए कम शब्दों में सारगर्भित बात रखने का गुण होना चाहिए। इसके अलावा यह भी जरूरी है कि बेहतर प्रदर्शन के लिए ज्ञान से ही सफलता का रास्ता तय होता है, इसलिए सबसे जरूरी है कि छात्र करेंट अफेयर्स से अपडेट रहें। देश की सभी संस्थाओं का इंटरव्यू लेने का तरीका अलग-अलग होता है, पर उद्देश्य एक ही होता है। छात्रों के ज्ञान उसकी भावनाओं को समझना इसके लिए छात्रों को चाहिए कि वह करेंट अफेयर्स सहित इकोनॉमी, सोशल नॉलेज को विकसित करें। रोजाना समाचारपत्र पढ़ें। टीवी पर न्यूज व समसमायिक विषयों से सम्बन्धित कार्यक्रमों को ध्यान से सुनें।

इसके अलावा यह भी जरूरी है कि आप जिस भी भाषा का उपयोग करें, उस पर आपकी अच्छी पकड़ हों। अगर आपके व्यक्तित्व की कुछ बातों, जैसे - गर्मजोशी से हाथ मिलाना, खूबसूरत मुस्कान, हर किसी से उत्साह से मिलना, समय का सही प्रबंधन, आशावादी सोच, बेहतर कम्यूनिकेशन आदि में सुधार हो, तो समझिए कि आप प्रगति पर हैं। अगर आप सुनियोजित ढंग से करियर में आगे बढ़ना चाहते हैं, तो आपके अंदर कुछ खास तरह के कौशल का होना बहुत जरूरी है। ये खास कौशल हैं-

- दूसरों के साथ बेहतर समन्वय के साथ काम करने की कला।
- टीम लीडर बनने की क्षमता।
- कार्य स्थल से जुड़े मुद्दों व चीजों के बारे में क्विक पावर प्रजेंटेशन।
- बेहतर संवाद (मौखिक व लिखित दोनों रूपों में)।
- मीटिंग या बोर्ड रूम में सरल शब्दों में अपनी बात रखने की क्षमता।
- कामकाज के दौरान दिक्कतों को पहचानने की क्षमता व उनका समाधान।
- तय लक्ष्य पर पहुँचने के लिए काम के लिए अनुकूल योजना तैयार करना।
- स्थिति के अनुसार व्यवहार कुशलता।
- कंप्यूटर व तकनीकी ज्ञान।

13. कंपनियों की माँग के अनुसार

भारत में लाखों की तादाद में जून-जुलाई में कई नए ग्रेजुएट नौकरी के महादंगल में उतरते हैं। अपनी सैलरी और पद को लेकर बहस करते हैं। सुनने में यह बड़ा अच्छा लगता है, लेकिन क्या ये ग्रेजुएट कंपनियों में काम करने के लिहाज से पूरी तरह तैयार रहते हैं।

आज भारत में बैंक, कंसल्टिंग फर्म, बहुराष्ट्रीय कंपनियों और सार्वजनिक क्षेत्र के उपक्रम, जो इन्हें हर महीने काम के लिए सैलरी देते हैं, लेकिन उन्हें इस बात का दुख होता है, जब कोई नया प्रत्याशी काम पर खरा नहीं उतरता है।

कंपनियाँ उनके काम को लेकर कई तरह की आलोचनाएँ करती हैं। आज के समय में कंपनियाँ इन पाँच गुणों को ध्यान में रखकर नए लोगों को नौकरी दे रही हैं। जिसका किसी प्रत्याशी में होना बेहद जरूरी है।

1. अंग्रेजी में लिखने और पढ़ने में महारत होना

आजकल सभी स्नातक और शिक्षा संस्थान इस बात को अच्छी तरह से जानते हैं कि दुनिया के ग्लोबल विलेज बनने के बाद जिस भाषा को अंतरराष्ट्रीय स्तर पर पहचान मिली, वह अंग्रेजी है। बिना इसके किसी के लिए भी अंतरराष्ट्रीय बिरादरी से बातें कर पाना मुश्किल है। भले ही हमारे देश में हिन्दी बोलने को लेकर राजनीति होती है, लेकिन इस बात को झुठलाया नहीं जा सकता कि अंग्रेजी के मदद से छात्रों को आगे बढ़ने में काफी मदद मिलती है। इसीलिए अंग्रेजी में धारा-प्रवाह पढ़ने के साथ लिखना भी आना चाहिए।

2. समस्याओं को तुरंत सुलझाना और नए रास्तों की तलाश करना

अकसर देखा जाता है कि कोई भी काम करने में अपना दिमाग लगाने के बजाय निर्देशों को मुँह ताकते रहते हैं और उसके बाद काम शुरू करते हैं। ऐसे कामों को करते समय में न तो रचनात्मकता और न ही नए विकल्पों की तलाश की जाती है। इसे उदाहरण से समझें, ब्रिटेन में चार्टर्ड एकाउंट की परीक्षा पास करने वालों में भारतीयों की संख्या कम होती है। ब्रिटेन में होने वाली यह परीक्षा भारत में होने वाली परीक्षा से कठिन होती है। भारत का शिक्षा व्यवस्था रटन्त-विद्या पर निर्भर है। हमारे स्कूलों में समस्याओं को सुलझाने के नुस्खे नहीं सिखाए जाते हैं और यही ग्रेजुएट छात्रों की कमजोरी का कारण होता है।

3. सवाल करना और निरंतर उत्तर तलाश करना

मैनेजर लगातार शिकायत करते हैं, नौकरी पर रखा गया नया ग्रेजुएट कर्मचारी एकदम निष्क्रिय जैसा व्यवहार करता है। वह हमेशा हाँ में हाँ मिलता है और वह मन में उठ रही जिज्ञासाओं को प्रदर्शित करने में असमर्थ रहता हैं। चापलूसी और किसी भी चीज को लेकर पक्षपाती होना भारत में आम बात है, जबकि समय की माँग है, जिम्मेदारियों को उठाना और चुनौती को स्वीकार करना।

4. करियर के लिए जिम्मेदारियों का निर्वाह करना और नये गुणों को सीखने के लिए प्रतिबद्ध रहना

छात्र का काम सिर्फ डिग्री पा लेना भर ही नहीं हैं। बल्कि इसके आगे नई चीजों को सीखना और वक्त की माँग के हिसाब से इनका प्रयोग करना है। जैसे किसी

कंपनी में नई भर्तियों के लिए ट्रेनिंग के दौरान उनकी तैयारियों का खाका खींचा जाता है, जिसमें प्रत्याशियों के कई तरह की एक्टिविटी पर ध्यान दिया जाता है। लेकिन इसमें सीखने वालों का प्रतिशत 15 से 20 फीसदी ही रहता है। ऐसे में इनका करियर शुरु होते ही खत्म हो जाता है। प्रत्याशिओं का ऐसे समय में दायित्व यह होता है कि मुहैया कराए गए साधन, स्त्रोत और मौकों का भरपूर फायदा उठाया जाये।

5. पेशेवर और नैतिकता का दामन थामे

किसी भी ग्रेजुएट के लिए सबसे जरूरी है उसका पेशेवर होना। कम अनुभव के बावजूद भी ज्यादा सैलरी की माँग, सैलरी के लिए एक कंपनी को छोड़कर दूसरी ज्वाइन करना। ये किसी पेशेवर के गुण नहीं होते हैं। इस तरह के गुण किसी भी नए ग्रेजुएट में नहीं होना चाहिए।

बात साफ है, कंपनियाँ अपने भावी कर्मचारियों को इन पाँच चीजों की कसौटी पर परखती हैं। नये ग्रेजुएट को जानकारी की भूख और पेशेवर रवैया अपनाकर सफलता का परचम फहराने में मदद मिलेगी।

अध्याय-5

कॉलेज के आखिरी दिन

प्रत्येक नई पीढ़ी को शिक्षा के बाद काम तलाशने के लिए खासी मेहनत करनी पड़ती है। जाहिर है इस प्रयास में कुछ कदम सही पड़ते हैं और कुछ गलत। इसके बावजूद कुछ बुनियादी बातें हैं, जो प्रत्येक विद्यार्थी को हमेशा दिमाग में रखनी चाहिए। वह बुनियादी बातें क्या हैं और उन पर कब, कहाँ और किस हद तक अमल करना चाहिए, आइए जानते है:

ग्रेजुएशन पूरी कर ली, मौज-मस्ती की पाठशाला खत्म। रोजगार की तलाश में निकलते वक्त यह याद रखें कि आपके साथ ही अन्य हजारों छात्रों ने भी ग्रेजुएशन की डिग्री ली है। इनमें से ज्यादातर रोजगार के लिए हाथ-पाँव मारेंगे। मंदी, छंटनी, वेतन में कटौती शब्द रोजगार के बाजार में पहले से ही छाए हुए हैं तो आपको ऐसी रणनीति बनानी होगी कि सफलता हासिल कर लें, वह भी जल्द से जल्द। आजकल कॉलेज में ही कैंपस प्लेसमेंट के जरिये ज्यादातर छात्रों को रोजगार के मौके मिल जाते हैं। कहीं छोटे तो कहीं मोटे। कई लोग ऐसे ऑफर पाने में चूक जाते हैं। ऐसे में उन्हें हताश होने की जरूरत नहीं। कुछ बातों को ध्यान में रखकर वह रोजगार की तलाश करेंगे तो सफलता हासिल करने की संभावना काफी बढ़ जायेगी।

1. रेफरेंस से होगी राह आसान

तमाम लोगों का मानना है कि नई नौकरी हासिल करने में रेफरेंस (संदर्भ, हवाला) का कोई रोल नहीं होता। लेकिन सच यह है कि कई बार कोई अच्छा रेफरेंस आपकी आगे की राह आसान कर देता है।ज्यादातर प्रतियोगी मानते हैं कि नई जॉब पाने में किसी रेफरेंस का कोई रोल नहीं होता, लेकिन इंडस्ट्री विशेषज्ञ की सोच इससे अलग है। रेफरेंस काफी फायदेमंद होते हैं। कई कंपनियां इन्हें जॉब आवेदन पत्र के समय ही देने को कहती हैं, तो कई बार नया नियोक्ता पुरानी कंपनी में

अपनी जानपहचान को हवाले के रूप में प्रयोग करता है।

प्रतियोगी के बारे में इंटरव्यू और सीवी के माध्यम से जानने के अलावा नया नियोक्ता रेफरेंस को भी काफी महत्त्व देता है, खासकर अगर वह प्रतियोगी के पुराने नियोक्ता से मिले तो।

मिल जाती है सही जानकारी

जानकारों का मानना है कि रेफरेंस से प्रतियोगी के बारे में नियोक्ता को सही जानकारी मिल जाती है। किसी भी तरह का हवाला प्रतियोगी के चयन में अहम भूमिका अदा करता है। इससे नए नियोक्ता को यह जानने में मदद मिलती है कि प्रतियोगी का पुराना रिकार्ड कैसा रहा है? ऐसे में हवाला देने से बिलकुल सही तस्वीर सामने आ जाती है। इससे पता चल जाता है कि प्रतियोगी उस जॉब के लिए योग्य रहेगा या नहीं? अगर प्रतियोगी को नियुक्ति से पहले किसी ट्रेनिंग की जरूरत है, तो इसका पता भी रेफरेंस से चल जाता है।

हमेशा सही नहीं होता रेफरेंस

हालाँकि रेफरेंस हमेशा सही नहीं होते। कई बार गलत रेफरेंस की वजह से सही प्रतियोगी का चयन नहीं हो पाता। हालाँकि जरूरी नहीं है कि उससे सम्बन्धित जानकारी देने वाले व्यक्ति की सोच सही हो। यह भी हो सकता है कि उस व्यक्ति के सम्बन्ध प्रतियोगी के साथ अच्छे नहीं रहे हों और वह गलत जानकारी दे दें। इससे रेफरेंस का उद्देश्य ही खत्म हो जाता है। एक खराब कर्मचारी से कंपनी को फायदा कुछ नहीं होता, जबकि नुकसान ढेर सारे हो सकते हैं। ऐसे में हर कंपनी अंतिम चयन से पहले कैंडिडेट के बारे में सभी पूछताछ कर लेना चाहती है। यहाँ तक कि जासूसी एजेंसियों की भी मदद ली जाने लगी है। रेफरेंस कंपनी और प्रतियोगी दोनों के हित में अहम भूमिका निभाता हैं।

2. आपका व्यक्तित्व ही आपकी सफलता

हम लोगों में से ज्यादातर लोग जीतना तो चाहते हैं, लेकिन जीत हासिल करने के लिए जरूरी मेहनत से दूर भागते हैं। सफलता पाने के लिए आत्म-अनुशासन की जरूरत होती है। इसके अलावा कड़ी मेहनत का कोई विकल्प नहीं। मेहनत ही सफलता की सीढ़ी है। यहाँ हेनरी फोर्ड के इस कथन को याद करना ठीक रहेगा- 'आप जितनी मेहनत करेंगे, भाग्य आप पर उतना ही मेहरबान होगा।'

मेहनत के बाद जो दूसरी सबसे जरूरी चीज है, वह है आत्मविश्वास। दरअसल किसी भी समस्या के समाधान के लिए और किसी भी भय से निपटने के लिए आत्मविश्वास अत्यंत ही जरूरी है। इस सम्बन्ध यह जान लें कि आत्मविश्वास कभी रातोंरात नहीं आता। व्यक्ति जीवन में जैसे-जैसे परिश्रम करता है, वैसे-वैसे उसका आत्मविश्वास भी बढ़ता जाता है।

आपका व्यवहार व आपकी बॉडी लैंग्वेज भी आपको सफलता की ओर ले जाती है। महत्त्वपूर्ण यह नहीं है कि आप क्या कह रहे हैं, बल्कि महत्त्वपूर्ण यह है कि किसी बात को आप किस तरीके से कह रहे हैं। बेहतर मौकों पर नजर रखना भी जरूरी है।

गलती सबसे होती है। इसलिए यह पाप नहीं, लेकिन उसका एहसास होने के बाद उसे दोहराना जरूर पाप है। जो समझदार होते हैं, वे अपनी गलतियों से सीखते हैं, लेकिन जो बुद्धिमान होते हैं, वे तो दूसरों की गलतियों से भी सीखते हैं। गलतियों से सबक लें।

जीवन में समस्याएँ तो आती ही रहती हैं। जीवन में, करियर में स्थिति किसी प्रोफेशनल सेल्समैन की ही तरह है, जहाँ किसी उत्पाद की तरह खुद को हर मोरचे पर सामने रखना पड़ता है, ताकि आपकी माँग बढ़े और आपकी जरूरत नियोक्ता को महसूस हो। इसके लिए खुद को हर पैमाने पर बेहतर बनाना जरूरी है।

3. मन में है विश्वास तो मिलेगी मंजिल

इसमें दो राय नहीं कि इच्छाशक्ति ही सफलता का स्वाद चखाती है। किसी भी कार्य में आप कितनी दिलचस्पी ले रहे हैं, यह आपकी प्यास पर निर्भर करता है। आप किसी चीज को जितने शिद्दत से पाना चाहेंगे, उसे पाने के लिए उतनी ही लगन से काम करेंगे। दसवीं क्लास तक आते-आते खुद छात्र को भी यह स्पष्ट होने लगता है कि उसे किस क्षेत्र में करियर बनाना है। इस मंजिल को ही पहला और आखिरी लक्ष्य समझना चाहिए। भटकाव से कुछ हासिल नहीं होगा। सबसे पहले अपना लक्ष्य निर्धारित कीजिए। इसके बाद उसे पाने के जितने भी रास्ते हैं, उन सब पर विचार करें। अंत में एक उचित योजना के तहत कार्य आरंभ करें। विशेषज्ञों के अनुसार, इच्छा शक्ति को बनाये रखना सफलता का सबसे बड़ा मंत्र है।

योजना बनायें : यह सच है कि अगर सही वक्त पर उचित निर्णय नहीं लिया जाये, तो हाथ आए मौके भी निकल जाते हैं। कभी-कभी तो मंजिल आँखों के सामने से गायब हो जाती है। अगर इन सभी से बचना है और लक्ष्य को पूरी तरह प्राप्त करना चाहते हैं, तो योजना प्रत्येक कार्य योजना बनकर करें। सबसे पहले तो यह निर्णय करना अहम है कि कौन-सा करियर सही होगा। इसके लिए खुद की तैयारी के साथ, आर्थिक स्थिति और भविष्य में उसकी माँग को भी ध्यान में रखना जरूरी है।

प्यास जगायें : आप परीक्षा की तैयारी कर रहे हैं या नौकरी की खोज, सफलता की प्यास को हमेशा बनाये रखें। संभव है कि पूरी सफलता मिलने में कुछ वक्त लग जाये, इससे घबराएं नहीं। ऐसी स्थिति में जरूरी है कि प्यास को बरकरार रखें। ऐसा न हो कि बार-बार की विफलता से हमारी प्यास मरने लगे

और हम अपनी हार को ही किस्मत का लिखा मानकर स्वीकार कर लें। यह बिलकुल गलत है।

आखिर, कोई व्यक्ति हमेशा सफल नहीं हो सकता। लेकिन इसका अर्थ यह नहीं है कि हार को ही मंजिल समझ लें।

जीत के बारे में सोचें : कुछ लोग दूसरों की सफलता देखकर ईर्ष्या करते हैं और उन्हें पराजित करने के बारे में सोचते हैं, जबकि कई लोगों को दूसरों से मतलब नहीं होता और वे केवल अपनी जीत के बारे में ही सोचते हैं। दूसरों को हराने के बारे में सोचने वाले लोग खुद को मजबूत नहीं करते, वे केवल दूसरों की खामियों को ही ढूँढ़ते रहते हैं। इसका नतीजा यह होता है कि हम जिसे हराना चाहते हैं, वह आगे निकल जाता है। ऐसे हालात न आये, इसके लिए जरूरी है कि खुद को मजबूत करें।

4. मौके का इंतजार करना छोड़ें

जितने भी सफल व्यक्तित्व हैं वे यह कभी नहीं कहेंगे कि उन्होंने मौके को भुनाया या मौका आते ही वे सफल हो गए। पर ऐसे लोगों की संख्या काफी ज्यादा होती है जो यह कहते हैं कि जिंदगी ने उन्हें मौका ही नहीं दिया वरना वे ऐसा काम करते की दुनिया देखती।

यह कहना काफी आसान है कि जिंदगी ने मौके नहीं दिए व्यक्ति स्वयं अपने आप को नहीं देखता और न ही अपने आप से प्रश्न करता है कि आखिर उसने मौके का इंतजार क्यों किया?

मौका ऐसे नहीं आता और न ही मौके का इंतजार करना ठीक है। मौका आ भी गया तब कब कैसे आगे बढ़ें हमें इसका ज्ञान भी होना जरूरी है। एक युवा साथी थे जो स्नातक थे। उनकी इच्छा थी कि प्रतियोगी परीक्षा पास कर सरकारी नौकरी प्राप्त की जाये।

इसके लिए वे मेहनत करने को भी तैयार थे और इस सम्बन्ध में उन्होंने अपनी इच्छा घरवालों को भी बता दी थी। इस बारे में दोस्तों से भी राय ली गयी और सभी ने अपनी ओर से मदद करने की बात भी कही। अब ये इंतजार में थे कि कब किसी प्रतियोगी परीक्षा का विज्ञापन आए और वे परीक्षा का फार्म भरें। जैसे ही अखबारों में विज्ञापन आता सभी उन्हें कहते कि देखो प्रतियोगिता का विज्ञापन आ गया है फार्म भर दो और पढ़ाई की तैयारी करो। पर ये विज्ञापन देखते और कहते कि यह पद मेरे लायक नहीं है, मैं और बड़े पद के लिए तैयारी करना चाहता हूँ।

इस कारण वे फार्म ही नहीं भरते थे। काफी समय व्यतीत हो गया और अब घरवालों को भी चिंता होने लगी कि आखिर यह करना क्या चाहता है? इसी बीच कई दोस्तों की नौकरी लग गयी पर ये सभी से कहते थे कि देखना मैं एक दिन

काफी बड़ा आदमी बनूँगा। एक दिन वह विज्ञापन भी आ गया जिसके सपने ये देखा करते थे। बड़े जोशोखरोश के साथ फार्म भरा गया और तैयारी आरंभ हुई।

दरअसल उस विज्ञापन में जिन पदों के लिए आवेदन मँगवाए गये थे वे अखिल भारतीय स्तर पर मँगवाए गये थे और पदों की संख्या काफी कम थी। परीक्षा का दिन आया और परीक्षा देने के बाद युवा साथी मायूस हो गए क्योंकि वे जिस स्तर पर परीक्षा की तैयारी कर रहे थे परीक्षा उससे कहीं ज्यादा ऊँचे स्तर की थी। इतना होने के बावजूद उन्होंने ऊँचे पद पर जाने के लिए मौका आने का ही इंतजार करना ठीक समझा। सभी ने समझाया कि अभी नौकरी कर लो और साथ में तैयारी करना पर वे माने नहीं। बड़े पदों के इंतजार में उनकी उम्र बढ़ती ही गयी और आखिरकार उन्हें परिस्थितियों से समझौता कर छोटी नौकरी ही करनी पड़ी। उन्हें यह समझ में आ गया कि मौके का इंतजार करना ठीक नहीं बल्कि जिंदगी में प्रतिदिन मौके आते हैं और उन्हें समझने में उनसे चूक हो गयी थी। दोस्तों, मौके कभी कहकर भी नहीं आते और इन मौके के इंतजार में अपने वर्तमान खराब करना बिलकुल भी सही निर्णय नहीं हैं।

5. ऐसे मिलेगी छुपी हुई नौकरी

आप रोजाना नौकरी की साइट्स पर नजर रखते हैं और रोजगार समाचार पत्रों को भी नहीं छोड़ते। बावजूद इसके कुछ नौकरी ऐसी होती हैं, जिन तक आप बहुत कोशिशों के बाद भी नहीं पहुँच पाते। दरअसल, ऐसा इसलिए होता है, क्योंकि अकसर ये कंपनियाँ अपनी नौकरियों को वेबसाइट पर नहीं दिखातीं हैं। यानी कि अगर किसी कंपनी की वेबसाइट पर नौकरी का कॉलम खाली पड़ा है, तो इसका मतलब यह कतई नहीं है कि कंपनी ने कोई रिक्तियाँ नहीं निकाल रखी है।

अकसर ऐसा होता है कि कंपनियाँ वेबसाइट या किसी पोर्टल पर खुली रिक्तियाँ निकालने की बजाय अपने कर्मचारियों की माँग पर नियुक्त कर लेती हैं या फिर कोई रिक्तियाँ किसी खास आदमी को ध्यान में रखते हुए निकाली जाती है। यही वजह है कि नौकरी के इच्छुक इस तरह की नौकरी के बारे में नहीं जान पाते। बेशक, अगर आप इस तरह की नौकरी को तलाशना करना चाहते हैं, तो आपको वेबसाइट का सहारा छोड़कर कोई और तरीका तलाशना होगा।

नेटवर्किंग हो मजबूत

इस तरह की नौकरी हासिल करने का सबसे बेहतर तरीका यही है कि आप नेटवर्किंग को मजबूत करें, ताकि कंपनियों में मौजूद आपके शुभचिंतक आपको इस तरह की नौकरी के बारे में सूचित कर दें। इसके लिए आपको बिजनस इवेंट्स या कंपनियों के दूसरे इवेंट्स में जाकर उनके कर्मचारी से नेटवर्किंग मजबूत करनी चाहिए। आप चाहें, तो इसके लिए सोशल नेटवर्किंग साइट्स का भी सहारा ले सकते हैं। इन साइट्स पर आप शीर्ष कंपनियों के कर्मचारियों को तलाश कर उनसे

नेटवर्किंग विकसित करने की कोशिश कर सकते हैं।

ई-मेल से बनेगी बात

हालाँकि नेटवर्किंग के सहारे नौकरी हासिल करना या रिक्तियों का पता लगाना इतना आसान भी नहीं है। ऐसे में, आप दूसरा तरीका भी अपना सकते हैं। इसके लिए सबसे पहले आपको तय करना होगा कि आप कौन-सी कंपनी के किस डिपार्टमेंट में काम करना चाहते हैं। उसके बाद आप उस कंपनी की वेबसाइट या सोशल साइट से उस विभाग के मुख्यअधिकारी की ई-मेल आईडी पता लगायें और उसे एक ई-मेल भेजें। इस मेल में आप अपने बारे में अपनी शैक्षिक योग्यता और आप किस तरह उनके साथ बेहतर काम कर सकते हैं, वगैरह लिख सकते हैं। यह बताने की जरूरत नहीं है कि आपका यह ई-मेल बेहद नम्र भाषा में लिखा होना चाहिए, क्योंकि आप बिना रिक्त पद के नौकरी माँग रहे हो।

मिल सकता है चांस

ऐसा कतई जरूरी नहीं है कि इस तरह की ई-मेल से कोई मैनेजर आपको वाकई नौकरी प्रदान कर दें, लेकिन इतना जरूर है कि आपकी यह कोशिश उसे भविष्य में याद रह सकती है। दरअसल, जब कंपनी मैनेजर्स को कम लोगों को नियुक्त करना होता है, तो वे खुली रिक्तियाँ निकालने की बजाय अपने पुराने रिफरेंस या फिर अपने कर्मचारियों की सिफारिश को भी तरजीह देते हैं। बेशक, ऐसे लोगों को भी टेस्ट और इंटरव्यू का सामना करना पड़ता है। लेकिन उन्हें यह फायदा जरूर होता है कि उन्हें बिना खुली रिक्तियाँ के मौके मिल जाते हैं।

6. नौकरी का अनुकरण करो

किसी नौकरी के लिए आवेदन भेजने के बाद किसी भी अभ्यर्थी की सबसे बड़ी चिंता यही होती है कि उसका आवेदन पत्र ठीकठाक पहुँच गया या नहीं। बेशक, इसी चिंता में तमाम लोग अपने आवेदन पत्र को तमाम स्तर पर अनुकरण करने की कोशिश करते हैं। हालाँकि कई बार अपने आवेदन पत्र को अनुकरण करने की चाहत में वे हायरिंग मैनेजर को इतना परेशान कर देते हैं कि उन्हें फायदे की बजाय नुकसान हो जाता है। जानते हैं कि आप हायरिंग मैनेजर को बिना परेशान किए कैसे अपने आवेदन पत्र का अनुकरण कर सकते हैं।

अंतिम तिथि वाली नौकरी

अगर आपने किसी ऐसी नौकरी के लिए आवेदन किया है, जिसकी अंतिम तिथि भी दी गयी है। ऐसे में, आपको अंतिम तिथि खत्म होने के कुछ दिनों तक अपने आवेदन पत्र को अनुकरण करने की कोशिश नहीं करनी चाहिए। विशेषज्ञों का मानना है कि अंतिम तिथि देने का मतलब यह है कि हायरिंग मैनेजर उसके निकल जाने के बाद ही नौकरी के आवेदन पत्रों को बारीकी से देखना करना शुरू करते

हैं। इसलिए अगर आप इससे पहले मैनेजर से बातचीत करेंगे, तो वह परेशान हो सकता है। ऐसे में, बेहतर होगा कि आप अंतिम तिथि खत्म होने तक इंतजार करें।

बिना अंतिम तिथि की नौकरियाँ

हालाँकि अगर किसी नौकरी में अंतिम तिथि नहीं दी गयी है, तो आपके रास्ते शुरुआत से ही खुले हैं। ऐसे में, आप नौकरी के लिए आवेदन करने के करीब एक हफ्ते बाद अपने आवेदन पत्र का अनुकरण कर सकते हैं। हालाँकि इस एक हफ्ते में आपको कुछ जरूरी होमवर्क निपटा लेना चाहिए। सबसे पहले उस कंपनी के हायरिंग मैनेजर को ट्विटर पर तलाशें, जिसके लिए आपने आवेदन पत्र भेजा है। उसे ट्विटर पर तलाश करने के अलावा दूसरी सोशल साइट्स पर भी उसके साथ दोस्ती करें।

इस तरह, आपका नाम हायरिंग मैनेजर के लिए सामान्य हो जायेगा। इसके अलावा, आप सोशल साइट पर कुछ ऐसा पोस्ट कर सकते हैं, जो कि मैनेजर की नजरों में आपको बुद्धिमान साबित करे। इसके बाद, आप मैनेजर से सीधे पूछ सकते हैं, 'क्या आपको मेरा आवेदन पत्र मिल गया है? यह सवाल आप उससे ईमेल से भी पूछ सकते हैं।

भाग – 2
नौकरी की तलाश

अध्याय-1

पहली नौकरी की तलाश

आपके करियर में ऐसा मोड़ भी आता है जब आप निर्णय नहीं ले पाते कि क्या सही है और क्या गलत? अजय अपनी पढ़ाई पूरी कर नौकरी की तलाश में भटक रहा था। उसे समझ में नहीं आ रहा था कि आखिर शुरूआत कहाँ से की जाये? अगर आप भी अजय जैसी मनोदशा से गुजर रहे हैं तो खुद को इन सवालों के आधार पर परखें–

क्या आपके नौकरी ढूँढ़ने का तरीका बिल्कुल सही है? : इसका सबसे आसान उपाय है कि आप नौकरी ढूँढ़ने के सामान्य तरीकों पर अमल करें। फिर यह देखें कि आपका तरीका कहाँ तक आपको सफलता दिला रहा है। आप इंटरनेट, क्लासीफाइड, आदि का सहारा ले सकते हैं। यह तरीका काफी आसान होता है, जिससे आप अपने लक्ष्य भी आसानी से पहचान पाते हैं और इस बहाने आप अपना भी आकलन बखूबी कर लेते हैं।

ऐसी कोई कम्पनी जिसमें आप काम करना चाहते हैं, लेकिन वह कम्पनी नौकरी के सम्बन्ध में कोई जानकरी उपलब्ध नहीं कराती तो ऐसे में आप अपने लक्ष्य तक कैसे पहुँचेंगे?

इसका सबसे आसान तरीका है कि आप उस कम्पनी में किसी ऐसे व्यक्ति से पहचान बनाने कोशिश करें जो आपको कम्पनी के किसी जिम्मेदार व्यक्ति से मिला सके। यह जरूरी नहीं वह व्यक्ति उसी विभाग में काम करता हो, जिसमें काम करने के आप इच्छुक हैं। वह केवल आपका माध्यम बनेगा। जो आपको कम्पनी में सही व्यक्ति से आपकी पहचान कराएगा। व्यक्ति का नाम मिलने के बाद आप उसे एक आवेदन लिखकर भेजें। अगर उसपर विचार किया जाता है तो

उनसे फोन पर संपर्क करने का प्रयास करें। फोन पर नौकरी के सम्बन्ध में बात न करें। यह कहकर उनसे समय लें कि आप इस क्षेत्र में उनका मार्गदर्शन चाहते हैं।

क्या आपका रिज्यूमे और बेहतर हो सकता है? : जब आप आश्वस्त हो जायें कि आपका रिज्यूमे साफ-सुथरा और प्रोफेशनल बन गया है, तो अब यह प्रयास करें कि यह दूसरों से अलग और बेहतर दिखे। अलग तरह के फोन्ट और कलर का इस्तेमाल करें। वैसे सफेद रंग के इस्तेमाल से यह ज्यादा साफ-सुथरा दिखेगा।

विषय-वस्तु पर पूरा ध्यान दें। दूसरे तरीके भी अपनाएँ, जैसे अपनी फोटो को स्कैन कर उस पर लगाएँ। लोगों का ध्यान आकर्षित करने का यह पुराना लेकिन कारगर तरीका है। कहने की जरूरत नहीं कि आपका फोटो आर्कषक हो। कई बार आपके रिज्यूमे भेजने के तरीके भी इंटरव्यू लेने वाले को प्रभावित कर सकते हैं। यह सारे उपाय आपको नौकरी पाने में सहायक होंगे। वैसे प्रतियोगिता की दौड़ काफी तेज हो गयी है। अपना रिज्यूमे भेजने से पहले उसकी शुद्धता की जाँच जरूर कर लें।

रिज्यूमे बनाने में सबसे ज्यादा गलतियाँ कौन-सी होती हैं? : सबसे बड़ी गलती लोग यह करते हैं कि वे अपना रिज्यूमे इस प्रकार बनाते हैं, जैसे लांड्री में दिए कपड़ों की सूची बनाई जाती है। आप एक-एक करके उस सूची में अपने पूर्व के अनुभवों को जोड़ते जाते हैं। लेकिन आप इस बात का अंदाजा नहीं लगा सकते कि जो आपका रिज्यूमे पढ़ रहा है वो आपको अपनी कम्पनी के मापदण्डों और जरूरतों के अनुसार जाँचता है। उसके अनुसार ही आपकी क्षमताओं को परखा जाता है। यदि कम्पनी की जो जरूरत है, वह आपके पास है और आपने अपने रिज्यूमे में दर्शा दिया है तो समझिए आपका काम हो गया। इसलिए एक ही रिज्यूमे बनाकर सभी जगह भेजने की भूल न करें। नौकरी और कंपनी की जरूरतों का अंदाजा लगाकर इसमें फेरबदल करके ही भेजें।

1. जॉब@सोशल साइट

इन दिनों सोशल नेटवर्किंग साइट का दायरा दिन ब दिन बढ़ता ही जा रहा है। अब यह केवल मनोरंजन और दोस्तों से चैट करने का ही जरिया नहीं रह गया है, बल्कि इस माध्यम का उपयोग इन दिनों जॉब की तलाश करने के लिए भी खूब किया जा रहा है। खासकर उन लोगों के लिए, जो तकनीकी रूप से मजबूत हैं उनके लिए सोशल नेटवर्किंग साइट जॉब सर्च का बेहतरीन माध्यम बन गया है। भारत में सोशल नेटवर्किंग का क्या है ट्रेंड? कैसे इस माध्यम से जॉब की तलाश की जा सकती है? आइए जानते हैं इस बारे में ....

भारत में सोशल नेटवर्किंग साइट के जरिए जॉब तलाश करने का ट्रेंड कितना पुराना है?

इस समय सोशल नेटवर्किंग साइट के जरिए जॉब सर्च का चलन भारत में

धीरे-धीरे बढ़ रहा है। वैसे यह भारत के लिए अभी यह ट्रेंड बिल्कुल नया ही कहा जा सकता है। हालाँकि अमेरिका, ब्रिटेन आदि जैसे विकसित देशों में सोशल नेटवर्किंग साइट के माध्यम से नौकरी खंगालने का ट्रेंड काफी पुराना है। सोशल नेटवर्किंग साइट की खासियत यह है कि यहाँ आप अपने पंसद के लोगों के साथ सम्बन्ध विकसित कर सकते हैं। आज कई कंपनियाँ लोगों का रेज्यूमे नहीं ले रही हैं। ऐसी स्थिति में सोशल नेटवर्किंग साइट आपको इस तरह की सुविधा देती है कि आप अपने क्षेत्र के लोगों के साथ साइट पर सम्बन्ध विकसित कर सकें।

किन सोशल नेटवर्किंग साइट के प्रति लोगों का रूझान अधिक है? : भारत में कई सोशल साइट हैं, जो प्रोफेशनल्स को जॉब तलाशने में मदद करती है। इनमें लिंक्डइन, ऑर्कुट, फेसबुक, अपनासर्किल आदि साइट हैं। इन साइट्स के इस्तेमाल करने वालों की संख्या लाखों-करोड़ों में हैं। आज सोशल साइट पर केवल पेशेवर ही नहीं, बल्कि नियोक्ता भी अपने पसंदीदा प्रतियोगी तलाश करने लगे हैं। वैसे भी इन दिनों सोशल नेटवर्किंग साइट्स के प्रति लोगों का रूझान तेजी से बढ़ा है, ताकि आपसी सम्बन्ध मजबूत कर नौकरी की तलाश की जाये। हालाँकि आज कई सोशल साइट्स भी हैं, जो प्रोफेशनल्स को एक-दूसरे की रेज्यूमे को आगे बढ़ाने की सुविधा देती है।

इस माध्यम से कैसे नौकरी हासिल की जा सकती है? : इस माध्यम के जरिए नौकरी की तलाश करना बेहद आसान है। लेकिन इसके लिए जरूरी है कि आप खुद की ई-ब्रांडिंग करें। यह इसलिए भी जरूरी है, क्योंकि इसके बिना आप नियोक्ता का ध्यान अपनी ओर आकर्षित नहीं कर पायेंगे। दरअसल, यह ऑनलाइन माध्यम है इसलिए आपको अपना प्रोफाइल भी काफी दमदार बनाना होगा। यह जरूर ध्यान रखें कि आपसे जुड़ी तमाम छोटी से छोटी जानकारी भी आपके प्रोफाइल में हो। खासकर अपने प्रोफाइल में उपलब्धियों का जिक्र जरूर करें और हो सके तो उपलब्धियों को बिन्दुओं में देने की कोशिश करें। एक बात और अधिक से अधिक साइट्स पर अपना अकाउंट खोलने की बजाय कुछ अच्छे साइट्स को ही तरजीह दें। इसके अलावा, कुछ और बातों का भी ध्यान रखें, जैसे-

- जब आप अपना अकाउंट खोलते हैं, उसमें अपना पूरा विवरण देने की कोशिश करें, जैसे- पढ़ाई, कार्य, अनुभव, शौक, उपलब्धि, फोटो आदि।
- हमेशा नए सम्बन्ध विकसित करने की कोशिश करें।
- नेटवर्किंग के जाल को मजबूत बनाने की पहल करें।
- अपने प्रोफाइल के प्रति सक्रिय रहें।
- साइट के जरिए अपनी स्किल को अधिक से अधिक उभारने की कोशिश करें।

कंप्यूटर और इंटरनेट के अधिकाधिक प्रयोग अब न सिर्फ शिक्षा व जानकारियों

के लिए हो रहा है, बल्कि रोजगार देने और रोजगार ढूँढ़ने में भी हो रहा है। कभी रोजगार समाचार पढ़कर कंपनियों और संस्थानों का चक्कर लगाते-लगाते हम थक जाते थे। इसमें समय व ऊर्जा के साथ काफी धन भी खर्च होता था, लेकिन इंटरनेट ने अब यह काम आसान बना दिया है। यही वजह है कि आज ऑन-लाइन नौकरी तलाशने वालों की संख्या बढ़ती जा रही है। अब वह दिन दूर नहीं, जब ई-नियुक्ति रोजगार देने का सबसे लोकप्रिय जरिया बन जायेगी।

कंपनियों की बढ़ती रुचि एवं कर्मचारियों के बढ़ते प्रोफाइल के कारण रोजगार पोर्टलों ने पिछले दो साल में काफी तरक्की की है। अब कई कंपनियाँ अपने यहाँ नियुक्ति के लिए जॉब साइट्स का सहारा लेने लगी हैं।

अपना प्रोफाइल कैसे बनायें?

ब्रांड बैंड का ही कमाल है कि आज साक्षात्कार से लेकर प्रवेश परीक्षा तक सब कुछ ऑन लाइन होने लगा है। अब आईटी, आईटीईएस, वित्तीय सेवाओं से जुड़ी कंपनियाँ पचास प्रतिशत से ज्यादा कर्मचारी की भरती ई-नियुक्ति से कर रही हैं। ऐसे में, आपके बायोडाटा का प्रभावशाली होना जरूरी है। इसके लिए सबसे पहले आपको किसी भी जॉब पोर्टल पर अपना रजिस्ट्रेशन करना पड़ता है।

रजिस्ट्रेशन करते समय ध्यान रखें

रजिस्ट्रेशन के लिए आपको एक ऑन लाइन फॉर्म भरना होता है। इस फॉर्म में अपना नाम, पता, ई-मेल आईडी, मोबाइल नंबर जैसी बुनियादी जानकारियों के अलावा अपने शैक्षणिक एवं व्यावसायिक योग्यता, स्किल, कैटेगरी तथा एक्सपीरिएंस के बारे में भी जानकारी देनी होती है। इस प्रक्रिया में आपको अपना लॉग-इन आईडी तथा पासवर्ड भी देना होता है, जिससे भविष्य में आप साइट पर लॉग-इन कर जॉब सर्च या अपना प्रोफाइल अपडेट कर सकते हैं। यह फॉर्म विभिन्न साइटों पर अलग-अलग हो सकती है। लेकिन इन सबका एकमात्र उद्देश्य होता है आपके प्रोफाइल के बारे में जानकारी इकट्ठा करना। इससे आपका ऑन लाइन रिज्यूमे बन जायेगा।

आवेदन का प्रारूप

नौकरी ढूँढ़ने के लिए साइट पर एक लिंक होता है, जिसे क्लिक करते ही एक नया वेब पेज खुलता है। इस पेज में आपको अपनी मनपसंद नौकरी से सम्बन्धित जानकारियाँ माँगी जाती हैं। मसलन, स्किल, लोकेशन, अनुभव, अपेक्षित तनख्वाह, ये तमाम जानकारियाँ भरकर क्लिक करते ही आपके लिए एक नया पेज खुलता है, जिस पर कई जॉब्स देखी जा सकती हैं। आप जिस क्षेत्र में दक्ष हैं, उसके लिए आप सीधे आवेदन भी कर सकते हैं। आपका यही आवेदन एक ई-मेल के रूप में नौकरी देने वाली कंपनी के पास चला जाता है। इसके बाद अगर आपका प्रोफाइल किसी कंपनी को जँचता है, तो ई-मेल या फोन करके आगे की प्रक्रिया शुरू होती है।

कंपनियाँ भी तलाशती हैं

जिस प्रकार कोई व्यक्ति नौकरी तलाशता है, उसी प्रकार कंपनियों को भी अच्छे लोगों की तलाश रहती है। वे भी जॉब साइट्स पर रिज्यूमे सर्च करती हैं। इसलिए आपको अपने प्रोफाइल में सही-सही एवं अपडेटेड जानकारियाँ रखनी चाहिए। यदि आप गंभीरतापूर्वक नौकरी तलाश रहे हैं, तो अपने अनुभव, स्किल्स एवं लोकेशन वगैरह की विस्तृत जानकारी अवश्य दें। सही उम्मीदवारों की तलाश के लिए वेबसाइटों का इस्तेमाल सौ प्रतिशत तक बढ़ चुका है, क्योंकि ऑन लाइन भर्ती उन्हें सही बायोडाटा और सही दक्षता वाले व्यक्ति चुनने के लिए सर्च विकल्पों की विविधता प्रदान करती है। आज ये कंपनियाँ भर्ती का 45 फीसदी हिस्सा ऑन लाइन भर्ती के लिए रख रही हैं, जबकि 15 से 16 फीसदी हिस्सा प्लेसमेंट एजेंसियों, 10 प्रतिशत अखबारों में विज्ञापन पर खर्च कर रही हैं। ऑन लाइन कारोबार रोजगार देने और चाहने वाले, दोनों के लिए सर्वोत्तम विकल्प बन रहा है।

वेब 2.0

आजकल कुछ नए फॉर्मेट के वेबसाइट आ रहे हैं, जहाँ आवेदक के लिए तमाम तरह की सुविधाएं मौजूद होती हैं। इसी तरह की एक जॉब साइट है- www.slideshare.net इस साइट पर आप प्रेजेंटेशन के अलावा, रेज्यूमे आदि भी अपलोड कर सकते हैं। इसके बाद यू-ट्यूब आदि जैसी साइट आपके वर्क को ऑनलाइन प्रदर्शित कर सकती है। प्रतियोगी भी इस स्रोत का इस्तेमाल करते हुए नियोक्ता से सम्बन्धित सूचनाएँ एकत्र कर सकते हैं। वैसे, आजकल देखा गया है कि अधिकतर नियोक्ता वेब-फ्रेंडली होते हैं। वे भी इस तरह की साइट का खूब उपयोग करते हैं। जाहिर है, इन साइट्स की मदद से भी नौकरी तलाशने में मदद मिलती है।

ब्लॉग्स से नौकरी की तलाश

ब्लॉग अपने विचारों को बया करने का सबसे बेहतरीन माध्यम बन कर उभर रहा है। यही वजह है कि आज चाहे नियोक्ता हो या कर्मचारी सभी ब्लॉग का खूब उपयोग करने लगे हैं। देखा जाये, तो आज नियोक्ता भी प्रतियोगियों को नौकरी पर रखने से पहले उन्हें अच्छी समझना चाहते हैं, जिसे परंपरागत इंटरव्यू के माध्यम से जानना अमूमन आसान नहीं होता है। ऐसे में ब्लॉग प्रतियोगियों को जानने-समझने का एक अच्छा जरिया बनकर उभरा है। एचआर एक्सपर्ट भी मानते हैं कि अब ब्लॉग भी चयन का एक महत्त्वपूर्ण माध्यम बनता जा रहा है। साथ ही, इस माध्यम से हमें प्रतियोगियों के विश्लेषण करने के अलावा, उनके रवैये को समझने में भी काफी मदद मिलती है, जो कि आज के कॉर्पोरेट-वर्ल्ड के लिए बेहद जरूरी है।

महत्त्वपूर्ण जॉब साइट्स

कुछ प्रमुख साइट्स

◯ ट्विटर डॉट काम : www.twitter.com

- लिंक्डइन डॉट कॉम : www.linkedin.com
- फेसबुक डॉट कॉम : www.facebook.com
- ऑर्कुट डॉट काम : www.orkut.com
- अपनासर्किल डॉट काम : www.apnacircle.com
- आईबीबो डॉट काम : www.ibibo.com
- जॉबफाक्स डॉट काम : www.jobfox.com

2. *वर्गीकृत विज्ञापनों में भी पा सकते हैं पसंद की नौकरी*

आज जब बाजार में जॉब सेक्टर सम्बन्धी तरह-तरह के आशावादी स्वर सुनाई दे रहे हैं, ऐसे में कंपनियाँ बड़े विज्ञापनों के साथ-साथ वर्गीकृत यानी क्लासीफाइड विज्ञापनों पर भी जोर देने में लगी हैं। लोकप्रिय समाचार पत्रों में प्रतिष्ठित कंपनियों के सैकड़ों क्लासीफाइड विज्ञापन आए दिन छप रहे हैं। क्लासीफाइड में तुरंत इंटरव्यू के बुलावे वाले विज्ञापन काफी कारगर सिद्ध हो रहे हैं।

इंटरनेट के अतिरिक्त रिक्त पदों से सम्बन्धित जॉब के विज्ञापन नौकरी तलाशने वालों के लिए महत्त्वपूर्ण स्त्रोत हैं। इससे नौकरी तलाशने का काम आसान हो जाता है। इन विज्ञापनों के जरिए नौकरी पाने की स्पर्धा कठिन हो जाती है। प्लेसमेंट कंसल्टेंट का अनुमान है कि इस तरह के विज्ञापनों के माध्यम से सभी प्रकार के जॉब के 15-20 प्रतिशत पदों की भरती तो होती ही है। अपने समाचारपत्र के इस सप्ताह के वर्गीकृत विज्ञापनों पर नजर डालने पर आप जान सकते हैं कि कई तरह के पदों के विज्ञापन अखबार के माध्यम से ही सामने आते हैं। सिर्फ एक दिन में ही सैकड़ों ऐसे विज्ञापन अखबार में मौजूद हो सकते हैं। सुपर स्पेशियलिटी डाक्टर्स से लेकर इंजीनियर्स, फैशन कोआर्डिनेटर्स, टयूटर्स, डीटीपी ऑपरेटर्स, मार्केटिंग एक्जीक्यूटिव्स आदि की नौकरियाँ इनमें खास हैं। इसलिए क्यों न समाचार पत्रों में प्रकाशित होने वाले विज्ञापनों के माध्यम से नौकरी की तलाश की जाये। वर्गीकृत विज्ञापन देखते समय, पूरे सेक्शन को पढ़ें। इसमें विज्ञापन एक स्थिति में नहीं होते, बल्कि थोड़ा इधर-उधर होते हैं। उदाहरण के लिए यदि आप नौकरी 'पर्सनल' हेडिंग में देखते हैं तो वह नौकरी किसी और हेडिंग के अंतर्गत भी मिल सकती है। कई समाचार पत्र बिजनेस सेक्शन में 'सिचुएशन वैकेंट' प्रकाशित करते हैं।

इस तरह के विज्ञापन अनुभवी प्रोफेशनल्स के लिए होते हैं जो मैनेजमेंट के मध्यक्रम की स्थिति चाहते हैं। 'सिचुएशन वैकेंट नोटिफिकेशन' क्लासीफाइड सेक्शन में दो फॉर्मेट में प्रकाशित होते हैं - ब्लाइंड और ओपेन।

ओपेन विज्ञापनों में कंपनी का नाम होता है, जबकि ब्लाइंड विज्ञापन में पोस्ट ऑफिस बॉक्स ऑफिस नंबर से आवेदन करना होता है। कंपनियाँ कई कारणों से ब्लाइंड विज्ञापन करती हैं। उनका उद्देश्य हमेशा किसी रिक्त पद की पूर्ति नहीं होती। कुछ मामलों में वे इसलिए भी ब्लाइंड विज्ञापन करती हैं क्योंकि वे जानना

चाहती हैं कि जिन पदों के लिए उन्होंने विज्ञापन दिया है, वर्तमान समय में उन पदों की तैयारी कितनी है। उसकी जगह यदि ब्लाइंड विज्ञापन दिया गया है और जॉब उस तरह का है जैसा आप कर रहे हैं तो सावधान हो जाइए। कंपनियाँ इसलिए भी ब्लाइंड विज्ञापन करती हैं क्योंकि उन्हें प्रतियोगियों को जवाब देना नहीं होता।

एक और कारण है जो कंपनियाँ अपने उत्पाद उपभोक्ताओं को बेचती हैं, वे कभी आवेदनकर्ता को आभार व्यक्त करने के लिए भी ऐसा करती हैं। लेकिन बहुत बड़ी कंपनियों के लिए यह काफी बोझ वाला काम भी साबित हो सकता है।

रिक्त पदों के स्थानों के लिए जब आवेदन करें तब हमेशा याद रखें कि आपका आवेदन पत्र भी वैसा ही होना चाहिए जैसे कि कंपनी के पास सैकड़ों आवेदन आते हैं। कई आवेदनकर्ता यह सोचते हैं कि तीन पैराग्राफ का आवेदन पत्र ज्यादा प्रभावशाली होता है।

क्लासीफाइड विज्ञापनदाता अकसर रिक्त पदों की पूर्ति जल्दी चाहते हैं। इसीलिए 'वाक इन इंटरव्यू' की लोकप्रियता बढ़ रही है। लंबे रिज्यूमे और मेल द्वारा काल लेटर्स भेजने में समय ज्यादा लगता है। सीधे इंटरव्यू दोनों के फेवर में हो सकता है और बिना समय गँवाए कंपनी को सही उम्मीदवार और आपको नौकरी मिल सकती है।

यहाँ कुछ ऐसे वाक्यांश दिये जा रहा हैं जो आवेदनकर्ता को लुभा सकते हैं। इस वाक्यांशों में यह बात छुपा दी जाती है कि नौकरी किस तरह का है।

इस तरह के कुछ उदाहरण :

1. 'ऊर्जावान और स्वयं काम प्रारंभ करने की क्षमता वाला आवेदनकर्ता' (इसका मतलब कमीशन पर कार्य करना हो सकता है।)
2. 'संस्थान की अच्छी योग्यता' (आपको फाइल हैंडिल करना पड़ सकती है)
3. 'भविष्य के लिए निवेश कीजिए' (मतलब यह फ्रेंचाइज या पिरामिड स्कीम हो सकता है।)
4. 'क्लाइंट से अधिक संयम' (आपको फोन का काम करना पड़ सकता है या क्लाइंट्स को 'कोल्ड काल' करना पड़ सकता है।)
5. 'प्लानिंग या कोआर्डिनेटिंग' (इसका मतलब बॉस का ट्रेवल अरेंजमेंट बुक करना पड़ सकता है।)
6. 'पूरे जीवन के लिए अवसर' (इसका अर्थ अधिक कार्य और कम वेतन हो सकता है।)
7. 'मैनेजमेंट ट्रेनिंग पोजीशन या कई स्थानों पर आकर्षक यात्रा' (बड़े क्षेत्र में सेल्स पर्सनल का काम)

3. नौकरी के विज्ञापनों की भाषा समझें

नौकरी विज्ञापन देखते ही यदि आप रिज्यूमे भेजने और इंटरव्यू की तैयारी में जुट जाते हैं तो अपनी इस आदत को बदलिए। जॉब विज्ञापनों और उस कंपनी की वेबसाइट पर दी गयी जानकारी को ध्यान में रख कर ही अपनी उम्मीदवारी को कंपनी के समक्ष प्रस्तुत करें। नियोक्ता मानते हैं कि जॉब विज्ञापन में दी गयी भाषा को समझ कर उम्मीदवार खुद को अधिक बेहतर रूप से प्रस्तुत कर सकते हैं, जब हम नौकरी के बारे में सोचना शुरू करते हैं तो जो बात सबसे पहले दिमाग में आती है, वह है नियोक्ता को अपना रिज्यूमे भेजना, ताकि इंटरव्यू का बुलावा आ सके। एक ही क्षेत्र की कंपनी होने के बावजूद कर्मचारियों के सम्बन्ध में उनकी माँग में अंतर देखने को मिलता है। ऐसे में एक ही रिज्यूमे को सभी जगह न भेजें। पर रिज्यूमे बनाने से पहले जरूरी है कि आप अपनी मनपसंद नौकरी के विज्ञापन और इसमें दी गयी भाषा को पढ़कर अच्छी तरह समझ लें। आमतौर पर विज्ञापन की भाषा यानी एक तरह से नियोक्ता की माँग पर उम्मीदवार कम ही ध्यान देते हैं और फटाफट फॉर्म भरने, रिज्यूमे भेजने और इंटरव्यू की तैयारी में जुट जाते हैं, जिससे कई बड़ी गलतियाँ हो जाती हैं।

कंपनी की वेबसाइट देखें

यदि आपको सूचना किसी प्रिंट माध्यम से मिली है तो आपका पहला काम सम्बन्धित संस्था अथवा कंपनी के बारे में ऑनलाइन उपलब्ध जानकारियों को खंगालने का होना चाहिए। फॉर्म भरने से पहले विज्ञापन की भाषा का सूक्ष्म अध्ययन कर लें 80 से 90 प्रतिशत उम्मीदवार विज्ञापन की भाषा अथवा उस संस्था की जानकारी पाने की कोशिश नहीं करते, जिसका नतीजा शुरुआती चरण में ही बाहर हो जाने के रूप में सामने आता है। एक अध्ययन के मुताबिक नियोक्ता रिज्यूमे देखने में मुश्किल से 20 से 30 सेकंड का समय लेते हैं। इसी दौरान वे सम्बन्धित उम्मीदवार के लिए अपनी राय बना लेते हैं।

वृद्धि की संभावना जानें

कंपनी की वेबसाइट से पता लग जायेगा कि वहाँ आपके करियर वृद्धि की क्या संभावनाएँ हैं और मिलने वाला वेतन व अन्य सुविधाएँ किस तरह की होंगी? उदाहरण के तौर पर यदि विज्ञापन में सेल्स पद के लिए कंप्यूटर साइंस में स्नातक उम्मीदवार की माँग की गयी है तो साफ है कि यह पद केवल सेल्स की नौकरी के लिए है, लेकिन साथ में एमबीए की अनिवार्यता भी है तो अर्थ है कि कार्य बिजनेस डेवलपमेंट के साथ मैनेजमेंट से भी जुड़ा है। स्वाभाविक है कि मैनेजर के पद पर जाने वाले के लिए आगे की संभावनाएँ सेल्स जॉब वाले की तुलना में अधिक बेहतर होंगी, जिसके लिए अनुभव और रिसर्च क्षमता की आवश्यकता होती है। विज्ञापन में स्नातक के साथ-साथ एमबीए की माँग है और आयु सीमा

दी गयी है तो इसका मतलब है कि उन्हें कुछ खास तरह के विशेषज्ञ चाहिए।

'यदि सेल्स जॉब के साथ स्थान के बारे में बताया गया है तो इसका अर्थ है कि सम्बन्धित क्षेत्र में कार्य अनुभव रखने वाले व्यक्ति अपने स्थान का भी उल्लेख करें, क्योंकि कंपनी का ध्यान स्थानीय बिजनेस पर है। उदाहरण के तौर पर इंश्योरेंस का क्षेत्र। पदों की कार्य प्रकृति को समझें यदि विज्ञापन में विशिष्ट योग्यता के साथ ग्राहकों के बारे में अनुभव को भी शामिल किया गया है तो इसका अर्थ है कि उम्मीदवार रिज्यूमे में अनुभव वर्ष, अपनी विशिष्ट उपलब्धियों और जिस कंपनी के साथ काम कर चुके हैं, उसका विवरण भी दें। विज्ञापन में हर बात स्पष्ट नहीं की जा सकती, लिहाजा संक्षेप में लिखी बातों के गूढ़ अर्थ के अनुसार आवेदन करें व इंटरव्यू के दौरान प्रश्नों के उत्तर दें।यदि ग्राहकों को कंपनी से जोड़ने के बारे में आपके पास कोई खास योजना है तो इसका आप संक्षेप में वर्णन कर सकते हैं। रिज्यूमे में कमिटमेंट और डेडिकेशन जैसे शब्दों के प्रयोग से बचें, यह आपके व्यक्तित्व से झलकना चाहिए।

अनुभव में तोलमोल कर सकते हैं

नौकरी देते समय आपका अनुभव काफी महत्त्व रखता है, पर इस सम्बन्ध में कंपनियाँ आपकी अन्य योग्यता के मुताबिक तोलमोल करने को भी तैयार रहती हैं। बेहतर लेखन क्षमता और प्रस्तुति भी काफी मायने रखते हैं। उदाहरण के लिए यदि आप सेल्स में हैं तो बहुत सारे प्रपोजल्स आदि तैयार करने की आवश्यकता होती है, जिसे नियोक्ता शुरू में ही परखते हैं। यदि विज्ञापन में पिछली कंपनी के वेतन समेत कुल सीटीसी को पूछा गया है तो साफ है कि कंपनी शुरू के चरण में ही इसके आधार पर योग्य उम्मीदवारों का चयन करना चाहती है। इसलिए बेहतर होगा कि आप सीटीसी की जानकारी में बोनस व मिलने वाली अन्य सुविधाओं के साथ अपेक्षित वेतन का भी उल्लेख करें।

छोटी बातों के गूढ़ अर्थ

कई बार विज्ञापन में दिए गए पद और उसके कार्य की प्रकृति में अंतर होता है। उदाहरण के तौर पर हेल्थकेयर स्पेशलिस्ट और हेल्थ असिस्टेंट में फर्क होता है। इसी तरह यदि किसी विज्ञापन में फ्रेशर्स के साथ अनुभवी लोगों को भी आवेदन के लिए कहा गया है तो इसका अर्थ है कि कंपनी को बहुत थोड़े अनुभव वाले उम्मीदवार चाहिए और वह ज्यादा वेतन देने की पक्षधर नहीं है। इसी तरह फार्मेसी की योग्यता में बी-फार्मा अथवा एम-फार्मा माँगा है तो इसका अर्थ है कि अनुभव के आधार पर कंपनी दोनों के लिए अलग वेतनक्रम पर विचार करेगी।

उम्मीदवार को अपनी फोटोग्राफ भी देनी चाहिए

ज्यादातर उम्मीदवार ऐसा नहीं करते, लेकिन यह ठीक नहीं। फ्रेशर्स को अपनी शिक्षा के साथ दूसरे क्षेत्रों में विशिष्ट गतिविधियों व उपलब्धियों को भी देना

चाहिए। उदाहरणार्थ नेतृत्व कौशल आदि। कई बार कंपनियाँ रहने और आने-जाने की सुविधाएँ देने की भी बात कहती हैं, लेकिन ऐसे मामलों में आने वाला खर्च प्राय: आपके वेतन से ही काटा जाता है। आमतौर पर जॉब विज्ञापन में माँगे गये कार्य अनुभव में नियोक्ता 10 से 20 प्रतिशत तक का लचीला रुख अपना लेते हैं। खासतौर पर यदि उम्मीदवार की प्रेजेंटेशन और कम्युनिकेशन स्किल अच्छी है तो नियोक्ता उम्मीदवार के अनुभव से समझौता कर लेते हैं। इसलिए माँगी गयी योग्यता से थोड़ी कम योग्यता होने पर भी उम्मीदवार को आवेदन कर देना चाहिए।

कई बार विज्ञापन में सीटीसी की माँग की जाती है। इसके द्वारा नियोक्ता पहले चरण में वेतन के स्तर पर भी उम्मीदवारों की छँटनी करना चाहते हैं। इसलिए उम्मीदवार अपने सीटीसी के बारे में जानकारी देते समय फिक्स्ड, वेरिएबल, बोनस और अन्य सभी भत्तों को जोड़ कर बतायें।

अपेक्षित वेतन की माँग नहीं रखनी चाहिए। बेहतर होगा, पहले कंपनी को अपनी ऑफर बताने दें।

4. सूझबूझ से करें नौकरी का चयन

नौकरी पाने के सपने को सच होता देख किसे अच्छा नहीं लगता। यही तो वह सपना होता है जिसकी वजह से कोई भी व्यक्ति अखबार के क्लासिफाइड सेक्शन का एक-एक शब्द पढ़ डालता है। इसी सपने को सच करने की मेहनत में हजारों कंपनियों में इंटरव्यू के लिए अर्जी देता है। इंटरव्यू कॉल आने पर वह बहुत खुश होता है और नौकरी मिल जाने पर वह आँख बंद करके 'हाँ' बोल देता है। लेकिन ये इतना सरल नहीं। ऐसे बहुत से विषय हैं जिनके बारे में नौकरी के लिए हाँ बोलने से पहले जरूर सोचा जाना चाहिए।

वैसे जानें कि यह ऑफर अच्छा है या नहीं? इस प्रश्न के उत्तर के लिए कुछ बिंदुओ पर ध्यान देना जरूरी है जैसे-

वेतन - यह विषय तो नौकरी लेने से पहले सोचा जाने वाला आम विषय है, लेकिन इससे जुडी एक बात है। कई बार लोग नौकरी अच्छी होने के बाद भी वेतन की वजह से उसे छोड़ देते हैं। अगर आपको नौकरी और उससे जुड़ी संभावनाएँ सही लग रही हैं तो वेतन के बारे में एक बार बात करके जरूर देखें। हो सकता है कि आपकी बात मान ली जाये।

ऑफिस से घर की दूरी- इस ओर भी थोड़ा ध्यान देना जरूरी है। इंटरव्यू के लिए जाते समय जो दूरी ठीक लग रही थी हो सकता है रोज जाने के लिए वही दूरी थोड़ी ज्यादा लगे।

ऑफिस का माहौल- आपको काम करने में मजा तभी आएगा जब काम करने वाली जगह का माहौल खुशनुमा होगा। अगर ऑफिस का माहौल आपके

अनुरूप है तो यह आपको अच्छा काम कर दिखाने में मदद करेगा। आपको बस यह देखना है कि जिस दफ्तर में आप काम करने का मन बना रहे हैं, वहाँ के माहौल में आप कितनी जल्दी ढल जायेंगे।

आपके बॉस और सहकर्मी- आपके बॉस और सहकर्मी कैसे हैं, यह जानना तो सबसे महत्त्वपूर्ण है। जिनके साथ आपको काम करना है अगर वे लोग सही नहीं होंगे तो उस जगह काम करना शायद मुश्किल हो जाये।

इंटरव्यू के समय देखने की कोशिश कीजिए कि दफ्तर में बैठे लोगों का रवैया कैसा है। क्या वे सब खुशमिजाज और मित्रवत् हैं? यह थोड़ा मुश्किल है लेकिन जरूरी भी। अपने जान-पहचान में से ऐसे लोगों से बात करने की कोशिश करें जो वहाँ काम करते हों या वहाँ काम करने वाले किसी व्यक्ति को जानते हों।

सारी चीजों पर सोचकर आप जो भी फैसला करें नौकरी लेने का या छोड़ने का, इस बारे में उस दफ्तर में जरूर बतायें। यह इसलिए जरूरी है क्योंकि आप नहीं जानते हैं कि भविष्य में आपके लिए क्या छुपा हुआ है। हो सकता है इन्हीं लोगों से आपका फिर कभी सामना हो जाये। अपने हाथों अपनी छवि बिगाड़ना कोई समझदारी तो नहीं।

5. प्रवीणता से मिलेगी नौकरी

अगर आप जल्द से जल्द नौकरी हासिल करना चाहते हैं, तो आपको अपने भीतर प्रवीणता विकसित करनी होंगी। यकीन मानिए, आजकल हरेक कर्मचारी सबसे पहले प्रवीणता को तलाशता है। पिछले कुछ सालों में कॉरपोरेट दुनिया में तकनीकी ज्ञान के साथ ही सॉफ्ट स्किल की अहमियत भी बहुत बढ़ गयी है। इसका सबसे जरूरी हिस्सा है प्रभावी संवाद क्षमता। इसके अलावा कार्य के प्रति समर्पण, टीम वर्क, अपने कार्य की समीक्षा, दृष्टिकोण, जटिल स्थिति में धैर्यपूर्वक रास्ता निकालने की क्षमता पर भी सफलता काफी हद तक निर्भर करेगी। बेशक शैक्षिक व तकनीकी ज्ञान की तुलना में सामाजिक-व्यावहारिक ज्ञान कम महत्त्वपूर्ण लगता है, लेकिन हकीकत यह है कि अब करियर में सफलता के लिए यह सबसे बड़ा ब्रह्मास्त्र बन चुका है। हाल ही में एक आईटी कंपनी ने 73 फीसदी मेरिट वाले लोगों को केवल इसलिए इंटरव्यू कॉल नहीं किया, क्योंकि उनमें सामाजिक तौर तरीकों की कमी थी।

क्या है साफ्ट स्किल?

हैरानी होती है, जब बेहतरीन शैक्षिक-तकनीकी योग्यता के बावजूद कोई व्यक्ति करियर में आगे नहीं बढ पाता, जबकि कोई औसत व्यक्ति आगे बढ़ जाता है। गहराई से देखने पर पता चलता है कि दूसरे व्यक्ति में व्यावहारिक-सामाजिक ज्ञान पहले की तुलना में अधिक है। सॉफ्ट स्किल को लाइफ स्किल या सरवाइवल स्किल के नाम से भी जाना जाता है। एक सफल व्यक्ति अपने कार्यस्थल में भी

श्रेष्ठ कार्यकर्ता होता है। ऐसा महज काम में उसकी दक्षता के कारण ही नहीं होता, बल्कि यह श्रेष्ठता कई अन्य गुणों के कारण भी आती है।

मिलनसार व व्यवहारकुशल स्वभाव, गर्मजोशी, उत्साह, सकारात्मक दृष्टिकोण, समय-प्रबंधन, बेहतर संवाद क्षमता जैसे कई अन्य गुण करियर में सफलता के लिए जरूरी हैं।

आईटी, बीपीओ, केपीओ, फार्मा, जनसंपर्क जैसे तमाम क्षेत्रों में सॉफ्ट स्किल्स की जरूरत अधिक होती है। अब विशेषज्ञ मानने लगे हैं कि व्यवहारकुशल होना हर व्यक्ति के लिए जरूरी है। सामाजिक संस्कार बचपन से दिए जाने चाहिए, ताकि आगे जाकर व्यक्ति सफल प्रोफेशनल जीवन जी सके। इसके लिए निम्नलिखित पाँच बिंदुओं को समझना जरूरी है-

- प्रस्तुति
- समय का पाबंद
- प्रस्तुतिकरण
- आत्मविश्वास
- ड्रेसिंग सेंस

6. नौकरी की तलाश में टेक्नीक से कामयाबी

नौकरी की तलाश के लिए डिजिटल टेक्नॉलजी वरदान साबित हुई है। सोशल नेटवर्किंग साइट्स, ई-मेल और स्मार्ट फोन से भी आपको नौकरी की तलाश में काफी मदद मिलती है, लेकिन स्मार्ट फोन ब्लैकबेरी उठाने और किसी कंपनी के मैनेजर को कोई मेसेज भेजने से पहले दो मिनट सोचिए क्योंकि उचित नौकरी तलाश करने के लिए उचित प्रवीणता की जरूरत होती है। लेकिन अपनी मनपसंद नौकरी पाने के लिए नई टेक्नॉलजी का सहारा लेने वाले लोग अकसर कुछ गलतियाँ कर बैठते हैं। आप कुछ तरीके अपनाकर इससे बच सकते हैं।

ज्यादा ई-मेल नहीं

अपने क्षेत्र की हर ऑनलाइन नौकरी के लिए आवेदन करने से बचें। केवल उसी नौकरी पर ध्यान दीजिए, जो आपके लिए सबसे सही हो। नेट पर अलग-अलग साइट्स देख करके अपने क्षेत्र के नियोक्ता की तलाश कर सकते हैं और उनके बारे में अहम जानकारी जुटा सकते हैं, जो बाद में आपके काम आयेगी।

अगर आप अपने फील्ड की हर जॉब के लिए ई-मेल भेजते हैं और उसके साथ आपका सीवी भी अटैच होता है तो किसी भी मैनेजर के लिए उसे डिलीट करना बेहद आसान है। अगर आप पोस्ट से आवेदन भेजते हैं तो उसका प्रभाव दूसरा होता है।

व्यक्तिगत बनें

ई-मेल भेजते समय जहाँ तक हो सके, उसे व्यक्तिगत बनायें। अगर आप अपने किसी साथी के जरिए किसी कंपनी के मैनेजर से रूबरू हो रहे हों तो उस साथी का नाम सब्जेक्ट लाइन में जरूर टाइप करें। इससे मैनेजर उस मेल को डिलीट करने से पहले दो बार जरूर सोचेगा।

सीमा में रहिए

अगर आपको किसी कंपनी के मैनेजर का मोबाइल नंबर मिल भी गया है, तो उसे बिना इजाजत कॉल मत कीजिए।

लैंड लाइन फोन

किसी कंपनी में अपॉइंटिंग अथॉरिटी से कॉन्टेक्ट करने के लिए हमेशा लैंड लाइन फोन इस्तेमाल कीजिए। हो सकता है, सेल फोन ठीक ढंग से कनेक्ट न हो पाये। बीच में ही लाइन कट जाये।

स्मार्ट नेटवर्क

अगर नेटवर्किंग साइट्स से आप जिस व्यक्ति तक अपनी बात पहुँचा रहे हैं। उनसे आप व्यक्तिगत पहचान बनाना चाहते हैं, तो उसे बिना किसी कारण इलेक्ट्रॉनिक निमंत्रण न भेजे।

डिजिटल पदचिह्न

मैनेजर रिज्यूमे और रेफरेंस से आगे जाकर भी आपके बारे में तहकीकात कर सकते है और ऑनलाइन आपका बैकग्राउंड भी चेक कर सकते हैं। इसलिए सोशल नेटवर्किंग साइट्स पर कुछ भी पोस्ट करने से पहले समझदारी से काम लें। इसी तरह ब्लॉग और ऑनलाइन फोरम में व्यक्तिगत जानकारी देने से पहले अच्छी तरह सोच लें।

7. नौकरी का सवाल है

अकसर लोगों को शिकायत रहती है कि इंटरव्यू के दौरान भेदभाव की वजह से उनका चयन नहीं किया गया। लेकिन वे यह कभी नहीं सोचते कि हो सकता है कि उनमें भी कोई कमी रही होगी।

रिक्रूटिंग सीजन में हर कोई किसी तरह नौकरी पाने की कोशिशों में जुटा है। बेशक, ऐसे में हायरिंग मैनेजर्स के ऊपर भी काफी काम का बोझ बढ़ जाता है। आखिर उन्हें ढेर सारे आवेदनों में से पहले स्कैनिंग करनी होती है और फिर चुनिंदा लोगों का इंटरव्यू लेकर उनमें से अंतिम भरती करना होता है। कई बार तो किसी रिक्त पद के लिए इतने ज्यादा आवेदन पत्र आ जाते है कि उन्हें संभालना भारी हो जाता है।ऐसे में, हायरिंग मैनेजर्स को कुछ पैरामीटर्स बनाने होते हैं, जिनके आधार पर वे आवेदकों की छंटनी करते है।

अगर आप किसी कंपनी में नौकरी के लिए इंटरव्यू देने जा रहे हैं, तो उसके बारे में जानकारी होना आपके लिए बेहद जरूरी है। अगर आपको कंपनी के बारे में आधारीय जानकारी ही नहीं है, तो आपको बाहर का रास्ता ही दिखाया जायेगा।

काम की बातें

- कंपनी की मैनेजमेंट टीम की बायोग्राफी पढ़ें। इससे आपको कंपनी के बारे में समझ बनाने में मदद मिलेगी। साथ ही, आप साक्षात्कारकर्ता के सवालों का जवाब भी आसानी से दे पायेंगे।

- सोशल साइट्स पर कंपनी के कर्मचारियों की प्रोफाइल जाँच लें। इस तरह आपको उनकी व्यवसायिक और जीवन के बारे में सोच बनाने में मदद मिलेगी। साथ ही, आप उनका ड्रेसिंग स्टाइल भी देख कर फॉलो कर सकते हैं।

- किसी भी कंपनी के बारे में जानकारी हासिल करने का सबसे स्मार्ट तरीका उसकी कॉर्पोरेट वेबसाइट की जाँच करना है। बेशक, वेबसाइट पर कंपनियाँ वही जानकारी मुहैया कराती हैं, जो वे लोगों के साथ साझा करना चाहती हैं।

अध्याय-2

रिज्यूमे की जरुरत

रिज्यूमे न सिर्फ आपकी सफलता और अनुभवों को बताता है, बल्कि कई अनकही बातों को भी कह देता है। इस पर विशेष ध्यान देना चाहिए। जिसे देखते ही नियुक्तिकर्ता को यह पता चल जाता है कि आपकी कार्यस्थल पर क्या उपयोगिता हो सकती है। जब आप नौकरी तलाश कर रहे होते हैं, तो संभावित नियुक्तिकर्ता यह तुरंत समझ जाते हैं कि कंपनी में आप कहाँ योगदान दे सकते हैं। यदि आप नई नौकरी की तलाश में नहीं भी हैं, तो भी रिज्यूमे को अपडेट करना अच्छा रहता है। इससे आप नियमित तौर पर आपको नया करने और सीखने की प्रेरणा मिलती है। जल्दबाजी में रिज्यूमे बनाते समय अकसर हमारी खास उपलिब्धयाँ छूट जाती हैं। आप यह नहीं चाहेंगे कि आपके हाथ से किसी नौकरी की अवसर मात्र इसलिए छूट जाये कि सही समय पर आपके पास अपडेटेड रिज्यूमे नहीं था। चाहे नई नौकरी की तलाश में हैं या फिर आप नौकरी कर रहे हैं, करियर की दृष्टि से अपडेटेड रिज्यूमे होना अच्छा रहता है।

1. यह होना चाहिए रेज्यूमे में

रिज्यूमे का खास गुण होता है कि वह आपकी गैर मौजूदगी में आपकी तरफदारी करे। यह करिअर -गति और क्षमता का सही मूल्यांकन दर्शाने वाला होना चाहिए। ध्यान रखना चाहिए कि रिज्यूमे प्रभावशाली और सादा हो।

एक अध्ययन से पता चला है कि किसी एक रिक्त पद के लिए कंपनी या नियोक्ता के पास करीब 500 रिज्यूमे आते है। किसी रिज्यूमे पर नजर डालने के लिए नियोक्ता के पास औसतन 30 सेकंड से 40 सेकंड होते है। आइये जाने उन बातों को जिन्हें ध्यान में रखने से रिज्यूमे प्रभावशाली बनता है।

डिटेल्स : संपर्क विवरण

रिज्यूमे बनाते वक्त बायीं तरफ में सबसे ऊपर नाम लिखना चाहिए और उसके ठीक नीचे ईमेल आईडी और उसके नीचे फोन नंबर। कई लोग नाम के साथ ही जेंडर भी लिख देते है ऐसा न करे।

रिज्यूमे में ऐसी आईडी न दें जो देखने में अजीब लगे। आईडी बिलकुल सादा होना चाहिए।

एड्रेस : पत्राचार हेतु पता

ऊपर दाहिनी ओर हमेशा पत्राचार पता दिया जाना चाहिए। इसमें नियोक्ता को पत्राचार करने में सुविधा होती है। इसे रिज्यूमे में तलाशना नहीं पढ़ता है। स्थाई पता भी देना चाहिए।

ऑब्जेक्टिव

ऑब्जेक्टिव हमेशा छोटा, सादा और सीधा हो। साफ और कम शब्दों में हो जो यह बताये कि आप कंपनी के लिए कैसे उपयोगी हो सकते है। इसके लिए अपनी योग्यता का हवाला दे सकते है।

शैक्षणिक योग्यता

योग्यता बताते वक्त रिवर्स क्रोनोलोजी का इस्तेमाल करें। एकदम नई क्वालीफिकेशन सबसे पहले लिखें और फिर नीचे की तरफ बढ़ते जायें।

अनुभव

कुल अनुभव वर्षों में बता सकते है। अनुभव के बारे में बताते हुए जिस कंपनी में अभी काम कर रहे है, वह सबसे ऊपर उसके बाद उससे पहले के अनुभव का जिक्र करें। इसके अलावा निभाए गये अहम प्रोजेक्ट्स का जिक्र कर सकते है।

व्यक्तिगत सूचनाएँ

रिज्यूमे के सबसे अंत में आप अपने पिता और माता का नाम, जन्मतिथि, वैवाहिक स्थिति भी देना चाहिए।

जन्मतिथि बताते वक्त साथ में यह भी लिख दें कि वर्तमान में आप कितने वर्ष के है। इसी तरह वैवाहिक स्थिति की भी जानकारी देना चाहिए। इसके अलावा अपनी रुचियों का विवरण भी देना चाहिए।

इनका ध्यान रखें हर दम

1. फॉन्ट का प्रयोग

याद रखे की पूरे रिज्यूमे में ज्यादा से ज्यादा दो फॉन्ट का ही प्रयोग करना चाहिए। फॉन्ट साइज आसानी से पढ़ने में आना चाहिए। इसे आप 10 रख सकते है।

2. बोल्ड, अंडरलाइन, इटैलिक
शब्दों को बोल्ड अंडरलाइन इटैलिक जरूरत से ज्यादा न करें। वाक्यों के बीच अंतर भी ठीक-ठाक हो। याद रखिये नियोक्ता को अगर उन्हें पढ़ने में दिक्कत हुई तो उन्हें आगे बढ़ते देर नहीं लगती।

3. आकार
रिज्यूमे का आकार इन्डस्ट्री और अनुभव पर निर्भर करता है। दो पेज से अधिक रिजयूमे बनाने से बचना चाहिए।

4. सीधी सपाट हो भाषा
पूरे रिज्यूमे की भाषा सीधी और सपाट रखें। तथ्यों को गोल मोल घुमाकर न रखें।

5. ज्यादा मैं, मैं नहीं
आई, माई, मी जैसे शब्दों का जरूरत से ज्यादा इस्तेमाल न करे।

6. रेफरेंस कहने पर ही दें
रेफरेंस का जिक्र तब तक न करें, जब तक निर्देश न दिए गए हो। ऐसे लोगों को तैयार जरुर रखें, जो आपको अच्छी तरह जानते हों।

7. ग्रामर व स्पेलिंग गलत न हो
स्पेलिंग पूरी लिखे। प्रूफरीडिंग जरुर करा लें। व्याकरण का खास ध्यान रखें।

8. फोटो न लगाये

फोटो न लगाये क्योंकि जिस साइज मे आप फोटो पेस्ट करेंगे, वह न तो क्वालिटी मे अच्छा आएगा और न देखने में, जाहिर है इसका अच्छा प्रभाव नहीं पड़ेगा।

2. *कितना लंबा हो रिज्यूमे*
चाहे आप नवांगतुक हों या करियर में बदलाव करना चाहते हों, नौकरी तलाशने की प्रक्रिया का सबसे पहला कदम रिज्यूमे बनाना या उसे अपडेट करना होता है। रिज्यूमे से जुड़े दो पहलू हैं कि क्या और कितनी सूचनाओं को शामिल किया जाये। इससे आप अपने रिज्यूमे की लंबाई निर्धारित कर सकेंगे।

आकर्षक शुरुआत: नियोक्ता के पास आने वाले बहुत से रिज्यूमे में एक आपका भी होगा। निश्चित रूप से आप चाहेंगे कि इंटरव्यू के लिए बुलाने वालों की लिस्ट में नियोक्ता आपका नाम भी शामिल करे। ऐसे में आपका रिज्यूमे पहली नजर में नियोक्ता को आकर्षित करने वाला होना चाहिए। पेज की शुरुआत रुचिकर और सारपूर्ण प्रोफेशनल उद्देश्य से करें। उसके बाद अपने प्रोफेशनल प्रोफाइल से जुड़ी स्किल्स को लिखें। एक फ्रेशर के रिज्यूमे में कार्य अनुभव के बारे में लिखने की कम गुंजाइश होगी। ऐसे में एक पेज का रिज्यूमे जिसमें करियर उद्देश्य और अर्हताएँ शामिल हों, पर्याप्त रहेगा। यदि आप कुछ साल का कार्य अनुभव रखते हैं

तो नौकरी सम्बन्धी जिम्मेदारियों और पूर्व नियोक्ता के पास अपनी उपलब्धियों को रिज्यूमे में लिखें। कुछ समय का कार्य अनुभव रखने वाले उम्मीदवारों के रिज्यूमे में फेश ग्रेजुएट की तुलना में अधिक सूचनाएं होंगी। ऐसे में रिज्यूमे की लंबाई दो से तीन पेजों तक हो सकती है।

सारपूर्ण और महत्त्वपूर्ण सूचनाएँ : नौकरी से जुड़ी महत्त्वपूर्ण सूचनाओं को अवश्य शामिल करें। अनावश्यक सूचनाएँ न सिर्फ आपके रिज्यूमे को बोझिल बनाती हैं, बल्कि आपके स्तर पर फोकस भी कमी भी इससे जाहिर होती है। आपके रिज्यूमे को देखकर नियोक्ता को आपकी वास्तविक क्षमताओं, नौकरी से जुड़ी आपकी स्किल्स और आप उनके लिए किस तरह बेहतर साबित हो सकते हैं, इस सम्बन्ध में स्पष्ट जानकारी मिलनी चाहिए। जैसे-जैसे आप अपने करियर क्षेत्र में आगे बढ़ेंगे, जाहिर है आपका कार्य और उससे जुड़ी जिम्मेदारियां भी बढ़ेंगी। काम से जुड़ी जिम्मेदारियों को प्रमुखता से उभारें। खासतौर पर बिल्कुल प्रारंभ की कंपनियों और अनुभव आदि सब लिखने की जगह अपनी हाल की पूर्व जॉब और प्रोफाइल के बारे में अधिक लिखें। ऐसी सूचनाएँ लिखें जो नियोक्ता पर सकारात्मक प्रभाव छोड़ेंगी।

3. रिज्यूमे के प्रकार

हालाँकि रिज्यूमे बनाने का एक ही फॉर्मूला हर व्यक्ति के लिए लागू नहीं हो सकता। एक ही फॉर्मूला का रिज्यूमे हर एक व्यक्ति की करियर परिस्थिति के अनुसार सही नहीं बैठ सकता। यही कारण है कि रिज्यूमे को कुछ प्रमुख कैटेगरी में बाँटा गया है।

क्रोनोलॉजिकल रिज्यूमे

इस प्रकार के रिज्यूमे व्यक्ति के व्यावसायिक जीवन के बारे में सामान्य जानकारी देते हैं। इसमें नौकरी में वर्तमान पद और जिम्मेदारियों का उल्लेख किया जाता है। पढ़ाई खत्म होने पर या किसी जगह नियुक्तियाँ निकलने पर जब आवेदन किया जाता है, तो आमतौर पर हम क्रोनोलॉजिकल रिज्यूमे ही बनाकर भेजते हैं, जिसमें समयवार और अवधि के अनुसार अब तक के सारे अनुभवों का उल्लेख होता है।

इस तरह के रिज्यूमे पढ़कर आसानी से समझा जा सकता है कि आपको किस कार्य के लिए बुलाना है।

फंक्शनल रिज्यूमे

इस प्रकार के रिज्यूमे कुशलता आधारित होते हैं। फंक्शनल रिज्यूमे उस समय बनाये जाते हैं, जब किसी एक खास पोस्ट के लिए आवेदन किया जा रहा हो। इसे यह सोचकर नहीं बनाया जाता कि काम चाहिए। बल्कि एक खास क्षेत्र में खास जिम्मेदारी वाले पद को लक्ष्य करके रिज्यूमे तैयार करके बनाया जाता है।

हाइब्रिड रिज्यूमे

हाइब्रिड रिज्यूमे क्रोनोलॉजिकल और फंक्शनल रिज्यूमे का मिला-जुला रूप ही होता है।

क्या चाहिए कंपनियों को

आमतौर पर कंपनियों के पास जितने रिज्यूमे आते हैं, उनमें से पहले अनुभवी प्रतिभागी का चयन करते हैं। फिर यह देखते हैं कि उसने किस कंपनी में काम किया है और उसकी टीम कितने लोगों की है। किसी फ्रेशर के रिज्यूमे में उसकी शिक्षा, और उपलब्धियाँ देखते हैं।

रिज्यूमे में दी गयी जानकारी झूठ नहीं होनी चाहिए, क्योंकि इंटरव्यू के दौरान इस बात की जानकारी लग जाती है कि आपने जो जानकारी दी है, वह कितनी सही है। अगर रिज्यूमे में दी गयी जानकारी से मिलती जुलती है या नहीं है, तो आपकी बड़ी से बड़ी उपलिब्ध बेकार हो जाती है।

नौकरी की जरुरत, योग्यता और अनुभव के आधार पर किसी प्रतियोगी को बुलाते हैं। इसलिए जरूरी है कि अपने सीवी में आप इसे बेहतर ढंग से प्रस्तुत करें।

कवरिंग लेटर साथ भेजें

कवरिंग लेटर रिज्यूमे के साथ भेजे जाते हैं। आमतौर पर किसी भी नियुक्ति के विज्ञापन में इसका उल्लेख नहीं होता है, लेकिन यह रिज्यूमे तहजीब के तहत आता है। कवरिंग लेटर में आप वह सारी जानकारियाँ दे देते हैं, जिनका उल्लेख रिज्यूमे में नहीं किया जा सकता। लेटर एक पेज से बड़ा नहीं होना चाहिए। अगर आप ई-मेल से आवेदन कर रहे हैं, तो उसे बस इतना बड़ा रखें कि एक बार में स्क्रीन पर पढ़ने में आ जाये। इसे पढ़ने में बीस से तीस सेकंड से ज्यादा का समय नहीं लगे।

4. खुद की मार्केटिंग करें रिज्यूमे से

सौरभ चार साल से एक ही कंपनी में काम कर रहा था। वह कई कंपनियों में अपने रिज्यूमे भेज चुका था, लेकिन उसे कहीं से इंटरव्यू कॉल नहीं आ रही थी। सौरभ इस बात को समझ नहीं पा रहा था कि आखिरकार कमी कहाँ है? एक जॉब कंसल्टेंट ने उसे बताया कि उसका रिज्यूमे सही नहीं है, इसलिए उसे कंपनी से कॉल नहीं आ रही है। सौरभ ने उसके द्वारा दी गयी सलाह के अनुसार रिज्यूमे बनाया।

यह तरकीब कारगर साबित हुई। उसे इंटरव्यू कॉल आनी शुरू हो गयी। सौरभ की सफलता एक उदाहरण है कि नौकरी ढूँढ़ने के लिए अच्छा सीवी, रिज्यूमे या बायोडाटा कितना अहम् भूमिका अदा करते हैं। इसमें हमेशा सावधानी बरतनी चाहिए।

खुद की मार्केटिंग

रिज्यूमे मार्केटिंग का औजार होता है, न कि करियर का संस्मरण। इसे देखकर मालूम

होता है कि आप अपनी पिछली नौकरी में कैसा प्रदर्शन कर रहे हैं? आने वाले समय में कितना आगे जा सकते हैं? आपका पिछला रिकॉर्ड कैसा है? इसलिए इसे प्रभावी नहीं बनाया, तो कर्मचारी के नाते आपकी माँग भी प्रभावित हो सकती है।

5. अपनी तारीफ करें परन्तु संभलकर

माना कि जमाना मार्केटिंग का है, लेकिन हर चीज की एक सीमा होती है। रिज्यूमे का मतलब सामान्य भाषा में अपनी योग्यता को पेश करना होता है। इसलिए इसमें ऐसा कुछ न लिखें, जो नियोक्ता को पसंद ना आये। अपने रिज्यूमे को बेहतर बनाने की चाहत हर किसी में होती है, ताकि वह ज्यादा से ज्यादा नियोक्ता ध्यान अपनी ओर आकर्षित कर सके। लेकिन इस चाहत में वे कई बार ऐसे शब्दों का इस्तेमाल कर देते हैं, जिन्हें गैर पेशेवर माना जाता है।

एचआर मैनेजर्स

कई तरह के शब्दों को लेकर लोग काफी सजग हो गए हैं। अगर किसी रिज्यूमे में उन्हें इस तरह के शब्द नजर आते हैं, तो उनकी नजरें उस पर टिक जाती हैं। जानते हैं वे शब्द कौन से हैं-

आप भी जानिए

बेशक, आप भी यह जानने के इच्छुक होंगे कि आखिर एचआर मैनेजर्स को क्या नापसंद है। विशेषज्ञ बताते हैं कि अकसर देखने में आता है कि कुछ लोग अपने आपको किसी क्षेत्र का विशेषज्ञ बताने के लिए गुरू शब्द का उपयोग करते है। मसलन मार्केटिंग का कोई विशेषज्ञ अपने रिज्यूमे में मार्केटिंग गुरू लिख दे। लेकिन हायरिंग मैनेजर को यह कतई पसंद नहीं आता। आखिरकार आप एक नये प्रतियोगी हैं और नई नौकरी के लिए आवेदन कर रहे हैं। हालाँकि कुछ क्षेत्र के विशेषज्ञ ऐसा जरूर करते हैं, लेकिन आपको खुद की उनसे तुलना नहीं करना चाहिए।

आप स्टार तो नहीं

वहीं, कुछ लोग अपने को टीम का बेहतर परफॉर्मर बताने के लिए खुद को स्टार ऑफ द टीम जैसे टैग नवाजते हैं। जबकि नियोक्ता इसे कतई पसंद नहीं करते। एक्सपर्ट्स बताते हैं कि स्टार का मतलब पूरी कंपनी का प्रतिनिधित्व करने वाले आवेदक से होता है, जबकि कॉरपोरेट कंपनियों में सभी कर्मचारियों को बराबर मौका दिया जाता है। हो सकता है कि आपकी नई कंपनी में कर्मचारियों के बीच इस तरह के टैग देने की परंपरा ही ना हो।

मैं हूँ सबसे जुदा

ऐसे आवेदकों की भी कमी नहीं है, जो खुद को सबसे जुदा मानते हैं। लेकिन वे भूल जाते हैं कि ज्यादातर कंपनियों को सबसे जुदा की बजाय सबके साथ काम करने वाले कर्मचारी जरूरत ज्यादा है। भले ही आप कितने भी जुदा क्यों न हों,

लेकिन आखिरकार आपको काम तो सब तरह के कर्मचारियों के साथ करना है। बेहतर होगा कि आप रिज्यूमे में खुद को सबसे जुदा लिखने की बजाय सबके साथ सामंजस्य बिठाने वाला लिखें, तो ज्यादा बेहतर होगा।

6. ऑन लाइन नौकरी का आवेदन पत्रा

मनचाहा करियर पाना हर किसी की चाहत होती है और करियर की दिशा में आगे बढ़ने की पहली सीढ़ी है नौकरी के लिए आवेदन करना।

आजकल सब कुछ हाइटेक हो गया है। वैसे तो युवा पीढ़ी टेक्नोलॉजी के मामले में बहुत स्मार्ट है, फिर भी ऑनलाइन नौकरी का आवेदन पत्र भेजते समय कई बार कुछ ऐसी गलतियाँ हो जाती हैं, जो आवेदनकर्ता के लिए नुकसान देह साबित हो सकती हैं। इसलिए ऑनलाइन नौकरी का आवेदन पत्र भरते समय आपको इन बातों का ध्यान जरूर रखना चाहिए :

1. **हमेशा अपडेट करें रेज्यूमे :** आमतौर पर युवाओं को जब वेबसाइट्स पर किसी नौकरी का विज्ञापन दिखाई देता है, वे आनन-फानन अपना वही पुराना रेज्यूमे भेज देते हैं। ऐसा न करें क्योंकि इससे नियोक्ताओं के सामने अच्छा प्रभाव नहीं पड़ेगा। हर नौकरी की अपनी प्रोफशनल माँग होती है और बिना अपडेट किए रेज्यूमे भेजने से यह जाहिर होता है कि आवेदक अपने करियर के प्रति गंभीर नहीं है।

2. **जरूरी है सावधानी :** रेज्यूमे तैयार करते समय यह सुनिश्चित कर लें कि उसमें आपके निजी विवरण और शैक्षणिक योग्यता से जुड़ी सारी जानकारियाँ हों। अंत में अपना मोबाइल नंबर लिखना न भूलें।

3. **जॉब की जरूरतों को समझें :** पहले विज्ञापन को ध्यान से पढ़कर सम्बन्धित पद के लिए जरूरी योग्यता और सॉफ्ट स्किल्स को समझें, फिर उस नौकरी से सम्बन्धित अपनी योग्यताओं को उभारते हुए नया रेज्यूमे तैयार करें।

4. **सही क्रम में हों जानकारियाँ :** अपने रेज्यूमे में विशेष शैक्षणिक योग्यताओं और पूर्व कार्य अनुभवों का उल्लेख जरूर करें। इस क्रम में आपकी नवीनतम शैक्षणिक योग्यता या वर्तमान जॉब का उल्लेख सबसे पहले होना चाहिए। नवीनतम योग्यताएँ आवेदक और नियोक्ता दोनों के लिए ज्यादा अहमियत रखती हैं।

5. **अधूरा न हो आवेदन पत्र :** नियोक्ता केवल उन आवेदन पत्रों पर विचार करते हैं, जो पूरी तरह भरी गयी हो। आवेदक को जॉब पोर्टल पर सारी जानकारियों के साथ ही रजिस्ट्रेशन करवाना चाहिए। आवेदन पत्र मेल करने से पहले अच्छी तरह जाँच कर लें।

6. **अपेक्षित सैलरी का उल्लेख करें :** कुछ उम्मीदवार यह बताने की जरूरत नहीं समझते कि वह कंपनी से कितनी सैलरी की उम्मीद रखते हैं। अगर आवेदन

में अपेक्षित सैलरी के बारे में पूछा गया हो तो उसका उल्लेख जरूर करें क्योंकि किसी भी पद के लिए हर कंपनी का अपना निश्चित बजट होता है। ऐसा उल्लेख कंपनी और आवेदक दोनों के लिए सुविधाजनक होता है।

7. जल्दबाजी न करें : कोई भी कंपनी कर्मचारियों का चयन पहले आओ-पहले पाओ के सिद्धांत के आधार पर नहीं करती, बल्कि उनकी योग्यता को अच्छी तरह जाँचने-परखने के बाद ही उनका चुनाव करती है। इसलिए आवेदन पत्र भेजते समय कवर लेटर और रेज्यूमे को कम से कम दो बार अच्छी तरह चेक कर लें। सबसे हास्यास्पद स्थिति तब होती है, जब उम्मीदवार ई-मेल के साथ रेज्यूमे की फाइल अटैच करना भूल जाते हैं।

8. भड़कीली फॉर्मेटिंग, लच्छेदार भाषा न लिखें : भडकीली फॉर्मेटिंग, लच्छेदार भाषा और किसी भी तरह का व्यक्तिगत निवेदन नियोक्ता के सामने न रखें। पूरी तरह औपचारिक भाषा में और पेशेवर ढंग से रेज्यूमे तैयार करें।

9. जिक्र करें : जिस नौकरी के लिए जो योग्यता माँगी जाये, सिर्फ उसी का जिक्र करें। अगर आपके पास कुछ ऐसी अतिरिक्त योग्यताएँ हैं, जिनका उस नौकरी से कोई सम्बन्ध न हो तो उनका जिक्र न करें और न ही अपनी योग्यताओं को बढ़ा-चढ़ाकर पेश करें।

10. फोन करें : अगर एक सप्ताह तक नियोक्ता की ओर से कोई जवाब न आए तो उसके फॉलोअप के लिए फोन कर लेना चाहिए, पर ध्यान रहे कि बातचीत का अंदाज शालीन हो और बार-बार फोन करके जानकारी माँगने से अच्छा प्रभाव नहीं पडता। नियोक्ता द्वारा दिए गए निर्देशों का पूरी तरह पालन करें। अगर फोन करने को मना किया गया हो तो ऐसा न करें। समझें कवर लेटर की अहमियत ऑनलाइन नौकरी के आवेदन पत्र के साथ अकसर लोग कवर लेटर भेजने की जरूरत नहीं समझते। उन्हें ऐसा लगता है कि जब रेज्यूमे में सब कुछ लिखा ही है तो अलग से कवर लेटर भेजने की क्या जरूरत है? लेकिन वास्तव में ऐसा नहीं है। ऑनलाइन नौकरी के आवेदन पत्र में कवर लेटर ही संवाद स्थापित का काम करता है। रेज्यूमे में तो आपकी योग्यता और अनुभव से सम्बन्धित जानकारियाँ होती हैं, पर जैसे बातचीत की शुरुआत से पहले औपचारिक अभिवादन जरूरी होता है, उसी तरह रेज्यूमे से पहले कवर लेटर में इस बात की जानकारी होती है कि आप अमुक उद्देश्य से अपना रेज्यूमे भेज रहे हैं। इसलिए ऑनलाइन नौकरी के आवेदन पत्र भेजते समय कवर लेटर जरूर तैयार करें और इस दौरान इन बातों का विशेष ध्यान रखें :

- कवर लेटर बिलकुल संक्षिप्त और सारगर्भित होना चाहिए।
- हमेशा बिन्दु बना कर लिखें।
- कवर लेटर में संदर्भ का उल्लेख जरूर होना चाहिए कि अमुक नौकरी के बारे में आपको कहाँ से जानकारी मिली।

- कुछ लोग कवर लेटर तैयार करते समय इंटरनेट से सामग्री उठाकर कट-पेस्ट कर देते हैं। ऐसा करने से बचें क्योंकि आपके कवर लेटर की घिसी-पिटी भाषा-शैली का नियोक्ताओं पर अच्छा असर नहीं पड़ेगा।
- ऐसी परेशानी से बचने के लिए कवर लेटर तैयार करने में इंटरनेट की मदद ले सकते हैं, लेकिन अपनी समझ से उसकी भाषा-शैली बदल लें, पर ध्यान रहे कि उसमें व्याकरण और प्रूफ सम्बन्धी गलतियाँ न हों।
- कवर लेटर में उन्हीं बातों का दोहराव नहीं होना चाहिए, जिनका जिक्र पहले से ही रेज्यूमे में किया जा चुका है।
- कवर लेटर को ई-मेल के साथ अटैच करके न भेजें। ऐसे में कई बार मेल प्राप्त करने वाले व्यक्ति को पहले रेज्यूमे और बाद में कवर लेटर दिखाई देता है। कवर लेटर भेजने का सही तरीका यह है कि उसे पहले मेल की बॉडी में टाइप करें और रेज्यूमे को उसी मेल के साथ अटैच कर दें। इससे ई-मेल चेक करने वाले व्यक्ति को पहले कवर लेटर और बाद में रेज्यूमे दिखाई देगा।

सफलता की सीढ़ी

- किसी भी नौकरी के लिए आवेदन करने से पहले उसकी माँग और शर्तों को ध्यान से पढ़ें। अगर वह नौकरी आपके अनुकूल लगे, तभी उसके लिए आवेदन करें।
- अपनी विशेष योग्यताओं को नौकरी के आवेदन पत्र में जरूर हाईलाइट करें, लेकिन उन्हें बहुत ज्यादा बढा-चढाकर पेश न करें।
- कवर लेटर तैयार करते समय हमेशा आधुनिक भाषा शैली का इस्तेमाल करें।
- आजकल युवा पारंपरिक तरीके से नौकरी तलाशने के साथ ऑनलाइन नौकरी के अवसर भी तलाश रहे हैं। जॉब पोर्टल्स की बढ़ती संख्या के कारण ऑनलाइन रिज्यूमे भेजना आम हो गया है। रिज्यूमे की भीड़ में खुद को दूसरों से अलग करने के लिए जरूरी है कि आप रिज्यूमे में कंपनियों द्वारा उम्मीदवारों में तलाशी जानी योग्यता का इस्तेमाल अवश्य करें।
- रिज्यूमे में दिये गये ये की-वर्डस आपको इंटरव्यू कॉल दिलाने में मदद कर सकते हैं। ये की-वर्डस नौकरी से सम्बन्धित आपकी शैक्षिक योग्यता और स्किल्स को जॉब सर्च मार्केट में प्रचलित शब्दों के अनुसार दर्शाते हैं। जैसे उपसंपादक या लेखन कार्य सम्बन्धी नौकरी के लिए आवेदन करते समय प्रूफ रीडिंग, रचनात्मक लेखन, लेखन क्षमता आदि आपके की-वर्डस हो सकते हैं। इसी तरह सेल्स एंड मार्केटिंग से सम्बन्धित लोग बिजनेस डेवलपमेंट, कोऑर्डिनेटर जैसे शब्द प्रयोग में लायें।
- की-वर्डस लिखने का फायदा यह है कि कंपनी द्वारा ऑनलाइन आवेदनों

की जाँच करते समय आपके रिज्यूमे पर ध्यान दिए जाने की संभावना बढ़ती है और आपका रिज्यूमे पहले नोटिस किया जाता है।

कुछ बातों का रखें ध्यान

- रिज्यूमे में की-वर्डस का प्रयोग करते समय आप शब्दों का शॉटफॉर्म भी उपयोग कर सकते हैं। आपको बार-बार विस्तार में लिखने की जरूरत नहीं है। प्रारंभ में एक बार अवश्य दोनों को लिखें।
- नेट पर रिज्यूमे फॉरवर्ड करते समय, जॉब प्रोफाइल को अवश्य ध्यान रखें। उस अनुसार ही रिज्यूमे को अपडेट करें और शब्दावली का प्रयोग करें।
- सॉफ्ट स्किल्स को दर्शाने वाले शब्द आपके रिज्यूमे को अलग पहचान देते हैं। कम्युनिकेशन स्किल, नेतृत्वकौशल, प्रस्तुतिकरण, व्यवहार कौशल आदि अपनी योग्यताओं को सही तरह से उभारें।
- की-वर्डस का प्रयोग करने के चक्कर में शब्दों के दोहराव से बचें। साथ ही गलत की-वर्डस का इस्तेमाल ना करें। ऐसा करना आपके बारे में गलत प्रभाव उत्पन्न करता है।

7. वीडियो रिज्यूमे

समय के साथ नौकरी तलाश करने की प्रक्रिया में नई तकनीकें शामिल हो रही हैं। वीडियो रिज्यूमे भी इसमें से एक है। वीडियो रिज्यूमे आपको अपने नियुक्तिकर्त्ता से बात करने और अपनी क्षमताओं और शैक्षिक योग्यता को प्रस्तुत करने का अवसर देता है। इसमें आप बेहतर तरीके से अपने संवाद कौशल और प्रस्तुतीकरण क्षमता को नियुक्तिकर्ता के समक्ष रख सकते हैं। यदि आप भी वीडियो रिज्यूमे बनाने जा रहे हैं, तो इन बातों का ध्यान रखें :

शोध करें : वीडियो रिज्यूमे के सम्बन्ध में ऐसे लोगों से बात करें, जो पहले से इस सम्बन्ध में जानते हैं। इंटरनेट की मदद भी ले सकते हैं। विशेषज्ञों से बात कर सकते हैं कि वीडियो रिज्यूमे में क्या बातें आकर्षित करती हैं। किन बातों से बचना चाहिए। इसके बाद ही इस बात का निर्णय लें कि आपके वीडियो रिज्यूमे का प्रारूप क्या होगा।

तकनीकी पहलुओं को सही रखें : वीडियो रिज्यूमे बनाने के तकनीकी पहलुओं का भी ध्यान रखें। कैमरे के प्रकार, संपादकीय टूल व अन्य उपकरण जो इस प्रक्रिया में इस्तेमाल होंगे, उनकी जानकारी हासिल करें। ऐसी वेबसाइट्स ढूँढ़ें, जहाँ आप वीडियो अपलोड कर सकते हैं।

विषयवस्तु के बारे में निर्णय : विषयवस्तु के तौर पर वीडियो रिज्यूमे में क्या होना चाहिए इस बात का फैसला करें। रिज्यूमे में वही बातें लिखें जो उस बाजार विशेष में बिकती हैं यानी पसंद की जाती है।

अच्छी तैयारी करें : कैमरे का सामना करने से पहले पूरी तरह तैयारी कर लें। अन्यथा संपादन और रिटेक करने में अधिक समय व्यर्थ करना पड़ेगा।

यदि पहले से तैयारी नहीं की है तो इस बात की भी संभावना होगी की वीडियो में आप असहज और नर्वस लगेंगे।

सरल और संक्षिप्त : यह ध्यान रखें कि वीडियो ऐसे फॉरमेट में शूट करें, जहाँ आपके रिज्यूमे की फाइल साइज बहुत भारी नहीं हो ताकि नियुक्तिकर्ता कम नेटवर्क स्पीड पर भी रिज्यूमे का देख सके। रिज्यूमे को संक्षिप्त रखें। ध्यान रखें कि नियुक्तिकर्ताओं के पास अधिक समय नहीं होता। ऐसे में लंबे रिज्यूमे में तुरंत बात प्रेषित नहीं होगी। अतः अपना संदेश छोटा रखें।

अध्याय-3

कवरिंग लेटर

बायोडाटा, सीवी या कहें रिज्युमे को नौकरी की तलाश करते युवाओं के लिए आइना कहा जाता है। इसको बनाते समय अभ्यर्थी इतने एकाग्र दिखते हैं कि उन्हें देखकर पहली नजर में किसी को भी लग सकता है कि ये बायोडाटा के माध्यम से अपने आपको अधिक से अधिक या यूँ कहें कि सबसे योग्य दिखाने के लिए कोई कसर नहीं छोड़ना चाहते हैं। लेकिन क्या आपको पता है कि आपका बायोडाटा तब तक अधूरा है, जब तक उसके साथ कवरिंग लेटर न नत्थी हो?

एक अच्छा कवरिंग लेटर साधारण चेहरे पर मेकअप की तरह होता है, जिससे बायोडाटा का आकर्षण बढ़ जाता है। करियर की पहली सीढ़ी होती है- कवरिंग लेटर। अंग्रेजी में कहावत है, 'मॉर्निंग शो द डेज'। इसका मतलब यह है कि शुरुआत जितनी बेहतर होगी, आपका दिन भी उतना ही बेहतर होगा। अच्छे करियर के लिए आपके पास सारी योग्यताएं तो हों ही, पर उसे ठीक तरीके से प्रस्तुत करना अगर आपको नहीं आता, तो आपकी योग्यता का मूल्य जीरो हो जाएगा।

किसी भी करियर में जाने की पहली सीढ़ी है- आपका बायोडाटा या कवरिंग लेटर। बायोडाटा ऐसा संक्षिप्त विवरण है, जो नियोक्ता के सामने आपकी सभी योग्यताओं, ज्ञान और अनुभव को एक साथ इस प्रकार प्रस्तुत करता है कि नियोक्ता आपकी कार्यकारी क्षमताओं और व्यक्तित्व का अनुमान आसानी से कर सकें।

1. रिज्यूमे के साथ जरूर भेजिए कवरिंग लेटर

एक खूबसूरत कवरिंग लेटर न केवल आपका अच्छा परिचय देता है। बल्कि मैनेजर को आपका इंटरव्यू लेने के लिए मजबूर भी करता है। अगली बार किसी कंपनी में नौकरी के लिए आवेदन करते वक्त रिज्यूमे के साथ कवरिंग लेटर जरूर लिखें। इसमें बतायें कि आप किस पद के लिए आवेदन कर रहे हैं।

2. कवर लेटर कैसे लिखें?

यद्यपि किसी भी नौकरी के विज्ञापन में केवल रिज्यूम देने के लिये ही कहा जाता है तथा किसी भी प्रकार के कवर लेटर की माँग नहीं होती, तो भी अपेक्षा की जाती है कि आप अपने रिज्यूम के साथ कवर लेटर भी दें। वास्तव में देखा जाये

तो आपके रिज्यूम को पढ़ने वाले पर सबसे पहले कवर लेटर का ही प्रभाव पड़ता है क्योंकि आपको नौकरी प्रदान करने वाला आपके कवर लेटर को पढ़ने के बाद ही आपके रिज्यूम को पढ़ता है। आपके कवर लेटर को पढ़कर ही पढ़ने वाले को एक अंदाजा हो जाता है कि यह आदमी हमारे काम का है या नहीं।

कवर लेटर लिखते समय ध्यान देने वाली आवश्यक बातें-

स्वयं के शब्दों में लिखें: स्वयं के शब्दों में लिखे गये कवर लैटर का अपेक्षाकृत अधिक प्रभाव पढ़ता है। आपके लिखने की भाषा-शैली तथा ढंग पढ़ने वाले को बताते हैं कि आप किस प्रकार के व्यक्ति हैं। इसलिए अपना कवर लेटर किसी और से न लिखवा कर स्वयं ही लिखें। किसी सामान्य रूप से लिखे गये कवर लेटर को कॉपी-पेस्ट कभी भी न करें

हिज्जों तथा व्याकरण की गलतियाँ बिल्कुल न करें: यह एक सामान्य बात है कि पढ़ने वाला हमेशा ही कुछ न कुछ गलती निकालने का प्रयास अवश्य ही करता है और वे अकसर हिज्जों तथा व्याकरण की गलतियाँ ही होती हैं। आप सामने वाले को अपनी एक भी गलती निकालने का बिल्कुल भी अवसर न दें।

नम्रता तथा सम्मान वाले शब्दों का प्रयोग करें: स्मरण रखें कि आप अपनी आजीविका के लिये नौकरी या रोजगार माँग रहे हैं। आपके कवर लैटर को पढ़ने वाला आपको नौकरी प्रदान करने वाला है अत: उसके प्रति आपको सम्मान भी प्रकट करना है और विनम्र भी रहना है। सम्मान तथा नम्रता से युक्त शब्द सभी को प्रभावित करते हैं।

सही सम्बोधन करें: आपको मालूम होना चाहिए कि आपको रोजगार देने वाले व्यक्ति का पद क्या है और उसी के अनुसार आपका सम्बोधन भी होना चाहिए। यदि रोजगार देने के लिये अधिकृत व्यक्ति किसी संस्था का 'महाप्रबंधक' है और आपने अपने सम्बोधन में 'प्रबंधक' लिखा है तो अवश्य ही इसका विपरीत प्रभाव पढ़ेगा।

अपना महत्त्व प्रदर्शित करें: अपने कवर लैटर में आपको यह भी बताना है कि नौकरी देने वाली संस्था के लिये आपका विशिष्ट महत्त्व है। आपको प्रदर्शित करना है कि आपको जॉब देने से संस्था का विशेष हित होगा। किन्तु अपने विषय में अतिशयोक्ति न लिखे और न ही इतने विस्तार में लिखें कि पढ़ने वाला ऊब महसूस करने लगे।

अर्थपूर्ण शब्दों तथा वाक्यांशों का प्रयोग करें: आपका कवर लैटर 'गागर में सागर' के समान होना चाहिए अर्थात् कम से कम अर्थपूर्ण शब्दों में आपके विषय में अधिक से अधिक जानकारी हो।

कवरिंग लेटर लिखते समय इन चार प्वाइंट्स को ध्यान रखें-

- इसे छोटा रखें। याद रखें कि इंटरव्यू लेने वाले मैनेजर के पास बहुत सारे आवेदन पत्र होंगे। उनके पास आपके लंबे लेटर पढ़ने का समय नहीं होगा। पत्र में तीन पैरा और हर पैरा में सिर्फ तीन से चार लाइन ही लिखें।

- पहले पैरा में बतायें कि आपको इस पद के बारे में कैसे जानकारी मिली। अगर कंपनी के किसी कर्मचारी से मालूम हुआ तो इसके बारे में बता दें। बतायें कि आप अपनी योग्यता या अनुभव को इस पद में कैसे दिखा सकते हैं।

- दूसरे पैरा में बतायें कि आप इस पद के लिए सबसे उचित कर्मचारी क्यों हैं? अपनी उपलब्धि को इससे जोड़ें। 'आई एम ए हार्ड-वर्कर या गुड कम्युनिकेटर' जैसी बातें न लिखें। इसके बजाय मैनेजर को अपने गुणों को एक्शन में समझाएँ। जैसे कि आपने सेल स्टाफ का लंबे समय तक प्रतिनिधित्व किया है इसलिए आप नेतृत्व का गुण विकसित कर सकते हैं।

- तीसरे पैरा में पत्र को खत्म करें। इसमें बतायें कि आपको इंटरव्यू की तारीख का इंतजार है। अपना फोन नंबर, ई-मेल आदि लिखें। पत्र को प्रोफेशनल क्लोजिंग जैसे सिन्सियरली से खत्म करके अपना नाम लिख दें।

प्रथमतया, नौकरी ढूँढ़ने वाले यह समझते हैं कि कवर लेटर की कोई खास महत्ता नहीं है। वे पारंपरिक तरीके से अपने व्यक्तिगत जानकारी को सार-संक्षेप नहीं कर पाते हैं। उनके ब्यौरे किसी खास लक्षित बाजार को देखकर तय किये गये होते हैं। वे लोग पत्र को पारंपरिक तरीके से लिखते हैं। परन्तु कंपनी यह जानना चाहती है कि आवेदक उसकी कंपनी में अपना रूचि क्यों दिखा रहे हैं?

3. सैंपल कवर लेटर
एक कवर लेटर का उदहारण।

ये 2 साल के अनुभव वाले अभ्यर्थी का कवर लैटर है...आपकी योग्यता के हिसाब से कवर लैटर अलग-अलग प्रकार के हैं।

Thomas K Eden,
32 S Riverview,
Ogden] Iowa 50113,
(515) 555-7998.
Date: 26th June, 2007.
Jack Richardson,
Hiring Manager, XYZ corp.,
323 SouthAvon Drive,
Milton, NY 10945,
(914) 555-2909.

Dear Mr. Richardson,

In my all previous positions I exceeded sales quotas and broken sales records. I have recently completed my MBA in marketing at California State University. I am an ideal candidate for the post of regional sales manager at Hilton Resorts in US and Mexico

At the Disney Vacation club I developed my sales skills also trained new sales representative. There I invented new ways to increase the club memberships. For the entire operation, my teams review was more than double.

I am convinced that I can help the vacation club industry which is a dynamic and growing industry, to establish dominant position in the industry and to grow its reputation.

I will contact you in coming week so that we can arrange the interview where we will discuss about the position. Please feel free to call me at 981-101-1546 for any doubts you are having for me.

Thank you for your time and consideration.

Sincerely,

Thomas K Eden

Enclosure Resume

एक HR के पोस्ट के लिए आवेदन हेतु कवर लैटर कुछ ऐसा होता है

Bruce Wayne,
32 S Riverview,
14 Three Elms field,
Garby Stourling, GN
(314) 555-5286.
Date: June 10, 2009.
Clark Kent.
HR Manager, XYZ, Inc.,
4 Tiverton Lane,
London SW,
(512) 555-3909.

Dear Mr, Kent, I am pleased to present my resume to you for the position of Human Resource Manager, in response to your ad in the Chicago Tribune. I believe my broad-based HR knowledge and being a dedicated person make me a qualified candidate for the position.

I hold the MBA degree in Human Resource as well as in Marketing-after completing my MBA, I worked as an HR executive at Countersys.

I have work experience of total seven years at Conversys. Throughout my seven years career I have helped my company recruiting more than 5000 employees. I have also been the part of the event organization committee for the employees and also worked as assigning projects to the employees.

My enclosed resume provides you details of my Accomplishments and skills- I am positive that a personal interview would more accurately reveal my qualifications and the contribution I can make towards the future success of your organization- Thank you for your time and consideration. Please feel free to contact me if you have any question.

Sincerely,
Bruce Wayne.
Enclosure : Resume.

एक जनरल कवर लेटर कुछ इस प्रकार का होता है

(Hard copy: sender address and contact info at top. Your Address and the date can be left-justified, or centered.)

Your Street Address
City, State Zip Code
Telephone Number
E&mail Address
Month, Day, Year
Mr. Ms. Dr. First Name Last Name
Title
Name of Organization
Street or P. O. BoxAddress
City, State Zip Code

Dear Mr. Ms. Dr. Last Name:

Opening paragraph: State why you are writing; how you learned of the organization or position, and basic information about yourself.

2nd paragraph: Tell why you are interested in the employer or type of work the employer does (Simply stating that you are interested does not tell why, and can sound like a form letter). Demonstrate that you know enough about the employer or position to relate your background to the employer or position. Mention specific qualifications which make you a good fit for the employer's needs. (Focus on what you can do for the employer, not what the employer can do for you.) This is an opportunity to explain in more detail relevant items in your resume. Refer to the fact that your resume is enclosed. Mention other enclosures if such are required to apply for a position.

3rd paragraph: Indicate that you would like the opportunity to interview for a position or to talk with the employer to learn more about their opportunities or hiring plans. State what you will do to follow up, such as telephone the employer within two weeks. If you will be in the employer's location and could offer to schedule a visit, indicate when. State that you would be glad to provide the employer with any additional information needed. Thank the employer for here his consideration.

Sincerely,

(Your handwritten signature [on hard copy])

Your name typed

(In case of e-mail] your full contact info appears below your printed name [instead of at the top as for hard copy] and of course there is no handwritten signature)

Enclosure (s) (refers to resume] etc.)

(Note: the contents of your letter might best be arranged into four paragraphs. Consider what you need to say and use good writing style.

भाग – 3
ग्रुप डिस्कशन और इंटरव्यू की तैयारी

अध्याय-1

ग्रुप डिस्कशन की तैयारी

1. ग्रुप डिस्कशन से न घबराएँ

ग्रुप-डिस्कशन अथवा सामूहिक विचार-विमर्श, एक प्रकार का वार्तालाप है, जिसमें एक समूह में विभिन्न सदस्य भाग लेते हैं तथा किसी विषय पर अपने-अपने विचार प्रकट करते हैं। प्रशासनिक अधिकारियों के चयन में ग्रुप डिस्कशन का बहुत महत्त्व है। सुलझे विचार, नेतृत्व क्षमता और सामूहिक स्वीकृति विद्यार्थी को सफलता प्रदान करती है।

आज जिस प्रकार से बाजार में विभिन्न कंपनियां अपने उत्पादों को उपभोक्ताओं के समक्ष पेश कर रही है, बैंक तथा बीमा क्षेत्र में बदलाव आ रहे हैं, वैसी परिस्थितियों में उच्चाधिकारियों द्वारा मिल-बैठ कर विचार-विमर्श के पश्चात ही कोई ठोस आर्थिक कदम उठाया जा सकता है। ऐसी स्थिति में ग्रुप डिस्कशन का महत्त्व और भी अधिक बढ़ जाता है।

ग्रुप डिस्कशन के द्वारा सदस्यों के आत्मविश्वास, मानसिक सजगता, स्वयं के प्रभावी विचार, दूसरों के विचारों के प्रति सम्मान, किसी भी विषय पर अपना आपा खोए बिना विचार-विमर्श करने की क्षमता, तार्किक शक्ति आदि की जांच की जाती है। ग्रुप डिस्कशन में सामान्यत: आठ सदस्य होते हैं जो वृत्ताकार अथवा अर्धवृत्ताकार ढंग से एक-दूसरे के सम्मुख स्थान ग्रहण करते हैं। प्रतियोगियों में ग्रुप डिस्कशन के लिए प्रारूप दिए गए दो विषयों में से किसी एक विषय का चयन बहुमत के आधार पर किया जाता है। जैसे ही ग्रुप डिस्कशन आफिसर (जी डी ओ) डिस्कशन की घोषणा करते हैं, सदस्यों को चाहिए कि वे अपने मनोनुकूल

एक विषय का चुनाव कर शीघ्रता से उससे सम्बन्धित तथ्यों का आत्मंथन करें। जीडीओ द्वारा डिस्कशन शुरू करने का संकेत देने के साथ ही वार्तालाप प्रारंभ हो जाना चाहिए। यहाँ यह उल्लेख करना आवश्यक होगा कि प्रत्येक डिस्कशन के लिए एक निश्चित समय सीमा तय कर दी जाती है। डिस्कशन जो सदस्य जैसी योग्यता का प्रदर्शन करता है, वैसे ही अंक प्राप्त करता है।

2. *क्या है ग्रुप डिस्कशन?*

ग्रुप डिस्कशन का वास्तविक अर्थ क्या है? दरअसल किसी भी व्यक्ति के सम्पूर्ण व्यक्तित्व का माध्यम साक्षात्कार होता है। किसी उम्मीदवार को ट्रेनिंग देते समय ट्रेनर का उद्देश्य उम्मीदवार के सम्पूर्ण व्यक्तित्व का विकास करना है, जिसमें विश्वास, रवैया, अभिरुचि, आचरण-पद्धति, टीम-भावना, विचारों एवं अभिव्यक्ति स्पष्टता, तीव्र निर्णय शामिल हैं। उम्मीदवार में आत्मविश्वास पैदा करने तथा उनमें पायी गयी कमी को दूर करने के लिए उनका मूल्यांकन करने के लिए प्रशिक्षक सामान्यतः कई साक्षात्कार नमूना आयोजित करते हैं। ग्रुप डिस्कशन में प्रतियोगी के आत्मविश्वास का स्तर और नेतृत्व क्षमता को परखा जाता है। इंटरव्यू में प्रतियोगी की व्यक्तित्व परीक्षा ली जाता है। इसके द्वारा यह देखा जाता है कि प्रतियोगी के सामान्य ज्ञान का स्तर क्या है, उसकी बातचीत की कला ठीक हैं? उसका व्यक्तित्व कैसा है? सबसे अहम कि प्रतियोगी दबाव में काम करने में सक्षम है कि नहीं?

इसमें आठ-दस लोगों का ऐसा समूह होता है, जिसमें कोई लीडर नहीं होता और इसके सभी सदस्य विशेष परिस्थिति में किसी विषय पर दिए गए समय में अपने आकलन और विचार प्रस्तुत करते हैं।

ग्रुप डिस्कशन में भाग लेने वाले सदस्यों की संख्या और इसके लिए निर्धारित समय परिस्थिति के अनुसार बदलते रहते हैं।

ग्रुप डिस्कशन में आमतौर पर ऐसे ही विषय दिए जाते हैं, जिनमें विभिन्न तरह की सूचनाओं को जोड़कर उनका विश्लेषण करना होता है। इससे नियोक्ताओं को विश्लेषण करने की आपके क्षमताओं का विस्तार से पता चल जाता है।

ग्रुप डिस्कशन एक प्रजातांत्रिक शैक्षणिक प्रक्रिया हैं, जिसके द्वारा सामूहिक रूप से समस्या का समाधान खोजकर आपसी विचार-विमर्श, सहकारिता अवं सहभागिता से किसी कार्य को सामूहिक रूप से संपन्न किया जाता है।

ग्रुप डिस्कशन से तात्पर्य सिर्फ वाद-विवाद या तर्क- वितर्क नहीं है. समूह-चर्चा भाषणबाजी अथवा पूर्वाग्रहों से दूषित शाब्दिक आतिशबाजी भी नहीं है। ऐसी अनेक बैठकें देखी जा सकती हैं जिसमें सम्मिलित समूह के प्रत्येक व्यक्ति बातें करता हो और दूसरे की बातें अनसुनी कर रहा हो। कुछ ऐसे भी समूह देखे जा सकते हैं जिनमें दो या तीन सदस्य ही भाषाई प्रभावशीलता के कारण एकतरफा

बातें कर रहे हों और अन्य सदस्य हताश होकर 'हाँ मैं हाँ' या 'न मैं न' मिला रहे हों। कुछ ऐसी भी समूह चर्चा देखने में आती हैं जिनमे घंटों वाद-विवाद संवाद चल रहा हो और कोई ठोस परिणाम न निकले। ये सारी बातें चर्चा के अंतर्गत नहीं आतीं, और यदि इसे ही समूह चर्चा मान लिया गया हो तो उसे फिजूलखर्ची और समय की बर्बादी ही कहा जाना चाहिए।

3. *ग्रुप डिस्कशन के प्रकार*

ग्रुप डिस्कशन वह प्रक्रिया है जिसमे विचारों के आदान - प्रदान के अलावा दूसरों के मंतव्य को जाना जाता है, इस प्रक्रिया को ज्यादातर प्रबंधन और एम.बी.ए.के छात्रों के एडमिशन के लिये काम में लाया जाता है। एक ग्रुप डिस्कशन में छात्रों का छोटा समूह बनाया जाता है। हर ग्रुप को डिस्कशन के लिए विषय दिया जाता है.

ग्रुप डिस्कशन के प्रकार हैं -

1) विषय वस्तु आधारित

2) केस स्टडी पर आधारित

विषय वस्तु आधारित ग्रुप डिस्कशन को दो भागों में बाँटा गया है

1. जानकारी आधारित विषय
2. गूढ़ विषय
3. विवादास्पद विषय
4. विचार माँगने योग्य विषय

विषय वस्तु आधारित

विषय वस्तु आधारित ग्रुप डिस्कशन में किए जाने वाले विषयों को विस्तार से जानें:

1. जानकारी आधारित विषय

इस तरह के ग्रुप डिस्कशन में विषय की गहराई से जानकारी होना बेहद आवश्यक है। इन विषयों के उदाहरण हैं-

अ) यूनिक आइडेंटिफिकेशन नंबर

ब) कोल्ड वार

स) लोकतंत्र की कीमत पर आतंकवाद?

द) ग्लोबलाईजेशन और प्राइवेटाईजशेन

इ) क्या मिश्रित इकॉनॉमी की हामी भरी जाये?

फ) एम् बी ए और पी जी डी एम्?

ग) यूनिवर्सिटीज (कॉलेजो स्कूल्स) का प्राइवेटाईजशेन

ह) क्या भारत में तानाशाही चलेगी?

इ) भारत में एम. बी. ए. की ज्यादा तनख्वाह

2. एब्सट्रेक्ट टॉपिक्स

इस तरह के ग्रुप डिस्कशन, में पनेलिस्ट डिस्कशन के लिए पूरी तरह से अलग तरह के विषय देते हैं। एब्सट्रेक्ट टॉपिक्स पूरी तरह से अस्पष्ट होते हैं। ये टॉपिक्स आपकी कल्पनाशक्ति और विचारशक्ति के गुण की परीक्षा करते है।

इस तरह के विषय द्वारा विभिन्न तरीकों से प्रतियोगी के गुणों की व्याख्या करते हैं। इनसे प्रतियोगी की कॉम्प्रिहेंशन स्किल्स और कम्युनिकेशन स्किल्स को परखा जाता है .

उदहारण :

1. मेरे गिटार पर आँसू गिरे
2. जहाँ अनिच्छा हो वहाँ राह कैसे बने?
3. 26 अल्फाबेट्स
4. इनफिनिट नंबर्स
5. यादगार रहगुजर
6. सिक्स बिलियन और एक गोल्ड

ऐसे विषय तथ्य और आँकड़े नहीं माँगते लेकिन इनसे आसानी से आपकी कल्पनाशक्ति की जानकारी हो जाती है, साथ ही इस बात का भी पता चलता है की आप अपनी रोजमर्रा की जिंदगी में किस तरह से सामंजस्य बना कर चलते हैं।

3. विवादस्पद टॉपिक्स

ऐसे विषय बहस को जन्म देते हैं, क्योंकि इनकी प्रकृति ही बहस पर टिकी होती है। इनका जन्म ही विवाद करने के लिए किया जाता है और उसी विवाद में प्रतियोगी के प्रभावी गुण को परखा जाता है कि वह बहस के समय सही निर्णय ले सकते हैं या नहीं।

ऐसे विषय इसलिए भी दिए जाते हैं क्योंकि इनसे प्रतियोगी के दिमागी रूप से परिपक्व होने का पता चलता है।

उदाहरण:

1. रिजर्वेशन को हटाना ही होगा
2. कोटा सिस्टम का उन्मूलन
3. सामाजिक मेल जोल के लिए भाईचारा बढ़ाना होगा
4. भारतीय महिलाओं पर सौन्दर्य प्रतियोगिता गलत प्रभाव डाल रही हैं
5. भारतीय राजनीति
6. 'रियलिटी शोज' - क्या बच्चों को इस तरह के शोज में आना प्रतिबंधित करना चाहिए ?

4. विचार माँगने योग्य विषय

ऐसे विषय, प्रतियोगी की निर्णायक क्षमता को परखने के लिए दिए जाते हैं। चयनकर्ता प्रेजेंटेशन स्किल्स को परखते हैं क्योंकि जब ये टॉपिक्स दिए जाते हैं तो टीम के साथ उनको बाँटते समय आपकी नेतृत्व क्षमता की भी परख हो जाती है।

उदाहरण :

1. महिला सशक्तिकरण समाज के लिए प्रतिबंधित किया जाये या बढ़ाया जाये
2. लव मैरिज और अरेंज्ड मैरिज
3. न्यूक्लियर फॅमिली और जॉइंट फॅमिली

केस बेस्ड स्टडी

केस बेस्ड स्टडी के तहत, एक सिचुएशन और एक सिनेरियो प्रतियोगी के आगे डिस्कशन के लिए खुली चुनौती के रूप में रखा जाता है। डिस्कशन के लिए सिचुएशन की जानकारी उनको दी जाती है, और उसी तरह की एक और प्रॉब्लम भी दी जाती है, और सारे ग्रुप से कहा जाता है कि इस सिचुएशन से निकलने के लिए वे क्या कर सकते हैं, इसे समझकर बताइए। इस टाइप डिस्कशन के विषय ज्यादातर मैनेजमेंट से जुड़े होते हैं, उदहारण के लिए- पनेलिस्ट्स आपको एक ऐसी सिचुएशन दे सकते हैं जिसमे कर्मचारी और बॉस कन्वर्सेशन आर्गुमेंट हो यह खुली तौर पर होने वाला डिस्कशन होता है जिसमे कोई सही, कोई गलत नहीं होता, क्योंकि उनकी विचार शक्ति से यह प्रदर्शित होता है की ऐसी सिचुएशन में पड़ने पर उनका क्या व्यवहार होगा।

4. ग्रुप डिस्कशन क्यों किया जाता है?

इन दोनों परीक्षा का मकसद उम्मीदवार के संपूर्ण व्यक्तित्व को समझना होता है। उम्मीदवार में प्रबंधन के गुणों को परखा जाता है। लिखित परीक्षा में जहाँ पाठ्यक्रम विशेष की बुनियादी समझ को परखा जाता है, वहीं जीडी और पीआई में उम्मीदवार के निर्णय लेने की क्षमता, दबाव में बेहतर प्रदर्शन का कौशल, विश्लेषण ाात्मक और तार्किक क्षमता को आँका जाता है। किसी भी उम्मीदवार के व्यक्तित्व का आकलन करने के कई तरीके होते हैं, लेकिन जीडी और पीआई जैसे टूल्स से उम्मीदवार को सीमित समय में जाँचना संभव हो पाता है। इस प्रक्रिया में यह जाँचने की कोशिश की जाती है कि जिस कोर्स के लिए उम्मीदवार दाखिला लेने वाला है या नौकरी के दौरान जिन जिम्मेदारियों का निर्वहन उसे करना है उसके लिए उसका व्यक्तित्व कितना उपयुक्त है और उसे कितना पॉलिश करना होगा।

ग्रुप डिस्कशन सामान्यत: 20 से 30 मिनट का होता है। इसका मकसद उम्मीदवार की टीम के तौर पर काम करने की क्षमता को परखना है। अमूमन ऐसे विषय पैनल द्वारा चुने जाते हैं जो उम्मीदवार के व्यक्तित्व आकलन करने में

मदद करते हैं। जीडी में सभी प्रत्याशियों को अधिकतर सेमी-सर्कल में बैठा जाता है और टॉपिक पर बातचीत की जाती है। सामान्य तौर पर टॉपिक इस प्रकार हो सकते हैं जैसे कि 'वुमेन मेक बेटर मैनेजर' और 'इंडो-यूएस न्यूक्लियर डील'। ग्रुप डिस्कशन में सबसे प्रमुख है कि इसके बारे में आप सोचते क्या हैं, विषय को विश्लेषित करने में आप कितने निपुण हैं, सम-सामयिक जानकारियों से आप कितने अवगत हैं और किस तरह आप विषय को प्रस्तुत करते हैं? समूह में एक व्यक्ति से विषय के बारे में बताने को कहा जाता है, उसके बाद डिस्कशन और निष्कर्ष आता है। सबसे अधिक ध्यान नेतृत्व और निर्णय लेने की क्षमता का होता है। जीडी में ऐसे विषय दिए जाते हैं, जिन पर बहस की जा सकती है।

5. ग्रुप डिस्कशन की तैयारी कैसे करें?

ग्रुप डिस्कशन में 8-12 उम्मीदवार हो सकते हैं। समय 12 से 15 मिनट का होता है।

- ग्रुप डिस्कशन के लिए अपने विचार देने के लिए अंग्रेजी बहुत महत्त्वपूर्ण है।
- किसी अच्छे न्यूज चैनल के एंकर को बोलते हुए ध्यान से सुनने से स्पोकन एक्सप्रेशंस बढ़ता है।
- गति के साथ ही सटीकता का विशेष ध्यान रखें।
- भाषा, कम्युनिकेशन स्किल और वर्तमान घटनाक्रम के ज्ञान के लिए प्रतिदिन जागरण वार्षिकी, अंग्रेजी का राष्ट्रीय अखबार और पत्रिकाएँ ध्यान से पढ़िए।
- एक नोट बुक बनायें और जो कुछ सीखते जायें, उसे जरूर नोट करें।
- सही उच्चारण, स्पेलिंग और व्याकरण उपयोग के लिए डिक्शनरी की मदद जरूर लें।
- किसी भी विषय पर गहन चिंतन करें और उस पर अपने निष्कर्ष निकालें, जिससे कि उस पर आपकी मौलिक सोच उभरकर सामने आये।
- अपनी बात को तार्किक ढ़ंग से रखें। आपकी भाषा और शैली प्रभावशाली होनी चाहिए।
- जागरूक रहें और देश-दुनिया में घट रही घटनाओं की अद्यतन जानकारी रखें।
- पढ़ाई कर रहे छात्र अपने विषय पर पूरी पकड़ रखें।
- सभी उम्मीदवार कम्युनिकेशन स्किल विकसित करने पर भी अधिकतम ध्यान दें।
- यदि आपने रट कर परीक्षा पास कर ली है, तो ऐसी स्थिति में विषयों पर धारणात्मक समझ विकसित करें।
- अगर कहीं काम कर रहे हैं, तो उसके बारे में आपको गहरी जानकारी है या नहीं!
- अपनी शैक्षिक उपलब्धियों का विश्लेषण करें।

- अगर आपकी कोई हॉबी है, तो इंटरव्यू में इस बारे में भी चर्चा करें।
- खुद में आत्मविश्वास विकसित करें और जो भी कहें पूरे विश्वास से कहें।

6. ग्रुप डिस्कशन के लिए ध्यान रखने योग्य बातें

ग्रुप डिस्कशन करते समय निम्नलिखित बातों का ध्यान अवश्य रखें :

- अगर चर्चा की शुरूआत आपको करनी है, तो उसी विषय पर बातचीत करनी चाहिए जिस विषय पर आपकी पकड़ अच्छी है।
- अपना पक्ष प्रभावी रूप से रखने के लिए भाषा पर आपकी पकड़ होना बहुत जरूरी है।
- डिस्कशन के दौरान ठहाका लगाकर हँसना या किसी साथी के कमजोर तर्क या भाषा आदि का मजाक उड़ाना असभ्यता है।
- वक्ता होने के साथ ही आपको अच्छा श्रोता होना भी जरूरी है। अगर किसी प्रतियोगी की बात पर आपको सहमति या असहमति व्यक्त करनी हो तो शालीनता के साथ अपना पक्ष रखें।
- अन्य प्रतियोगियों को कमजोर या खुद को दूसरों से कमतर न आंकें।
- किसी प्रतियोगी पर हावी होने की कोशिश न करें। जिद्दी और नकारात्मक रवैया आपके लिए नुकसानदायक हो सकता है।
- अगर भटके हुए विषय को आप सूझबूझ से वापस प्रवाह में ला सकें, तो आपका अच्छा प्रभाव पड़ेगा।
- अपने साथ एक नोट बुक और पेन रखें। डिस्कशन के दौरान महत्त्वपूर्ण बिन्दुओं को नोट करते जायें।
- अपनी बात दूसरों के नोटिस में लाने के लिए तेज आवाज का प्रयोग तो किया जा सकता है, लेकिन चीखने-चिल्लाने की भूल कभी न करें।
- कोशिश करें कि ग्रुप में 'सब ग्रुप' न बनें। ग्रुप में सभी का पूरा सहयोग जरूरी है।
- अंग्रेजी शब्दों का ही इस्तेमाल करें, स्लैंग और वर्नाकुलर लैंग्वेज से परहेज करें।
- ग्रुप में किसी व्यक्ति के साथ व्यक्तिगत न हों।

जीडी की शुरुआत कैसे करें?

1. अगर आप जीडी में पहल करते हैं तो उसका फायदा यह है कि आपकी छवि औसत दर्जे के पेनल के समक्ष अगुवाई करने वाले उम्मीदवार की बनेगी। इसके अलावा दूसरी बार बोलने के लिए आपको पर्याप्त समय मिलेगा, जिसका आप बखूबी इस्तेमाल कर सकते हैं।
2. डिस्कशन शुरू करके आप ग्रुप को दिशा देंगे, जबकि ग्रुप के शेष लोग डिस्कशन के विषय को ही टटोलते रहेंगे।

3. डिस्कशन की शुरुआत तभी करें जब आप दिए गए विषय पर कुछ विवेकपूर्ण बोल सकें, अन्यथा खामोश रहना ही उचित होगा।
4. जितना बोलें टू द प्वाइंट बोलें और डिस्कशन को तभी समाप्त करें जब मोडेरेटर ऐसा करने को कहें।
5. डिस्कशन को संक्षिप्त करने में एक ही बात को न दोहराएँ, बल्कि अपनी बात प्रभावशाली अंदाज में कहें।
6. अगर ग्रुप डिस्कशन के अंत तक डिस्कशन का कोई नतीजा निकल सके तो उसे सबके सामने जरूर करें।

एंट्री स्ट्रेटजी- कभी-कभी ग्रुप में अपनी बात आरंभ करना मुश्किल होता है। आप तय नहीं कर पाते हैं कि कब बोलने की शुरुआत करें। जीडी में ऐसी स्थिति का सामना कैसे करें, इसके लिए नीचे कुछ टिप्स दिये गये हैं।

1. जीडी पर लगातार ध्यान बनाये रखें। हर जीडी में उतार-चढ़ाव आते हैं। आप उतार का इंतजार करें और जैसे ही लगे डिस्कशन कमजोर पड़ रही है, फौरन अपनी बात शुरू कर दें। इससे मोडेरेटर पेनल पर अच्छा असर पड़ेगा।
2. किसी की बात काटकर बीच में न बोलें। तभी बोलना शुरू करें जब आपका साथी अपनी बात कह चुका हो, लेकिन ज्यादा इंतजार भी न करें, वरना आप मौका खो देंगे।
3. ग्रुप डिस्कशन में आप किसी बिन्दु का समर्थन करते हुए अपनी बात शुरू कर सकते हैं। यह सबसे सुरक्षित तरीका माना जाता है। लोग आपको बोलने देंगे अगर आप उनके विचार की सराहना करेंगे।
4. अगर आप धीरे बोलेंगे तो हो सकता है कि लोग आपको हलके में लें। परिस्थिति के अनुसार अगर आप थोड़ा ऊँचा बोल रहे हैं तो यह समय की माँग है।
5. ग्रुप बिहेवियर में ग्रुप के अन्य सदस्यों के प्रति आपके व्यवहार का आकलन किया जाता है। अपने विचार अपने साथियों पर थोपने की कोशिश कभी न करें। अगर ग्रुप में शोरगुल की स्थिति आ जाये, तो सभी को शांत करने की कोशिश करके आप चयनकर्ताओं का ध्यान अपनी ओर खींच सकते हैं। लीडरशिप योग्यता के लिए कोशिश करें कि ग्रुप दिए गए विषय से भटकने न पाये और उससे जुड़े सभी पहलू डिस्कशन में आ जायें।

अध्याय-2

ग्रुप डिस्कशन के दौरान

1. ग्रुप डिस्कशन में चयनदल क्या देखता है?

ग्रुप डिस्कशन के दौरान औसत दर्जे के पेनल प्रतिभागी के जिन बिंदुओं के तहत ध्यान देते हैं, वे इस प्रकार हैं।

1. नेतृत्व का गुण- मोडेरेटर पेनल निरीक्षण करता है कि उम्मीदवार पहल करता है या नहीं, उसमें दिशा देने की कितनी क्षमता है? क्या वह आगे बढ़कर जिम्मेदारी लेता है? ग्रुप में लोगों से उसका तारतम्य कैसा है? वह लक्ष्य के प्रति कितना सजग है?

2. जानकारी- इसके अंतर्गत यह देखा जाता है कि उम्मीदवार की विषय पर पकड़ कितनी है। इसके अलावा वह अपने खुद के विचार कैसे समाहित करता है।

3. विश्लेषणात्मक गुण - यह बहुत मायने रखता है कि आप विश्लेषणात्मक रुप से कितने सक्षम हैं। आप बहस को कैसे इस्तेमाल करते हैं और आपके तर्क में कितना दम है।

4. बातचीत- यह बहुत महत्त्वपूर्ण है। इसमें आपकी "विचारों में प्रवाह, विचारों में स्पष्टता, विचार प्रस्तुत करने का ढंग, सुनने की क्षमता, आपका दृष्टकोण और बॉडी लेंग्वेज देखी जाती है।

5. समूह में व्यवहार- मोडेरेटर पेनल यह भी निरीक्षण करता है कि ग्रुप में आपका व्यवहार कैसा है। कहीं आप अत्यधिक उत्तेजित तो नहीं हैं? दूसरों पर बिना वजह हावी होने की कोशिश तो नहीं कर रहे हैं? संवेदनशील विषय पर आपकी भाषा कैसी है?

ग्रुप डिस्कशन में सफल होने के लिए जरूरी है कि आप ग्रुप में एक खिलाड़ी की तरह रहें। खुद को साबित करने की कोशिश में आप दूसरों की अवहेलना कदापि न करें।

आप खुद को कैसे आँकते हैं, यह बात मायने नहीं रखती, बल्कि मायने इस बात के हैं कि मोडेरेटर पेनल आपका कैसे मूल्यांकन करता है। अगर आप यह बात अपने दिमाग में रखें तो ग्रुप डिस्कशन में आपका प्रदर्शन आश्चर्यजनक रूप से सुधर जायेगा।

2. ग्रुप डिस्कशन के फायदे

ग्रुप डिस्कशन ऐसा जरिया है, जिसके माध्यम से आप अपने अंदर छिपे एक्स फेक्टर को बाहर निकाल सकते हैं। ग्रुप डिस्कशन न केवल आपके व्यक्तित्व विकास में सहायक होगा, बल्कि आपको अपनी फील्ड में सफल और कामयाब भी बनायेगा। आप नौकरी कर रहे हों या फिर अपना खुद का व्यवसाय चला रहे हों, ग्रुप डिस्कशन के जरिये आप इन दोनों का विकास बड़ी आसानी से कर सकते हैं। समूह डिस्कशन से छात्रों के अंदर छिपी प्रतिभाएँ गुणात्मक रूप में निखरती है।

ग्रुप डिस्कशन चार तरीकों से उपयोगी साबित होता है -

1. प्रजातांत्रिक प्रक्रिया के रूप में
2. सीखने की प्रक्रिया में
3. समस्या- समाधान की प्रक्रिया के रूप में तथा
4. उत्प्रेरक सहकारिता समूह के रूप में

1. प्रजातांत्रिक प्रक्रिया के रूप में - प्रजातंत्र का मूल है सामूहिकता .इस प्रक्रिया के अंतर्गत समूह में उपस्थित प्रत्येक सदस्य परिचर्चा में सक्रिय सहभाग लेता है। प्रजातंत्र की प्रक्रिया को पढ़ाया नहीं जाता बल्कि सिखाया जा सकता है और वह केवल सामूहिकता पर निर्भर है। प्रजातांत्रिक प्रक्रिया में समूह का नेता और समूह में उपस्थित सभी सदस्य आपसी तालमेल से समस्या का समाधान ढूँढ़ते हैं और प्राप्त परिणाम के प्रति समान रूप से जिम्मेदार होते हैं। समूह-चर्चा में नेतृत्व तथा जिम्मेदारी समान रूप से सभी सदस्यों के लिए उपलब्ध रहती है,इसलिए ग्रुप डिस्कशन प्रशिक्षण की प्रजातांत्रिक प्रक्रिया और साधन के रूप में महत्त्वपूर्ण है।

2. शिक्षण की प्रक्रिया- ग्रुप डिस्कशन एक शैक्षणिक प्रक्रिया है, किन्तु समूह के सदस्य जब सक्रिय रूप से इसमें भाग लेते हैं और किसी ठोस नतीजे तक पहुँचते हैं तभी उन्हें शिक्षण प्राप्त होता है। समूह-चर्चा मुख्यत: व्यक्तिगत विचारों में स्पष्टता, रूचि और प्रेरणा, निजी सहभागिता, विचारों के परीक्षण, मूल्यांकन तथा ज्ञान के संग्रहण आदि के शिक्षण में बहुत उपयोगी सिद्ध होती है।

3. समस्या- समाधान की प्रक्रिया - ग्रुप डिस्कशन प्रमुख रूप से किसी समस्या के समाधान हेतु उपयुक्त मानी जाती है। समस्या का यह समाधान या हल

समूह के सदस्यों द्वारा आपसी तालमेल, विचार-विमर्श तथा सहयोग से किया जाता है। समूह में समस्या के विवरण को रखा जाता है। उसके साथ ही संगत तथ्यों का संकलन कर उनका विश्लेषण किया जाता है। विश्लेषण की इस प्रक्रिया में समाधान के विपरीत तथ्यों का भी परीक्षण किया जाता है ताकि संसाधनों पर भी विचार-विमर्श किया जा सके। समस्या के समाधान हेतु प्रस्तावित कार्य की योजना अर्थात् कौन क्या करेगा? कब करेगा, कहाँ और कैसे आदि को भी समूह द्वारा नियोजित किया जाता है। इन सारी प्रक्रिया में समूह के नेता अर्थात् अध्यक्ष की भूमिका अहम् होती है।

4. उत्प्रेरक सहकारिता समूह के रूप में- ग्रुप डिस्कशन का मूलभूत तत्व सहकारिता और सहभाग हैं। किसी भी समूह-कार्य को संपन्न करने के लिए ग्रुप डिस्कशन एक प्रभावी सहकारिता साधन के रूप में महत्त्वपूर्ण होती है। समूह-कार्य में अधिक से अधिक सदस्य तभी भाग ले सकेंगे जब वे कार्य की योजना में शुरू से अंत तक शामिल होंगे। समुदाय-विकास का मूल सिद्धांत है- समूह कार्य और समूह कार्य का मूल सहकारिता और सहभाग, इसलिए समूह कार्य को सफलता पूर्वक करने के लिए एक प्रभावशाली साधन के रूप में ग्रुप डिस्कशन का महत्त्व निर्विवाद माना जा सकता है।

3. ग्रुप डिस्कशन के प्रमुख गुण

ग्रुप डिस्कशन के मूलभूत तत्व निम्नलिखित हैं -

- यह एक शैक्षणिक पद्धति है।
- प्रशिक्षण की अद्यतन प्रणाली के रूप में स्वीकार्य की गयी है।
- यह एक प्रजातांत्रिक प्रक्रिया है।
- इसका मूल आधार सहकारिता एवं सहभागिता है।
- इसके द्वारा सामूहिक रूप से समस्या का समाधान किया जाता है।
- इसमें समूह नेता (समूह का अध्यक्ष) की महत्त्वपूर्ण भूमिका होती है और उसके संचालन कौशल पर समूह-चर्चा की सफलता निर्भर रहती है।

4. ग्रुप डिस्कशन में क्या करें?

1. ज्यादा से ज्यादा खुद को सहज बनाये रखें।
2. समूह चर्चा आपके लिए वह मौका है जिसके द्वारा आप अपनी बात सामने रख सकते है, और पेनेलिस्ट भी आपको बोलते हुए सुनना चाहते हैं। इसलिए चुप न रहें।
3. अपनी बात को व्यवस्थित ढंग से कहने के लिए खुद को तैयार करें, और कुछ बोलने से पहले अच्छी तरह सोच लें।
4. अगर विषय के बारे में कोई अस्पष्टता है तो उसे साफ तौर पर सामने रखें।

5. जब तक आप विषय को अच्छी तरह न समझ लें तब तक बोलने की शुरुआत न करें।
6. विषय पर बोलने की शुरुआत करने के लिए अपनी रणनीति को स्पष्ट कर लें और चर्चा में किसी एक छात्र के पक्ष को समर्थन देते हुए अपनी बात रखें।
7. विषय पर बोलने की पहल ही हर किसी का ध्यान आकर्षित नहीं करती क्योंकि ध्यान अपनी और खींचने के लिए जरूरी है कि आप मुद्दे की बात जोरदार तरीके से कहें।
7. जीतने की भावना रखें।
8. मोडेरेटर पेनल के निर्देश ध्यानपूर्वक सुनें।
9. दूसरों को सुनना भी एक कला है।
10. अपनी बात को घुमाने के बजाय सरल तरीके से कहें।
11. अपनी डिस्कशन में मूल्यवर्धन जरूर करें।
12. जीडी को सही दिशा में आगे बढ़ाएँ।
13. पूरे समय विनम्र बने रहें।
14. अगर किसी बात से सहमत नहीं हैं तो उसके पक्ष में तथ्य पेश करें।
15. ग्रुप से आई कॉन्टेक्ट बनाये रखें।

5. ग्रुप डिस्कशन में क्या न करें?

- जीडी में व्यवधान न डालें
- खुद का एकाधिकार करने की कोशिश न करें
- पेनल को निशाना बनाने की भूल न करें
- हाथों को बाँधकर न रखें
- अपनी बारी आने से पहले न बोलें
- तेजी से बोलने की कोशिश न करें
- किसी की ज्यादा तारीफ करने से बचें
- उत्तेजित न हों

6. ग्रुप डिस्कशन का महत्त्वपूर्ण बिन्दु

नियोक्ता के लिए ग्रुप डिस्कशन चयन का अच्छा औजार होता है। ऐसे में जीडी की तैयारी की अनदेखी नहीं की जा सकती।

जब नियोक्ता कैंपस में जॉब प्लेसमंट के लिए आते हैं, तो चयन के लिए ग्रुप डिस्कशन को अहम आधार बनाया जाता है। यह ऐसा तरीका है, जिससे काफी कम समय में अधिक से अधिक छात्रों को परखा जा सकता है। ऐसे में छात्रों को

जीडी की तैयारी करते समय यह समझना चाहिए कि नियोक्ता उनसे क्या चाहते हैं? इससे आगे का रास्ता काफी आसान हो जायेगा।

बातचीत की कला
किसी भी छात्र में नियोक्ता की पहली दिलचस्पी उसकी बातचीत की कला को देखने के बाद पैदा होती है। वे इस बात पर ध्यान देते हैं कि छात्र में कितना आत्मविश्वास है और वह अपनी बात ग्रुप में शामिल अन्य साथियों को कितने स्पष्ट ढंग से समझा सकता है? आजकल लगभग सभी नौकरियों में, विशेषकर मैनजर जैसे पदों के लिए बातचीत की कला में प्रवीण होना आवश्यक हो गया है। हालाँकि छात्रों के बीच एक गलतफहमी है कि अच्छी बातचीत की कला का मतलब सिर्फ अंग्रेजी में सही ढंग से बात करना है, जबकि वास्तविकता इससे काफी अलग है। आप जो भी बोलें, वह प्रभावपूर्ण तरीके से बोलना चाहिए। कुछ इस तरह कि सामने वाला आपकी बातों पर तो ध्यान दे ही, आपके व्यक्तित्व का भी कायल हो जाये।

अलग सोच
हर कंपनी ऐसे लोगों को नियुक्त करना चाहती है, जिनकी अलग सोच हो। साथ ही, वे अपनी उम्दा सोच को सही ढंग से व्यक्त करने और उसके अनुसार काम करने की क्षमता भी रखते हों। सच तो यह है कि स्पष्ट सोच से ही साफ और सटीक बात निकल सकती है।

विश्लेषण की क्षमता
ग्रुप डिस्कशन में आमतौर पर ऐसे ही विषय दिए जाते हैं, जिनमें विभिन्न तरह की सूचनाओं को जोड़कर उनका विश्लेषण करना होता है। इससे नियोक्ता को विश्लेषण करने की आपके क्षमताओं का विस्तार से पता चल जाता है। उदाहरण के लिए मान लीजिए, आपको यह विषय दिया जाये कि स्मोकिंग को सार्वजनिक जगहों में प्रतिबंधित करना सही है या गलत? इस पर वाद-विवाद करते समय आपको इससे जुड़े तमाम पहलुओं को शामिल करना होगा, जैसे- कानूनी, स्वास्थ्य-सम्बन्धी, पर्यावरण आदि। साथ ही, इस नियम को लागू कराने में होने वाली कठिनाइयों और तंबाकू उद्योग में रोजगार पर भी फोकस करना होगा।

व्यक्तिगत गुण
कभी-कभी आपको अपने साथी के साथ भी वाद-विवाद करना पड़ सकता है। ऐसे में नियोक्ता यह देखना चाहते हैं कि आप जब कंपनी में अपने सहकर्मियों या ग्राहकों से बात करेंगे, तो कितने धैर्यवान रह सकते हैं? इससे आपके धैर्य की परीक्षा भी होती है।

नेतृत्व क्षमता
क्या आपके अंदर नेतृत्व का गुण है? क्या आप जो कहते हैं, उसे महसूस कर

सकते हैं? क्या आप ऐसी परिस्थिति में भी निर्णय लेने में सक्षम हैं, जब आपके साथ काम करने वाला हर कोई अनिश्चित हो? क्या आपको प्रसिद्धि में रहना पसंद है या फिर आप टीम को साथ रखने में यकीन करते हैं? ये ऐसे सवाल हैं, जो नियोक्ता के दिमाग में हो सकते हैं, इसलिए इन सभी सवालों की तैयारी पहले ही कर लेनी चाहिए।

7. ग्रुप डिस्कशन के दौरान होने वाली गलतियाँ

आज के युवा समूह चर्चा पर काफी ध्यान भी दे रहे हैं और जब मौका आता है, आसानी से इसका सामना भी कर लेते हैं, लेकिन आमतौर पर देखने में आया है कि जीडी के दौरान अधिकांश युवा कुछ गलतियों को दोहराते रहते हैं। ये गलतियाँ निम्नलिखित हैं-

विषय समझे बिना शुरुआत

ग्रुप डिस्कशन के दौरान अकसर यह देखने को मिलता है कि जीडी में शामिल अभ्यर्थी विषय को अच्छे तरीके से समझे बगैर ही बोलना शुरू कर देते हैं। यह आम धारणा है कि जीडी की शुरुआत करने से अच्छा प्रभाव पड़ता है और अच्छे अंक मिलते हैं, लेकिन यह सच नहीं है। जब तक आप विषय को ठीक से नहीं समझेंगे, आपके द्वारा बोले गए वाक्यों और तथ्यों का कोई महत्त्व नहीं होगा। इससे आपका नकारात्मक प्रभाव पड़ेगा। मॉडरेटर द्वारा विषय को अच्छे से समझा देने के बाद ही आप विषय पर बोलना शुरू करें। अगर विषय समझ में न आए तो बेहिचक मॉडरेटर से पूछ लें, लेकिन बिना समझे कभी बहस की शुरुआत न करें।

जीडी को डिबेट समझना

आमतौर पर यह भी देखने को मिलता है कि समूह चर्चा को अभ्यर्थी डिबेट की तरह लेते हैं। जीडी के अधिकांश अभ्यर्थी चर्चा को अपने विचार के साथ शुरू करते हैं, यह पूरी तरह से डिबेट स्टाइल है। जीडी में ऐसा नहीं करना चाहिए। जीडी के दौरान विषय के सभी पहलुओं को समझते हुए चर्चा करनी चाहिए। जीडी मॉडरेटर इस बात पर काफी ध्यान देते हैं कि अभ्यर्थी चर्चा कर रहा है या डिबेट। चर्चा एक सीमा में और एक फ्रेमवर्क में ही करनी चाहिए।

आक्रामकता का प्रदर्शन

काफी अभ्यर्थी यह समझते हैं कि कॉरपोरेट दुनिया को आक्रमक मैनेजर चाहिए, इस वजह से वे जीडी के दौरान आक्रामकता दिखाते हैं, लेकिन यह बिल्कुल सही नहीं है। इंडस्ट्री को आक्रमक मैनेजर नहीं चाहिए, इंडस्ट्री तो ऐसे मैनेजरों को ढूँढ़ती है, जो बिना आक्रामकता के अपनी टीम के साथ सामंजस्य बैठाकर बेहतर तरीके से काम कर सकें। आक्रामकता की वजह से टीम में सही से सामंजस्य नहीं बन पाता और इस वजह से बेहतर काम हो पाना संभव नहीं होता। अभ्यर्थी

को चाहिए कि वह किसी कोर्स में प्रवेश लेने के लिए या नौकरी के लिए जब भी समूह चर्चा में शामिल हो रहा हो, अपनी आक्रामकता का प्रदर्शन न करे।

बातों को बार-बार दोहराना
समूह चर्चा में अभ्यर्थी अपनी बातों को बार-बार दोहराते हैं, यह छात्रों की नकारात्मक छवि बनाता है। अगर आपके पास कोई नया तर्क नहीं है तो चुप रह कर सोचना बेहतर है, बजाय आप कही बातों को दोहराते रहें।

दूसरों को न सुनना
'अकसर अभ्यर्थी दूसरों की बातों को सुनने की जहमत नहीं उठाते, न ही अपने सहयोगी की कही गयी बातों का सम्मान करते हैं, लेकिन अच्छे कम्युनिकेशन का सबसे प्रमुख लक्षण है अच्छा श्रोता होना। जब तक आप अपने साथियों को सुनेंगे नहीं, तब तक उनके पक्ष या विपक्ष में सही से तर्क नहीं दे पायेंगे। अगर आप ध्यान से सुनेंगे तो आपके दिमाग में खुद-ब-खुद नए बिन्दु आते जायेंगे, इसलिए बेहद जरूरी है कि चर्चा के दौरान दूसरों को ध्यान से सुनें।'

8. ग्रुप डिस्कशन का एक अच्छा उदाहरण
ग्रुप डिस्कशन आठ-दस लोगों का ऐसा समूह होता है, जिसमें कोई लीडर नहीं होता और इसके सभी सदस्य विशेष परिस्थिति में किसी विषय पर दिए गए समय में अपने आकलन और विचार प्रस्तुत करते हैं। यहाँ उसी की एक झलक दी जा रही है-

जज - जतिन जैन

जज - नेहा सक्सेना

वाद-विवाद में शामिल सदस्य

नयन (01)	रुचिका (02)
अनिकेत (03)	विपुल (04)
अखिल (05)	देवयानी (06)
आनंद (07)	रोहित (08)

नोट- सभी अभ्यर्थी अपने न. क्रमांक धारण करेंगे, यह न. क्रमांक उनके रोल न. हैं

विषय- मल्टीनेशनल कंपनियों को बढ़ावा दिया जाये या प्रतिबंधित किया जाये
जज- (जतिन) नमस्कार - आप सबको चर्चा की शुरुआत में विषय पर सोचने के लिए 2 मिनिट दिया जा रहा है। उसके बाद विषय पर चर्चा के लिए 15 मिनिट दिये जायेंगे। आशा है सभी को इस समूह चर्चा के नियमों के सम्बन्ध में भली-भाँति जानकारी होगी।

जज (नेहा सक्सेना) - आप सबको विषय दिया जा रहा है मल्टीनेशनल कंपनियों को बढ़ावा दिया जाये या प्रतिबंधित किया जाये। इस विषय पर आप सभी को एक जुट होकर सोचने के लिए मिलने वाले 2 मिनिट शुरू होते हैं अब से (2 मिनिट तक का इंतजार करने के बाद)

आप सबकी चर्चा के 15 मिनिट शुरू होते हैं अबसे-आप सभी अपनी चर्चा आरंभ कीजिये ...बेस्ट ऑफ लक।

रुचिका - यह बहुत ही अच्छा विषय है। आइये हम इसकी शुरुआत करते हैं मल्टीनेशनल कम्पनियाँ क्या हैं से ....यह बहुत बड़ी कंपनी होती हैं जो विश्व के कई देशों में अपना व्यवसाय करती हैं। कुछ भारतीय मल्टीनेशनल कंपनियों भी हैं।.इसलिए कह सकते हैं कि मल्टीनेशनल कंपनियों में कुछ गलत नहीं है। यहाँ मुख्य बिंदु यही है कि जिस देश में यह मल्टीनेशनल कंपनियाँ काम कर रही हैं उन देशों पर उनका अच्छा या बुरा प्रभाव पड़ा है। इसलिए हम उनके व्यापार करने के तौर-तरीकों पर चर्चा करेंगे कि उनकी जरुरत है या नहीं?

अनिकेत - मैं कहूँगा कि रुचिका ने विषय का परिचय बेहद अच्छे तरीके से दिया है। एम. एन.सी. बेहद महत्त्वपूर्ण ढंग से अपना काम कर रही हैं, उनके आने से नये उत्पाद, तकनीक जनसाधारण को मिली है जो पहले नहीं मिली थी। मल्टीनेशनल कंपनियों ने पावर प्लांट लगाये, सड़कें और पुल बनवाये, इस तरह से जिन देशो में मल्टीनेशनल कंपनियों ने व्यापार शुरू किया उन देशों में विकास की बयार बही है।

विपुल- लेकिन मेरे मित्र ये बात ध्यान में रखनी चाहिए कि मल्टीनेशनल कंपनियाँ जिस देश में व्यापार करती हैं, हमेशा उन्नति में साथ नहीं देती है। बल्कि ज्यादा मुनाफा कमाने के लिए वह अपनी प्रतिद्वंदी कंपनियों कि राह में अपने राजनीतिक और आर्थिक सम्बन्धों का उपयोग करके काँटे बोती हैं।

अखिल - लेकिन प्रतिद्वंदिता हमेशा नुकसान पहुचने वाली नहीं होती। ऐसे बहुत से उदाहरण हैं जहाँ एम.एन.सी ने साबित किया है कि उनके आने से देशों को बढ़िया किस्म के उत्पाद कम कीमत पर मिलने लगे हैं। इस तरह ग्राहकों को लाभ हुआ है।

देवयानी - लेकिन मेरा ये कहना है कि हर जगह ऐसा नहीं हुआ है। मल्टीनेशनल कंपनियों ने अपना एकछत्र लाभ उठाकर देसी उत्पादक कम्पनियों पर मनमानी वस्तु उत्पन्न करने का जोर डाला है। इस तरह से वे कम दामों में देसी कामगारों से काम करवा कर ऊँचे दामों में एक्सपोर्ट करके मोटा मुनाफा कमाने में विश्वास करती हैं।

आनंद- जी हाँ, बाल मजदूरी करवाने से लेकर पर्यावरण से छेड़छाड़ करने से मल्टीनेशनल कंपनियाँ बाज नहीं आती हैं ।

रोहित - आप सबका मतलब यही है कि हमें मल्टीनेशनल कंपनियों की जरुरत नहीं, लेकिन क्या इससे हमारी देसी मल्टीनेशनल कंपनियों को विदेश में व्यापार करने की इजाजत मिलेगी? क्या हम सारी दुनिया से अलग-थलग नहीं पड़ जायेंगे? सच्चाई यही है की आज दुनिया सिमट गयी है सब लोग एक-दुसरे से जुड़े हुए हैं। इसके अलवा हम सभी देख रहे हैं की विदेशी मल्टीनेशनल कंपनियों कितनी अच्छी तरह से अपना व्यापार कर रही हैं।उदाहरण के लिए विदेशी बैंकों की स्थिति देखिये, वे लोग यहाँ के बैंकों की तुलना में ज्यादा मित्रवत और प्रभावशाली ढंग से कार्य कर रहे हैं। मेरा कहना है कि यदि हम अपने आँख और कान खुले रखें तो हम मल्टीनेशनल कंपनियों से काफी कुछ सीख सकते हैं।

नयन - कम कीमत में बढ़िया क्वालिटी का उत्पाद देने वाला मैकडॉनाल्ड एम.एन.सी का बढ़िया उदाहरण है। इनके रेस्टोरेंट में ग्राहक को ज्यादा इंतजार नहीं करना पड़ता। इसी के साथ उन्होंने अपनी विशाल फूड चेन को बेहतरीन ढंग से व्यवस्थित किया हुआ है।

रुचिका - मैं आपसे सहमत हूँ। लेकिन मल्टीनेशनल कंपनियों के आने से ज्यादा लाभ नहीं बल्कि नुकसान ही हुआ है। उन्होंने गरीब तबकों को रोजी-रोटी के साधन मुहैया करवा कर उनका जीवन स्तर तो बढ़ाया है लेकिन इसी के साथ प्रदूषण जैसी गंभीर समस्याओं को भी जन्म दिया है।

अनिकेत - मैं आपसे सहमत हूँ मल्टीनेशनल कंपनियों ने अपनी निम्न तकनीक के कारण प्रदूषण जैसी समस्याओं को जन्म देकर स्थानीय लोगों को काफी नुकसान पहुँचाया है।

विपुल- जी हाँ यह सच है, मैं तो सीधे तौर पर एम. एन.सी के विरोध में हूँ। हमें अपने जीवन में स्वदेशी को स्थान देना चाहिए।जब हम सब चीजें स्वयं बना सकते हैं तो हमें एम. एन.सी. की क्या जरुरत है।

जज- तो आप सबका वक्त खत्म होता है।

9. <u>विपक्ष में बोलना भी एक कला है</u>

हर परीक्षा की तरह जीडी में भी प्रैक्टिस से ही सफलता की चाबी मिलती है। आपको कई चरणों में समूहों के बीच विभिन्न विषयों पर चर्चा करने का अभ्यास करना चाहिए। इससे परीक्षा के दौरान पहले राउंड में आकर्षक और प्रभावशाली तरीके से अपना तर्क सभी के समक्ष रखने में आप कामयाब हो पायेंगे। पहले राउंड में बोलते वक्त काफी तनाव होता है, लेकिन प्रैक्टिस करने के बाद आपका तनाव और उसके कारण होने वाली हिचकिचाहट, दोनों कम हो जायेंगे। हर परीक्षा की तरह जीडी में भी प्रैक्टिस से ही सफलता की चाबी मिलती है। आपको कई चरणों में समूहों के बीच विभिन्न विषयों पर चर्चा करने का अभ्यास करना चाहिए। इससे परीक्षा के दौरान पहले राउंड में आकर्षक और प्रभावशाली तरीके से अपना

तर्क सभी के समक्ष रखने में आप कामयाब हो पायेंगे। पहले राउंड में बोलते वक्त काफी तनाव होता है, लेकिन प्रैक्टिस करने के बाद आपका तनाव और उसके कारण होने वाली हिचकिचाहट, दोनों कम हो जायेंगे।

10. *ग्रुप डिसक्शन में बॉडी लैंग्वेज का महत्त्व*

व्यक्तित्व किसी व्यक्ति की सोच, अनुभूति एवं व्यवहार का दर्पण होता है। कोई भी व्यक्ति अपने व्यक्तित्व से ही पहचाना और दूसरे व्यक्तियों से अलग किया जाता है। कार्य करने के ढंग, विभिन्न परिस्थितियों में अभिक्रिया करने के तरीके, शारीरिक हाव-भाव आदि से किसी व्यक्ति के व्यक्तित्व का पता चलता है। अपने व्यक्तित्व की वजह से ही कोई व्यक्ति महान बनता है तो कोई सामान्य, कोई व्यक्ति विख्यात होता है तो कोई कुख्यात। आप अपने व्यक्तित्व को जिस सांचे में ढालने की कोशिश करेंगे वह वैसा ही आकार लेगा। किसी भी व्यक्ति के व्यक्तित्व के बारे में सबसे पहले उसके शारीरिक हाव-भाव से पता चलता है।

व्यक्ति की शारीरिक भाषा उसके व्यक्तित्व के विषय में बहुत कुछ बयां कर देती है। साक्षात्कार कक्ष में प्रवेश करते समय आपको कमर सीधी रखते हुए चलना चाहिए और बैठते समय उचित मुद्रा का ध्यान देना चाहिए। एक मृदु मुस्कान के साथ उचित अभिव्यक्ति आपके व्यक्तित्व को चार चाँद लगा सकती है। साक्षात्कार के दौरान आप को हँसमुख और आत्मविश्वास से लबरेज लगना चाहिए। एक अच्छा अभ्यर्थी साक्षात्कार के दौरान, एकाग्र एवं दत्तचित रहता है और साक्षात्कार लेने वाले की बात को ध्यानपूर्वक सुनता है। एकाग्रचित्तता से तात्पर्य है सामने वाले व्यक्ति की इच्छा और आवश्यकता के साथ तालमेल बैठाना। यदि कोई व्यक्ति चाहता है कि दूसरे व्यक्ति के साथ उसकी अंतःक्रिया उत्पादक तथा सूचनाप्रद हो, तो उस समय सुनने की कला को विकसित करना आवश्यक हो जाता है। मौखिक तथा अमौखिक (शारीरिक भाषा) अभिव्यक्तियाँ जब मिल जाती हैं तो अभिव्यक्ति क्षमता बढ़ जाती है। दूसरे शब्दों में, व्यक्ति जो कुछ बोलता है, उसके साथ उसकी शारीरिक भाषा का उचित सामंजस्य होना चाहिए। यदि अच्छा सम्बन्ध स्थापित करना है, तो उम्मीदवार को अपने विभिन्न शारीरिक हाव-भावों का अनुकूलतम उपयोग करना चाहिए।

साक्षात्कार अथवा सामूहिक चर्चा जैसे औपचारिक अवसरों के लिए कुछ स्वीकृत मानक विकसित किये गये हैं, जिनका इन अवसरों पर अवश्य ही पालन किया जाना चाहिए। साक्षत्कार की प्रक्रिया के दौरान उम्मीदवार को अपनी शारीरिक गतिविधियों (जैसे हाथ-पैर हिलाना आदि) को जितना संभव हो सके, कम कर लेना चाहिए। हाथों को इधर-उधर हिलाना, बार-बार बैठने की स्थिति को बदलना, सिर अथवा कंधे को बार-बार इधर-उधर हिलाना, पलकों को जल्दी-जल्दी ऊपर-नीचे करना और अजीब तरह से मुँह बनाना आदि गतिविधियाँ साक्षात्कार लेने वाले व्यक्ति के मन पर अनावश्यक रूप से गलत प्रभाव डालती हैं। इसी प्रकार की कुछ अन्य

गतिविधियाँ भी हैं, जिन पर विशेष रूप से ध्यान दिये जाने की जरूरत है, जैसे दरवाजा खोलते अथवा बंद करते समय अनावश्यक आवाज करना या कुर्सी को खींचते समय चीखने जैसी आवाज उत्पन्न होना। इस प्रकार की गतिविधियों से साक्षात्कार लेने वाले व्यक्ति पर न केवल विपरीत प्रभाव पड़ता है, बल्कि वह चिड़चिड़ापन भी महसूस करता है और उम्मीदवार के प्रति उदासीन हो सकता है। उम्मीदवार को सीधी अवस्था में कुर्सी पर बैठना चाहिए, जब उस पर किसी की नजर न हो। अल्पावधि के साक्षात्कार के दौरान बैठने की मुद्रा बदलने के प्रयास से हमेशा परहेज करना चाहिए।

बैठने की सर्वोपयुक्त मुद्रा में उम्मीदवार को अपने दोनों हाथ बाँधकर मेज के नीचे रखने चाहिए, जिससे वह आरामदायक महसूस कर सके। साक्षात्कार आरंभ होते ही उम्मीदवार को सामने वाले व्यक्ति द्वारा पूछे गये प्रश्न का उत्तर देते समय इधर-उधर न देखकर सीधे उसी की तरफ देखना चाहिए। इससे आत्मविश्वास प्रदर्शित होता है। इधर-उधर देखने में ऐसा लगता है कि अभ्यर्थी असहज महसूस कर रहा है और अपने डर तथा बेचैनी को छुपाने का प्रयास कर रहा है।

अपनी बात को प्रभावशाली तरीके से प्रस्तुत करने के लिए उम्मीदवार अपनी शारीरिक भाषा का इस्तेमाल कर सकता है। साक्षात्कार लेने वाले व्यक्ति का ध्यान अपनी ओर आकर्षित करने के लिए अभ्यर्थी बोलते हुए अपने सिर, हाथों आदि का उपयुक्त एवं प्रभावशाली तरीके से इस्तेमाल कर सकते हैं। इस कला में माहिर होने के लिए अभ्यर्थी नियमित रूप से प्रतिदिन समाचार वाचकों के हाव-भाव तथा मुद्राओं का अवलोकन कर सकते हैं।

साक्षात्कार से सम्बन्धित निम्नलिखित प्रश्न स्वयं से पूछिए। इनके उत्तर साक्षात्कार से सम्बन्धित आपकी सभी आशंकाओं का समाधान कर आपके आत्मविश्वास में वृद्धि करने में सहायक सिद्ध हो सकते है।

- क्या आप साक्षात्कार के दौरान साक्षात्कार लेने वाले व्यक्ति से सीधा संपर्क स्थापित करते हैं?
- क्या आप साक्षात्कार लेने वाले व्यक्ति के दाएं-बाएं या आगे पीछे देखते हैं?
- क्या आपके शारीरिक हाव भाव आपके द्वारा बोले गये शब्दों के साथ सामंजस्य रखते हैं?
- कुर्सी पर बैठकर आप जड़ तो नहीं हो जाते हैं?
- क्या आप अपने सिर तथा हाथों को हिलाते हैं?
- क्या आप स्वयं को अभिव्यक्त कर रहे हैं या कृत्रिमता प्रदर्शित कर रहे हैं?
- क्या आप सहज एवं स्वाभाविक महसूस करते हैं?

यदि आपकी शारीरिक भाषा एक दम अलग प्रकार का संकेत देती है, तो चाहे आपने किसी भी दक्षता के साथ अपना जीवन वृत तैयार क्यों न किया हो

या सभी कठिन प्रश्नों का भी सही जवाब क्यों न दिया हो, साक्षात्कार की बाधा को पार करना आसान नहीं होगा। विभिन्न शोधों से ये निष्कर्ष निकाले गये हैं कि:

संप्रेषण के दौरान आवाज का लहजे और शारीरिक भाषा का 65 प्रतिशत योगदान होता है। शब्दों का योगदान मात्र 35 प्रतिशत तक होता है। शारीरिक भाषा से हमारी भावनाएँ और सोच-विचार काफी हद तक परिलक्षित हो सकते हैं, चाहे हम कुछ बोल पा रहे हों या नहीं। अपने कार्यकलापों के बारे में सजग न रहने से हमें घबराहट तथा बोरियत महसूस होती है और दिमाग में नकारात्मक विचार पैदा होने लगते है। इसका परिणाम घातक सिध्द हो सकता है।

साक्षात्कार के दौरान पूछे गये प्रश्न का सुविचारित तथा संतुलित उत्तर देने का प्रयास करना चाहिए। उत्तर देते समय किसी प्रकार की जल्दी या हड़बड़ी नहीं करनी चाहिए। यदि कोई कठिन प्रश्न पूछा गया है, तो घबराने की बजाय शांत दिमाग से सोच-समझकर उत्तर देना चाहिए। किसी प्रश्न का उत्तर न दे पाने की स्थिति में विनम्रतापूर्वक क्षमा माँगी जा सकती है, परन्तु गलत उत्तर देना या झूठा प्रदर्शन करना आत्मघाती साबित हो सकता है। साक्षात्कार आरंभ होने से पूर्व आप स्वयं को आत्मविश्वास से परिपूर्ण कर सहज स्थिति में आ जायें। यह सुनिश्चित कर लें कि आप अपने स्थान पर आरामदायक स्थिति में बैठ गये हैं और आप तनावपूर्ण स्थिति में नहीं है।

11. ग्रुप डिस्कशन को प्रभावी कैसे बनायें?

बिजनेस स्कूलों की प्रवेश परीक्षाओं के अलावा भी आर्मी, एविएशन, रेलवे रिक्रूटमेंट बोर्ड आदि कई ऐसे क्षेत्र हैं, जहाँ नौकरी हेतु चयन से पहले उम्मीदवार को ग्रुप डिस्कशन टेस्ट पास करना होता है।

खासतौर पर मैनेजमेंट के क्षेत्र में उम्मीदवार के व्यापारिक रवैया, बातचीत के हुनर, स्किल, विश्लेषण क्षमता, नेतृत्व, प्रबंधकीय कौशल और टीमभावना को परखने के लिए जीडी का आयोजन किया जाता है। लिखित परीक्षा में जहाँ इस बात की जाँच की जाती है कि उम्मीदवार की जानकारी का स्तर कितना है, वहीं ग्रुप डिस्कशन और व्यक्तित्व परीक्षा के जरिए उम्मीदवार की समझ और उस समझ को इस्तेमाल करने की क्षमता का आकलन किया जाता है। प्रस्तुत हैं ग्रुप डिस्कशन को प्रभावी बनाने वाले कुछ टिप्स-

अर्थपूर्ण बोलें

ज्यादातर उम्मीदवार मानते हैं कि अधिक बोलने पर वे ज्यादा स्कोर कर सकेंगे। इस सोच को गलत बताते हुए विशेषज्ञ कहते हैं कि बहुत अधिक या बहुत कम बोलना दोनों ही उचित नहीं है। विषय का अच्छी तरह विश्लेषण कर लें। तथ्यों को सोच-समझकर बोलें और उसे दोहराने से बचें। यह सोचना गलत है कि कठिन और अलंकारिक अंग्रेजी भाषा का प्रयोग कर आप इंटरव्यू चयन समूह को प्रभावित

कर सकते हैं। महत्त्वपूर्ण यह है कि आप व्याकरण की दृष्टि से शुद्ध और सरल भाषा का इस्तेमाल करें, ताकि आप बिना किसी उलझन के चयन समूह के अन्य सदस्यों तक अपनी बात पहुँचा सकें।

स्पष्ट सोच

वाद-विवाद या ग्रुप डिस्कशन आमतौर पर 20 से 30 मिनट का होता है। इसका प्रमुख उद्देश्य इससे उम्मीदवार चुनना होता है, जो भावी मैनेजर बनने की योग्यता रखते हैं। आतंकवाद, मंदी के दौर के बाद बिजनेस मूल्य और सिद्धांत, नवीन आर्थिक नीतियाँ और वुमन मैनेजर जैसे सम-सामयिक विषयों पर अपनी स्पष्ट सोच विकसित करें। अपनी बातों को अधिक से अधिक जानकारी, आँकड़ों व सर्वे से पुष्ट करें। वर्ष की बड़ी घटनाओं की विस्तृत जानकारी रखें। आपका मत किसी तरह के पूर्वाग्रह से प्रभावित नहीं होना चाहिए। अपनी सोच को उदाहरण व तथ्यों के साथ ही रखें।

विषय को समेटें

जब लगने लगे कि अब ग्रुप डिस्कशन का समय खत्म होने वाला है, तो डिस्कशन के दौरान कही गयी बातों का विश्लेषण कर उनका एक सार निकालें और उन्हें इस तरह से पेश करें कि लगे आपने डिस्कशन का एक नतीजा निकाला है। नतीजा पूरी तरह से पक्षपातरहित होना चाहिए और उससे किसी भी दूसरे उम्मीदवार की भावनाएँ आहत नहीं होनी चाहिए। साथ ही अपनी बात को बहुत विनम्रता के साथ रखना चाहिए।

12. *सकारात्मक वार्ता की कला*

अच्छी बातचीत के हुनर का अर्थ है सकारात्मक वार्तालाप करने की क्षमता। सकारात्मक संप्रेषण वही होता है, जिसके जवाब में सकारात्मक जवाब और प्रतिक्रियाएँ आयें। सकारात्मक व्यवहार नकारात्मक भावनाओं को सकारात्मकता में बदलने और आपको अपने लिए एक सकारात्मक छवि निर्मित करने में मदद करता है। इसलिए उम्मीद का दामन थामें रहें। यहाँ कुछ जरूरी टिप्स जानिए जो सकारात्मक व्यवहार के दौरान आपके काम आयेंगे।

नकारात्मक शब्दों को भूलें: यह कहने में आसान और करने में सबसे कठिन है। परंतु अभ्यास से इस पर सफलता पाई जा सकती है। 'नहीं, बिल्कुल नहीं, कभी नहीं' जैसे शब्दों को अपने वार्तालाप का हिस्सा न बनायें। अपने कहे वाक्यों को कुछ ऐसा रूप दें कि नकारात्मक शब्द कहे बिना उनका अर्थ वाक्य में स्पष्ट हो जाये। उदाहरण के लिए, 'यदि आप यह वस्तु उपलब्ध नहीं कराएंगे तो काम होना नामुमकिन है', के स्थान पर कहें, 'यदि आप यह वस्तु मंगा देते हैं तो काम रिकॉर्ड समय में पूरा हो जायेगा।

सकारात्मक पहलू ही देखें: कुछ परिस्थितियों में नकारात्मक पक्ष हावी रहता है, लेकिन उनमें कुछ सकारात्मक पक्ष भी होते हैं। उन बिंदुओं को तलाशें। सकारात्मक व्यवहार और दृष्टिकोण जरूरी है। उदाहरण के लिए, यदि कोई आपके पास नौकरी माँगने आता है और आपके पास उससे मिलने का समय नहीं है तो मिलने से मना करने की बजाय उससे विनम्रता से अपनी मजबूरी बता दें और भविष्य में शीघ्र ही मिलने का वादा करें।

विकल्प और हल सुझाएं: किन्हीं कारणों से कुछ काम नहीं किए जा पाते, उन कारणों की तलाश करें और विकल्प व निवारण सुझाएं। सीधे तौर पर मना कर देना आसान है, परंतु उससे कोई हल नहीं निकलता। विकल्प और निवारण सुझाने पर आपकी छवि ऐसे व्यक्ति के तौर पर निर्मित होती है, जो अतिरिक्त प्रयास कर सकता है।

जबरदस्ती नहीं: जब किसी को कोई काम करने के लिए कहें या मना करें तो विनम्रता से कहें। ऐसे मामले में शब्दों का चयन बहुत ध्यान से करना पड़ता है। 'तू' जैसे शब्द तो बिल्कुल इस्तेमाल नहीं करने चाहिए। कोई भी जोर-जबरदस्ती पसंद नहीं करता, इसलिए आवाज ज्यादा ऊँची न रखते हुए अपनी बात कहें। यह न केवल सकारात्मक रहेगा, बल्कि प्रेरणादायक भी होगा।

मददगार बनें: एक मददगार व्यक्तित्व से अधिक सकारात्मक और कोई नहीं होता। हालात कितने भी नकारात्मक रहें, अपने साथियों को कहें कि अच्छे निष्कर्ष के लिए आप जो कुछ भी संभव होगा, करेंगे। ऐसा करना न केवल सहकर्मियों में स्फूर्ति लायेगा, बल्कि वह आपके व्यक्तित्व के इस पक्ष को भी हमेशा ध्यान रखेंगे। हम सब जानते हैं कि करियर में सफलता के लिए सकारात्मक छवि कितनी जरूरी होती है, इसलिए सकारात्मक पक्षों को अपने व्यवहार का हिस्सा बनायें। फिर आपको खुद हैरानी होगी कि सकारात्मकता किस तरह आपको तरक्की के मार्ग पर ले जाती है।

अध्याय-3

ग्रुप डिस्कशन के विषय

भारतीय समाज में परिवर्तन की लहर

किसी समाज में परिवर्तन की प्रक्रिया कई स्तरों में चलती है। आवश्यक नहीं कि सभी स्तरों पर वह समान रूप से तेज या मंद हो। भारतीय समाज के परिप्रेक्ष्य में हम देखते हैं कि 19 वीं शताब्दी के उत्तरार्ध में यह समाजिक और धार्मिक स्तरों पर नये उन्मेष से आरम्भ हुई थी। ब्रह्म समाज का प्रभाव पूर्वी भारत, मुख्यत: बंगाल में फैला और पश्चिमी भारत, मुख्यत: पंजाब और वर्तमान उत्तर प्रदेश, हरियाणा, दिल्ली, राजस्थान में आर्य समाज ने नेतृत्व गृहण किया। दोनों सुधार आन्दोलन वैदिक विचारधारा से प्रभावित थे। जहाँ ब्रह्म समाज पर पश्चिमी सभ्यता का प्रभाव अधिक दिखाई दे रहा था वहाँ आर्य समाज विशुद्ध भारतीय बना रहा अखिल भारतीय स्तर पर उसका कार्यक्षेत्र और प्रभाव भी अधिक व्यापक था। सामाजिक, शिक्षा और शुद्धिकरण के क्षेत्र में उसने युग-परिवर्तन कार्य किये। मुस्लिम और ईसाई धर्म प्रचारकों से उसने जमकर लोहा लिया और हिन्दुओं के बीच उनके धर्म-प्रचार को बहुत कुछ कुंठित कर दिया। वर्तमान शताब्दी के दूसरे दशक से राजनीतिक स्वतंत्रता का संघर्ष तेजी पकड़ने लगा। सामाजिक और धार्मिक सुधार करने वाले सभी महान नेता उस ओर आकर्षित हो गए। फलत: इन क्षेत्रों में सुधार की प्रक्रिया शिथिल पड़ गयी, पर यह मानना पड़ेगा कि स्वतंत्रता-संग्राम का संचालन करते हुए गाँधी जी ने अर्स्पश्यता-निवारण या हरिजन-उत्थान को अपने कार्यक्रम का मुख्य

अंग बनाया। उन्होंने स्त्रियों की समानता के आन्दोलन का नेतृत्व किया। बेसिक शिक्षा-प्रणाली का संचालन करके उन्होंने श्रम पर आधारित स्वावलंबी समाज की रचना का मार्ग दिखाया। उनके स्वदेशी आन्दोलन ने तो उनके नेतृत्व में एक नई अर्थव्यवस्था प्राप्त की।

स्वतंत्रता के बाद भारत में सामाजिक परिवर्तन की प्रक्रिया अधिकतर अपने-आप होती रही। जिसमें शिक्षा का प्रसार तेजी से हुआ। राजनीतिक जागरण की हवा सारे देश में समान गति से बही है। आर्थिक पुनरुथान से जहाँ नए धनिक वर्ग का उदय हुआ है। जो देश के राजनीतिक सूत्र का भी संचालन भी करता है, वहाँ जन-समान्य के जीवन स्तर पर भी उसका प्रभाव हुआ है। स्त्रियों और अनुसूचित जातियों की स्थिति में विशेष सुधार हुआ है। उनके अधिकारों को संवैधानिक स्वीकृति तो मिली ही है, सामाजिक जीवन में भी उनकी महत्ता स्वीकार की जाने लगी है।

परिवर्तन संसार का नियम है। भारतीय समाज उसका अपवाद नहीं हो सकता केवल इस बात का ध्यान रहे की परिवर्तन की दिशा अनियंत्रित न होने पाये। इसके लिए कुशल नेतृत्व की आवश्यकता होती है। देश में इस समय पूरा समाज भ्रष्टाचार में लिप्त है। सार्वजानिक जीवन से नैतिकता का लोप हो गया है और रिश्वतखोरी, लूट-खसोट की प्रवृति प्रधान होती जा रही है। आर्थिक उदारीकरण की जो नई नीति देश ने स्वीकार की है उसके चलते बहुराष्ट्रीय कम्पनियाँ भारत को लोलुप नजरों से देख रही हैं। उनकी मंशा हमारे पूरे आर्थिक और सामाजिक जीवन पर छा जाने की है। जनसामान्य में पश्चिमी ढंग के उपभोक्तावादी रुझान पैदा करके वे हमें अपने सादा जीवन, उच्च विचार वाले परम्परागत आदर्श से वंचित कर देना चाहती हैं विदेशों से अनेक टी.वी चैनलों पर जैसे कार्यक्रम प्रसारित किये जा रहे हैं, उनसे पाश्चत्य अपसंस्कृति के देशव्यापी बन जाने खतरा पैदा हो गया है।

कहने का तात्पर्य यह है कि विज्ञान और नई टेक्नोलॉजी के परिणामस्वरूप परिवर्तन की जो लहर सारे संसार में व्याप्त हो रही है उसके वेग को रोक पाना हमारे वश की बात नहीं है, उसके साथ आगे बढ़ने में ही हमारी भलाई है। किन्तु परिवर्तन के रास्ते पर चलते हुए अपने प्रगति में हमें अपनी परम्परा को भी याद रखना चाहिए। अपनी जातीय अस्मिता को बनाये रख कर ही हम संसार के महान राष्ट्रों में अपनी गिनती करा सकते हैं।

परिवर्तन की लहर ने भारतीय पारिवारिक एकता को भी खंडित कर दिया है।. संयुक्त परिवार की प्रथा लगभग समाप्त हो गयी है। माता-पिता की छत्र-छाया में रहना बेटों को पसंद नहीं। भाई-भाई भी एक साथ रहना पसंद नहीं करते। व्यक्तिवाद की आंधी समाजिक संरचना को तार-तार कर देना चाहती है।

तात्पर्य यह है कि सामाजिक परिवर्तन की जो लहर इस समय समाज को विलोड़ित कर रही है, वह अंतत उसे क्या रूप देकर शांत होगी, यह कहना कठिन है।

भारतीय संस्कृतिः अनेकता में एकता

मेरा भारत यह मात्र शब्द नहीं है अपितु हर हिन्दुस्तानी के दिल की आवाज है। हर हिन्दुस्तानी का गौरव है। उसका सम्मान है और सबसे बड़ी बात उसकी पहचान है, यह भारतवर्ष। हम इस भूमि में पैदा हुए हैं। हमारे लिए यह इतना महत्त्वपूर्ण है जितना कि हमारे माता-पिता हमारे लिए। भारत सिर्फ एक भू-भाग का नाम नहीं है अपितु उस भू-भाग में बसे लोगों, उसकी संस्कृति, उसकी सभ्यता, उसके रीति-रिवाजों, उसके अमूल्य इतिहास का नाम है भारत की सभ्यता समस्त संसार में सबसे प्राचीनतम है। इसकी भूमि ने अनेक सभ्यताओं और संस्कृतियों को जन्म दिया है। इसने एक संस्कृति का पोषण नहीं किया अपितु अनेक संस्कृतियों को अपनी मातृत्व की छाया में पाल-पोस कर महान संस्कृतियों के रूप में उभारा है। भारत में विभिन्नता में एकता के दर्शन होते हैं। इन सब गुणों को देखते हुए हम कह सकते हैं कि भारतवर्ष का स्वरूप जितना भव्य और विशाल है, उसका मन उतना ही उन्नत और उदार है। यह मेरा भारत है। भारत में विभिन्न धर्म व जातियों के लाग रहते हैं। यहाँ कई भाषाएँ बोली जाती हैं। यहाँ की राज्यभाषा के रूप में एक तरफ हिन्दी को मान्यता प्राप्त है तो हिन्दी, संस्कृत, मलयालम, मराठी, पंजाबी, बंगाली, गुजराती, तेलगु, तमिल, कन्नड़, आदि अनेक भाषाओं का संगम भी भारत की छत के नीचे ही होता है। असंख्य महापुरुषों ने यहाँ जन्म लिया है। यह देश विविध पावन स्थलों से भरा है। यह कहना अनुचित न होगा कि इस देश की मिट्टी का कण-कण पावन है। मुझे अपने भारत देश पर गर्व है। इकबाल के शब्दों में-

सारे जहाँ से अच्छा हिंदोस्ताँ हमारा।
हम बुलबुले हैं इसके, ये गुलिस्ताँ हमारा।।

भारत में सांस्कृतिक अस्मिताओं की निर्माण धर्म, क्षेत्र और जातियता के आधार पर हुआ है। इनमें से धर्म एक मिथ्या संकेत है। एक विशेष धर्म के अनुयायियों में विश्वास, उपासना पद्धतियों तथा कर्मकांडों के अतिरिक्त और कोई विशेष समानता दिखाई नहीं देती। उपासना के रूपों और कर्मकांडों में भी सम्प्रदायगत और क्षेत्रीय भिन्नताएँ होती हैं। सांस्कृतिक दृष्टि से हिन्दू समरूप नहीं हैं न ही मुस्लिम समरूप हैं फिर भी अनेकता में एकता हमारे देश की पहचान रही है, हमने गर्व से सम्पूर्ण विश्व को अपनी 'अलग भाषा, अलग भेष फिर भी अपना एक देश' का नारा दिया है लेकिन आज ऐसा प्रतीत हो रहा है कि कुछ स्वार्थी लोगों के स्वार्थ के कारण यह एकता भंग होने के कगार पर पहुँच गयी है। इसके बीज वर्षों पहले बोये गये। 1947 में जब इस देश का बँटवारा हुआ और देखते ही देखते हिन्दुस्तानीं कहलाने वाले इस देश के नागरिक दो कौम में बँट गये जो कल तक भाई हुआ करते थे, एक दूसरे के सुख दुःख में शामिल रहते थे वह दुश्मन

बन बैठे। बँटवारा सिर्फ दो मुल्कों का ही नहीं वरन् दो दिलों का हो गया तभी से इस देश की एकता में जंग लग गयी लेकिन हम अपने आपको अत्यधिक सहिष्णु दिखाने के चक्कर यह भूल गये कि जो मैल एक बार दिल में बैठ जाती है उसे कभी धोया नहीं जा सकता। जिसका नतीजा आज हमारे सामने है कश्मीर से लेकर कन्या कुमारी तक आज आये दिन चाहे वो राजनीतिक स्तर पर हो या सांस्कृतिक स्तर पर हमारे ऊपर हमले हो रहे हैं। इसलिए अनेकता में एकता के दावे इस देश में खोखले साबित होते दिख रहे हैं यह तभी संभव है जब देश का मुस्लिम वर्ग पहले खुद को भारतीय समझे ना कि किसी धर्म विशेष का पैरोकार।

'सारे जहाँ से अच्छा हिन्दुस्ताँ हमारा' केवल कविता की पंक्तियाँ बनकर रह गयी है। आइये ये सिर्फ कविता की पंक्तियाँ बन कर ही ना रह जाये इसलिए कुछ ऐसा प्रयास करें की हमारी एकता बनी रहे और हम 'कश्मीर हो या गुवाहाटी अपना देश अपनी माटी' नारे को चरितार्थ करे ताकि हम एक बार फिर से विश्व के फलक तक पहुँचे और यह तभी संभव है जबकि हम और आप साथ होंगे ...।

सिनेमा मनोरंजन के साधन के रुप में

कहते हैं साहित्य समाज का दर्पण होता परन्तु आज के इस इलेक्ट्रॉनिक युग के परिप्रेक्ष्य में हम कह सकते है कि सिनेमा समाज का दर्पण होता है। क्योंकि इस सदी के आरम्भ से ही भारतीय सिनेमा ने एक नए युग में पदार्पण किया जहाँ पर नायक प्रधान आदर्शवादी फिल्मों से इतर यथार्थवादी, वैचारिक फिल्में आयीं। जिन्होंने समाज के स्याह पक्ष को भी उजागर किया और एक तरीके से सिनेमाई आदर्शवादिता का अवसान हुआ।

भारतीय फिल्में आरंभ से ही एक सीमा तक भारतीय समाज का आईना रही हैं जो समाज की गतिविधियों को रेखांकित करती आयी हैं। चाहे वह स्वतन्त्रता संग्राम हो या विभाजन की त्रासदी या युध्द हों या फिर चम्बल के डाकुओं का आतंक या अब माफिया युग। इस कथन की पुष्टि बॉम्बे, सत्या, क्या कहना जैसी फिल्में करती हैं।

सिनेमा बीसवीं सदी में मानव जाति को मिले कुछ बेशकीमती वैज्ञानिक उपहारों में से एक है। इसने विश्व के मनोरंजन के परिदृश्य में एक क्रांति ला दी है क्योंकि इससें पहले नाटक, नौटंकी व त्योहारों के अवसर पर लगने वाले मेले ही लोगों के मनोरंजन का प्रमुख साधन थे। क्योंकि ऐसे समागम कभी-कभी ही आयोजित हुआ करते थे, अतः मनोरंजन के मामले में लोग सदा ही अतृप्त रहते थे। सिनेमा विश्व के लोगों के लिये मनोरंजन का एक उत्तम साधन बनकर सामने आया है क्योंकि इसे किसी भी वर्ग, जाति या धर्म के लोग एक साथ देख सकते हैं तथा इसका आनन्द पूरा परिवार एक साथ बैठकर उठा सकता है।यह मनोरंजन का एक सुलभ साधन बन गया है।

लेकिन यह कहना कठिन है कि समाज और समय हमेशा फिल्मों में प्रतिबिम्बित होता है या फिल्मों से समाज प्रभावित होता है। दोनों ही बातें अपनी-अपनी सीमाओं में सही हैं। कहानियाँ कितनी भी काल्पनिक हों कहीं न कहीं तो वो इसी समाज से जुड़ी होती हैं। फिल्मों में भी यही अभिव्यक्त होता है। लेकिन हाँ बहुत बार ऐसा भी हुआ है कि फिल्मों का असर हमारे युवाओं और बच्चों पर हुआ है सकारात्मक और नकारात्मक भी। किन्तु ऐसा ही असर साहित्य से भी होता है। क्रान्तिकारी साहित्य ने स्वतन्त्रता संग्राम में अनेक युवाओं को प्रेरित किया था। मार्क्स के साहित्य ने भी कई कॉमरेड, नक्सलाईट खड़े कर दिये। अतः हर माध्यम के अपने प्रभाव होते हैं समाज पर, फिल्मों के भी हुए।

हिन्दी फिल्मों का बाजार जैसे-जैसे विस्तृत हुआ, देश का युवा बेरोजगार आँखों में सपने लेकर अपनी किस्मत आजमाने या तो प्रशिक्षण प्राप्त कर या सीधे घर से भाग कर मुम्बई आने लगे। उनमें से एक दो सफल हुए, शेष लौट गए या बर्बाद हो गए। युवाओं में फिल्मों में अपना करियर बनाने के लिए इतना आकर्षण देख फर्जी निर्माता-निर्देशकों की तथा प्रशिक्षण केन्द्रों की बाढ़ सी आ गयी है।

लेकिन इसी के साथ गैरजरूरी सामाजिक मान्यताओं, रूढ़ियों, अंधविश्वासों को खत्म करने में हिन्दी सिनेमा ने अपनी अहम भूमिका अदा की है। बदलते हालात में उत्पन्न होती समस्याओं से निपटने के लिए लोगों को तैयार भी किया है। यहाँ तक कि आजादी की लड़ाई में भी सिनेमा की भूमिका सीमित रूप में ही सही, पर रही है। आज सिनेमा मनोरंजन का सबसे बड़ा माध्यम है। दृश्य-श्रव्य माध्यम होने की वजह से यह हमारी कल्पना शक्ति की एक सीमा निर्धारित करता है। दर्शक इससे आगे की कल्पना कम ही कर पाता है। इस लिहाज से प्रभाव डालने में सिनेमा सबसे अधिक सक्षम है और यह अपनी इस जिम्मेदारी को समझता भी है।

वैसे कुल मिलाकर देखा जाये तो भारतीय समाज और सिनेमा दोनों ने काफी तकनीकी तरक्की कर ली है। अब जैसे-जैसे फिल्म व्यवसाय बढ़ रहा है। फिल्मों के प्रति दर्शकों की सम्वेदनशीलता घट रही है। आज हमारे युवाओं के पास विश्वभर की फिल्में देखने और जानकारी के अनेक माध्यम हैं। समय के साथ यह कला थोड़ी ज्यादा बिकाऊ हो गयी। यह बात ठीक है कि नए व्यावसायिक दौर में कला के विकास के लिए उसका बिकना जरूरी हो गया है। किन्तु, सवाल यह है कि मापदंड क्या हो? यह लम्बे विवाद का विषय है। हम सिर्फ इतना कहना चाहते हैं कि हिन्दी सिनेमा ने अपने सामाजिक सरोकारों और व्यावसायिकता के बीच जो एक मोटा पर्दा खींचा था, वह झीना होते-होते अब लुप्त हो चुका है। वैसे, इसकी विरासत सम्पन्न है। जड़े अब भी मजबूत हैं। इस वास्ते कम ही सही पर अच्छे उदाहरण सामने आते रहते हैं।

अंतरिक्ष में भारत

भारतीय अंतरिक्ष कार्यक्रम इतना परिपक्व हो गया है कि इसका गुणगान राष्ट्र में ही नहीं, अंतरराष्ट्रीय जगत में भी हो रहा है। आरंभ से ही अंतरिक्ष संगठन का उद्देश्य समाज की भलाई रहा है। भारत ने बैलगाड़ी युग को बहुत पीछे छोड़ दिया है। आज इनसेट उपग्रह तथा आईआरएसउपग्रह स्वदेशी अंतरिक्ष विज्ञान के प्रतीक बन गए हैं। अंतरिक्ष कार्यक्रमों के लिए भारतीय संस्थानों तथा उद्योगों ने सहयोग किया है। आधुनिकतम उपकरणों तथा मशीनों का निर्माण देश में ही किया गया, जिसमें राकेट खंडों के लिए हल्की धातु, मोटर के खोल, द्रव प्रस्टर, प्रणोदक टैंक, गैस उत्पादन तथा इलेक्ट्रॉनिक उपकरण शामिल हैं।

भारत ने आजादी के 15 साल के अंदर ही अपना अंतरिक्ष कार्यक्रम शुरू करने के बाद लगातार प्रगति की और एकमात्र ऐसा प्रगतिशील देश बना जो अंतरिक्ष विज्ञान के क्षेत्र में विकसित देशों के बीच जा खड़ा हुआ।'

भारतीय अंतरिक्ष कार्यक्रम की शुरूआत वर्ष 1962 में भारतीय राष्ट्रीय अंतरिक्ष अनुसंधान समिति से हुई। इसी वर्ष, तिरुवनन्तपुरम के निकट थुम्बा भूमध्यरेखीय राकेट प्रक्षेपण केन्द्र में काम शुरू हुआ। नवम्बर 1969 में भारतीय अंतरिक्ष कार्यक्रम बनाया गया तथा भारतीय अंतरिक्ष अनुसंधान संगठन (इसरो) का गठन हुआ। अंतरिक्ष कार्यक्रमों की यात्रा ने वर्ष 1963 में एक छोटे-से रॉकेट प्रक्षेपण से शुरूआत करके आज हमें ऐसे मुकाम पर पहुँचा दिया है कि अब हमारे पास भारतीय राष्ट्रीय उपग्रह (इन्सैट) एवं भारतीय दूरसंवेदी (आईआरएस) उपग्रह जैसी अत्याधुनिक बहुउद्देश्यीय उपग्रह प्रणाली मौजूद हैं। भारत ने 2008 में 28 अप्रैल को एकसाथ 10 उपग्रह अंतरिक्ष में भेजकर एक नया रिकॉर्ड बनाया और बुधवार यानी 22 अक्टूबर, 2008 को मानवरहित चंद्रयान की अंतरिक्ष यात्रा की शुरुआत कर इस दिशा में एक नई कड़ी जोड़ दी।

2013 में भारत मंगल पर अपना उपग्रह भेजेगा। ये अभियान 300 दिनों का होगा। 2013 में ही भारत अपने बूते अंतरिक्ष यात्री भेजने की भी तैयारी कर रहा है। 2014 में रूस के साथ भारत चंद्रयान-2 को भेजेगा। जबकि 2015 में दो भारतीय अंतरिक्ष यात्री स्वदेशी रॉकेट से उड़ान भरेंगे। 2020 में भारतीय को चाँद पर उतारने की तैयारी है। इसके साथ ही इसरो का 12वीं पंचवर्षीय योजना के तहत 25 प्रक्षेपण यान और 33 उपग्रह लांच करने की योजना है।

इसरो अब तक 62 उपग्रह, एक स्पेश रिकवरी मॉड्यूल और 37 रॉकेट को प्रक्षेपित कर चुका है। भारत दुनिया के उन 6 प्रमुख देशों में शामिल है जिनके पास सफल अंतरिक्ष कार्यक्रम है। भारत दुनिया का पहला देश है जिसके पास 11 दूरसंवेदी अंतरिक्ष में मौजूद है। भारत एकमात्र ऐसा देश है, जो आम आदमी के लाभ के लिए नवीनतम प्रौद्योगिकी का उपयोग कर रहा है। भारतीय प्रक्षेपण

राकेटों की विकास लागत ऐसे ही विदेशी प्रक्षेपण राकेटों की विकास लागत का एक-तिहाई है। भारतीय अंतरिक्ष प्रणाली आज राष्ट्रीय अवसंरचना का महत्त्वपूर्ण अंग बन गयी है। दूरसंचार, दूरदर्शन प्रसारण, मौसम विज्ञान, आपदा चेतावनी, दूर चिकित्सा, प्राकृतिक संसाधन सर्वेक्षण और प्रबंधन, दूरवर्ती शिक्षा और खोजबीन तथा बचाव अभियान जैसी महत्त्वपूर्ण सेवाओं की कल्पना भी अंतरिक्ष प्रौद्योगिकी के हस्तक्षेप के बिना नहीं की जा सकती है। अंतरिक्ष प्रौद्योगिकी ने भारत को विश्व में विशेष स्थान दिलाया है।

भारत, अमरीका, रूस, जापान, चीन और यूरोपीय देशों के अंतरिक्ष संगठन की तरह अपने प्रक्षेपण यान में अपना उपग्रह अंतरिक्ष में छोड़ सकता है - ये कोई साधारण बात नहीं है। इससे भी बढ़कर बात ये है कि ये उपग्रह बेहतरीन टेक्नॉलोजी का नमूना हैं। भारत का अंतरिक्ष कार्यक्रम परिपक्व लगता है और साथ ही उसका खास ध्यान देश की प्रगति पर है, बात चाहे संचार उपग्रहों की हो या रिमोट सेंसिंग की, भारत ने इन संचार उपग्रहों का उपयोग लोगों की भलाई के लिए किया है।

भारत की कोशिश है कि आने वाले दिनों में अंतरिक्ष विज्ञान के फायदे आम लोगों तक पहुँचाए जायें, खासकर गाँवों तक। संचार उपग्रहों के जरिए गाँवों तक शिक्षा को पहुँचाने की जिन गाँवों तक हम पर्याप्त शिक्षा व्यवस्था नहीं पहुँचा पाये हैं उन तक हम बेहतरीन शिक्षा कार्यक्रम उपग्रहों तक पहुँचा सकेंगे। टेलीमेडिसिन को और विकसित कर जल्द ही एक और उपग्रह छोड़ा जा सकता है जो सिर्फ टेलिमेडिसिन के काम आए, यानि डॉक्टर बैठा हो दिल्ली में लेकिन वो इस उपग्रह के जरिए भारत के दूर दराज के लोगों को अपनी सेवाएँ दे सके। इसरो का अगला बड़ा कदम होगा एक नया संचार उपग्रह इंसैट 3ई और एक नया रिमोट सेंसिंग सैटेलाइट आईआर एस पी-6 का प्रक्षेपण करना जिससे भारत का अंतरिक्ष कार्यक्रम एक नये युग में प्रवेश कर जायेगा।

भारत अंतरिक्ष अनुसंधान की नई पीढ़ी में प्रवेश कर रहा है और उसने उन चंद देशों में अपना स्थान बना लिया है जिन्होंने अंतरिक्ष में अनुसंधान के नये-नये कीर्तिमान बनाये हैं।

सूचना प्रौद्योगिकी

ज्यादातर भारतवासी कंप्यूटर के बारे में क्यों कुछ नहीं जानते हैं क्योंकि एक हमारा ही देश अनोखा है जहाँ तकनीक की पहुँच आम आदमी तक नहीं है क्योंकि इसे (भारत में अन्य उच्च शिक्षा की तरह) अंग्रेजी के फंदे में बाँध दिया गया है। उच्च शिक्षा प्राप्त दो प्रतिशत भारतीयों में से कुछ ही लोग इसका नियमित प्रयोग कर रहे हैं। बचे हुए लोग कंप्यूटर की शिक्षा के हकदार इसलिए नहीं हैं क्योंकि हिंदी या भारतीय भाषाओं में काम करने वाले कंप्यूटर उपलब्ध नहीं हैं। कितने शर्म की बात है!

चीन, कोरिया, जापान इत्यादि देशों में कंप्यूटर तो आया लेकिन ऐसा कंप्यूटर जो कि अपनी भाषा में काम करने में सक्षम हो। इससे समस्त देशवासियों को समान रूप से लाभ पहुँचा। हमारे देश में उल्टी गंगा चलती है। यहाँ यदि आप कुछ नई चीज सीखना चाहें तो पहले आपको अंग्रेजी सीखने की आवश्यकता पड़ेगी। कितनी विडंबना है कि हमें हर नई चीज सीखने के लिए अंग्रेजी पर निर्भर करना पड़ता है। भारतीय आदमी पढ़ता लिखता है तो उसकी बात करने की भाषा पहले बदलती है। हम भारतीयों की मानसिकता ऐसी क्यों है?

स्वतंत्रता के बाद हमारे नीति निर्णायकों, अभिजात्य एवं पढ़े लिखे वर्ग के लोगों ने अंग्रेजी को हर मुख्य विभाग की कार्यकारी भाषा बना दिया जबकि सच यह है कि हिंदी ज्यादा भारतीय लोगों तक पहुँचती है और समझी जाती है। कुछ हद तक इसकी जिम्मेदार हमारे देश की क्षेत्रीय व राष्ट्रीय राजनीति है। यदि हमारे देश के आम आदमी को कंप्यूटर में उनकी जरूरत के मुताबिक दक्षता हासिल करनी है तो सूचना प्रौद्योगिकी का प्रसार हिंदी और अन्य भाषाओं में होना जरूरी है। इससे एक तो लोगों का अंग्रेजी में दक्ष होने की आवश्यकता नहीं पड़ेगी दूसरे यह भारतीय भाषाओं के साहित्यिक एवं रचनात्मक विकास में भी सहायक होगी।

इसका असली फायदा यह होगा कि कंप्यूटर का ज्ञान हर व्यक्ति के लिए सुलभ हो जायेगा। हर व्यक्ति इंटरनेट के जरिए विभिन्न तरह की जानकारियाँ प्राप्त कर सकेगा और वह समस्त विश्व के साथ जुड़ जायेगा। कंप्यूटर अनभिज्ञ वर्ग समाज का एक बहुत बड़ा अंग है और सबको अंग्रेजी सिखाते-सिखाते दसों साल लग जायेंगे। हमारे सामने जीता जागता प्रमाण है कि आजादी के 55 साल बाद भी हम अंग्रेजी के कारण शत प्रतिशत साक्षर नहीं हो पाये हैं। इसलिए अंग्रेजी के जरिए भारतवासियों को साक्षर करना असंभव-सा प्रतीत होता है।

सूचना प्रौद्योगिकी का भारतीय भाषाओं में प्रसारण भारतीय जनमानस को साक्षर एवं जाग्रत बनाने के लिये एक बहुत अच्छा रास्ता हो सकता है। इसका सीधा सा उदाहरण बहुराष्ट्रीय कंपनियों द्वारा हिंदी में विज्ञापन प्रसारित करना है। बहुराष्ट्रीय कंपनियों का मकसद इसके पीछे हिंदी का प्रेम नहीं बल्कि आम आदमी तक अपने उत्पादों को पहुँचाना है। एक और उदाहरण बॉलीवुड का है। आज बॉलीवुड का इतना व्यापार इसलिए है क्योंकि वहाँ हिंदी फिल्में बनती हैं न कि अंग्रेजी। पर हमारे लोग यह सब जानकर भी अपनी भाषाओं के प्रति अनजान बने हुए हैं और भारतीय भाषाओं के पूर्ण पतन का रास्ता साफ कर रहे हैं।

अगर हमको यह सब कुछ साकार करना है तो हमें खासतौर पर पढ़े-लिखे एवं बुद्धिजीवी लोग जैसे कि इंजीनियर, वैज्ञानिक, शिक्षाविद, सरकारी एवं राजकीय कार्यकर्मी व उद्योगपतियों को आगे आना होगा। इसमें बहुत सारे परिश्रम, दृढ़ निश्चय, एक-दूसरे का साथ देने की व सामाजिक उत्तरदायित्व की भावना, तकनीक एवं पैसे की आवश्यकता है।

यह काम एक रात में नहीं हो सकता है लेकिन यदि निश्चय के साथ किया जाय तो कुछ ही वर्षों में इसके परिणाम साकार हो सकते हैं। हम एक ऐसे भारत की कल्पना कर सकते हैं जहाँ प्रत्येक व्यक्ति शिक्षित व जाग्रत हो। हर छोटी-सी चीज के लिए सरकार पर आश्रित न हो जिसको हमारे भ्रष्ट राजनीतिज्ञ बरगला न सकें और जो अपनी भाषा का सम्मान करे और उसके माध्यम हो सबकुछ पाने में सक्षम हो।

सूचना प्रौद्योगिकी के भारतीय भाषाओं में प्रसारण के लिए उचित साधनों (सॉफ्टवेयर, हार्डवेयर, व शिक्षक) का होना बहुत जरूरी है जो कि भारतीय भाषाओं में सुचारु रूप से कार्य कर सकें। यह काम दुनिया के कई देशों में किया जा चुका है। जैसे कि जापान, कोरिया, लगभग सारे यूरोपीय देश एवं हमारा पड़ोसी चीन जहाँ सबकुछ मैंडेरिन में सुचारु तरह से चल रहा है। जब यह काम वहाँ हो सकता है तो हमारे यहाँ क्यों नहीं हो सकता है।

इस काम में बिल्कुल भी मुश्किलें नहीं आनी चाहिए यदि हम सचमुच में सूचना प्रौद्योगिकी की महाशक्ति हैं और हमारे सॉफ्टवेयर एवं हार्डवेयर इंजीनियर सचमुच में होशियार हैं। इस काम में भारतीय सॉफ्टवेयर कंपनियों जैसे कि इन्फोसिस एवं विप्रो व भारतीय शिक्षा एवं शोध संस्थानों जैसे कि भारतीय विज्ञान संस्थान, बंगलौर सभी भारतीय प्रौद्योगिकी संस्थानों व अन्य इंजीनियरिंग संस्थानों सी डेक इत्यादि को आगे आकर इस चुनौती को स्वीकार करके कार्यरत होना होगा।

क्यों हम भारतीय भाषा में काम करने वाले 'माइक्रोसॉफ्ट वर्ड एक्सेल पावरपाइंट' इत्यादि जैसे सॉफ्टवेयर नहीं बना सकते हैं? क्यों हमारे पास भारतीय भाषाओं में ईमेल वाला सॉफ्टवेयर नहीं हो सकता? इस समय उपलब्ध अंग्रेजी के साफ्टवेयरों पर यह कर पाना संभव है लेकिन यह सब बिना उचित फॉन्ट के करना संभव नहीं है। साथ में दूसरी तरफ के व्यक्ति के पास भी उचित फॉन्ट का होना आवश्यक है। कोरिया, जापान इत्यादि देशों में पूरा का पूरा कंप्यूटर तंत्र उनकी भाषाओं में काम करता है लेकिन अभी तक भारतीय भाषाओं में यह करना संभव नहीं है।

इसका कारण हमारी असमर्थता या अज्ञान नहीं है बल्कि हमारी इच्छाशक्ति का कमजोर होना है। हम लोगों ने कभी भी इन सब चीजों को भारतीय भाषाओं में काम करने लायक समझा ही नहीं है क्योंकि हम अपनी भाषाओं को पिछड़ा हुआ समझते हैं। भाषा पिछड़ी हुई नहीं होती बल्कि आदमी की सोच पिछड़ी हुई होती है और ठीक यही सोच हम भारतीयों के साथ है। दुर्भाग्यवश हमने अपने पिछड़ेपन का दोष भाषा के माथे मढ़ दिया। हमने यह नहीं समझा कि भाषा एक समाज का आइना होती है, उसके लोगों की पहचान होती है, संस्कृति का सूचक होती है।

जरूरत इस बात की है कि हम अंग्रेजी व अंग्रेजी बोलने वालों को ऊँचा समझना बंद करें व इसे केवल एक विदेशी भाषा की तरह सीखें राष्ट्रभाषा न

बनायें। जरूरत है हिंदुस्तानियों को आपस में हिंदी या किसी और भारतीय भाषा में बात करने की वरना हमें पता भी नहीं लगेगा और हम अपनी मातृभाषा को अनजाने में भूल जायेंगे। कहते हैं जिस चीज का अभ्यास जितना करो वो उतनी ही मजबूत होगी और जिसका जितना कम करो वो चीज उतनी ही कमजोर होगी। ये कहावत भाषा के साथ भी लागू होती है।

सूचना प्रौद्योगिकी के रूप में आज हमारे पास ऐसी शक्ति है जिसके माध्यम से हम अपनी पुरानी गलतियों को सुधार सकते हैं। हम भारतीय भाषाओं को उनका यथेष्ट सम्मान दे सकते हैं। कुछ संस्थानों ने आशा की किरण जगाई है उनमें से प्रमुख हैं- बंगलौर स्थित भारतीय विज्ञान संस्थान जहाँ पर सिंप्यूटर (इसके माध्यम से लोग मौसम, शेयर, फसल इत्यादि की जानकारी भारतीय भाषाओं में प्राप्त कर सकते हैं) का जन्म हुआ, सी डेक व कानपुर एवं चेन्नै स्थित भारतीय प्रौद्योगिकी संस्थान जहाँ भारतीय भाषाओं में काम करने वाले सॉफ्टवेयर बन रहे हैं।

कम्प्यूटर-आज की आवश्यकता

20वीं सदी में कम्प्यूटर क्षेत्र में आयी क्रान्ति के कारण सूचनाओं की प्राप्ति और इनके संसाधन में काफी तेजी आयी है। इस क्रान्ति के कारण ही हर किसी क्षेत्र का कम्प्यूटरीकरण संभव हो पाया है। स्थिति यह है कि माइक्रोप्रोसेसर के बिना अब किसी मशीन की कल्पना भी नहीं की जा सकती। पिछले चार दशकों में कम्प्यूटर की पहली चार पीढ़ियाँ क्रमश: वैक्यूम टयूब तकनीक, ट्राँजिस्टर व प्रिंटेड सर्किट तकनीक, इंटीग्रेटेड सर्किट तकनीक और वेरी लार्ज स्केल इंटीग्रेटेड तकनीक पर आधारित थी। चौथी पीढ़ी की तकनीक में माइक्रोप्रोसेसर का वजन कुछ ग्राम तक ही रह गया। आज पाँचवी पीढ़ी के कम्प्यूटर तो कृत्रिम बुद्धि वाले बन गये हैं। सैन्य (military) तथा वैज्ञानिक गणनाओं के लिये 1940 के दशक में कम्प्यूटर का निर्माण किया गया। अनेक वर्षों तक कम्प्यूटर का स्वरूप बड़े भवन के बराबर विशाल रहा। आज का डेस्क टॉप (desktop) या पर्सनल कम्प्यूटर - पी.सी. (personal computer & P.C.) केवल 15 वर्ष पुराना है।

वास्तव में कम्प्यूटर एनालॉग या डिजिटल मशीनें ही हैं। अंकों की एक सीमा में भौतिक भिन्न मात्राओं में परिवर्तित करने वाले कम्प्यूटर एनालॉग कहलाते हैं। जबकि अंकों का इस्तेमाल करने वाले कम्प्यूटर डिजिटल कहलाते हैं। एक तीसरी तरह के कम्प्यूटर भी हैं, जो हाइब्रिड कहलाते हैं। इनमें अंकों का संचय और परिवर्तन डिजिटल रूप में होता है। लेकिन गणना एनालॉग रूप में होती है।

आज कम्प्यूटर हम सब की एक प्रमुख आवश्यकता बन गयी है। विद्यालयों में कम्प्यूटर के विषय में सिखाया जा रहा है। कार्यालयों में कम्प्यूटर के बिना काम हो पाना असम्भव-सा हो गया है। टायपिंग करना हो, सारणी बनाना हो, छायाचित्र का संपादन करना हो, उपलब्ध जानकारियों का विश्लेषण करना हो, काम कैसा

भी क्यों न हो, हमें कम्प्यूटर की आवश्यकता होती ही है। चिप्स, तार आदि से बने इस यंत्र को हम आदेश देते हैं और यह बात की बात में हमारे आदेश को पूरा कर देता है।

विद्यालयों में तो बालक-बालिकायें कम्प्यूटर के विषय में समझ रहे हैं किन्तु जिन्होंने बहुत पहले ही अपनी शिक्षा समाप्त कर ली है उनमें से बहुत से लोगों को अभी भी कम्प्यूटर के विषय में साधारण जानकारी भी नहीं है। कम्प्यूटर के विषय में इन्हीं ज्ञान को वितरित करना इस वेबसाइट के उद्देश्यों में से एक है।

विज्ञान क्षेत्र में सूचना प्रौधोगिकी का आयाम जुड़ने से हुई प्रगति में हमें अनेक प्रकार की सुविधा प्रदान की है। इनमें मोबाइल फोन, कम्प्यूटर तथा इंटरनेट का विशिष्ट स्थान हैं। कम्प्यूटर का विकास गणना करने के लिए विकसित किये यंत्र कैल्क्युलेटर से जुड़ा है। इससे जहाँ कार्य करने में समय कम लगता है, वहीं मानवश्रम में भी काफी कमी आयी है।

वर्तमान में कम्प्यूटर संचार का भी एक महत्त्वपूर्ण साधन बन गया है। कम्प्यूटर नेटवर्क के माध्यम से देश के प्रमुख नगरों को एक दूसरे के साथ जोड़े जाने की प्रक्रिया जारी है। भवनों, मोटर-गाड़ियों, हवाई जहाज आदि के डिजाइन तैयार करने में कम्प्यूटर का व्यापक प्रयोग हो रहा है। अंतरिक्ष विज्ञान के क्षेत्र में तो कम्प्यूटर ने अद्‌भुत कमाल कर दिखाया है। इसके माध्यम से करोड़ों मील दूर अंतरिक्ष के चित्र लिये जा रहे हैं। साथ ही इन चित्रों का विश्लेषण भी कम्प्यूटर द्वारा किया जा रहा है। कम्प्यूटर नेटवर्क द्वारा देश-विदेश को जोड़ने को ही इंटरनेट कहा जाता है।

क्लोनिंग का भविष्य

मानव की अन्वेषण क्षमता और प्रकृति (ईश्वर) के रहस्यों के बीच संघर्ष तभी शुरू हो गया था जब से इस धरती पर मानव का पदार्पण हुआ। एक के बाद एक मानव ने प्रकृति पर विजय पायी। मानव व्यक्त में अव्यक्त का विश्लेषण करते हुए आज यहाँ तक पहुँचा है।क्लोनिंग इसी विजय की अनोखी मिसाल है। जीवन और मृत्यु दोनों ही मनुष्य के लिए एक रहस्य है। पर क्लोनिंग की सफलता ने यह आशा की किरण जगाई है कि अब मानव जीवन की क्षणभंगुरता समाप्त हो जायेगी। अब हम अपने संतान या मृत्यु को प्राप्त हो चुके परिजनों को एक बार फिर अपने सामने बच्चे के रूप में में देख सकेंगे।यानी मानव जीवन के सुख दुख के उतार चढ़ाव में एक नया मोड़ आ जायेगा। अपने अति प्रिय के मृत्यु पर भी शोक संतप्त मनुष्य को सांत्वना देने के लिए क्लोनिंग वास्तविक सहानुभूति के साथ खड़ा मिलेगा। अब मानव अधीर होकर नहीं रोएगा। सदा के लिए अपनों के बिछुड़ जाने की एक अंतहीन बेचैनी मानव के व्यथित मन को अब नहीं तड़पायेगी।

इधर क्लोनिंग के विषय में बहुत कुछ सुनने में आ रहा है, वनस्पतियाँ तो थीं

ही अब, जीव-जन्तुओं पर भी प्रयोग हो रहे हैं और सफलता भी मिल रही है। क्लोनिंग की बात से मन में कुछ उत्सुकता और कुछ शंकायें उत्पन्न होने लगीं। एक कोशिका से संपूर्ण स्वरूप का निर्माण? शरीर या भौतिक स्वरूप निर्मित हो सकता है लेकिन उसके भीतर जो प्रवृत्तियाँ, मानसिकता और आत्म तत्व है -उसका व्यक्तित्व और उसकी अपनी अस्मिता - वह भी उस निर्मित शरीर में अपने आप आ जायेंगे?

चेतना के विभिन्न स्तरों में मानव सबसे उच्च स्तर पर है, बुद्धि का विकास और चैतन्यता के गहन स्तरों तक (कोशों के हिसाब से देखें तो मानव अन्नमय और प्राणमय कोश से आगे बढ़कर मनोमय, विज्ञानमय तक पहुँच रहा है और आनन्दमय कोश भी उसके लिये अछूता नहीं है जब कि पशु जगत तक की सृष्टि निम्न स्तरों तक सीमित है।

खनिज, वनस्पति और पशु इस सीढ़ी के क्रमशः निचले पायदानों पर हैं। जब तक चेतना धुँधली पड़ी है शरीर का यांत्रिक संचालन संभव है, ऐसे तो मुर्दों को भी संचालित कर जोम्बी बना कर उनसे काम लिया जाता है पर वह उनकी अपनी चेतना नहीं है। पौराणिक कथाओं में रक्तबीज का प्रकरण आया है- रक्त की एक बूँद से संपूर्ण काया विकसित हो जाती थी। वह स्वाभाविक प्राणी नहीं है (उसे क्लोन कहना अनुचित नहीं होगा)। किसी विशेष उद्देश्य के लिये उसे विकसित किया गया है, मगर उद्देश्य पूरा होने के बाद उसका कोई भविष्य नहीं है। रक्तबीजों में से कोई बच गया हो तो वह मनुष्य की मूल प्रवृत्तियों से संचालित होगा या नहीं, वह प्रजनन करने में समर्थ है या नहीं, क्या अपनी अस्मिता का भान उसे है, आत्मबोध से संपन्न है,एवं आत्म-विकास का उत्प्रेरण उसमें होता है या नहीं, ये सारे और भी अनेक प्रश्न अनुत्तरित रह गये हैं।

नई सृष्टि प्रक्रिया अपनाने से पहले उत्तरों को खोज लेना उचित लगता है।नई सृष्टि रचने से पहले उसकी भावी व्यवस्था पर विचार कर लेना रचयिता का दायित्व बनता है,विशेष रूप से जब बाकी दुनिया उससे प्रभावित होती हो।

इंटरनेट और विश्व गाँव की कल्पना

इंटरनेट के कारण आज विश्व गाँव बन गया है। दूर देश बैठे लोग आज सभी जानकारियों से लैस हैं। कहाँ कौन-सी घटना हुई या क्या अविष्कार हुआ, इसकी सूचना तुरंत लोगों तक पहुँच रही है। कंप्यूटर, टी.वी. और टेलीफोन के क्षेत्र में आई क्रांति के प्रभाव से आज भारत का कोई शहर या गाँव अछूता नहीं रह गया है। हर गाँव का पटवारी आज कंप्यूटर पर अपनी ही भाषा जमीन की खरीद-फरोख्त का हिसाब रखने लगा है। गाँव-गाँव में केबल टी.वी. के माध्यम से भारतवासी विश्व भर के अच्छे-बुरे कार्यक्रम देखने लगे हैं, यह बात दीगर है कि पश्चिम से आई इस भीषण सांस्कृतिक आँधी ने भारत के छोटे-बड़े शहरों, कस्बों और गाँव को रौंदकर रख दिया है। उपभोक्ता संस्कृति के फलने-फूलने से गाँव के सीधे-सादे

लोग साधनों की कमी के बावजूद कैप्टन कुक आटा, टाटा नमक, रिन डिटर्जेंट, ओनिडा वाशिंग मशीन और अंकल चिप्स जैसे उत्पादों की माँग करने लगे हैं। यह आर्थिक प्रगति है या अवनति, इस पर विचार करने का यह मंच नहीं है, लेकिन टेक्नोलॉजी की सृष्टि से यह निश्चय ही भारत में आई विशाल क्रांति का परिचायक है। टेलीफोन के क्षेत्र में सर्वप्रथम एस.टी.डी, फिर पेजर और अब सेल्यूलर मोबाइल रेडियो टेलीफोन ने भारत के प्रत्येक गाँव को विश्व भर से जोड़ दिया है।

इस विशाल क्रांति के बावजूद ये तीनों साधन कंप्यूटर, टी.वी. और टेलीफोन अभी तक अलग-अलग उपकरण ही रहे हैं, किंतु इंटरनेट के माध्यम से एक ऐसी क्रांति भारत की दहलीज पर खड़ी है, जिससे तीनों साधनों का संयुक्त रूप से दोहन करने की सुविधा उपलब्ध रहेगी, अर्थात् आप कंप्यूटर को टेलीफोन और मोडेम नामक उपकरण के साथ जोड़कर घर बैठे हुए कंप्यूटर के स्क्रीन पर विश्व के किसी भी कोने में स्थित व्यापारिक संस्थान के साथ संवाद स्थापित कर सकेंगे, अपने माल को विज्ञापित कर सकेंगे, किसी भी पुस्तकालय की पुस्तक को पढ़ सकेंगे, कोई भी फिल्म देख सकेंगे, अपने पसंदीदा कलाकार से संपर्क कर सकेंगे अर्थात् सारा विश्व सिमटकर आपके टी.वी. स्क्रीन पर आ जायेगा।

वस्तुत: आज का युग सूचना युग है। आज इस बात की प्रबल आवश्यकता है कि सूचनाओं का आदान-प्रदान तीव्र गति से कम से कम समय में विश्व के एक छोर से दूसरे छोर तक किया जाये। छोटे से छोटे उद्यमी से लेकर बड़े से बड़े निगमित व्यापारिक संस्थान के लिए आवश्यक है कि उसकी पहुँच अद्यतन सूचनाओं तक बनी रहे। प्रौद्योगिकी बहुत तेजी के साथ बदल रही है और उसके साथ कदम से कदम मिलाकर चलने के लिए नवीनतम सूचनाओं तक अपनी पहुँच बनाये रखना निहायत जरूरी है। अनुसंधान और विकास कार्य में संलग्न शोधार्थियों के लिए आवश्यक है कि उन्हें विश्व के किसी भी कोने में होने वाली गतिविधियों की जानकारी आवश्यक ब्यौरों के साथ पल भर में उपलब्ध हो जाये। आज किसी राष्ट्र की क्षमता का आकलन उसके सैन्यबल या अर्थबल से नहीं, बल्कि सूचना बल से किया जाता है। वही देश आज विकसित कहला सकता है जो सूचनाओं का आदान-प्रदान अधिकतम तीव्रता और शुद्धता के साथ कर सके। व्यापार हो या युद्ध, सभी कार्यों में सूचनाओं के आदान-प्रदान की महती आवश्यकता है। आज राष्ट्रीय और अंतर्राष्ट्रीय सूचना नेटवर्क को 'सूचना सुपर हाइवे' कहा जाने लगा है। 'सूचना सुपर हाइवे' के माध्यम से आज विचारों, आँकड़ों और चित्रों को दुनिया भर में सरलता से फ्लैश या संप्रेषित किया जा सकता है।

पिछले दशक में कंप्यूटर नेटवर्क और दूरसंचार का महत्त्व बहुत तेजी से बढ़ा है। इससे नेटवर्कों पर संप्रेषित सूचनाओं की मात्रा और गुणवत्ता में भी वृद्धि हुई है। स्थान और समय दोनों का अंतराल समाप्त हो गया है। भौगोलिक दूरियाँ मिट गयी हैं और सारा विश्व एक गाँव बनकर रह गया है। वस्तुत: दूरसंचार क्षेत्र में आई महान

क्रांति का श्रेय भी कंप्यूटर को है। परंपरागत रूप में आज तक दूरसंचार का सम्बन्ध टेलीफोन और टेलेक्स तक सीमित रहा है, लेकिन आज कंप्यूटर की मदद से ध्वनि, पाठ, चित्र और डाटा के रूप में उपलब्ध सूचनाओं के भंडारण, पुनः प्राप्ति, संसाधन और वितरण का कार्य भी दूरसंचार नेटवर्क के जरिए किया जाने लगा है।

युवा वर्ग और बेरोजगारी

यह प्रश्न बहुत सीधा-साधा है कि क्या हम बेरोजगार है, हमे यह जानना बहुत जरूरी है कि बेरोजगार कौन है? क्या बेरोजगार वह व्यक्ति है, जिसे काम नहीं मिला, या वह व्यक्ति बेरोजगार है, जिसे सरकार की नौकरी नहीं मिली या वह व्यक्ति बेरोजगार है, जो कोई काम करना ही नहीं चाहता या वह व्यक्ति बेरोजगार है, जिसे अपनी पंसद की नौकरी या काम नहीं मिला है?

हमारा मानना है कि, बेरोजगार वह व्यक्ति है जो कार्य करना चाहता हो, लेकिन कई प्रयासों के बाद भी उसे काम नहीं मिला हो। परन्तु ऐसा व्यक्ति, जिसे अपनी पंसद का काम नहीं मिला हो, इसलिए वह काम नहीं करना चाहता या वह व्यक्ति जिसे सरकारी नौकरी नहीं मिली, इसलिए वह अपने आपको बेरोजगार मानता हो ऐसे व्यक्ति बेरोजगार नहीं माना जा सकता।

वर्तमान परिस्थितियों पर गौर करें तो आज 95 प्रतिशत युवा नौकरी तो करना चाहता है। यदि उसे यह सरकारी नौकरी नहीं मिली, तो ऐसी स्थिति में उसका यह मान लेना कि, 'मैं बेरोजगार हूँ।' तो यह गलत है।

अंतरराष्ट्रीय श्रम संगठन की ओर से जारी वर्ल्ड वर्क रिपोर्ट 2012 के भीतर बेरोजगारी की निराशाजनक तस्वीर छिपी है। रिपोर्ट में कहा गया है कि 2012 में करीब 20.2 करोड़ लोग बेरोजगार हो जायेंगे। कुल मिलाकर इस साल पिछले साल के मुकाबले 60 लाख ज्यादा नौकरियाँ जायेंगी।

ऐसा इसलिए होगा क्योंकि दुनिया की तकरीबन सभी अर्थव्यवस्थाएं मंदी से निकल नहीं पाई हैं। श्रम बाजार इस मंदी की कीमत चुका रहा है। बचते-बचाते अंतरराष्ट्रीय श्रमिक संघ ने इस विपदा के लिए सरकारों को भी जिम्मेदार मान रहा है।

ज्यादातर देश रोजगार बढ़ाने वाली नीतियों की जगह खर्च कटौती को प्राथमिकता दे रहे हैं। अंतरराष्ट्रीय श्रम संगठन के रेमंड टोरेस का कहना है कि खर्च में कटौती और नियामकों को बढ़ाने से स्थिति बेहतर होनी चाहिए थी, लेकिन ऐसा हो नहीं रहा है।

2008 से अब तक 5 करोड़ नौकरियाँ खत्म हुई हैं। रिपोर्ट के मुताबिक 2012 में बेरोजगारी की दर 6.1 फीसदी रहेगी। यही नहीं यह नर्क आने वाले समय में भी जारी रहेगा। आईएलओ का कहना है कि 2013 में बेरोजगारी की दर 6.2 फीसदी पहुँच जायेगी। 2016 में रोजगार दफ्तरों की लाइन में 21 करोड़ और जुड़ जायेंगे।

आमदनी के लिहाज से अंतरराष्ट्रीय श्रम संगठन ने भारत को इंडोनेशिया, पाकिस्तान के साथ निम्नमध्य आय वर्ग वाले देशों की सूची में रखा है। जबकि अर्जेंटीना, चिली जैसे ज्यादातर लैटिन अमेरिकी देश उच्च-मध्य आयवर्ग की श्रेणी में हैं। 2007 के अंत में शुरू हुई मंदी ने सामाजिक तानेबाने को तोड़ दिया है। रिपोर्ट में बताया गया है कि मंदी के बाद अर्थव्यवस्थाओं के ऊबरने की रफ्तार धीमी है। नतीजा यह हुया है कि लोगों की आमदनी कम हुई है। इसके साथ गरीबी और गैरबराबरी भी तेजी से बढ़ी है। रिपोर्ट श्रम बाजार से जुड़े सुधार पर सवाल खड़े करती है। बेहतरी का दावा करने वाली अर्थव्यवस्थाएं भी रोजगार के मोर्चे पर मुश्किलों से जूझ रही हैं। नितिगत मामलों में ज्यादातर देशों की प्राथमिकता रोजगार पैदा करने की जगह राजकोषीय घाटे को कम करने की है। रिपोर्ट ने आने वाले दिनों में बेरोजगारी के बदतर स्थिति के लिए यूरोप की बदहाल अर्थव्यवस्था को जिम्मेदार माना है।

पिछले साल उभरती अर्थव्यवस्थाओं में रोजगार पैदा करने की दर 0.1 फीसदी रही, जबकि विकासशील अर्थव्यवस्थाओं ने 2.2 फीसदी की दर से रोजगार पैदा किया। जो देश मंदी से बाहर निकलने के दावे कर रहे थे, वहाँ जो रोजगार पैदा हुआ है, वह अस्थाई किस्म का है।

मंदी के चार सालों में नौकरियों के चरित्र को बदल दिया है। अब अस्थाई नौकरियाँ बढ़ रही हैं। विकसित अर्थव्यवस्थाओं में ऐसी नौकरियों की संख्या दो तिहाई है। भारत जैसे विकासशील अर्थव्यवस्थाओं में आधे से भी ज्यादा लोग अस्थाई किस्म की नौकरी में लगे हैं। यूरोपीय देश तो अस्थाई किस्म के रोजगार में लगे लोगों को स्थाई रोजगार के मुकाबले 40 फीसदी कम वेतन दे रहे हैं।

रोजगार का बड़ा स्रोत अभी भी असंगठित क्षेत्र है। विकसित देशों की दो तिहाई अस्थाई रोजगार में से 40 फीसदी असंगठित क्षेत्र से जुड़ा है। रिपोर्ट का कहना है कि यह सामान्य बेरोजगारी नहीं है। पिछले चार साल की मंदी में बेरोजगारी एक साँचे में ढल चुकी है। जिसे खत्म करना आसान नहीं होगा'।

बेरोजगारी का सबसे ज्यादा शिकार महिला और युवा वर्ग (15-24 वर्ष) है। युवाओं की बेरोजगारी में 80 फीसदी की बढ़ोतरी हुई है। परिवार गरीबी झेल रहे हैं और इससे सामाजिक उथल-पुथल बढ़ा है। 2010 के मुकाबले 2011 में 106 देशों में से 57 देशों का सोशल अनरेस्ट इंडेक्स बढ़ा है। इन देशों में युरोप, मध्यपुर्व, नार्थ अफ्रीका और अफ्रीका के देश शामिल हैं।

विकसित अर्थव्यवस्थाओं की बेरोजगारी दीर्घकालीन प्रवृत्ति दिख रही है। करीब आधे से ज्यादा बड़ी अर्थव्यवस्थाओं में 40 फीसदी बेरोजगारी दीर्घकालीन प्रवृत्ति वाली दर्ज हुई है। दीर्घकालीन प्रवृत्ति का मतलब है कि बेरोजगारी 12 महीनों से ज्यादा रही है। ऐसे देशों में डेनमार्क, आयरलैंड, स्पेन, यूनाइटेड किंगडम और

अमेरिका जैसे देश शामिल हैं। ये देश 2007 से बेरोजगारी से जूझ रहे हैं।

रिपोर्ट के मुताबकि ज्यादातर देश अभी भी वैश्विक संकट से जूझ रहे हैं। छोटी अवधि में मिल रहे संकेत बताते हैं कि श्रम बाजार में मंदी और गहराएगी। कुछ समय में अर्जेंटीना, ब्राजील और मैक्सिको के साथ इंडोनेशिया, रुस और तुर्की जैसे देशों में रोजगार की दर में मामूली बढ़ोतरी हो सकती है। बाकी जिन देशों के आँकड़े उपलब्ध हैं वहाँ रोजगार की दर स्थिर या दोबारा कमजोर पड़ सकती है। भारत, चीन, यूरोप और सऊदी अरब जैसे देश उन देशों में शामिल हैं जहाँ श्रम बाजार में झटका लग सकता है।

मादक द्रव्य व्यसन- युवा पीढ़ी का भटकाव

नशाखोरी मानव जीवन की यात्रा का एक भटकाव जैसे-जैसे शहरीकरण और औद्योगीकरण बढ़ा है, वैसे-वैसे ये दुर्गुण भी बड़े पैमाने पर बढ़े हैं। एकबार नशे की शुरुआत होने के बाद व्यक्ति धीरे-धीरे गरीबी तथा बीमारी के कंटीले जाल में फँसता चला जाता है। उसके भीतर के मनोबल, बुद्धि चातुर्य, धैर्य, तथा साहस क्षीण होते चले जाते हैं। परिवार बर्बाद होने लगता ह। ये नशाखोरी उसे कहीं का नहीं छोड़ती। वस्तुतः इस तरह की बुराइयों से हमारा युवावर्ग निकम्मा होता दिखाई दे रहा है। हमारी सभ्यता, संस्कृति नष्ट होती जा रही है। आज का युवा, जीवन की वास्तविकताओं से बेखबर हो, अनजान रास्तों की भुलभूलैयों में भटक कर रह गया है। नशाखोरी मात्र क्षणिक आनन्द के लिए अपने सम्पूर्ण जीवन को विनाश की ओर धकेल रहा है।

मादक द्रव्यों एवं पदार्थों के सेवन से होनेवाले नुकसान से आज कौन अनभिज्ञ है? आज युवा पीढ़ी जिसके कंधों पर देश का भार है, इन दुर्व्यसनों की शिकार होती जा रही है। युवावस्था में शारीरिक विकास हो रहा हो तब मादक द्रव्यों का सेवन शरीर को निष्क्रिय एवं अशक्त बना देता है। शराब, भांग, चरस, सिगरेट, तम्बाकू, बीड़ी, अफीम आदि के सेवन का प्रचलन आज की युवा पीढ़ी इतनी हद तक हो गया है कि इसका उपयोग न करने वालों को दकियानूसी समझा जाता है। यह एक विडम्बना ही तो है कि हम यह जानकर भी कि मादक पदार्थ न तो टॉनिक है, न ही किन्ही अर्थों में लाभकारी, फिर भी इसका उपयोग करते रहते हैं। ये सच है कि इससे दुखों से क्षणिक छुटकारा मिलने का आभास जरुर होता है पर वास्तव में दुःख मिटते नहीं हैं। वे तो जस के तस ही रहते हैं और हमे आर्थिक एवं मानसिक रूप से क्षति भी पहुँचाते हैं। अपने हाथों अपने ही विनाश को आमंत्रित करना क्या युवा पीढ़ी के लिए उचित है?

समाज का तथाकथित अभिजात्य वर्ग स्वयं को आधुनिक तथा धनी प्रदर्शित करने के लिए इसका उपयोग करता है। वह शराब के सेवन को समृद्धि और फैशन का प्रतीक समझता है। परिणाम स्वरूप उस परिवार का बेटा-बेटी, बहु भी इस

ओर अग्रसर होते हैं और मध्यवर्ग के अपने मित्रों को भी इस दलदल में घसीटते हैं। मध्यमवर्ग के युवा इस चकाचौंध में अनजाने ही शामिल होते चले जाते है, इस लत के शिकार हो जाते है। धीरे-धीरे इस लत के कारण आर्थिक तंगी आने लगती है और ये तंगी उन्हें गलत राह पर लाकर छोड़ देती है, जहाँ से वापस मुड़ना नामुमकिन सा प्रतीत होने लगता है। इस आदत के कारण उन्हें झूठ का सहारा लेना पड़ता है... और वे एक के बाद एक गलत आदतों के शिकार होने लगतें हैं, यानि यह कुसंगति एक परिवार से समाज, समाज से देश और देश से हमारी भारतीय संस्कृति को बर्बाद कर रही है।

नशे के गुलाम युवा या तो बेमौत मर जाते हैं या फिर अपराध की अंधी दुनिया में प्रवेश कर समाज और देश के लिए विकट समस्या का रूप धारण कर लेते हैं। सरकार और समाज युवाओं को नशे की आदत से बचाने के जो भी उपाय कर रही हैं, वे पर्याप्त और प्रभावी नहीं हैं। इसलिए जरूरी है कि देश के भविष्य को पतन के रास्ते से बचाने के लिए परिवार से उपेक्षित, गरीब, अशिक्षित और बाल मजदूरी करने वाले बच्चों को नशे से बचाने के लिए गंभीरता से प्रभावी और कारगर उपाय किये जायें।

महिला आरक्षण

स्वंत्रतता के बाद सरकारी, महिला संगठनों, महिला आयोगों आदि के प्रयासों से महिलाओं के लिए विकास के दरबार खुले हैं। उनमें शिक्षा का प्रसार हुआ जिससे उनके आत्मविश्वास में वृद्धि हुई। आज राजनीति, समाज सुधार, शिक्षा, पत्रकरिता, साहित्य, उद्योग, विज्ञान आदि विभिन्न क्षेत्रों में पुरुषों के साथ कन्धे से कन्धा मिलकर चल रही है। एक और तो यह परिदृश्य बेहद उत्साहजनक है परन्तु दूसरी ओर आज भी लाखों-कराड़ों महिलाएँ गरीबी, शोषण और उत्पीड़न की शिकार हैं। देश में लाखों परिवार गरीबी में जी रहे हैं और गरीबी की मार इन परिवारों की महिलाएँ झेल रही हैं। यही नहीं घरों में भी काम करने वाली महिलाओं का शोषण बराबर जारी है। वे पुरुषों के समान कार्य करने के बावजूद उनके बराबर मजदूरी नहीं पाती हैं।

संविधान और कानून में बराबरी का दर्जा दिये जाने के बावजूद नारी को अपनी मुक्ति और राजनीति और समाज में उचित स्थान पाने के लिए तब तक संघर्ष करना होगा, जब तक की पुरुष समाज को यह अहसास नहीं कराया जाता कि स्त्री भी उन्ही की तरह हाड़-मांस से युक्त एक बुद्धिमान प्राणी है। शारीरिक संरचना में कुछ एक प्राकृतिक अंतरों कि वजह से उसकी कार्यक्षमता और बौद्धिक क्षमता पर सवाल नहीं उठना चाहिए कि वह हर क्षेत्र में पुरुषों की बराबरी करने में सक्षम नहीं हैं। हालाँकि स्त्रियों ने हर क्षेत्र में अपनी सक्षम और सफल उपस्थिति दर्ज करवाते हुए इस चिरकालिक अवधारणा को खंड-खंड करने की कोशिश की

है, लेकिन अभी बहुत कुछ किया जाना बाकी है। स्त्री मुक्ति आन्दोलन के दौरान विकसित देशों की जागरूक महिलाओं को पुरुष प्रधान समाज की इस भावना के कारण खासी कठिनाई का सामना करना पड़ा है क्योंकि स्त्रियाँ स्वभाव से कमजोर और भीरु होती हैं। इसी वजह से विकसित देशों में हर तरफ ये देखा जा सकता है की स्त्रियों के जागरूक होने तथा स्त्री मुक्ति आन्दोलन चलाने पर भी उच्च पदों पर उनकी संख्या बहुत कम है।

अतः आरक्षण को समाधान के हथियार के रूप में लेने के बजाय उसे मुख्यधारा में लेने का उपाय समझना ही बेहतर है। ज्यादा अच्छा होगा कि स्त्रियों को वस्तुनिष्ठ तौर पर ऐसी सुविधाएँ दी जायें जिनके सहारे वे अपने व्यक्तित्व का स्वेच्छा से निर्माण कर सकें।

पोटा (आतंकवाद निरोधक अध्यादेश)

28 मार्च, 2002 को तत्कालीन एन.डी.ए सरकार ने पोटो यानी आतंकवाद निरोधक अध्यादेश की जगह पर पोटा लागू किया। इसके शासन-प्रशासन को आतंकवाद उन्मूलन में काफी मदद मिली। इसके अन्तर्गत देश में किसी भी व्यक्ति को इस कानून के तहत न सिर्फ गिरफ्तार किया जा सकता है, बल्कि कोर्ट में चार्जशीट फाइल किए बगैर ही उसे 180 दिनों तक नजरबंद भी रखा जा सकता है। सामान्य भारतीय कानून के अंतर्गत जहाँ व्यक्ति पुलिस को दिए गए बयान या इकबालिया जुर्म से कोर्ट में मुकर सकता है। वहीं पोटा के अन्तर्गत व्यक्ति के पुलिस के समक्ष दिए गए बयान के आधार पर ही उसे दोषी ठहराए जाने का प्रावधान था। मगर बाद में नागरिक संगठनों तथा मनावाधिकार संगठनों के विरोध के कारण यू.पी.ए. सरकार ने 7 अक्टूबर, 2005 को इसको समाप्त कर दिया।

कानून-व्यवस्था एक ऐसा मामला है, जिसमें राजनीति की दखल सबसे कम होना चाहिए। लेकिन हमारे यहाँ मामला कुछ दूसरा है- और जैसा कि आतंकवाद निरोधक कानून (पोटा) के मामले में हम देख रहे हैं, राजनीति गर्मा उठी है। दो साल से कुछ ज्यादा अरसे तक लागू रहने के बाद पोटा अपने विवादास्पद अस्तित्व की तरह ही एक विवादास्पद अंत तक पहुँच चुका है। 9/11 के बाद बने आतंकवाद विरोधी माहौल में जिस बीजेपी ने अभूतपूर्व जिद का परिचय देते हुए, संसद के संयुक्त अधिवेशन में पोटा को पास कराया था, उसका मानना है कि यूपीए सरकार देश की सुरक्षा से समझौता कर रही है। लेकिन सरकार का तर्क है कि पोटा अपने अग्रज टाडा की तरह ही एक भटका हुआ कानून साबित हुआ है और इसने आतंकवाद की धार कुंद करने के बजाय निर्दोष लोगों को ही अपना निशाना बनाया है।

इस बहस में सरकार का पलड़ा भारी है, क्योंकि लागू होते ही पोटा के तहत जो गिरफ्तारी (वाइको की) हुई, वह एक सख्त कानून के राजनीतिक इस्तेमाल

की मिसाल थी। फिर जब पोटा का किस्सा आगे बढ़ा, तो पाया गया कि देश के कई हिस्सों में पुलिस इसे ऐसे अपराधों के खिलाफ लागू कर रही है, जिसे आतंकवाद कतई नहीं कहा जाना चाहिए। जाहिर है कि पोटा वहाँ नहीं पहुँच रहा था, जहाँ उसे पहुँचना चाहिए था।

लेकिन आतंकवाद यकीनन एक बड़ी समस्या है, जिससे निपटने में अंग्रेजों के जमाने की आइपीसी कमजोर पड़ती है, इसलिए एक कारगर कानून की जरूरत तो है। सरकार ने इसका जवाब यह निकाला है कि अवैध गतिविधियाँ (निरोधक) कानून 1967 को मजबूत बनाया जाये। यह तो पता है कि यह संशोधित कानून पोटा से नरम होगा, लेकिन उसकी समीक्षा ऑर्डिनेंस जारी होने के बाद ही की जा सकती है। यह चर्चा है कि निर्दोष साबित करने की जिम्मेदारी आरोपी पर डालने, पुलिस अफसर के सामने रिकॉर्ड बयान को सबूत मानने और एक साल तक कैद में रख सकने जैसे पोटा के प्रावधान इस नये कानून में नहीं होंगे।

वैसे भी सुधार और बदलाव एक लगातार जारी रहने वाला प्रक्रिया है और कोई भी व्यवस्था पत्थर की लकीर नहीं होती। अवैध गतिविधियों से सम्बन्धित कानून एक आदर्श इंतजाम ही साबित होगा, यह हम नहीं कहते, लेकिन उसका विरोध करने से पहले उसे अमल में आने देना होगा और तब उसकी तुलना पोटा के अनुभव से करनी होगी, यानी एक गैर राजनीतिक तरीके को अपना कर। लेकिन यहाँ पर हर पार्टी को यह भी समझना चाहिए कि अपराध सिर्फ कानून से खत्म नहीं होते। कानून लागू करने वाली मशीनरी उसे किस तरह लागू करती है- यह बात अहम है।

अगर यह कहा जाये कि आतंकवाद निरोधी कानून पोटा राजनीति का शिकार हुआ है, तो यह बिल्कुल भी गलत नहीं होगा। कमियां पोटा में नहीं थी, उसे लागू करने वालों में है। आतंकवाद के खिलाफ बना यह कानून, पोटा, राजनीति का ऐसा शिकार हुआ कि उसके मकड़जाल से बाहर नहीं आ सका और बेहतर परिणाम देने से पहले ही खुद दम तोड़ गया। आतंकवाद से लड़ने के लिए बने हथियार पोटा को नेताओं ने अपने स्वार्थों को साधने के हथियार में तब्दील कर दिया।

विश्व शांति और भारत

विश्व शांति का अर्थ बहुत व्यापक है इसमें एक जीव से लेकर राष्ट्रों के मध्य सौहार्दपूर्ण, सह-अस्तित्व की कल्पना की जाती है विश्व शांति सभी देशों के बीच और उनके भीतर स्वतंत्रता, शांति और खुशी का एक आदर्श है। विश्व शांति में पूरी पृथ्वी पर अहिंसा स्थापित करने पर बल दिया जाता है, जिसके तहत देश या तो स्वेच्छा से या शासन की एक प्रणाली के जरिये इच्छा से सहयोग करते हैं, ताकि युद्ध को रोका जा सके। यद्यपि कभी-कभी इस शब्द का प्रयोग सभी व्यक्तियों के बीच सभी तरह की शत्रुता की समाप्ति के लिए भी किया जाता है।

समय पर इसके प्रयास दुनिया के कई देशों के द्वारा किए गए जिनमें कुछ सफल हुए तो कुछ को असफलता हाथ लगी लेकिन विश्व शांति के उच्च आदर्श को प्राप्त न किया जा सका। विश्व शांति 20वीं के बाद 21वी सदी की एक अपरिहार्य माँग बन गयी है, विश्व शांति के लिए सर्वप्रथम व्यवस्थित प्रयास प्रथम विश्व युद्ध के बाद देखने को मिले जब लीग आफ नेशंस की विजेता मित्र राष्ट्रों द्वारा स्थापना की गयी लेकिन दुनिया में बहुत दिनों तक शांति कायम न रह सकी क्योंकि जिन 14 सिद्धान्तो के आधार पर 'लीग आफ नेशंस' की बुनियाद रखी गयी थी उनका पालन करना किसी ने उचित नहीं समझा, अपनी घरेलू राजनैतिक कारणों से अमेरिका इससे अलग रहा और विचारधारा विद्वेष के कारण तत्कालीन सोवियत संघ को इससे जानबूझकर इससे बाहर रखा गया था। फिर दुनिया ने एक और युद्ध देखा जिसमे मानवता शर्मसार हुयी। द्वितीय विश्व युद्ध के बाद दुनिया के नेताओं ने फिर प्रयास किये और संयुक्त राष्ट्र संघ अस्तित्व में आया।

आज के सन्दर्भ में आर्थिक कारण ही विश्व शांति लिए गंभीर खतरा बने हुए है। सोवियत संघ के पतन के बाद इतिहास के अंत की बात कही गयी लेकिन जल्द ही सभ्यताओं का संघर्ष का सिद्धांत भी आ गया जिसमें मोटे तौर पर धर्म को भविष्य के संघर्ष के केंद्र में रखा गया है। तेल की राजनीति और उद्योगों के लिए कच्चे माल की आवश्यकता ने देशों के मध्य एक ऐसी प्रतिस्पर्धा को जन्म दिया जो बढ़ते-बढ़ते युद्ध की स्थिति तक पहुँच गयी।

परमाणु हथियारों की होड़ ने भी शांति के लिए गंभीर चुनौती पेश की है, एक तरफ पाँचों महाशक्तियाँ निशस्त्रीकरण पर बल देती है वही दूसरी ओर खुद इन पर अपना अधिकार बनाये रखना चाहती है। एनपीटी हो या सीटीबीटी, जब तक भेदभावपूर्ण प्रावधान नहीं हटाये जाते तब तक निशस्त्रीकरण का लक्ष्य महज एक सपना ही बना रहेगा। इरान के परमाणु कार्यक्रम को इसी परिप्रेक्ष्य में देखा जाना चाहिए।

पर्यावरण की समस्या भी विश्व शांति के लिए खतरा है। इस खतरे का एहसास सबसे ज्यादा तीसरी दुनिया और समुद्रतटीय देशों को है। लेकिन दुर्भाग्यवश न तो विकसित और न ही भारत जैसे विकासशील देश इस खतरे के प्रति चिंतित दिखाई दे रहे है। क्योटो प्रोटोकोल की अवधि इसी वर्ष खत्म हो रही है और आने वाले सालों में ऐसी किसी सन्धि की सम्भावना नहीं दिखती।

अगर किसी देश विशेष के दृष्टिकोण से देखा जाये तो अमेरिका, इरान, चीन और उत्तर कोरिया को विश्व के लिए खतरा मानता है, पश्चिम एशिया के देश अमेरिका और इजराइल को खतरा मानते है, चीन के लिए अमेरिका खतरा है, पूर्वी एशिया के जापान वियतनाम और दक्षिण कोरिया जैसे देशों के लिए चीन खतरा है, भारत के हिसाब से पकिस्तान खतरा है, परमाणु हथियार आतंकियों के हाथ लगते है तो सभी देश आतंकवाद को सबसे बड़ा खतरा मानते है। अगर इनके

कारणों पर गौर किया जाये तो सोवियत संघ के पतन के बाद जापान, चीन और भारत जैसी शक्तियों का उदय होना है। अब जबकि नए-नए देश वैश्विक पटल पर अपनी पहचान बना रहे है तो ऐसे में अमेरिका को बुरा लगाना स्वाभाविक है।

धार्मिक दृष्टिकोण से इस्लामी जगत अमेरिका और उसके सहयोगियों को इस विश्व अशांति के लिए जिम्मेदार ठहराते हैं।

देशों के मध्य सीमा विवाद भी कभी-कभी इस शांति के लिए खतरा बन जाते है। भारत-पकिस्तान, उत्तर-दक्षिण कोरिया विवाद, इजराइल-फिलस्तीन विवाद जैसे विवादों को हम इसी परिप्रेक्ष्य में देख सकते है।

अब प्रश्न उठता है कि फिर वह कौन-सा मार्ग होगा जिससे स्थायी शांति प्राप्त की जा सके? मार्टिन लूथर किंग जूनियर ने कहा है- 'विश्व में मानवता को अगर बढ़ाना है, स्थाई शान्ति लानी है तो हमें गाँधी के बताये गए रास्ते पर ही चलना होगा।' गाँधी जी का चिंतन रोटी (भौतिक) शील (नैतिक) और आत्मा (आत्मिक) तीनों की उचित अनिवार्यता पर बल देता है। इस प्रकार के जीवन में सत्य और अहिंसा अनिवार्य है, जहाँ हर एक जीव का सम्मान किया जाता है। गाँधी जी ने इस प्रकार के जीवन की शुरुआत बच्चों से करने की बात कही है क्योंकि अंतत: उन्ही के कंधों पर देश और समाज की जिम्मेदारी आनी है। इस प्रकार से अगर हम देखें तो विश्व शांति सिर्फ उत्तर कोरिया, चीन या पकिस्तान को नियंत्रित करके कायम नहीं की जा सकती बल्कि इसके मूल में मुक्त व्यापार के नाम पर प्राकृतिक संसाधनों का कुछेक देश दोहन कर रहे हैं, उस पर नियंत्रण होना चाहिए।

जैविक आतंकवाद का खतरा

हमारे लिए न तो युद्ध कोई नया शब्द है और न ही आतंकवाद। विभिन्न सभ्यता के विकास तथा विनाश के लगभग हर पन्ने पर इनकी मुहर लगी हुई है। यहाँ तक कि मानवता, प्रेम, शांति एवं ईश्वर में विश्वास जगाने वाले अधिकतर धर्मावलंबियों और इनके ठेकेदारों ने भी अपने-अपने धर्म के प्रचार-प्रसार के लिए समय-समय पर इनका सहारा लेने में परहेज नहीं किया। इनके तौर-तरीके और परिभाषाएँ भले बदलती रही हों परंतु मूल उद्देश्य एक ही रहा है, किस प्रकार हम दूसरों पर विजय प्राप्त करें, कैसे उन पर शासन करें एवं उन्हें अपने अनुसार जीने के लिए मजबूर करें।

खाड़ी युद्ध के समय अमेरिका जैसी महाशक्ति को इराक के तथाकथित जैविक एवं रासायनिक हथियारों का डर सबसे ज्यादा सता रहा था क्योंकि उनकी खुफिया तंत्र की जानकारी के अनुसार इराक ने ऐसे हथियारों के सम्बन्ध में विस्तृत अनुसंधान किया है और इनको बड़ी मात्रा में जमा कर रखा है। हालाँकि उस युद्ध में उनका

भय निराधार साबित हुआ। 11 सितंबर को वर्ड ट्रेड सेंटर पर आतंकवादियों द्वारा हमले के बाद जैविक एवं रासायनिक हथियारों के हमले का डर अमेरिका को एक बार फिर से सताने लगा। उसे सबसे बड़ा डर इराक जैसे देशों से था क्यों कि उसका मानना था कि ये देश आतंकवादियों को शरण देते हैं और उन्हें ऐसे हथियार भी दे सकते हैं या फिर स्वयं इनका दुरुपयोग कर सकते हैं। इसी भय के कारण इराक पर आक्रमण भी किया गया और ऐसे हथियारों की खोज वहाँ आज भी चल रही है, जिसमें अमेरिका को फिलहाल कोई उल्लेखनीय सफलता नही मिली है।

अधिकांश बीमारियों की जड़ में जीवाणु होते हैं, यह बात बहुत पहले से सर्वविदित है। इतिहास साक्षी है कि एंटीबायोटिक्स एवं इसी प्रकार की अन्य औषधियों की खोज के पहले प्लेग तथा हैजे जैसी महामारी ने सैकड़ों-हजारों की संख्या में लोगों की जाने ली है और आज भी हम एड्स, कैंसर तथा सार्स जैसी बीमारियों से मुक्ति का रास्ता तलाशने में लगे हुए हैं। यह कैसी विडंबना है कि दूसरी ओर हम इन्ही जीवाणुओं को हथियार के रूप इस्तेमाल कर हजारों-लाखों लोगों की जान लेने के चक्कर में भी पड़े हुए हैं। यह स्थिति न्यूक्लियर एवं रासायनिक हथियारों के दुरुपयोग से भी खतरनाक है। कारण, इनका उपयोग किसी शत्रु देश ने कब किया, यही पता करना मुश्किल होगा तो हम उनसे लड़ेंगे कैसे? और यदि किसी तरह इनके बारे में पता भी कर लें भी कोई लाभ नहीं होने वाला है। क्योंकि, ये कोई रोग फैलाने वाले सामान्य जीवाणु तो होंगे नहीं, बल्कि इनके जेनेटिकली परिमार्जित रूप होंगे, जिनके विरुद्ध सामान्य एंटीबायाटिक्स काम नहीं कर पायेंगे। जब तक हम इनके विरुद्ध कारगर औषधि की खोज करेंगे तब तक बहुत देर हो चुकी होगी और शायद संपूर्ण मानव जाति विनाश के कगार पर पहूँच चुकी होगी।

ऐसे जैविक हथियारों से आक्रमण के लिए किसी अत्याधुनिक एवं मँहगे साधन की आवश्यकता नहीं होगी। इन्हें तो बस छोटे-मोटे जानवरों, पक्षियों, हवा, पानी, मनुष्य आदि किसी भी साधन द्वारा आसानी से फैलाया जा सकता है। यदि हम मानव-मल या फिर जानवरों के मल से बनी खाद को कुआँ तालाबों, पानी की टंकियों मे मिला दें तो इस पानी को अनजाने पीने वाले तरह-तरह की खतरनाक एवं जानलेवा बीमारियों के शिकार हो जायेंगे क्यों कि खाद में तरह-तरह के खतरनाक एवं जानलेवा जीवाणु पलते हैं।

ऐन्थ्रैक्स फैलाने वाला 'बैसिलस ऐन्थ्रैसिस' नामक बैक्टिरिया को जैविक हथियार के रूप में आसानी से प्रयुक्त किया जा सकता है। हालाँकि यह बैक्टिरिया संक्रामक नहीं है और मुख्य रूप से जानवरों में फैलता है, फिर भी खाने-पीने से ले कर सांस के साथ इसके स्पर हमारे शरीर में पहुँचकर अंकुरित हो सकते हैं। यहाँ तक कि हमारी त्वचा में भी यदि कोई घाव है तो वहाँ भी ये अंकुरित हो सकते हैं और कुछ ही समय में इस बीमारी के जानलेवा लक्षण उत्पन्न हो सकते हैं।

प्रारंभिक लक्षणों के समय इसका निदान सिप्रोफ्लॉक्सेसिन नामक एंटीबॉयोटिक द्वारा किया जा सकता है परंतु बाद में केवल इस बैक्टिरिया को नष्ट किया जा सकता है, इस बीमारी के लक्षणों को नहीं। वर्ल्ड ट्रेड सेंटर पर हमले के बाद आतंकवादियों ने इस बैक्टिरिया के स्पर्स को पाउडर के रूप में पोस्ट द्वारा फैलाने का प्रयास किया जिससे अमेरिका के लोग काफी आतंकित हो गये थे। बॉट्यूलिन बैक्टिरिया द्वारा उत्पन्न विष के एक ग्राम का अरबवाँ हिस्सा ही हमारे शरीर में लकवा उत्पन्न करने के लिए पर्याप्त है। यह विष स्नायु कोशिकाओं से उन रसायनों का स्राव रोक देता है जिनके द्वारा मांसपेशियों का संकुचन होता है। जानवरों में खुरपका बीमारी फैलाने वाला बैक्टिरिया भी जैविक हथियार के रूप में प्रयुक्त किया जा सकता है।

जहाँ तक रासायनिक हथियारों के आक्रमण से बचने का प्रश्न है, वास्तव में हमारे पास कोई ठोस एवं कारगर उपाय नहीं है। युद्ध क्षेत्र में सैनिक गैस मास्क एवं त्वचा को पूरी तरह ढकने वाले सूट पहन कर अपना बचाव कुछ सीमा तक कर पायेंगे। उपरोक्त परिधान के अतिरिक्त नाना प्रकार के वैक्सिन तथा विभिन्न प्रकार की एंटीबायोटिक्स की भारी खुराक जैविक हथियारों के आक्रमण भी से बचाव में संभवत: सहायक सिद्ध हो सकती है। परंतु किसी देश की सारी जनता, विशेष कर गरीब एवं विकासशील या अविकसित देश की जनता, अपना बचाव कैसे कर पायेगी? क्या वह देश सुरक्षा के उपरोक्त उपायों का खर्च वहन कर पायेगा? चलिए, एक क्षण के लिए मान भी लिया जाये कि ऐसा संभव है तो क्या उपरोक्त उपाय पर्याप्त होंगे? नहीं, कदापि नहीं। रसायनों के नए प्रकार एवं जीवाणुओं की नई जेनेटिकली परिमार्जित किस्म बड़ी आसानी से उपरोक्त सुरक्षा उपायों को भेद सकती है। और यही कारण है उन रासायनिक एवं जैविक हथियारों से डरने का।

मानव जीनोम परियोजना : चिकित्सा क्षेत्र में एक क्रांति

विज्ञान के विकास के साथ-साथ दुनिया में अनेक बदलाव देखने को मिले हैं। सबसे बड़ा बदलाव चिकित्सा विज्ञान के क्षेत्र में देखने को मिला। जीन से लेकर जीनोम तक की खोज ने इस क्षेत्र में क्रांतिकारी परिवर्तन लाने का काम किया है। मानव शरीर में मौजूद यह जीनोम हमारे जीवन की रूपरेखा को तय करते हैं।

वैज्ञानिकों ने इस जीनोम पर अध्ययन कर मानव जीवन को और आसान बनाने का काम किया। यहाँ तक कि शरीर में मौजूद दोषपूर्ण जीन की जगह नये जीन को लगाने की कवायद तक जारी है। इसी दिशा में वैज्ञानिकों ने नयी सफलता हासिल की है, जिसकी मदद से जीनोम की एडिटिंग तक की जा सकती है।

इनसान पृथ्वी पर मौजूद एक ऐसा प्राणी है, जो अन्य जीवों से बिल्कुल अलग है। इसकी कई वजहें हैं, एक यह है, कि इनसान दुनिया की तमाम रहस्यों को जानने के लिए हमेशा शोध और खोज कार्यों में लगा रहता है। उसकी यही

जिज्ञासा नयी खोजों और उसके विकास की कहानी कहता है। एक जमाना था जब हम जीवन को ही एक अजूबा मानते थे। फिल्म के दर्शक की तरह ही हम परदे के पीछे की पूरी कहानी से अनजान थे समय ने करवट बदली। विज्ञान की तरक्की ने कई नये रहस्यों की परतें खोली।

आज हम न केवल यह जान चुके हैं कि जानवरों की उत्पत्ति कैसे हुई और उनमें बदलाव कैसे आया, बल्कि हम यह भी पता लगाने में सफल हो चुके हैं, कि इन परिवर्तनों के लिए कौन-सा जेनेटिक परिवर्तन (म्यूटेशन) प्रमुख कारक है। इनमें से सबसे रहस्यपूर्ण बात यह थी कि हम देख सकते थे कि जीन (गुणसूत्र) कैसा दिखता है।

इसकी मदद से पता लगा कि आखिर हम दिखते कैसे हैं? हमारा स्वास्थ्य कैसा रहेगा? फिर मालूम हुआ कि यह सब कुछ हमारे जीन ही तय करते हैं। इस क्रांतिकारी विकास के कारण हम अपनी स्वास्थ्य समस्याओं को सही से दूर कर पाने में अधिक सक्षम हुए। अब विज्ञान इससे भी आगे निकलने की पहल कर चुका है।

वैज्ञानिक इस प्रयास में लगे हैं कि अगर हमारे शरीर में किसी जीन की खराबी के कारण कोई दिक्कत पैदा होती है, तो क्या उसे सही किया जा सकता है। काफी हद तक वैज्ञानिकों को इसमें सफलता मिल चुकी है।

अमेरिका के रॉकफेलर विश्वविद्यालय और एमआइटी संस्थान के जीव वैज्ञानिकों ने एक नयी तकनीक विकसित की है।यह तकनीक हमारे शरीर में मौजूद कोशिकाओं के जीनोम में परिवर्तन कर सकती है। उसमें नये जीन को जोड़ा जा सकता है या दोषपूर्ण या खराब जीन को पूरी तरह खत्म किया जा सकता है। अगर ऐसा होता है, तो यह चिकित्सा विज्ञान के लिए एक क्रांतिकारी कदम साबित हो सकता है।

जीन हमारे जीवन की एक कुंजी की तरह है। यह हमें बतलाता है कि हम वैसे ही दिखते हैं या वही काम करते हैं, जो काफी हद तक हमारे शरीर में छिपे सूक्ष्म जीन तय करते हैं। यही नहीं, जीन मानव इतिहास और भविष्य की ओर भी संकेत करते हैं। जीन वैज्ञानिकों का मानना है, कि यदि एक बार मानव जाति के समस्त जीनों की संरचना का पता लग जाये, तो उसके जीवन की समस्त जैविक घटनाओं और दैहिक लक्षणों की भविष्यवाणी करना संभव हो जायेगा। मानव शरीर में सिर्फ एक ही जीन नहीं होता है। इनकी संख्या हजारों में होती है। जब अधिक संख्या में जीन एक साथ हो जाते हैं, तो वे एक विशेष संरचना का निर्माण करते हैं और जीनों के इस विशाल समूह को ही जीनोम कहते हैं। गौरतलब है कि हमारा जीनोम 31 लाख अलग-अलग फॉर्मूलों से बना है। इन्हीं फॉमूलों में हमारे विकास का राज छिपा होता है। यह वह पूरा ढांचा होता है, जो किसी भी जीव के प्रारूप को तय करता है। यह डीएनए और आरएनए की पूरी श्रृंखला होती है।

जीनोम की खोज ने पहले ही अपनी महत्ता साबित कर दी है। इसकी मदद से सिर्फ एक क्लिक से पूरी जिंदगी का नक्शा सामने आ सकता है। डॉक्टर यह पता सकते हैं कि भविष्य में हमें कौन-सी बीमारी हो सकती है। आज से बीस साल बाद की बीमारी का भी पता लगाया जा सकता है। यह पता लगने के बाद उसकी दवा भी विकसित की जा सकती है।

यह किसी चमत्कार से कम नहीं। यह बिल्कुल अपने भविष्य की जानकारी हासिल करने जैसा है। यह नयी तकनीक आसानी से इस्तेमाल की जा सकती है और यह अधिक महंगी भी नहीं होगी। इसके जरिये मानव की बीमारियों का पता लगाने के लिए जैविक मॉडल बनाया जायेगा।

जीवों में जीन बदलने की पहल सबसे पहले 1980 में की गयी। उस वक्त चूहे के एम्ब्रॉनिक (भ्रूणीय) कोशिका के छोटे से जीन की मदद से परिवर्तित जीन वाला चूहा बनाने की कोशिश की गयी थी। अब इस तकनीक का प्रयोग ट्रांसजेनिक चूहों को बनाने के लिए होता है। इसकी मदद से इनसानों में होने वाली बीमारी का अध्ययन किया जाता है।

लेकिन, उस वक्त चूहे में पहले से मौजूद जीन को पूरी तरह हटाने में सफलता नहीं मिली थी, क्योंकि ऐच्छिक रूप से जीनोम में डीएनए को समाहित किया गया था। हाल के वर्षो में वैज्ञानिकों ने जीन में सुधार करने के कई तरीकों को विकसित करने की कोशिश की। कुछ में सफलता भी मिली, लेकिन उसकी सफलता का प्रतिशत बिल्कुल ही कम था।

जीनोम एडिटिंग तकनीक बनाने के लिए शोधकर्ताओं ने जीवाणु प्रोटीन को परिवर्तित किया। सामान्यतः ये प्रोटीन विषाणुजनित रोगों से हमारी रक्षा करते हैं। इसकी मदद से वैज्ञानिक एकसाथ कई जीनोम को परिवर्तित कर सकते हैं और उन पर अपना नियंत्रण कर सकते हैं। फिर, दोषपूर्ण जीन की जगह नये जीन को समाहित किया जा सकता है।

कुल मिलाकर, यह कहा जा सकता है कि लगातार विकास और शोध के दौर से गुजर रहा विज्ञान एक नयी बुलंदियों को छू रहा है।

वैश्विक स्तर पर चल रही मानव जीनोम परियोजना में भारत पीछे नहीं है। 1999 में चेन्नई में राष्ट्रीय विज्ञान कांग्रेस आयोजित हुआ था। वहीं से भारत ने जीनोम के क्षेत्र में काम करने का संकल्प लिया। इसी का नतीजा है कि आज भारत छठा ऐसा देश बन गया है, जिसके पास पूरे इनसानी जिनोम का नक्शा है। इसके लिए वैज्ञानिकों ने अपना प्रयोग झारखंड के 52 साल के एक शख्स पर प्रयोग किया था। वैज्ञानिकों के मुताबिक, इस इनसान के जीनोम को डिकोड करने पर यह पता चला कि उन्हें कैंसर होने का खतरा है।

इससे यह स्पष्ट है कि किसी भी इनसान के जीनोम को डिकोड करके उसे

ये बताया जा सकता है कि आने वाले दिनों में वो किस तरह की बीमारी का शिकार होगा। इसके बाद, भारतीय वैज्ञानिकों ने इस दिशा में अपना शोध जारी रखा और आज भारतीय वैज्ञानिकों ने न सिर्फ एक इनसान के जीनोम का पूरा खाका तैयार कर लिया, बल्कि उन्होंने पूरे देश का जीन खाका भी तैयार कर लिया है। इसमें कोई शक नहीं कि भारत शोध के मामले में अभी उतना विकसित नहीं है, लेकिन जीनोम विज्ञान के क्षेत्र में भारतीय शोध बतलाता है कि हम दुनिया के किसी देश से कम नहीं है।

विज्ञापन-सूचना का दिव्यास्त्र

विज्ञापन का इतिहास भी काफी पुराना है। मौजूदा रूप तक पहुँचने के लिए इसने लम्बा सफर तय किया है। वैश्विक स्तर पर अगर देखा जाये तो विज्ञापन की शुरूआत के साक्ष्य 550 ईसा पूर्व से ही मिलते हैं। भारत में भी विज्ञापन की शुरुआत सदियों पहले हुई है। यह बात और है कि समय के साथ इसके तौर-तरीके बदलते गए। अगर ऐतिहासिक साक्ष्यों को खंगाला जाये तो पता चलता है कि शुरूआती दौर में विज्ञापन, मिश्र, यूनान और रोम में प्रचलित रहा है। ऐसे साक्ष्य मिले हैं जिनके आधार पर इसकी शुरुआत चार हजार वर्ष ईसा पूर्व मानी जा सकती है।

खैर! ये उस दौर की बात है जब नई तकनीकों का ईजाद नहीं हो पाया था। जैसे-जैसे समय आगे बढ़ा, विज्ञान ने पूरे परिदृश्य में ही क्रांतिकारी बदलाव ला दिया। इस वजह से कई कार्यों में सुगमता तो आयी ही, साथ ही साथ अनेक मोर्चों पर काम करने का ढंग भी बदल गया। जाहिर है, तकनीक के प्रभाव से विज्ञापन भी नहीं बच पाया। पंद्रहवीं और सोलहवीं शताब्दी के दौरान मुद्रण के क्षेत्र में व्यापक परिवर्तन हुआ। प्रिंटिंग मशीनों का चलन बढ़ने लगा। इस वजह से विज्ञापन के लिए छपे हुए पर्चों का प्रयोग होने लगा। समाचार पत्रों में विज्ञापन की शुरुआत सत्रहवीं शताब्दी में हुई। इसकी शुरूआत इंग्लैंड के साप्ताहिक अखबारों से हुई थी। उस समय पुस्तक और दवाओं के विज्ञापन प्रकाशित किए जाते थे। अठारवीं शताब्दी में भी इस क्षेत्र में काफी प्रगति हुई। इस सदी में अर्थव्यवस्था मजबूत हो रही थी। इस वजह से विज्ञापन को भी मजबूती मिल रही थी। इसी दौर में वर्गीकृत विज्ञापनों का चलन शुरू हुआ जो अभी भी काफी लोकप्रिय है। इसकी शुरुआत अमेरिका से हुई, जहाँ अखबारों में खबर लगाने के बाद बीच-बीच में बचे हुए छोटे-छोटे स्थानों पर सूचनात्मक विज्ञापनों का प्रयोग फिलर के तौर पर होता था। आज विज्ञापनों का महत्त्व कितना बढ़ गया है, इसका अंदाजा आप इस बात से लगा सकते हैं कि कई अखबारों में विज्ञापन देने के बाद बची जगह में ही खबर लगाई जाती है।

बीसवीं शताब्दी के दूसरे दशक से रेडियो का प्रसारण आरम्भ हुआ। उस समय कार्यक्रमों का प्रसारण बगैर विज्ञापन के किया जाता था। ऐसा इसलिए था क्योंकि

पहला रेडियो स्टेशन स्वयं रेडियो की लोकप्रियता बढ़ाने के लिए स्थापित किया गया था। जब रेडियो स्टेशनों की संख्या बड़ी तो बाद में चलकर इसमें विज्ञापनों की शुरुआत प्रायोजित कार्यक्रमों के जरिए हुई। उस वक्त विज्ञापन देने वालों के व्यवसाय से सम्बन्धित जानकारी कार्यक्रम की शुरुआत और आखिरी में दी जाती थी।

अस्सी और नब्बे के दशक में दुनिया सूचना क्रांति के दौर से गुजर रही थी। इसी दौरान केबल टेलीविजन का आगमन हुआ। इसका असर विज्ञापन के बाजार पर भी पड़ा। माध्यम के बढ़ जाने की वजह से प्रतिस्पर्धा बढ़ी और विज्ञापन के नए-नए तरीके ईजाद होने लगे। इन्हीं में से एक था म्यूजिक विडियो का चलन में आना। दरअसल ये विज्ञापन होते हुए भी दर्शकों का मनोरंजन करते थे। इसलिए, यह काफी लोकप्रिय हो गया। इसी समय टेलीविजन चैनलों पर टाइम स्लाट खरीद कर विज्ञापन दिखाने का सिलसिला शुरू हुआ।

बाद में तो कई देशों में शापिंग नेटवर्क वालों ने तो बकायदा विज्ञापन चैनल ही खोल लिया। भारत में भी टाटा स्काई के डीटीएच पर ऐसा चैनल है जो सेवा से सम्बन्धित जानकारियाँ ही देता रहता है। यह विज्ञापन का बढ़ता प्रभाव है कि कई उद्योगपति खुद टेलीविजन चैनल खोल रहे है। रिलायंस और विडियोकान द्वारा लाए जाने वाले समाचार चैनलों को भी इसी कवायद से जोड़ कर देखा जा रहा है।

विज्ञापन के माध्यम से साख उत्पाद के प्रयोग को सामाजिक स्टेटस से जोड़ दिया गया। समाज में बहुतायत मध्यम वर्ग वालों की ही है। इसी वर्ग को लक्षित करके इनके मन में यह बात विज्ञापनों के सहारे बैठायी गयी कि उच्च वर्ग की जीवनशैली और उनके द्वारा उपभोग की जाने वाली वस्तुओं और सेवाओं को अपनाया जाये। इस मोहजाल में मध्यम वर्ग फँसता ही चला गया और विज्ञापनों की बहार आ गयी आज विज्ञापन के जरिए बचपन को भंजाने की हरसंभव कोशिश की जा रही है।

पूँजीवाद की मार से बच्चे भी नहीं बच पाये हैं। विज्ञापनों में महिलाओं के बाद सर्वाधिक प्रयोग बच्चों का ही हो रहा है। इन्हें जान-बूझ कर लक्ष्य बनाया जा रहा है। इसके पीछे की वजहें साफ हैं। पहला तो यह कि इससे बाल मस्तिष्क पर आसानी से प्रभाव छोड़ना संभव हो पाता है।

यह कहने में कोई हर्ज नहीं है कि लाख खामियों के बावजूद विज्ञापन आज बाजार का अभिन्न अंग बन चुका है। इस विज्ञापन बाजार ने नए युग के नए नायकों का निर्माण किया है। साथ ही साथ नई पीढ़ी के आदर्श भी विज्ञापन ही तय कर रहे हैं

विज्ञापनों की दुनिया सीधे तौर पर लोगों की पसंद से जुड़ी हुई है। यानी, कहा जा सकता है कि लोगों की सोच विज्ञापन तय करने लगे हैं। विज्ञापन के लिए यह सबसे बड़ी सफलता है। किंतु समाज के लिए यह सबसे बड़ा दुर्भाग्य है।

भारत-पाक सम्बन्ध

भारत और पाकिस्तान के बीच दशकों पुराने गहरे अविश्वास तथा तनाव का स्थान क्या उम्मीद ले पायेगी? क्या दोनों देशों की सरकारें अपने परंपरागत दृष्टिकोण से हटकर अमन की एक नई उम्मीद जगाने के प्रति वास्तव में गंभीर होंगी? दुनिया का सबसे ऊँचा और बहुत ही खर्चीला रणक्षेत्र सियाचिन क्या भारत और पाकिस्तान के बीच शांति के हिमनद में बदलेगा? दोनों देशों के बीच दशकों पुराने गहरे अविश्वास तथा तनाव का स्थान क्या उम्मीद ले पायेगी? क्या दोनों देशों की सरकारें अपने परंपरागत दृष्टिकोण से हटकर अमन की एक नई उम्मीद जगाने के प्रति वास्तव में गंभीर होंगी?

असल मुद्दा यह है कि दोनों देशों के बीच बेहतर रिश्ते कायम करने और विवादास्पद मुद्दों को हल करने का काम उन दोनों देशों की सेनाओं का नहीं बल्कि लोकतांत्रिक सरकारों का है। भारत में राजनीतिक सत्ता पर पाकिस्तान की तरह सेना का निर्देश नहीं चलता, इसलिए एक बड़ा देश होने के नाते भारत की सरकार को इस विवाद का हल निकालने के लिए सार्थक पहल करनी चाहिए। खासकर तब जब पाकिस्तान की सेना लचीला रुख अपना रही है। वैसे भी अविश्वास की खाई को सरकारें ही पाट सकती हैं। जो कि दोनों देशों की जनता के हित में ही होगा। वैसे भी पाकिस्तान आज ऐसे मुहाने पर खड़ा है जहाँ कट्टरपंथी और आतंकवादी तत्त्व इस कदर हावी हैं कि उसे विखंडन की राह पर ले जा सकते हैं। जैसा कि पाकिस्तान के भूतपूर्व राष्ट्रपति आसिफ अली जरदारी ने पिछले दिनों में भारत की अपनी निजी यात्रा के दौरान प्रधानमंत्री मनमोहन सिंह से कहा था कि जिस तरह भारत आतंकवाद का शिकार है उसी तरह पाकिस्तान भी आतंकवाद का शिकार है। विश्लेषक भी अब यह मान रहे हैं कि कई मामलों में यह देखने में आया है कि पाकिस्तान के अंदर जो आतंक का उद्योग है उस पर अब पाकिस्तानी सेना और सत्ता प्रतिष्ठान का उस प्रकार नियंत्रण नहीं है जैसा कि पहले रहता था।

एक टूटता और क्रमशः कमजोर होता पाकिस्तान भारत के हित में नहीं होगा। क्योंकि भविष्य में पाकिस्तान में सक्रिय विघटनकारी तत्त्व अपनी ताकत का अधिक से अधिक इस्तेमाल भारत के खिलाफ ही करेंगे।

हालाँकि इस अविश्वास को पाटना कोई आसान काम भी नहीं है। खासकर भारत सरकार के लिए, क्योंकि भारत में राजनीतिक और सैन्य प्रतिष्ठानों में एक तबका ऐसा है जो पाकिस्तान के साथ किसी भी तरह के सामान्य सम्बन्ध बनाने के खिलाफ लगातार मुखर रहता है। भारत में राजनीति का दक्षिणपंथी खेमा, जिसे पाकिस्तान विरोध के नाम पर समय-समय पर राजनीतिक खुराक मिलती रहती है। अगर इसे पार पाने में कुछ हद तक कामयाबी मिल भी जाये तो हथियारों की लॉबी का पूरा एक ऐसा जाल है जो दोनों देशों के बीच किसी तरह से सम्बन्ध

सामान्य नहीं होने देना चाहता। अंतरराष्ट्रीय हथियार गिरोह का यह छिपा हुआ हाथ सेना से लेकर राजनीति के गलियारों और मीडिया तक हर जगह मौजूद रहता है और देश भक्ति और राष्ट्रवाद की आड़ में अपना खेल दिखलाता रहता है। भारत-पाकिस्तान के बीच दोस्ती इस अंतरराष्ट्रीय हथियार लॉबी के हित में नहीं है। शत्रुता ही उसका असली मुनाफा है, क्योंकि इसके कारण ही वह अपना खजाना भरता है। शत्रुता कायम रहेगी तो हथियार भी बिकेंगे। सन् 2010 में ही भारत ने 333 करोड़ अमेरिकी डॉलर के हथियार खरीदे। हथियार आयात करने के मामले में भारत इस समय दुनिया का सबसे बड़ा देश है और कई विकसित देशों से हथियार मंगाता है। हथियारों की खरीद, उनके आधुनिकीकरण जैसे कि राकेट, मिसाइल और सामरिक महत्त्व के उपग्रहों की लांचिंग पर भारत का खर्चा लगातार बढ़ रहा है, जबकि देश की आबादी का एक बड़ा हिस्सा स्वास्थ्य, साफ पेयजल और शिक्षा जैसी मूलभूत सुविधाओं से वंचित है। यही हाल लगभग पाकिस्तान का है। पाकिस्तान के सेनाध्यक्ष के वक्तव्य के बाद भारतीय मीडिया के एक हिस्से में अचानक पाकिस्तान के प्रति आक्रामकता दिखलाई देने लगी है। सुरक्षा, सावधानी और विश्वासघात की कहानियाँ बढ़-बढ़ कर सुनाई जाने लगी हैं।

लेकिन इस तरह की बाधाएँ तो हमेशा बनी ही रहेंगी। भारत और पाकिस्तान के सम्बन्धों को सामान्य और आगे की दिशा में ले जाने के लिए जरूरत है एक दृढ़ राजनीतिक इच्छाशक्ति की। इससे कुछ बात बन सकती है। निश्चय ही बड़ा देश होने के नाते भारत की जिम्मेदारी भी बड़ी है। दोनों देशों के बीच सम्बन्धों को सामान्य बनाने के लिए जो पहल एक बार फिर शुरू हुई है उसे सतत गति देनी होगी। जैसे की दोनों देशों के बीच व्यापार को बढ़ाने के लिए सीमा पर एक एकीकृत चौकी खोली जा रही है। दोनों सरकारों ने निश्चय किया है कि वे भारत-पाकिस्तान वाणिज्य परिषद का गठन करेंगे। इसके अलावा अहम बात यह है कि पाकिस्तान भारत को अति वरीयता वाले राष्ट्र का दर्जा देने के प्रयास के बहुत करीब है।

सुनामी लहरों का कहर

2004 में भारत में आयी सुनामी के सैलाब ने जो तांडव मचाया, वह अपने पीछे सिर्फ तबाही ही तबाही छोड़ गयी...चार राज्यों में सुनामी के बाद जो मंजर देखने को मिला, वह सबको हिलाकर रख देने के लिए काफी था। आंध्रप्रदेश, केरल, तमिलनाडु, और पांडिचेरी में 34 लाख से ज्यादा लोग इससे प्रभावित हुए। मरने वाले की तादाद दस हजार के पार थी..करीब इतने ही मवेशियों की भी जान गयी, जो यहाँ रहने वाले लोगों की आजीविका का मुख्य साधन थी। इसके अलावा तीन लाख अस्सी हजार से ज्यादा लोग बेघर हो गये।

साल 2004 जाते-जाते सुनामी लहरों के रूप में मौत का ऐसा जाल बिछा गया, जिसमें हजारों जिंदगियाँ तबाह हो गयी। जब सुनामी लहरों ने मौत का तांडव

किया तो समुद्र तट के पास बसे लोग अपनी जान बचाने के लिए भागे, लेकिन वो भी शेषनाग-सी फुफकारती लहरों के मुँह में समा गए। सुनामी के कहर से 13 जिलों के 500 गाँवों की हालत ऐसी हो गयी कि खुद वहाँ रहने वाले भी नहीं पहचान पा रहे थी कि ये वही गाँव है जो कभी उनका आशियाना था। केरल के अलघुझा और कोल्लम जिलों में सुनामी का कहर शायद ही कभी भुलाया जा सकेगा। इसी तरह आन्ध्र प्रदेश के कालीनाड़ा और नैल्लो जिले के 300 गाँवों को भी इन लहरों ने तबाह कर दिया। पांडिचेरी के लगभग 100 कि.मी. लम्बे समुद्री तट पर सुनामी लहरों ने विनाश का खेल खेला और अंडमान-निकोबार द्वीप समूह में भी जबरदस्त नुकसान पहुँचाया। पूरी मानव जाति कुदरत के कहर इस भयानक के सामने घुटने टेक चुकी थी।

समुद्र के भीतर अचानक जब बड़ी तेज हलचल होने लगती है तो उसमें उफान उठता है। इससे ऐसी लंबी और बहुत ऊँची लहरों का रेला उठना शुरू हो जाता है जो जबरदस्त आवेग के साथ आगे बढ़ता है।

इन्हीं लहरों के रेले को सुनामी कहते हैं। दरअसल सुनामी जापानी शब्द है जो सू और नामी से मिल कर बना है सू का अर्थ है समुद्र तट और नामी का अर्थ है लहरें।

पहले सुनामी को समुद्र में उठने वाले ज्वार के रूप में भी लिया जाता रहा है, लेकिन ऐसा नहीं है। दरअसल समुद्र में लहरें चाँद सूरज और ग्रहों के गुरुत्वाकर्षण के प्रभाव से उठती हैं, लेकिन सुनामी लहरें इन आम लहरों से अलग होती हैं।

सुनामी लहरों के पीछे वैसे तो कई कारण होते हैं, लेकिन सबसे ज्यादा असरदार कारण है भूकंप। इसके अलावा जमीन धँसने, ज्वालामुखी फटने, किसी तरह का विस्फोट होने और कभी-कभी उल्कापात के असर से भी सुनामी लहरें उठती हैं। जब कभी भीषण भूकंप की वजह से समुद्र की ऊपरी परत अचानक खिसक कर आगे बढ़ जाती है तो समुद्र अपनी समानान्तर स्थिति में ऊपर की तरफ बढ़ने लगता है। जो लहरें उस वक्त बनती हैं वो सुनामी लहरें होती हैं। इसका एक उदाहरण ये हो सकता है कि धरती की ऊपरी परत फुटबॉल की परतों की तरह आपस में जुड़ी हुई है या कहें कि एक अंडे की तरह से है जिसमें दरारें हों। अंडे का खोल सख्त होता है, लेकिन उसके भीतर का पदार्थ लिजलिजा और गीला होता है भूकंप के असर से ये दरारें चौड़ी होकर अंदर के पदार्थ में इतनी हलचल पैदा करती हैं कि वो तेजी से ऊपर की तरफ का रुख कर लेता है।

धरती की परतें भी जब किसी भी असर से चौड़ी होती हैं तो वो खिसकती हैं जिसके कारण महाद्वीप बनते हैं। और इस तरह ये सुनामी लहरें बनती हैं। लेकिन ये भी जरूरी नहीं कि हर भूकंप से सुनामी लहरें बने। इसके लिए भूकंप का केंद्र समुद्र के अंदर या उसके आसपास होना जरूरी है। जब ये सुनामी लहरें किसी भी

महाद्वीप की उस परत के उथले पानी तक पहुँचती हैं जहाँ से वो दूसरे महाद्वीप से जुड़ा है और जो कि एक दरार के रूप में देखा जा सकता है। वहाँ सुनामी लहर की तेजी कम हो जाती है वो इसलिए क्योंकि उस जगह क्योंकि दूसरा महाद्वीप भी जुड़ रहा है और वहाँ धरती की जुड़ी हुई परत की वजह से दरार जैसी जो जगह होती है वो पानी को अपने अंदर रास्ता देती है।

लेकिन उसके बाद भीतर के पानी के साथ मिल कर जब सुनामी किनारे की तरफ बढ़ती है तो उसमें इतनी तेजी होती है कि वो 30 मीटर की ऊँचाई तक ऊपर उठ सकती है और उसके रास्ते में चाहे पेड़, जंगल या इमारतें कुछ भी आये, सबका सफाया कर देती हैं। सुनामी लहरें समुद्री तट पर भीषण तरीके से हमला करती हैं और जान-माल का बुरी तरह नुकसान कर सकती हैं। जिस तरह वैज्ञानिक भूकंप के बारे में भविष्यवाणी नहीं कर सकते वैसे ही सुनामी के बारे में भी अंदाजा नहीं लगा सकते। लेकिन सुनामी के अब तक के रिकॉर्ड को देखकर और महाद्वीपों की स्थिति को देखकर वैज्ञानिक कुछ अंदाजा लगा सकते हैं।

धरती की जो प्लेट्स या परतें जहाँ-जहाँ मिलती है वहाँ के आसपास के समुद्र में सुनामी का खतरा ज्यादा होता है।

भ्रूण हत्या और बढ़ती जनसंख्या का असंतुलन

भारत में घटता लिंगानुपात वर्तमान समय में एक ज्वलंत समस्या बन गया है। एक ऐसे समय में जब हम दावा करते हैं कि तार्किकता, आधुनिकता, शिक्षा और बराबरी बढ़ रही है। यह रुझान और भयावह लगने लगा है। नर-नारी की समानता के दावे, समाजसेवी संगठनों के प्रयास, सरकारी कदम सभी कुछ खोखले प्रतीत होते हैं।क्यों यह संकट बढ़ता ही जा रहा है, क्यों आधुनिकता और लिंगानुपात एक-दूसरे के विरोधी साबित हो रहे हैं? ये कुछ ऐसे प्रश्न हैं जो भारत के एक विकसित देश बनने के रास्ते में अवरोध बनकर खड़े हैं।

भारत में 1901 में 1000 पुरुषों पर 972 महिलाएँ थी जो 1991 में घट कर 927 हो गयी। यद्यपि 2001 तक बढ़कर प्रति हजार 933 महिलाएँ हो गयीं परन्तु यदि 6 वर्ष तक की लड़कियों का अनुपात देखा जाये तो 1991 में 945 पार्टी हजार से घट कर 2001 में 927 हो गया है। भारत के अपेक्षाकृत संपन्न और शहरीकृत राज्य हरियाणा, पंजाब, दिल्ली और गुजरात में यह अनुपात प्रति हजार लड़कों पर 900 से भी कम लड़कियाँ हैं।

भारत में लिंगानुपात में कमी का कोई एक कारण नहीं है। इसके बहुत से कारण हैं जो आपस में इस तरह आन्तरिक रूप से गुंथे हुए हैं कि उनमे से अकेले एक कारण को बड़ी समस्या मानना मुश्किल हो जायेगा। इनमे से कुछ की जड़ें अतीत में बहुत गहरी धंसी हुई हैं। जिन्हें पहचानना और दूर करना बहुत ही कठिन

है तो कुछ बिलकुल नई और सूक्षम पर तेज धार वाली है। क्षेत्र, जाति, धर्म और भौगोलिक रूप से इनमें इतनी विभिन्नता है की कहीं कोई कारण महत्त्वपूर्ण हो जाता है तो दूसरी जगह वही नगण्य। भ्रूण हत्या तो एक बढ़ी समस्या है ही परन्तु लिंगानुपात में कमी के पीछे मुख्य कारण लिंग पहचान कर भ्रूण हत्या है। ऐसा नहीं है की सरकार इस समस्या के प्रति निष्क्रिय है। कन्या भ्रूण हत्या को रोकने के लिए कई कानून बनाये गए और दंड के प्रावधान भी बनाये गए हैं।

भारत में लिंगानुपात में कमी बहुआयामी समस्या का परिणाम है इसलिए इसके लिए कई दिशाओं में प्रयास करना होगा। उन कारणों को भी दूर करने का प्रयास होगा जिनके कारण लोग घर में कन्या के जन्म से डरते हैं। इनमें से सबसे महत्त्वपूर्ण है विकराल रूप लेती दहेज प्रथा। सभी समस्याओं के लिए बने कानूनों को एक ओर तो सख्ती से लागू करना होगा तो दूसरी ओर सामाजिक आन्दोलन जोर-शोर से चलाना होगा और सबसे महत्त्वपूर्ण बात यह है की हमें इस बात को सभी को समझाना होगा कि यह एक ऐसी समस्या है जिसकी वजह भी हम खुद हैं और इसका निदान भी हमसे ही संभव है।

प्रतिभा पलायन की समस्या

आज हमारे देश को जिन समस्याओं का सामना करना पड़ रहा है, उनमें से एक प्रमुख समस्या प्रतिभा पलायन की है। जो असामान्य रूप से प्रतिभा संपन्न हैं और जिन्हें प्रतिष्ठित संस्थानों में अत्यंत उच्चस्तरीय एवं खर्चीली प्रणाली के द्वारा प्रशिक्षित किया जाता है, वे विदेशों में पलायन कर जाते हैं। भारत के प्रतिष्ठित शिक्षण-संस्थानों जैसे आई.आई.टी. के कुल प्रतिभा संपन्न छात्रों में से 25 प्रतिशत भारत से बाहर काम करने का निर्णय ले लेते हैं। सरकार का उनको रोकने का हर प्रयास असफल हो जाता है। प्रकाशित आँकड़े के अनुसार बाहर काम करने का निर्णय लेने वालों में 30 प्रतिशत से 40 प्रतिशत इंजीनियर हैं, 10 से 15 प्रतिशत चिकित्सक हैं, 15 से 20 प्रतिशत वैज्ञानिक हैं और शेष सामाजिक विज्ञान, मानविकी और प्रबंधन से जुड़े हुए हैं। इनकी संख्या भारत में प्रतिवर्ष प्रशिक्षित प्रतिभाओं की कुल संख्या का एक छोटा-सा भाग ही है, परंतु भारत जैसे विकासशील देश के लिए यह एक चिंताजनक स्थिति है कि प्रत्यक्ष विकास कार्यक्रमों से अपने को रोककर राज्य उच्च शिक्षा पर इतना भारी व्यय करता है और प्रशिक्षण के बाद वे प्रतिभाएँ देश की सेवा करने के बजाय विदेशों में काम करना और वहीं बस जाना पसंद करती हैं। प्राय: पलायन करने वालों में अधिकांश सबसे प्रतिभाशाली युवा होते हैं। इस प्रकार देश को प्रत्यक्ष एवं अप्रत्यक्ष रूप से बहुत बड़ा वित्तीय घाटा होता है।

प्रतिभा पलायन अधिकांश विकासशील देशों की एक गंभीर समस्या है। इन प्रतिभाओं से लाभान्वित होने वाले देश इन अप्रवासियों के मूल्य से भली-भांति

परिचित होते हैं, इसीलिए वे इसे पूरी गति देते हैं। इसके पीछे उद्देश्य बिल्कुल स्पष्ट है कि विकास की इस विश्वव्यापी दौड़ में वही विजेता होगा, जिसके पास तकनीकी दक्षता प्राप्त जितनी अधिक प्रतिभाएँ होंगी। इस प्रश्न पर विचार करने से पहले कि उदारीकरण द्वारा प्रतिभा पलायन पर अंकुश लगेगा अथवा नहीं, प्रतिभा पलायन के मूलभूत कारणों पर विचार करना अपेक्षित है। आई.आई.टी., बी.टेक या एम.टेक छात्र क्यों जाते हैं अमेरिका? इसे सिर्फ पश्चिम का आकर्षण नहीं कहा जा सकता क्योंकि ये आस्ट्रेलिया, हाँगकांग और सिंगापुर भी जाते हैं। मुख्य वजह यहाँ और वहाँ के बीच अवसरों में भारी अंतर है। यदि कोई किसी अनुसंधान की गहराई में जाना चाहता है, तो इसके लिए अत्याधुनिक उच्च तकनीक युक्त औजारों की जरूरत होती है, जो या तो भारत में उपलब्ध नहीं होती और यदि होती भी है तो महँगी। अधिकांशतः उच्च तकनीकी औजार आयातित होते हैं और भारत की आयात-नीति ऐसी है कि वैज्ञानिकों को अपना काम छोड़कर आयात-लाइसेंस के लिए लाइसेंस कार्यालयों के चक्कर लगाने को बाध्य होना पड़ता है। दूसरी ओर विकसित देशों में ऐसी कोई समस्या नहीं होती। इसके अलावा बेहतर जीवन-स्तर, कार्यों के प्रति बेहतर सम्मान और बेहतर प्रतिक्रिया भी विकसित देशों में ऐसी कोई समस्या नहीं होती। इसके अलावा बेहतर जीवन-स्तर, कार्यों के प्रति बेहतर सम्मान और बेहतर प्रतिक्रिया भी विकसित देशों के प्रति आकर्षण की प्रमुख वजहें हैं। इस समस्या के कुछ सामाजिक कारक भी हैं। कई बार विदेश जाने के लिए अभिभावकों का दबाव भी होता है। इसके पीछे आर्थिक कारण तो होता है, साथ ही विदेशों में काम करना एक तरह की सामाजिक प्रतिष्ठा का पैमाना भी हो गया है।

उदारीकरण एवं बहुराष्ट्रीय कंपनियों के प्रवेश से तत्काल प्रतिभा पलायन में और वृद्धि ही होगी। इन कंपनियों के पास प्रतिभाओं को आकर्षित करने के लिए पर्याप्त पैसा है। ये लोग कुछ दिन भारत में काम अवश्य करेंगे, परंतु कालांतर में इन्हें ये कंपनियाँ विदेशों में पदस्थापित कर देंगी। यह मानव संसाधान के स्थानांतरण की नई पद्धति है। विशेष कर यह उच्च तकनीक वाले क्षेत्र से संबद्ध प्रतिभाओं के लिए चिंताजनक है। इसमें माइक्रो-इलेक्ट्रॉनिक एवं जैव प्रौद्योगिक प्रमुख हैं। वर्तमान समय में इन विषयों की विकास के हर क्षेत्र में अत्यधिक आवश्यकता है, इसलिए हर समृद्ध देश ऐसी प्रतिभाओं की सेवा प्राप्त करने का प्रयास करेगा। इसमें वे किसी राष्ट्रीयता की परवाह नहीं करेंगे, यदि वे किसी भारतीय को सक्षम पाते हैं, तो उन्हें खरीद लेंगे। उदारीकरण की प्रक्रिया के अंतर्गत भारत में कई नियंत्रण समाप्त कर दिए गए हैं, कई व्यापारिक मुद्दे आसान कर दिए गए हैं, परंतु उदारीकरण की भावना से न तो यहाँ के समाज को अवगत कराया गया है और न ही शासक-वर्ग स्वयं अच्छी तरह अवगत हुआ है।

भारत में उद्योगों का आधुनिकीकरण प्रतिभा पलायन को रोकने की दिशा में एक सार्थक कदम होगा क्योंकि इससे उद्योगों में उच्च प्रतिभा संपन्नों के लिए

कई अवसर पैदा होंगे। सचमुच, उदारीकरण के इस दौर में भारतीय उद्योगों को या तो आधुनिक बनना होगा या विश्व बाजार से लुप्त हो जाना होगा। हमारे यहाँ कार्य -संस्कृति पैदा करने और उसके लिए सुविधाएं प्रदान करने की भी बहुत आवश्यकता है। प्रयोगशालाओं को आधुनिक एवं समस्त सुविधाओं से युक्त बनाना होगा। युवा प्रतिभाओं से उसी तरह की पेशकश करनी होगी, जिस तरह की पेशकश बहुराष्ट्रीय कंपनियाँ करती हैं, विशेषकर, वेतनमान एवं सेवा-शर्तों के संदर्भ में। दीर्घावधि में उदारीकरण प्रतिभा-पलायन को रोकने का एक माध्यम हो सकता है, क्योंकि विश्वस्तर की प्रतिस्पर्धा बने रहने के लिए घरेलू उद्योगों एवं संस्थाओं को अपने स्तर में सुधार करना ही होगा और इसके लिए दक्ष प्रतिभाओं की सेवाएँ ही अपेक्षित होगी। फिर सरकारी स्तर पर यह उच्च दक्षता प्राप्त अप्रवासी भारतीयों को भारत वापस लौटने के लिए तैयार करने की दिशा में प्रयास भी बड़े पैमाने पर करने चाहिए। खुशी की बात यह है कि इस तरह के प्रयास शुरू हुए हैं और इसके सुखद परिणाम भी आने लगे हैं।

नक्सलवाद और उसका निपटारा

भारत में नक्सलवाद ठीक वैसी ही समस्या का रूप ले चुका है जैसे पूरी दुनिया में आतंकवाद ने लिया है। वर्तमान में नक्सलवाद घोर हिंसक कार्यवाहियों का पर्याय बन चुका है और इस समस्या ने देश की आन्तरिक सुरक्षा पर एक गंभीर संकट खड़ा कर दिया है। हालाँकि वैचारिक तौर पर नक्सलवाद एक सामाजिक, आर्थिक समस्या है, लेकिन चूँकि आन्दोलन हिंसा के रास्ते पर चला गया है, इसलिए यह कानून व्यवस्था की स्थिति से जुड़ा है। केन्द्रीय गृह मंत्रालय की रिपोर्ट के अनुसार देश के 13 राज्यों के 55 से भी ज्यादा जिलों में नक्सलियों का असर है, और आंध्र प्रदेश, छत्तीसगढ़, बिहार, झारखण्ड और उड़ीसा के अनेक जिलों में नक्सलियों की समानांतर सरकारें चल रही हैं।

दरअसल नक्सलवाद का उदय पश्चिम बंगाल के एक छोटे से इलाके नक्सलबाड़ी में किसान विद्रोह से शुरू हुआ। ये विद्रोही वास्तव में उसी कम्युनिस्ट पार्टी के सदस्य थे जो पश्चिम बंगाल में नई-नई सत्ता में आई थी, चीन में चलने वाली सांस्कृतिक क्रांति से प्रभावित इन युवाओं ने अपनी ही पार्टी के नेतृत्व पर यह आरोप लगाया कि वह भी सुधारवादी और संसदीयवाद के शिकार हो कर क्रांति के साथ गद्दारी कर रहे हैं। उन्होंने ये दलील दी कि पार्टी को इसके बदले तत्काल ही ग्रामीण इलाकों में सशस्त्र कृषक विद्रोह कि शुरुआत करनी चाहिए, जिसके फलस्वरूप मुक्त क्षेत्र का गठन होगा और धीरे-धीरे सम्पूर्ण देश में सशस्त्र संघर्ष फैल जायेगा। लेकिन मार्क्सवादी कम्युनिस्ट पार्टी नेतृत्व ने तत्काल बागी नेताओं को ये कह कर पार्टी से निकल दिया कि वे वामपंथी दु:साहस के शिकार हो गए हैं। इन बागी नेताओं में अधिकतर नेता खासतौर पर कॉलेज और विश्वविद्यालयों के

छात्र थे, इन्ही को बाद में नक्सलाईट नाम से जाना गया। आन्दोलन का प्रारंभिक नेतृत्व कानू सान्याल, चारू मजुमदार और जंगल सान्याल ने किया था।

सवाल ये उठता है कि नक्सलवाद का उदय कैसे हुआ? वास्तव में नक्सलवाद के उदय का सीधे तौर पर सामाजिक, आर्थिक, राजनितिक और काफी हद तक प्रशासनिक शोषण से जुड़ा हुआ है। क्षेत्रीयता, असंतुलित विकास, बेरोजगारी और मानसिक पिछड़ापन भी एक बड़ा मुद्दा है। सच तो ये है कि इनके उद्देश्य ही उदय के कारणों को स्पष्ट रूप से व्यक्त करते हैं। इनका उद्देश्य है– सर्वहारा शासन तंत्र की स्थापना करना। अर्थात् एक ऐसे वर्गहीन समाज की स्थापना करना जिसमे मजदूरों, कृषकों तथा अन्य दबे कुचले वर्ग का प्रभुत्व हो। नक्सलवाद उग्र विचारधारा की पृष्ठभूमि पर भले ही आधारित हो, लेकिन मूल रूप से अलगाववाद अथवा आतंकवाद से अलग है।

परन्तु वर्तमान में ये नक्सली संगठन पूरी तरह से हिंसक क्रियाकलाप में लिप्त हैं। ये संगठन यह दावा करते हैं कि आम आदमी उनका साथ दे रहा है, लेकिन वास्तव में आम आदमी उनकी विचारधारा से प्रभावित है या फिर उनके खौफ से यह स्पष्ट नहीं है, बल्कि आम आदमी को तो कई बार दोहरी मार झेलनी पड़ती है। एक और सरकार नक्सलियों का साथ देने का आरोप लगा कर इन पर अत्याचार करती है, वही दूसरी ओर नक्सली भी अपना हित साधने के लिए इनका उत्पीड़न करते हैं। वर्तमान में इन नक्सली गुटों ने देश के कुछ राज्यों के क्षेत्रों से मिल कर रेड कॉरिडोर का निर्माण कर लिया है। यही नहीं, इन्होने जम्मू-कश्मीर तथा पूर्वोत्तर के कुछ आतंकवादी संगठनों से हाथ मिलाना शुरू कर दिया है, जो बेहद खतरनाक भविष्य का संकेत है।

कुल मिला कर कहा जा सकता है कि नक्सली गुटों का साध्य तो उत्तम है, लेकिन उसके लिए उन्होंने जो साधन चुने हैं, उन्हें किसी भी स्तर पर न्याय संगत नहीं ठहराया जा सकता। अर्थात् उनके क्रियाकलाप अत्यंत हीन ओर निराशाजनक स्थिति के परिचायक है। नक्सली गुटों को समझना चहिये कि हिंसा से कभी किसी को कुछ हासिल नहीं होता। इतिहास गवाह है कि हिंसा के बल पर हथियाई गयी सत्ता या कोई भी व्यवस्था ज्यादा दिनों तक नहीं चल पाती और अंतत: खत्म हो जाती है। अलगाववादी भी हिंसा फैलाकर लोगों को आतंकित करते हैं और नक्सली भी। ऐसे में उनकी देश के प्रति निष्ठा भी संदेह के घेरे में आती है। वास्तव में इनकी हिंसा का शिकार मुख्यत: वही आम लोग होते हैं जिनके लिए ये नक्सली येन-केन प्रकरेण कुछ हासिल करना चाहते हैं।

दूसरी ओर सरकार को भी कानून व्यवस्था की सोच से ऊपर उठ कर इनकी मूलभूत समस्या को दूर करने का प्रयत्न करना चाहिए। सरकार को उन लोगो को समाज और राष्ट्र की मुख्य धारा से जोड़ने की हरसम्भव कोशिश करनी चाहिए

जिनके हित में लड़ने का दावा ये नक्सली संगठन करते हैं। सरकार को इस आत्मविश्वास के साथ इस समस्या का निदान ढूँढ़ना चाहिए कि यह समस्या गंभीर भले ही हो, लेकिन लाइलाज नहीं है।

रोबोट का भविष्य

रोबोट को लेकर जितनी उत्सुक्ताएं हैं उतना ही डर भी है। लेकिन वास्तविकता ऐसी नहीं है। वैज्ञानिकों का मानना है कि रोबोट एक उच्च तकनीक से बना मनुष्य के साथ मित्र की भांति रहने वाला यांत्रिक सेवक है। दूसरी ओर वैज्ञानिक का यह भी मानना है कि रोबोट एक अच्छा सेवक है। रोबोट की प्रकृति नुकसान पहुँचाने वाली और लाभदायक दोनों ही प्रकार की हो सकती है। हो सकता है भविष्य में रोबोट विश्व पर राज करे।

आपको प्यास लगी है, बिना बोले बराबर में बैठा कोई दूसरा नहीं जान सकता। लेकिन अब इस असंभव काम को करेगा भविष्य का रोबोट। आपके कहने से पहले ही रोबोट पानी का गिलास लेकर आपके सामने हाजिर हो जायेगा। यही नहीं भूख लगने का संदेश मस्तिष्क में जाते ही रोबोट थाली सजाने में जुट जायेगा। इसी तरह मस्तिष्क की तरंगों पर आधारित यह रोबोट हर वह काम करेगा जिसकी उसके अंदर प्रोग्रामिंग की गयी होगी।

भविष्य का रोबोट (मशीन मानव) बनाने का आधार तैयार हो चुका है। रोबोट और माइंड वेव्ज एनालाइजर को जोड़ने पर काम चल रहा है। इस रोबोट में एक प्रोग्राम फिट किया जायेगा, जो मानव मस्तिष्क की तरंगों से मिलने वाले सिगनल के बेस पर काम करेगा। इसे ऑपरेट करने के लिए रिमोट की जरूरत नहीं होगी। सब ऑटोमैटिक होगा।

जिस व्यक्ति को रोबोट की सेवा चाहिए, उसकी मस्तिष्क तरंगों का विश्लेषण किया जायेगा। विश्लेषण के लिए व्यक्ति के सिर पर हेडफोन जैसा यंत्र लगाया जायेगा, जिसका कनेक्शन माइंड वेव्ज एनालाइजर से होगा। मानव मस्तिष्क में चलने वाली सभी क्रियाओं को एनालाइजर ग्राफ और रीडिंग के माध्यम से डिस्प्ले पर प्रदर्शित करेगा।

प्यास-भूख, दुख और खुशी में ग्राफ और रीडिंग पर जो प्रभाव पड़ता है, उसका प्रोग्राम तैयार कर रोबोट में फिट किया जायेगा। प्यास लगने की तरंगें जैसे ही मस्तिष्क से निकलेंगी रोबोट तुरंत पानी लेने दौड़ पड़ेगा। रोबोट का पूरा काम तरंगों की हलचल पर आधारित होगा।

भविष्य में रोबोट्स समुद्र की गहराइयों में जारी खोजों, विषैली गैसों से युक्त कोयला खानों, रेडिओ एक्टिव पदार्थों, निर्वात और आण्विक केंद्र जैसी जानलेवा जगहों पर काम करते दिखाई देंगे। स्वचालित, तीव्र गति वाले वाहनों को नियंत्रित

करने के लिए तो इनका उपयोग शुरू हो चुका है। आने वाले समय में ऊँची-ऊँची गगनचुम्बी इमारतों में मजदूरों के स्थान पर यंत्रमानव ही कार्य करते दिखाई देंगे। आज शल्यक्रिया में रोबोट या तो चिकित्सा की मदद कर रहे हैं अथवा सम्पूर्ण शल्यक्रिया ही रोबोट्स की मदद से करना संभव हो चुका है और खेत-खलिहानों में भी रोबोट्स पहुँचाने की तैयारी की जा रही है।

भविष्य में कृत्रिम मस्तिष्क युक्त रोबोट्स तैयार कर लिए जायेंगे, जो देखने में कीड़े-मकोड़ों के समान होंगे।

फिलहाल तैयार किये गए बौने यांत्रिक मानव के मस्तिष्क 330 न्युरोन क्षमता युक्त है, जबकि मस्तिष्क की क्षमता एक सौ अरब न्युरोंस हैं। इतनी अधिक क्षमता का मशीनी मस्तिष्क तैयार करना कठिन जरुर है, परन्तु असम्भव नहीं है। कृत्रिम मस्तिष्क के इस्तेमाल की ललक इतनी ज्यादा बढ़ रही है कि घरेलू पालतू जानवरों की जगह भविष्य में रोबोट्स जगह ले लेंगे।

निकट भविष्य में अनेक देशों में यंत्र मानवों का उपयोग बढ़ जायेगा, यह अलादीन के चिराग के समान होगा, आप एक बटन दबायेंगे और आपका सेवक रोबोट हाथ जोड़कर आपके सामने खड़ा होगा। शायद जल्द ही ऐसा समय भी आयेगा जब मानव संवेदना, भावना, बुद्धि, प्रेम जैसी बातें मानव और यंत्र मानवों में समान रूप से पायी जायेगी।

टूटते विवाह और समाज पर उनका प्रभाव

जिस तरह विवाह एक सामाजिक संस्था है, उसी तरह कुछ समाजों में विवाह से जुड़ी एक सामाजिक संस्था तलाक भी है। तलाक द्वारा विवाह सम्बन्धों को तोड़ा जाता है। तलाक हो जाने पर सम्बद्ध व्यक्ति अपनी अविवाहित स्थिति में वापस लौट जाते हैं, यदि वे चाहें तो बाद में दुबारा विवाह कर सकते है।

तलाक संस्था का रूप अलग-अलग समाज और अलग-अलग समय में पृथक् हो सकता है। किन परिस्थितियों और किस प्रक्रिया द्वारा तलाक दिया जा सकता है, इसके बारे में अलग-अलग नियम हो सकते हैं। इसके अलावा, एक ही समाज में एक ही समय में तलाक सम्बन्धी नियमों का सहअस्तित्व भी हो सकता है। इसी तरह, एक ही में समाज अलग-अलग व्यक्तियों के द्वारा तलाक देने के बारे में अलग-अलग दृष्टिकोण भी हो सकते हैं। भारत की बहुधर्मी समाज में तलाक के अलग-अलग विधियाँ और दृष्टिकोणों का सहअस्तित्व है। तलाक के प्रति दृष्टिकोण में परिवर्तन भी आ रहा है। उदाहरण के तौर पर आज के समय हिन्दू कानून में तलाक को मान्यता प्रदान की गयी है।

सामान्यत: विवाह विच्छेद वैवाहिक सम्बन्धों का वैधानिक अंत है, यद्यपि यह अंत अदालत के हस्तक्षेप के बिना भी संभव होता है। परम्परागत हिन्दू सामाजिक

संगठन में हिन्दू धर्म विवाह को जन्म-जन्मान्तर का गठबंधन मानता है और विवाह विच्छेद को मान्यता प्रदान नहीं करता है। परन्तु, हिन्दू समाज में आधुनिकीकरण की प्रक्रिया के तहत विवाह विच्छेद को कानूनी अधिकार के रूप में मान्यता दी गयी है। इस घटना के भारतीय समाज पर सकारात्मक और नकारात्मक दोनों तरह के प्रभाव परिलक्षित होते हैं। एक तरफ इसने तलाक की दर में वृद्धि कर पारिवारिक विघटन और बच्चों के पालन-पोषण की समस्या को उत्पन्न किया है, तो दूसरी और स्त्रियों को विवाह-विच्छेद की स्वतंत्रता देकर उनकी स्थिति में सुधार किया है।

विवाह-विच्छेद की बढ़ती प्रवृति ने आज विवाह-विच्छेद के अधिकार के संधर्भ में एक विवाद को उत्पन्न किया है, जिसके पक्ष और विपक्ष में तर्क देकर यह प्रतिक्रिया व्यक्त की जाती है।

तलाक विरोधियों का मानना है कि विवाह- विच्छेद अनुचित है और इसका अधिकार नहीं मिलना चाहिए। उन्होंने अपने समर्थन में निम्नलिखित तर्क दिए हैं –

1. तलाक हिन्दू धर्म के विरुद्ध है, क्योंकि तलाक का अधिकार विवाह के संस्कारिक महत्त्व को समाप्त कर देता है।
2. तलाक के पश्चात अलग हुए लोग यौन संतुष्टि के लिए अन्य विकल्पों का प्रयोग करते हैं, फलतः अनैतिकता को प्रोत्साहन मिलता है।
3. विवाह- विच्छेद से पति-पत्नी अलग हो जाते हैं और बच्चे उनमे से किसी एक के पास रहने लगते हैं यह स्थिति पारिवारिक विघटन को जन्म देती है।
4. हिन्दू समाज में स्त्रियाँ समान्यतः पुरुषों पर निर्भर हैं अतः तलाक स्त्रियों के समक्ष आर्थिक समस्याएँ उत्पन्न करता हैं।
5. इससे बच्चों के पालन-पोषण की समस्या उत्पन्न होती है, क्योंकि तलाक के बाद उनको पूरे परिवार का प्यार नहीं मिल पाता है।

   दूसरी और, विवाह-विच्छेद के समर्थकों के अनुसार तलाक उचित है और इसका अधिकार मिलना चाहिए। इन लोगो ने अपने समर्थन में निम्न तर्क दिए हैं -

   1. तलाक के अधिकार से स्त्रियों की स्थिति में सुधार होता है, और पुरूषों की तरह समानता एवं स्वतंत्रता के अधिकार प्राप्त होते हैं।
   2. तलाक के द्वारा दुखी वैवाहिक जीवन का समापन होता है।
   3. यह समानता के सिद्धांत पर आधारित है।
   4. यह हिन्दू विवाह के नियमों में संतुलन उत्पन्न करता है।
   5. यह गतिशील समाज की आवशयकता को पूरा करता है।

उपरोक्त दोनों पक्षों पर विचारोपरांत निष्कर्षतः इसके पक्षधरों से सहमत हुआ

जा सकता है, क्योंकि वैश्वीकरण के इस दौर में जहाँ लिंग समानता की माँग आधुनिक समाज का एक प्रबल पक्ष है, परम्परागत मान्यताओं के साथ खड़ा होकर विवाह- विच्छेद को अनुचित नहीं ठहराया जा सकता है। हाँ, यह अवश्य है कि इसके दुष्परिणामों से बचने के लिए कुछ सतर्कता अवश्य बरतनी चाहिए, जैसे-

1. स्त्रियों के आर्थिक सुधार को भी ध्यान में रखा जाये।
2. बच्चों के पालन-पोषण कि समुचित व्यवस्था कि जाये।
3. इसके पक्ष में जनमत तैयार किया जाये।

टी.वी. एक व्यसन

जिसे मनोरंजन का सबसे सस्ता, सुलभ व किशोर वर्ग को नैतिकता की शिक्षा देने वाला सशक्त माध्यम माना जाता था, आज वही टेलीविजन हिंसा व अश्लीलता के द्वारा राष्ट्र पर सांस्कृतिक हमले कर रहा है। टेलीविजन के विभिन्न चैनलों के माध्यम से आधुनिकता के नाम पर नकारात्मक और हिंसात्मक प्रवृत्तियों को उभारा जा रहा है जो बच्चों व युवाओं के मन मस्तिष्क को बुरी तरह विकृत करने के लिए पर्याप्त है।

जिस गति से बच्चे टेलीविजन द्वारा निर्मित नई सभ्यता की ओर बढ़ रहे हैं उससे अंदाज लगाया जा सकता है कि आने वाला कल कैसा होगा। एक अध्ययन के अनुसार नियमित रूप से टी.वी. पर फिल्म व अन्य कार्यक्रम देखने वाले बच्चे व किशोर 17 वर्ष की आयु तक पहुँचते-पहुँचते लगभग 33 हजार हत्याएँ तथा दो लाख हिंसक घटनाएँ टी.वी. पर देख चुके होते हैं। इसी का दुष्परिणाम है कि आज छोटे-छोटे बच्चे भी झगड़े-फसादों, चोरी-डकैतियों, नशाखोरी, जुआ, हिंसा व कई आपराधिक मामलों में लिप्त पाये जाने लगे हैं। आज बच्चों का रुझान पुस्तकों की ओर कम और टी.वी. की ओर अधिक है। बिस्तर पर आराम करने की बजाय टी.वी.देखते हुए आराम करने से 14.5 कैलोरी कम खर्च होती है। परिणामत: ज्यादा टी.वी. देखने वालों का मोटापा बढ़ता है। विशेषज्ञों का यह भी मत है कि जब बच्चा 18 साल का होता है तो वह टी.वी. के प्रभाव में इतना आ जाता है कि क्या खाए, क्या पियें, क्या पहनें, कैसे रहें, कैसे सोचें, कैसे समाज की रचना करें, यह सब टी.वी. पर देखे गये प्रोग्राम से स्वत: निर्देशित होने लगता है, देखते-देखते बच्चा अपनी किशोरावस्था की सहजता भूलकर अपने माता-पिता को यह शिक्षा देने की कोशिश करता है की उन्हें कैसे रहना चाहिए और क्या करना चाहिए?

टी.वी. ने न केवल उनके बाल मन को प्रभावित किया है बल्कि उनकी शारीरिक क्रिया को भी झकझोरा है। अब प्रश्न यह उठता है कि बच्चों पर हो रहे इस दुष्प्रभाव को कैसे रोका जाये? क्या हमें अपने समाज, भारतीय संस्कृति, नैतिकता, युवा पीढ़ी व अबोध बच्चों के भविष्य की कोई चिंता नहीं है? क्या

अपराध, हिंसा, नशाखोरी, जुआ, सट्टा आदि की चरम सीमाओं तक पहुँचाना ही इलेक्ट्रॉनिक मीडिया का एकमात्र उद्देश्य रह गया है?

जनसरोकारों की बातें करने और समाज को दिशा देने की भूमिका निभाने वाला टेलीविजन आज खुद अपनी भूमिका पर सबसे कम सवाल खड़े करता है। खासकर टेलीविजन पर खबरों के चयन और प्रस्तुतिकरण को लेकर सबसे ज्यादा सवाल उठाए जाते हैं। टीआरपी की लड़ाई या चटपटी खबरों को लेकर मीडिया का आग्रह किसी से छिपा नहीं हैं। भूत-प्रेत, नाग-नागिन, और इसी तरह की खबरें प्राइम टाइम की न्यूज आइटम होती हैं, पर विदर्भ में सैकड़ों किसानों की आत्महत्या या भूख और कुपोषण से हुई मौत इसकी सुर्खियाँ क्यों नहीं होते। यह बेहद दुर्भाग्यपूर्ण है जिस तेजी से संसाधनों और सुविधाओं ने तरक्की की उसी गति से जनोन्मुखी खबरों का स्थान टेलीविजन में कम होता गया।

एडूसैट (भारत का प्रथम शैक्षणिक उपग्रह) की सार्थकता

देश में दूरस्थ शिक्षा के क्षेत्र में गति लाने के लिए स्वदेश निर्मित शैक्षणिक उपग्रह 'एडूसैट' का प्रक्षेपण 2004 को किया गया है। यह किसी भारतीय विश्व विद्यालय द्वारा विकसित पहला उपग्रह है। अन्ना विश्वविद्यालय के छात्रों और अध्यापकों ने लगभग 6 साल की कड़ी मेहनत के बाद इसे तैयार किया है। एडूसैट के कार्यशील होने से दूरस्थ शिक्षा के क्षेत्र में क्रांति लाई जा सकती है। इससे टेलीविजन स्टूडियो में बैठे शिक्षक हजारो विद्यालयों और महाविद्यालयों को एक साथ संबोधित कर सकेंगे। इस व्यवस्था से दूरस्थ क्षेत्रों में शिक्षकों की कमी से निपटा जा सकेगा।

एडुसैट को 'जीसैट-3' के रूप में जाना जाता है। यह पाठशाला स्तर से उच्च शिक्षा तक सुदूर शिक्षा के लिए बना है। यह पहला समर्पित 'शिक्षा उपग्रह' है, जो देश भर में शैक्षणिक सामग्री के संवितरण के लिए कक्षा को उपग्रह आधारित दोतरफा संचार उपलब्ध कराता है।

यह भू-तुल्यकालिक उपग्रह आई-2 के आधार पर विकसित किया गया है। जीसैट-3 74° पू. रेखांश पर मेटसैट (कल्पना-1) और इन्सैट-3सी के साथ सह-स्थित है।

एडुसेट से ग्रामीण शिक्षा के क्षेत्र में एक बड़ी कमी को पूरा करने का प्रयास किया जा रहा है। शिक्षा के विस्तार के लिए अन्तरिक्ष में स्थापित यह विश्व के पहला उपग्रह है। इसकी मदद से परीक्षा पत्रों समेत अन्य गोपनीय शैक्षणिक सूचनाओं को स्थानांतरित किया जा सकेगा। इस उपग्रह की सबसे बड़ी विशेषता भाषा की बाधा को समाप्त करना है, विभिन्न भारतीय भाषाओं के अनुवादक सॉफ्टवेयर की सहायता से इसका लाभ स्थानीय भाषा में प्राप्त किया जा रहा है। यह प्रणाली प्रति क्रियात्मक सुविधाओं से युक्त है, जिसमे विद्यार्थी एक साफ्ट वेयर की सहायता से दूर स्टूडियो में बैठे शिक्षक से न केवल प्रश्न कर सकता है, बल्कि उसका उत्तर

भी प्राप्त कर सकता है ग्रामीण ही नहीं शहरी छात्र भी इसका लाभ उठा रहे हैं।

इस प्रकार सुदूरवर्ती ग्राम्य क्षेत्रों में विकास, जागरूकता तथा शिक्षा का लाभ पहुँचने वाली सूचना प्रोद्योगिकी एक सर्वग्राही, सर्वसुलभ तथा सबसे सस्ती प्रणाली के रूप में स्थापित हो चुकी है। इस प्रोद्योगिकी ने सूचना सम्प्रेषण की सबसे बड़ी बाधा जो अब तक ग्रामीण विकास के मामले में सामने आती थी को लगभग शून्य कर दिया है। ग्रामीण क्षेत्रों में आज संचार के विभिन्न साधनों के तेजी से विस्तार हो रहा है। ग्रामीण क्षेत्रों के नियोजित विकास में इस प्रोद्यौयोगिकी का केंद्र सरकार द्वारा तेजी से इस्तेमाल किया जा रह है इस प्रोद्यौगिकी द्वारा निरक्षरता, निर्धनता, बेराजगारी जैसी समस्याओं पर काफी हद तक विजय प्राप्त की जा सकती है।

इंटरनेट वरदान या अभिशाप

एक समय था, जब किसी प्रकार की जानकारी प्राप्त करने के लिए लाइब्रेरी में पुस्तकों को खोजना पड़ता था या फिर पत्र-पत्रिकाओं की खाक छाननी पड़ती थी। समय के बदलाव के साथ यह सब सुविधा सुगम हो गयी और फिर आ गया इंटरनेट का जमाना। आज इंटरनेट का नाम बच्चे-बूढ़े सभी जानते हैं, यह नाम नया नहीं रह गया है। यह जीवन का एक अटूट हिस्सा बन चुका है। इंटरनेट से जीवन सरल हो गया है, लेकिन सवाल उठता है कि इंटरनेट कहते किसे हैं? सूचनाओं और दस्तावेजों के आदान-प्रदान के लिए टीसीपी, आईपी प्रोटोकॉल का उपयोग करके बनाया गया नेटवर्क जो वर्ल्ड वाइड नेटवर्क के सिद्धांत पर कार्य करता है, उसे इंटरनेट कहते हैं। टीसीपी का अर्थ है ट्रांसमिशन कंट्रोल प्रोटोकॉल।

इंटरनेट नेटवर्कों का नेटवर्क है। सन 1969 में विंटर सर्फ ने इंटरनेट सोसायटी का गठन किया था और कुछ मेनफ्रेम कंप्यूटरों को परस्पर जोड़ दिया था। आज 160 से अधिक देश इसके सदस्य हैं। 40 मिलियन से अधिक इसके उपभोक्ता हैं। यही कारण है कि इसे विश्व का नेटवर्क माना जाता है। यह विश्व भर के शैक्षणिक, औद्योगिक, सरकारी और गैर-सरकारी संस्थाओं और व्यक्तियों को आपस में जोड़ता है। यह विश्व भर के अलग-अलग प्लेटफॉर्म पर काम करने वाली नेटवर्क प्रणालियों को एक मानक प्रोटोकोल के माध्यम से जोड़ने में सक्षम हैं। इसका कोई केंद्रीय प्राधिकरण नहीं है। मात्र विभिन्न नेटवर्कों के बीच परस्पर सहमति के आधार पर इसकी परिकल्पना की गयी है। यह सहमति इस बात पर है कि सभी प्रयोक्ता संस्थाएँ इस पर संदेश के आदान-प्रदान के लिए एक ही पारेषण (Transmission) भाषा या प्रोटोकोल का प्रयोग करेंगी। इंटरनेट सोसायटी मात्र स्वैच्छिक संस्थाओं का संगठन है, इंटरनेट के मानकों का निर्धारण करती है और उसके माध्यम से तकनीकी विकास पर नजर रखती है।

एक रिसर्च के अनुसार सोशल मीडिया में रेडियो, टी वी, इंटरनेट और आईपॉड आता है। रेडियो को कुल 73 साल हुए हैं, टीवी को 13 साल और आईपॉड को

3 साल। लेकिन, इन सब मीडिया को पीछे छोड़ते हुए सोशल मीडिया ने अपने चार साल के अल्प समय में 60 गुना अधिक रास्ता तय कर लिया है, जितना अभी तक किसी मीडिया ने तय नहीं किया।

वैसे, इस मीडिया का उद्‌भव आई-टी और इंटरनेट से हुआ है। मुख्य रूप से वेबसाइट, न्यूज पोर्टल, सिटीजन जर्नलिज्म आधारित वेबसाईट, ई-मेल, ब्लॉग, सोशल-नेटवर्किंग वेबसाइटस, जैसे माइस्पेस, आरकुट, फेसबुक आदि, माइक्रो ब्लॉगिंग साइट टिवटर, ब्लॉग्स, फोरम, चैट सोशल मीडिया का हिस्सा है। यही एक ऐसा मीडिया है जिसने अमीर, गरीब और मध्यम वर्ग के अंतर को समाप्त किया है।

इंटरनेट, अनालॉगडायल अप, आईएसडीएन, बीआईएसडीएन, डीएसएल, केबल, वायरलेस इंटरनेट कनेक्शनब्रॉडबैंड, टी1 लाइन, टी3 लाइन के रुप में हमारे सामने है।

इंटरनेट के फायदे और नुकसान दोनों हैं। यह निर्भर करता है उपयोग करने वाले पर कि वह इसे किस रूप में प्रयोग करता है। सबसे पहले हम इंटरनेट से होने वाले फायदे के बारे में बात करते हैं।

कम्युनिकेशन : इंटरनेट की सबसे अच्छी बात तो यह है कि हम दूर बैठे व्यक्ति से बिना किसी अतिरिक्त शुल्क के घंटों बात कर सकते हैं। सूचनाओं के आदान-प्रदान के लिए ई-मेल कर सकते हैं।

जानकारी : दुनिया में किसी भी तरह की जानकारी सर्च-इंजन के द्वारा कुछ ही पलों में प्राप्त कर सकते हैं।

मनोरंजन : यह हमारी बोरियत को खत्म करने के सबसे उत्तम माध्यम के रूप में उभरा है। संगीत प्रेमियों के लिए गीत-संगीत, बच्चों के लिए गेम्स, फिल्म के शौकीन फिल्में इत्यादि बिना किसी अतिरिक्त शुल्क के डाउनलोड कर सकते हैं।

सर्विसेज : सर्विसिंग इंटरनेट पर कई तरह की सुविधाएँ हैं, जैसे कि ऑनलाइन बैंकिंग, नौकरी खोज, रेलवे टिकट बुकिंग, होटल रिजर्वेशन इत्यादि। यहाँ तक कि बाजार से घर की जरूरत का सामान भी घर बैठे मँगवा सकते हैं।

ई-कॉमर्स : यह सुविधा बिजनेस डील और सूचनाओं के आदान-प्रदान से सम्बन्धित हैं।

सोशल नेटवर्किंग साइट्स : इसका चलन बहुत ही तेजी से बढ़ रहा है। सेलेब्रिटीज तक अपनी बातों को पहुँचाने के लिए जमकर इसका उपयोग कर रहे हैं। इसके कई फायदे हैं, जैसे-अलग-अलग विचारों वाले दोस्त बनते हैं, जिनसे काफी कुछ सीखने को मिलता है। इन साइटों में काफी मात्रा में पठनीय सामग्री तक रखी हैं। अपनी बातों को दूसरों के सामने रखने का सबसे अच्छा साधन बन रहा है। जैसे कि पहले भी कहा जा चुका है कि इंटरनेट के जहाँ लाभ हैं, वहीं इसके नुकसान भी सामने आते हैं।

नुकसान - आज व्यक्तिगत जानकारियों की चोरी के कई मामले सामने आ रहे हैं, जैसे कि क्रेडिट कार्ड नंबर, बैंक कार्ड नंबर इत्यादि। इसका उपयोग देश की सुरक्षा व्यवस्था को भेदने के लिए भी किया जाता है।

स्पैमिंग : यह अवांछनीय ई-मेल होती है, जिनका मकसद केवल गोपनीय दस्तावेजों की चोरी करना होता है।

वायरस : इसका उपयोग कम्प्यूटर की कार्यप्रणाली को नुकसान पहुँचाने के लिए किया जाता है।

पोर्नोग्राफी : यह इंटरनेट में विष की तरह है। इस तरह की साइट पर ढेरों अश्लील सामग्री रहती है। यह समाज में जहर की तरह घुल रहा है। इसे देखकर यूजर्स कई तरह के अपराध तक कर डालते हैं।

पायरेसी : आईटी जगत और फिल्म नगरी में इससे काफी नुकसान हो रहा है

२-जी स्पैक्ट्रम घोटाला

घोटाला चाहे एक रुपए का हो या फिर 1.76 लाख करोड़ का, भ्रष्टाचार भ्रष्टाचार है। बहस उस पर होनी चाहिए। क्योंकि इससे अगर किसी भी संवैधानिक संस्था की साख को चोट पहुँचती है तो लोकतंत्र को घाव लगते हैं। आज 2 जी स्पेक्ट्रम के घोटाले के आँकड़ों पर बहस मूल मुद्दे को भटकाने की कोशिश है। पर जनता ये न भूले कि सरकारें तो आती है, और चली जाती हैं। इसलिए 2 जी का मुद्दा भुलाने का मुद्दा नही है।ये मुद्दा तब से शुरू हुआ जब से पूर्व दूरसंचार मंत्री ए राजा ने 2 जी स्पेक्ट्रम के आवंटन में प्रधानमंत्री मनमोहन सिंह और कानून, न्याय और वित्त मंत्रालय के सुझावों की अनदेखी की। लाइसेंस के आवंटन में दूरसंचार मंत्रालय ने अपने ही तय नियमों का उल्लंघन किया। इन सभी अनियमितताओं की वजह से दूरसंचार मंत्रालय को 1.76 लाख करोड़ रुपये का अनुमानित नुकसान हुआ है। पूर्व दूरसंचार मंत्री ने कानून मंत्रालय के इस सुझाव की भी अनदेखी की जिसमें लाइसेंस आवंटन का काम न्यायपूर्ण तरीके से करने के लिए एक अधिकार प्राप्त मंत्रियों का समूह बनाने को कहा गया था। लाइसेंस की दरख्वास्त लेने में, 'पहले आओ-पहले पाओ' नीति का पालन नहीं किया गया।

फिर जब तहकीकात की गयी तो पता चला कि कई कंपनियों को लाइसेंस फर्जी दस्तावेजों के आधार पर और बहुत कम दामों पर दिये गये। और लाइसेंस पाने वाली कई कंपनियाँ ऐसी हैं, जिन्हें लाइसेंस के आवंटन से कुछ ही दिन पहले बनाया गया.जिसके कारण दूरसंचार कमीशन को इस प्रक्रिया पर दूरसंचार नियामक प्राधिकरण के सुझावों पर अमल करने का मौका नहीं दिया गया।

सारी तहकीकात के बाद 20 फरवरी 2012 को सुप्रीम कोर्ट ने अपने फैसले मे लिखा, '2 जी स्पैक्ट्रम बँटवारे का मामला असंवैधानिक और मनमाना है। ए

राजा जनता के पैसों पर कुछ कंपनियों को फायदा पहुँचाना चाहते थे। केन्द्रीय जाँच ब्यूरो (सीबीआई) की विशेष अदालत ने बहुचर्चित 2 जी स्पैक्ट्रम आवंटन घोटाले में पूर्व संचार मंत्री ए राजा और द्रमुक सांसद कनिमोझी समेत सभी 17 लोगों के खिलाफ साक्ष्यों को प्रथम दृष्टया पर्याप्त मानते हुए इनके विरुद्ध आरोप तय किए जाने का आदेश दिया। देश की राजनीति में भूचाल लाने वाले इस कांड में न्यायालय का यह फैसला इस मामले को आगे बढ़ाने में एक महत्त्वपूर्ण कदम है।

टेलीकाम मंत्री राजा को टेलीकाम सेक्रेटरी बेहुरा के साथ सलाखों के पीछे जाना पड़ा। निजी कंपनियों के आला अधिकारी भी जेल मे एड़ियाँ रगड़ने को मजबूर हुए। उन सभी पर भारतीय दंड संहिता (आईपीसी) की धारा 120 (बी) अपराधिक षडयंत्र, जो धारा 409, (विश्वासभंग) से सम्बन्धित है, धारा 420 (धोखाधड़ी), धारा 468 तथा 471,जालसाजी, तथा भ्रष्टाचार निवारक कानून की विभिन्न धाराओं से जुड़े अपराधिक कृत्य करने की धाराएें लगाई गयी हैं।

यानी घोटाले पर तो सुप्रीम कोर्ट भी मुहर लगा चुका है। जिसका मतलब साफ है कि घोटाला हुआ और असल मसला भी ये घोटाला ही है। लेकिन इससे सरकार की कार्य शैली पर प्रश्न चिन्ह लग चुका है।

2 जी स्पैक्ट्रम घोटाले के मामले में संयुक्त संसदीय समिति के प्रति सहमत होना सरकार की विवशता का परिचायक है। यह इस बात का भी परिचायक है कि बचाव के सारे रास्ते बंद होने के साथ-साथ न केवल प्रधानमंत्री बल्कि कांग्रेस अध्यक्ष सोनिया गांधी पर भी अँगुली उठने लगी है। भले ही स्विस बैंकों में खाते होने के संदर्भ में लालकृष्ण आडवाणी उनसे खेद जता चुके हों, लेकिन एक के बाद एक घोटाले और प्रशासनिक अधिकारियों की पात्रता पर उठ रहे सवाल सोनिया गांधी को भी लपेटे में ले रहे हैं। क्योंकि प्रधानमंत्री का पद भले ही मनमोहन सिंह के पास हो, यह सभी जानते हैं कि सत्ता की असल बागडोर सोनिया गांधी के हाथों में है। मनमोहन सिंह महज मोहरा हैं। मोहरे के रूप में उनकी छवि में जितना निखार आता जायेगा, सोनिया गांधी पर उतनी ही जवाबदेही बढ़ती जायेगी। 2 जी स्पैक्ट्रम घोटाले को लेकर जो छीछालेदर हो रही है उसके छींटों से भी प्रधानमंत्री की छवि धूमिल हुई है। शायद इस स्थिति से ध्यान बंटाने के लिए उन्होंने मंत्रिमंडल में फेरबदल का पासा फेंका हो और बजट सत्र के बाद और व्यापक फेरबदल की घोषणा की हो, पर उनकी छवि में सुधार नहीं हुआ है। संभवत: 2 जी स्पैक्ट्रम घोटाले के मामले में जेपीसी के लिए तैयार होने के पीछे विपक्ष के दबाव से अधिक उनकी अपनी पार्टी में जेपीसी के लिए बढ़ती अनुकूलता इसका कारण रहा हो और महंगाई आदि मोर्चे पर उभर रहे असंतोष को विस्फोटक होने से रोकने के लिए बजट सत्र के बाद व्यापक फेरबदल का वादा करने के पीछे भी यही कारण रहा हो।

भारत में यौन शिक्षा

यौन शिक्षा (Sex education) एक विस्तृत संकल्पना है जो मानव यौन अंगों, जनन, संभोग या रति क्रिया, यौनिक स्वास्थ्य, जनन-सम्बन्धी अधिकारों एवं यौन-आचरण सम्बन्धी शिक्षा से सम्बन्धित है। माता-पिता एवं अभिभावक, मित्र-मण डली, विद्यालयी पाठ्यक्रम, सार्वजनिक स्वास्थ्य जागरूकता के कार्यक्रम आदि यौन शिक्षा के प्रमुख साधन हैं।

भारत में यौन शिक्षा प्रतिबंधित है। 2005 में एडोलसेंट एजुकेशन प्रोग्राम भारत सरकार द्वारा शुरू की गयी थी। अध्यापक, बच्चों के माता पिता व नीति निर्माताओं ने आपत्ती जताई। 2007 में यह प्रोग्राम प्रतिबंधित कर दी गयी थी। सिर्फ राजस्थान, गुजरात और केरल ने इसके बाद यौन शिक्षा की अलग संस्करण की स्थापना की। आइये जानते हैं भारत में यौन शिक्षा की स्थिति -

- बदलते भारत के साथ ही कई क्षेत्रों में भी परिवर्तन हुए है, इन्हीं परिवर्तनों के चलते कुछ परिवर्तन सही दिशा में हुए तो कुछ गलत दिशा में। इन्हीं परिवर्तनों के चलते सरकार ने हाल ही के दिनों में शिक्षा में भी अमूल-चूल परिर्वतन करने की कोशिश की।
- इन परिवर्तनों के तहत सरकार स्कूली बच्चों की शिक्षा में छठीं क्लास से सेक्स शिक्षा को भी शामिल करना चाहती है, लेकिन भारत में सेक्स शिक्षा को लेकर खूब बवाल मचाया गया।
- लोगों का मानना है कि स्कूलों में सेक्स शिक्षा होने से भारतीय सभ्यता और संस्कृति पर नकारात्मक असर पड़ेगा।
- क्या आप जानते हैं आज के समय में सेक्स शिक्षा का बहुत महत्त्व है। यदि स्कूलों में सेक्स शिक्षा शुरू कर दी जाये तो इसका किशोरों को पथभ्रष्ट होने से रोका जा सकता है, लेकिन इसके लिए जरूरी है बच्चों को सही रूप में पूर्ण सेक्स शिक्षा दी जाये।
- स्कूलों में यौन शिक्षा के माध्यम से न सिर्फ भविष्य में यौन संक्रमित बीमारियों से बचा जा सकता है बल्कि असुरक्षित यौन सम्बन्धों से भी बचा जा सकता है।
- बच्चों को सही उम्र में सेक्स शिक्षा देने से उनके शारीरिक विकास के साथ ही मानसिक विकास भी पूरी तरह से होता है।
- आँकड़ों पर गौर करें तो वर्तमान में 27 से 30 फीसदी होने वाले एबॉर्शन किशोरी लड़कियाँ करवाती हैं, यदि उन्हें सही रूप में यौन शिक्षा दी जायेगी तो वे गर्भपात के जंजाल से आसानी से बच सकती हैं यानी गर्भपात होन से बच सकती हैं।

- बढ़ती उम्र में बच्चे नई-नई चीजों को जानने के इच्छुक रहते हैं और आज के टैक्नोलॉजी में कुछ भी जानना नामुमकिन नहीं। यदि बच्चों को सही समय पर सही रूप में यौन शिक्षा नहीं दी जायेगी तो अपने प्रश्नों का हल ढूँढ़ने के लिए वे इधर-उधर के रास्ते अख्तियार करेंगे जो कि बच्चों के मानसिक विकास में बाधा डाल सकते हैं।
- भारत में सेक्स शिक्षा लागू होने के साथ-साथ अभिभावकों को भी इस ओर जागरूक होना होगा और अपने बच्चों को सही उम्र में यौन शिक्षा से सरोकार कराना होगा, तभी सेक्स शिक्षा का सकारात्मक प्रभाव दिखाई पड़ेंगे।
- आज आप अपने परिवार या आसपास के लोगों को देखेंगे तो आप पायेंगे कि वे परिपक्व होने के बावजूद सेक्स के बारे में बात करने से कतराते हैं। इसका एकमात्र कारण यही है कि आज भी लोग सेक्स जैसे मुद्दे पर बात करने से कतराते हैं और उन्हें सेक्स के बारे में पूर्ण जानकारी भी नहीं है, ऐसा सिर्फ इसलिए है क्योंकि अब तक भारत में सेक्स शिक्षा को स्कूलों में लागू करने के बारे में सोचा भी नहीं गया था।

स्टेम सेल पद्धति और चिकित्सा जगत

स्टेम सेल अत्याधुनिक चिकित्सा पद्धति है। इस चिकित्सा पद्धति के अंतर्गत विभिन्न रोगों के इलाज के लिए मूल कोशिका का प्रयोग किया जाता है। यह प्रयोगशाला में विकसित की जाती है। इसके द्वारा हृदय रोग, रीढ़ की हड्डी में चोट, मधुमेह, पार्किंसंस एवं अल्जाइमर, रेटिना की खराबी, गंजापन आदि कारणों से क्षतिग्रस्त ऊतकों व कोशिकाओं की मरम्मत की जाती है तथा उन्हें पूर्व अवस्था में लाया जा सकता है। स्टेम कोशिकाओं की सहायता से रक्त कैंसर और दाँत का इलाज भी संभव हो सकता है। चिकित्सा जगत के विशेषज्ञ इस पद्धति को रामबाण मानते हैं। इस चिकित्सा की शुरुआत सबसे पहले रक्त बनाने वाली कोशिका से हुई थी। वर्ष 1960 में कनाडा के वैज्ञानिक अर्नस्ट ए मुकलॉक एवं जेम्स ई टिल की खोज के बाद स्टेम कोशिका के प्रयोग को दुनिया भर में बढ़ावा मिला। स्टेम सेल का सबसे बेहतर स्रोत कार्ड ब्लड यानी गर्भनाल है। इसके अलावा यह अस्थि मज्जा की अर्थोलोब्स हड्डी में भी बनती है। इसकी सबसे बड़ी विशेषता यह है कि इसमें अपनी तरह की अन्य कोशिकाएँ बनाने की क्षमता होती है। इसकी इसी विशेषता की वजह से कई निजी फार्मा कंपनियां इसका संरक्षण भी करती हैं। वयस्क स्टेम कोशिका का मनुष्य के शरीर में सुरक्षित प्रयोग करीब 30 वर्षों के लिए किया जाता है। भारत में भी इसका प्रयोग शुरू हो गया है।

इसकी सहायता से कॉर्निया प्रत्यारोपण में और हृदयाघात के कारण क्षतिग्रस्त मांसपेशियों के उपचार में सफलता मिली है। अधिकांशत: रोग के उपचार में प्रयुक्त

स्टेम कोशिका रोगी की ही कोशिका होती है। ऐसा इसलिए किया जाता है कि बाद में चिकित्सकीय असुविधा न हो। पार्किसन रोग में भी इसका प्रयोग किया जा रहा है. न्यूरोमस्कलर रोग, आर्थराइटिस, मस्तिष्क चोट, मधुमेह, डायस्ट्रोफी, एएलएस, पक्षाघात, अल्जाइमर जैसे रोगों के लिए स्टेम सेल उपचार को काफी प्रभावी माना जा रहा है। प्रयोगशाला में बनाई गयी स्टेम कोशिकाएँ निकट भविष्य में कई प्रकार के रक्त कैंसर का उपचार कर सकती हैं। इस प्रक्रिया द्वारा दाँत का उपचार भी संभव है। इस तकनीक में भ्रूणीय स्टेम कोशिकाओं का उपयोग नहीं होता, अतएव यह नैतिक विवादों से परे है। कैंसर-रोधी तत्वों के माध्यम से रक्त कैंसर कोशिकाओं को समाप्त करने के साथ सामान्य हीमेटोपायोटिक कोशिकाओं (एचएससी) को भी समाप्त कर दिया जाता है। एप्लास्टिक एनीमिया और थलेसेमिया मरीजों को बार-बार रक्त के घटकों की आवश्यकता रहती है, व सामान्यतया रोगी के समान रक्त समूह वाले दाता हर समय उपलब्ध होना मुश्किल होता है। इसलिये उनके दल ने ऐसी तकनीक विकसित की है, जिससे प्रयोगशाला में अन्य कोशिकाओं से लाल रक्त कणिकाओं का उत्पादन किया जा सकता है। इसे पशुओं में सुरक्षित और प्रभावी तरीके से साबित किया जा चुका है। कैलिफोर्निया के स्क्रिप्स रिसर्च इंस्टीटड्‌ूट के अनुसंधानकर्ताओं की टीम ने एसएनपी जीनोटाइप नामक उपकरण के उपयोग करते हुए वैज्ञानिकों ने एक सरल तकनीक खोजी है। इस तकनीक से मानव की भ्रूणीय स्टेम कोशिकाओं की लाइन का निर्धारण संभव होगा। स्टेम कोशिकाओं की लाइनों के जातीय मूल ज्ञात करने हेतु एक नयी तकनीक अविष्कृत की है, जिससे विभिन्न रोगों के इलाज के लिए प्रभावी दवाओं तथा चिकित्सा पद्धतियों को तैयार करना संभव होगा। स्टेम कोशिका लाइन लगातार विभाजित होने वाली कोशिकाओं का एक समूह है जो स्टेम कोशिकाओं के एकल पैतृक समूह से निर्मित होता है। जातीय मूल के अंग दाताओं और प्राप्तकर्ताओं के बीच असंगति से ऊतक प्रत्यारोपण सम्बन्धी चिकित्सकीय परिणाम प्रभावित होते हैं एवं जातीय पृष्ठभूमि के आधार पर विशिष्ट दवाइयों की क्षमता और उनके सुरक्षित उपयोग की जानकारी भी प्राप्त होती है। जातीय मूल की जानकारी बहुत महत्त्वपूर्ण होती है, जिसे हर स्टेम कोशिका लाइन के साथ उपलब्ध किया जाना चाहिए। जो कोई भी स्टेम कोशिका के साथ काम करने वाला हो उसे इस प्रकार का विश्लेषण करना चाहिए।

आज भारत में स्टेम सेल का प्रचलन इतना ज्यादा बढ़ गया है कि देश में इसका व्यापार सौ करोड़ से भी उपर पहुँच गया है। भारत में स्टेम सेल बैंकिंग के जरिए देश के ज्यादा से ज्यादा लोग अपने बच्चे के नाभिनाल को लोग बैंकों में जमा करने लगे हैं जिसे बॉयो इंश्योरेंस कहा जाता है। इतना ही नहीं इस बॉयो इंश्योरेंस के लिए वे महंगी कीमत देने को भी तैयार हैं। माता पिता अपने बच्चों के नाभिनाल को बैंक में सुरक्षित रखते हैं ताकि भविष्य में परिवार के किसी व्यक्ति को आनुवांशिक रोग के होने पर उसका इलाज इस सेल के जरिए किया

जा सके। भविष्य में खुद और परिवार के स्वास्थ्य की सुरक्षा के लिए लोगों में शिशु के नाभिनाल को बैंको में जमा कर रखने का प्रचलन बढ़ता जा रहा है। इस वजह से देश और विदेश में स्टेम सेल बैंकों की संख्या भी तेजी से बढ़ी है। छह सालों से भी कम समय में स्टेम सेल थेरेपी के बढ़ते फायदों की वजह दुनिया भर में स्टेम सेल्स का बाजार बढ़ा है। 2010 तक स्टेम सेल का वैश्विक बाजार 4.5 अरब डॉलर होने की संभावना है। बताया जाता है कि केवल उत्तरी अमेरिका में 33, यूरोप में 10, एशिया पैसिफिक देशों में 15 स्टेम सेल के मुख्य केंद्र हैं जहाँ कंपनियां स्टेम सेल का संग्रह करतीं हैं।

बहरहाल स्टेम सेल थैरपी के अच्छे परिणामों और इसके बढते प्रयोगों से भविष्य में और अच्छे परिणामों के संभावनाएं व्यक्त की जा रहीं हैं। मरीज की अपनी ही स्टेम कोशिकाओं से विभिन्न असाध्य बीमारियों का उपचार होने से चिकिसा के क्षेत्र में एक नई क्रांति आ जायेगी। यह ऊतक इंजीनियरिंग की एक अद्‌भुत मिसाल है। इस विषय में वैज्ञानिकों का सोचना हैं कि मानव भ्रूण से बने स्टेम सेल वयस्क स्टेम सेल से कहीं अधिक उपयोगी व प्रभावी होते हैं, क्योंकि भ्रूण से बने स्टेम सेल द्वारा मानव शरीर में हर प्रकार के सेल में वास्तविक रूप से विकास हो सकता है। जहाँ इसकी मदद से कर्निया ट्रांसप्लांट, हृदयाघात के कारण क्षतिग्रस्त मांसपेशियों के उपचार में सफलता मिली है। वहीं आने वाले समय में और भी कई बीमारियों का उपचार स्टेम सेल थैरपी के माध्यम से हो सके इसके लिए और भी कई अनुसंधान कार्य जारी है।

स्वैच्छिक मृत्यु कानून का लागू होना

विश्व भर में मर्सी किलिंग को लेकर कई वर्षों से बहस चली आ रही है पर आज भी इस दुविधा को खत्म नहीं किया जा सका है कि इच्छा मृत्यु सही है या गलत, यह मानव हत्या का ही एक स्वरूप है या वाकई में इसमें किसी की भलाई है। बीमारी जब लाइलाज हो जाये, जब यह यकीन हो जाये कि मरीज का मरना तय है, तो उसे दया के आधार पर मरने देने में कोई हर्ज नहीं है। अगर असहनीय दर्द से छटपटाते, लाइलाज बीमारी से जूझते या महँगे इलाज के बावजूद कोमा में अचेत पड़े मरीज को एक इंजेक्शन देकर मौत की नींद सुला दिया जाता है तो उसके पीछे मरीज को मुक्ति दिलाने की मानवीय भावना काम करती है। इसीलिए प्राचीन यूनान में इच्छा मृत्यु को 'गुड डेथ' यानी अच्छी मौत कहा जाता था।

मर्सी किलिंग के पक्ष में एक दलील यह भी है कि ऐसे मरीज के अंग किसी दूसरे मरीज को जीवनदान देने के काम आ सकते हैं। यानी एक की मौत दूसरे के जीवन का सबब बन सकती है। भारत में वर्ष 2005 में मस्क्युलर डिस्ट्रॉफी के शिकार, आंध्र के वेंकटेश ने हाई कोर्ट में डेथ विश की अपील के जरिए यही चाहा था। कोर्ट ने वेंकटेश से हमदर्दी जताते हुए कहा कि मानव अंग प्रत्यारोपण

कानून किसी व्यक्ति को उसकी ब्रेन डेथ यानी दिमागी मौत होने से पहले अंगों के दान की इजाजत नहीं देता, यानी कानूनन जीवित व्यक्ति के अंग नहीं निकाले जा सकते। इस आधार पर वेंकटेश की अर्जी खारिज कर दी गयी। उसके दूसरे ही दिन वेंकटेश चल बसा। कानून से इजाजत मिल जाने की सूरत में उसके ज्यादातर अंग प्रत्यारोपण के काम में आ सकते थे। लेकिन चूँकि इजाजत नहीं मिली, इसलिए कुदरती मौत होने पर केवल उसकी आँखें ही दोबारा काम आने लायक बचीं।

इस मुद्दे के विरोध में सबसे बड़ा सवाल यह है कि क्या 'जब तक साँस तब तक आस' की विचारधारा वाले देश में तमाम उपायों के बावजूद मौत के खिलाफ लड़ाई लड़ते मरीज को मर्सी किलिंग या फिर इच्छामृत्यु की इजाजत होनी चाहिए? जिस देश में लोग हिंसक और विषैले जंतुओं तक को धार्मिक श्रद्धा से पूजते हैं, वहाँ क्या इनसान को केवल इसलिए मार देने की कानूनी छूट होनी चाहिए कि डॉक्टरों ने उसके बचने की उम्मीद छोड़ दी है? हमारे समाज में लोग दशकों पहले दिवंगत हो चुके अपने पूर्वजों की याद में हर साल खर्चीले धार्मिक अनुष्ठान करते हैं। उसी समाज में बीमारी से पीड़ित एक जीवित इनसान को क्या इसलिए मार देने की कानूनी छूट होनी चाहिए कि डॉक्टरों ने उसके चंगा होने की संभावना रद्द कर दी है? फिर क्या हमने ऐसे लोग नहीं देखे, जो मौत के मुंह से लौट आते हैं? और आज लाइलाज समझी जा रही बीमारी का इलाज साइंस कब खोज ले, कौन जानता है?

मर्सी किलिंग के पक्ष में अकसर अमेरिका, हॉलैंड, कोलम्बिया और ऑस्ट्रेलिया की मिसाल दी जाती है, जहाँ लाइलाज बीमारी से जूझते मरीज को मौत की नींद सुला देने का कानूनी प्रावधान मौजूद है। इन देशों के उदाहरण अपनी जगह ठीक हो सकते हैं। लेकिन हमारे और इन देशों के सामाजिक ताने-बाने में जमीन-आसमान का फर्क है। और उसी के मुताबिक वहाँ और यहाँ मर्सी किलिंग का औचित्य तय हो सकता है।

कहते हैं 'नो लॉ, नो मिसयूज' यानी अगर किसी बाबत कानून होगा ही नहीं तो उसका दुरुपयोग भी नहीं होगा। इसके उलट जितने ज्यादा कानून होंगे, उनके गलत इस्तेमाल की गुंजाइश भी उतनी ही ज्यादा होगी। मर्सी किलिंग के विरोध का एक बड़ा डर यह है कि इस किस्म के कानून का घोर दुरुपयोग हो सकता है। यह डर बेबुनियाद नहीं है। गुजरे बरसों में ऐसे कई मामले सामने आए, जहाँ 'अवांछित व्यक्ति' से निजात पाने के लिए उसे पागल घोषित करवा दिया गया। ऐसे में क्या गारंटी है कि प्रस्तावित कानून की भी ऐसे ही धज्जियाँ नहीं उड़ेंगी? बदमाश रिश्तेदारों के लिए यह एक नायाब मौका हो सकता है, खासतौर से जायदाद के मामलों में। तब यह कानून हत्या का लाइसेंस साबित हो सकता है।

मर्सी किलिंग के विरोध में यह दलील भी काफी मायने रखती है कि यह

नैतिक दृष्टि से भी गलत है। जब हम किसी को जीवन दे नहीं सकते तो उसका जीवन लेने का भी हमें कोई हक नहीं बनता। जीवन देने और लेने का हक सिर्फ कुदरत के हाथ में है। और फिर मेडिकल प्रोफेशन का मकसद और मिशन व्यक्ति को जीवन देना है, न कि जीवन लेना। इसलिए व्यवहारिक दृष्टि से नैकितका की कसौटी पर भी मर्सी किलिंग संदेह के दायरे में आ जाती है।

आसपास की जिंदगी में दर्जनों ऐसी मिसालें मिलती हैं, जहाँ कोमा में एकदम अचेत पड़े मरीज भी दोबारा जिन्दगी में लौट आये हैं। बेशक उनके जिंदा होने की संभावना पचास या साठ फीसदी ही होती हो, पर मृत मान लिए गए व्यक्ति का जी उठना क्या किसी चमत्कार से कम है? अंदाजा लगाइए कि अगर मर्सी किलिंग का कानून अमल में होता और ऐसे मरीज के दोबारा जिंदा होने की नाउम्मीदी में उसे मौत का इंजेक्शन दे दिया गया होता तो क्या होता?

और मान लिया कि मर्सी किलिंग का कानून बन भी जाता है तो लाइलाज बीमारी वाले या कोमा में पड़े मरीज को मौत की नींद सुलाने का फैसला किसकी रजामंदी से होगा- सिर्फ डॉक्टर की या मरीज के रिश्तेदार की या फिर दोनों की? उस सूरत में क्या होगा जब डॉक्टर तो मर्सी किलिंग की सिफारिश करे, लेकिन रिश्तेदार न मानें और स्वाभाविक मृत्यु होने तक उसका इलाज जारी रखने की जिद करें?

यह सवाल जिंदगी और मौत से जुड़ा है। इसलिए एक पक्ष को अनदेखा करके दूसरे के हक में फैसला लेना जोखिम भरा हो सकता है। बेहतर होगा कि मर्सी किलिंग को लेकर पहले समाजशास्त्र, समाजसेवा, मेडिकल साइंस, कानून और धर्मशास्त्र से जुड़े माहिरों को शामिल करते हुए खुली बहस हो और उसके बाद ही कानून के बारे में कोई फैसला लिया जाये।

भारत में एफडीआई की धूम

किसी क्षेत्र में एफडीआई की जरूरत क्यों होती है? एफडीआई से जहाँ उपभोक्ताओं को तो फायदा होता ही है, वहीं बुनियादी ढांचे और अर्थव्यवस्था को भी लाभ मिलता है। देश में दूरसंचार, वाहन और बीमा क्षेत्र में एफडीआई की वजह से आई कामयाबी को हम देख ही चुके हैं। इन क्षेत्रों में बड़े पैमाने पर हुए निवेश की वजह से ग्राहकों को बेहतर सेवाएं और उत्पाद नसीब हुए हैं। बढ़ी प्रतिस्पर्धा ने भी कंपनियों को खुद को बेहतर बनाने के लिए प्रेरित किया है।

भारतीय खुदरा कारोबार का एक अनोखा ढांचा है। राशनिंग के साथ शुरू हुआ इसका सफर कपड़ा और फुटवियर रिटेल से होकर गुजरा है। 1990 के दशक के आखिर में इसने तेजी पकड़ी। मौजूदा दौर में भी भारत दुकानदारों का देश है जहाँ करीब 1.5 करोड़ खुदरा कारोबारी हैं और यह तकरीबन 350 अरब डॉलर से भी

बड़ा बाजार है। भारतीय खुदरा बाजार में असंगठित क्षेत्र का दबदबा है और कुल बिक्री का 94 फीसदी इनके जरिये ही होता है।

पिछले दशक में डिपार्टमेंटल स्टोर से लेकर हाइपर मार्केट और यहाँ तक कि स्पेशियलिटी स्टोर भारत में खुले हैं। कई वैश्विक दिग्गज पहले से ही भारतीय बाजार में मौजूद हैं। बड़े शहरों और मेट्रो में शॉपिंग मॉल खरीदारी के लिए मध्य वर्ग की पहली पसंद के तौर पर उभर रहे हैं। जैसे-जैसे अर्थव्यवस्था रफ्तार पकड़ेगी खुदरा कारोबार का आकार भी बढ़ेगा। लोगों की क्रय शक्ति बढने पर बेहतर सेवाओं और उत्पादों के लिए उनकी माँग भी बढ़ेगी। इसके लिए विनिर्माण, रिटेल स्पेस, तकनीक, फूड लॉजिस्टिक्स और प्रसंस्करण में बड़े पैमाने पर निवेश की दरकार है।

अगर इसे सही तरीके से अंजाम दिया गया तो यह देश के लिए बहुत बड़े फायदे की सौगात साबित हो सकता है। ग्राहकों को किफायती कीमत पर बेहतरीन उत्पाद और सेवाएँ मिल सकेंगी। बहरहाल एफडीआई को लेकर बहस सकारात्मक पहलुओं को न लेकर नकारात्मक बिंदुओं के इर्द-गिर्द हो रही है। कहा जा रहा है कि इससे छोटे कारोबारियों को नुकसान होगा और उनकी आजीविका संकट में पड़ जायेगी। एफडीआई से सबसे बड़ा लाभ यह हो सकता है कि भारत दुनिया का शॉपिंग हब बन सकता है जिससे अर्थव्यवस्था और मजबूत होगी। इस सब बातों को मद्देनजर रखते हुए हम सही तौर तरीकों से ही देश में खुदरा कारोबार में एफडीआई के पक्ष में हैं।

बहुब्रांड खुदरा कारोबार में सरकार ने एफडीआई को लेकर जो चर्चा पत्र पेश किया है, वह कुछ और नहीं बल्कि घरेलू खुदरा कारोबार को पूंजीवाद के कड़े शिकंजे में लेने का ही एक जरिया है। कुल मिलाकर यह देसी खुदरा कारोबारियों के अस्तित्व पर ही संकट खड़ा कर देगा, इसको देखते हुए कारोबारी तबका हर संभव तरीके से इसका कड़ा विरोध करेगा। यह केवल कारोबारियों को ही नुकसान नहीं पहुँचाएगा बल्कि किसानों, ट्रांसपोर्टर, कामगारों और खुदरा कारोबार से जुड़े कई अन्य पक्षों के लिए घातक साबित होगा।

अगर भारत में बहुब्रांड खुदरा को मंजूरी दे दी जा जाती है तो वैश्विक रिटेलरों का मकसद बाजार में उतरते ही ज्यादा से ज्यादा बाजार हिस्सेदारी हासिल करना होगा। उनकी आउटसोर्सिंग क्षमताओं, संसाधनों और सरकार के साथ नजदीकी को देखते हुए उनके लिए ऐसा करना बिलकुल भी मुश्किल नहीं होगा और जब एक बार वे बाजार पर काबिज हो जायेंगी तो फिर मनमाने तरीके से बाजार को चलाएंगी और लोगों से उलूल-जुलूल दाम वसूलेंगी।

खुदरा कारोबार के मौजूदा ढांचे में बिचौलियों का दबदबा है और ग्राहक उत्पाद के लिए जो कीमत अदा करता है उसका केवल एक तिहाई ही किसान को मिलता है और बाकी फायदा बिचौलिये कमाते हैं। जब बिचौलियों की बात उठी

है तो यह भी जानना जरूरी हो जाता है कि ये कौन लोग हैं। बैलगाड़ी चलाने वाले, ट्रांसपोर्टर, एजेंट और छोटे कारोबारी ये बिचौलिये हैं, वहीं वैश्विक दिग्गज कंपनियों के लिए ब्रांड ऐंबेसडर बिचौलियों का काम करते हैं जो कंपनियों से करोड़ों रुपये लेते हैं। इसके अलावा बिजली खपत, गोदाम और ट्रांसपोर्ट के उनके खर्चे भी बहुत ज्यादा होते हैं।

हमारे बिचौलिये न केवल अर्थव्यवस्था को मजबूती देते हैं बल्कि देश के सामाजिक ढाँचे को भी दुरुस्त रखने में मदद करते हैं। छोटे कारोबारियों पर जो दो-तिहाई मुनाफा बनाने का आरोप लगाया जा रहा है वह एकदम बेबुनियाद है। वर्ष 2005 से देश में बड़े कारोबारी घराने भी खुदरा कारोबार में शामिल हो गये हैं। अब जरा तुलना करें। उनके यहाँ उत्पादों के भाव या तो बाजार में चल रहे भावों के बराबर ही हैं या फिर उनसे भी ज्यादा हैं।

इस लिहाज से अगर दो तिहाई मुनाफे वाली बात लागू होती है तो उन पर ज्यादा लागू होती है। कुल मिलाकर कारोबारियों पर ज्यादा मुनाफा कमाने का आरोप केवल बहुराष्ट्रीय कंपनियों को इस बाजार में उतारने का एक जरिया मात्र है। सरकार को बहुब्रांड खुदरा कारोबार में एफडीआई को मंजूरी देने के बजाय मौजूदा खुदरा कारोबार के ढाँचे को सूक्ष्म, लघु और मझोले उपक्रमों (एमएसएमई) की तर्ज पर विकसित करना चाहिए। सरकार को कम ब्याज दर पर कर्ज की सुविधा मुहैया करानी चाहिए। इससे खुदरा कारोबारियों को शृंखला बनाने में मदद मिलेगी जिसका ग्राहकों को भी फायदा मिलेगा।

मृत्युदंड या मानवीय गरिमा का हनन

हाल के दिनों में कुछेक जघन्य कृत्यों में आरोपियों को अदालत द्वारा मृत्युदंड देने के बाद इस बहस को फिर हवा मिली है कि सभ्यता कि 21 वीं सदी में मृत्यु दंड जैसी आदिम सजायें कहाँ तक उचित हैं। यह बहस सिर्फ भारत में ही नहीं, बल्कि पूरी दुनिया में जारी है और कुछ देश तो अपने यहाँ मृत्युदंड को समाप्त करने कि घोषणा भी कर चुके हैं, लेकिन बहस का मुद्दा यह है कि भारत जैसे विकासशील देश में दंडात्मक प्रावधान को समाप्त करना कहाँ तक उचित है ?

जहाँ तक मृत्युदंड के विरोधियों का प्रश्न है तो उनका मानना है कि सभ्य समाज को अब इस आदिम युगीन बर्बर सजा को हमेशा के लिए समाप्त कर देना चाहिए। यह बर्बर ही नहीं है, बल्कि गलत सजा दे दिए जाने पर उसे वापिस लेने की गुंजायश समाप्त कर देती है। पैसों के प्रभाव और साक्ष्यों के अभाव में गलत व्यक्ति को मृत्युदंड दिये जाने के अंदेशे से इनकार नहीं किया जा सकता। ऐसे में जब हम किसी का जीवन लौटने कि स्थिति में नहीं हैं तो हमें किसी का जीवन लेने का अधिकार नहीं है। यही नहीं, न्याय शास्त्र में भी समाज के विकास के साथ-साथ दंड की अवधारणा बदलने लगी है। प्रारंभिक अवस्था में 'दंड' का

स्वरूप ऐसा हो कि उस तरह के अपराध की पुनरावृत्ति समाज में न हो। अपराधी को इस तरह कि सजा दी जाये कि वह दूसरों के लिए सबक बने। मृत्युदंड देने के लिए जो क्रूर और लोमहर्षक तरीके अपनाये गए, ये सभी दंड के इसी सिद्धांत पर आधारित थे। धीरे धीरे अपराध और दंड की जब समाजिक कारणों कि पड़ताल की जाने लगी तो यह बात सामने आई कि गरीबी, असमानता, उपेक्षा, दमन, कुंठा और शोषण आदि भी समाज में अपराध के जन्म लेने के कारण होते हैं तथा अपराध पर नियंत्रण व अंकुश रखने के लिए, समाज में मौजूद तनावों को कम करना आवश्यक है। यह भी एक तथ्य है कि क्षणिक उत्तेजना के वशीभूत होकर भी व्यक्ति कई प्रकार के गंभीर अपराध कर डालता है और उसके बाद पश्चाताप की स्थिति में पहुँच जाता है।

भारत में गठित विभिन्न विधि आयोगों ने मृत्युदंड को समाप्त किये जाने का समर्थन किया, विधि आयोग ने अपनी 35 वीं रिपोर्ट में कहा कि भारत की परिस्थितियों, यहाँ के वासियों के विभिन्न स्तरों के सामाजिक जीवन को देखते हुए, शिक्षा और नैतिकता के विभिन्न स्तरों तथा देश के विशाल क्षेत्रफल, भौगोलिक सीमा को ध्यान में रखकर तथा इन सबसे ऊपर इस देश में कानून और व्यवस्था की आवश्यकताओं को महसूस कर, यह देश वर्तमान परिस्थितियों में मृत्युदंड समाप्त करने के प्रयोग का जोखिम नहीं ले सकता।

लेकिन मृत्युदंड को समाप्त किये जाने की लड़ाई यहीं समाप्त नहीं हुई। इसको न्यायपालिका के मंच से भी उठाया गया 1980 में बच्चन सिंह बनाम पंजाब राज्य के मामले में उच्चतम न्यायालय की संविधान पीठ के सामने मृत्युदंड की असंवैधानिकता को इस आधार पर चुनौती दी गयी कि मृत्युदंड संविधान के अनुच्छेद 21 का उल्लंघन करती है क्योंकि इस अनुच्छेद के द्वारा किसी व्यक्ति का जीवन लेने पर पूर्ण प्रतिबंध है, मृत्युदंड से किसी सामाजिक लक्ष्य की नहीं प्राप्त किया जा सकता है, तथा फाँसी के फंदे पर लटका कर मृत्युदंड दिए जाने का तरीका बर्बर तथा अमानवीय है। इन सब बातों के अलावा यह भी आधार लिया गया कि मृत्युदंड संविधान के अनुच्छेद 14 (समता का अधिकार) तथा अनुच्छेद 15 का उल्लंघन करता है। किन्तु उच्चतम न्यायालय ने मृत्युदंड के प्रावधान को बनाये रखने पर ही अपना निर्णय दिया।

स्पष्ट है, मृत्युदंड के प्रावधान निश्चित रूप से सभ्य समाज को स्वीकार करने में हिचक हो सकती है लेकिन समाज में यदि अपराध होगा, तो दंड भी रहेगा। ऐसी स्थिति में कोशिश तो यही हो सकती है कि समाज को अपराध मुक्त यदि न भी रखा जा सके तो भी अपराध कि मात्र में कमी लायी जा सके और जहाँ तक सवाल मृत्युदंड के औचित्य का है तो वह भी अपरिहार्य स्थिति में ही हो, क्योंकि कानून बनाकर इस दंड के प्रावधान को खत्म कर देना सम्भवत: अभी हमारे देश कि परिस्थितयाँ इसकी अनुमति नहीं देती।

बहरहाल बहुत सारे प्रयासों का यह परिणाम अवश्य हुआ कि सरकार ने संसद के माध्यम से दंड प्रक्रिया संहिता में 1978 में संशोधन कर यह तय किया कि मृत्यु दंड अत्यंत दुर्लभ और अति गंभीर मामलों में ही दिया जायेगा और यदि न्यायाधीश इस निष्कर्ष पर पहुँचता कि उसे किसी को मृत्युदंड देना है, तो उसे अपने निर्णय में उसके लिए ठोस, विश्वसनीय कारण बताने होंगे।

व्यापक परमाणु परीक्षण निषेध संधि और भारत

लम्बे समय से व्यापक परमाणु परीक्षण निषेध संधि का मामला आम चर्चा में रहा है। अधिकतर लोग इसे सी.टी.बी.टी के नाम से पुकारते हैं - यद्यपि उनमे से कितने लोग इसका पूरा आशय समझते हैं, इसमें संदेह है। सी.टी. बी. टी का पूरा रूप है कम्प्रेहेसिवे टेस्ट बैन ट्रीटी। हिंदी पर्याय की तुलना में इस अंग्रेजी नाम में थोड़ी अस्पष्टता रह जाती है, क्योंकि प्रश्न हो सकता है कि किस टेस्ट पर निषेध की बात की जा रही है। हिंदी पर्याय में परमाणु शब्द आने से यह अस्पष्टता दूर हो जाती है। अर्थात् बात हो रही है परमाणु -अस्त्रों के परिक्षण पर व्यापक स्तर पर निषेध लगाने वाली संधि की। इस सन्धि के मसौदे पर संयुक्त राष्ट्र संघ की मुहर लग चुकी है। अब तक संसार के लगभग डेढ़ सौ देश इस संधि पर हस्ताक्षर कर चुके हैं।

परमाणु शक्ति की महत्ता के कारण समूचे विश्व में प्रत्येक देश की अपनी पृथक परमाणु नीति है। इस नीति द्वारा राष्ट्रविशेष अपने वैश्विक सम्बन्धों का निर्धारण व उसका समयानुसार आकलन करता है। जो राष्ट्र वर्तमान में परमाण ु शक्ति सम्पन्न हैं, वे हैं-अमेरिका, रूस, ब्रिटेन, फ्रांस व चीन। ये राष्ट्र अपनी परमाणुशक्ति के बल पर दूसरे देशों पर, जो परमाणुशक्ति सम्पन्न नहीं हैं, अपने प्रभुत्व का इस्तेमाल कर अपनी उचित-अनुचित माँगे उनसे मनवाते हैं और दूसरे राष्ट्रों को कमजोर होने की वजह से उनके निर्देशों को मानना पड़ता है। भारत ने सर्वप्रथम 1974 में पोखरण में परमाणु-विस्फोट किया, दूसरा परमाणु-विस्फोट 1998 में किया गया। दूसरी ओर उत्तरी कोरिया, इजरायल भी अघोषित रूप से परमाणु शक्ति सम्पन्न राष्ट्र हैं। ईरान भी इस दिशा में लगातार आगे बढ़ रहा है। अमेरिका को ईरान फूटी आंखों नहीं सुहाता। वह चाहता है कि ईरान अपना यूरेनियम संवर्द्धन परमाणु कार्यक्रम बंद कर दे। इसके लिए वह प्रयासरत है।

अमरीका परमाणु ऊर्जा कानून, अमरीका परमाणु ऊर्जा कानून, 1954 की धारा 123 के तहत अमरीका ऐसे देशों के साथ परमाणु सहयोग कर सकता है जो परमाणु हथियार न रखते हों। जो परमाणु अप्रसार संधि और व्यापक परमाण ु परीक्षण निषेध संधि पर हस्ताक्षर कर चुके हों। भारत, पाकिस्तान और इस्राइल ऐसे देश हैं जो परमाणु अप्रसार संधि और व्यापक परमाणु परीक्षण निषेध संधि के सदस्य नहीं हैं। इस आधार पर भारत अमरीका के साथ परमाणु समझौते का

हकदार नहीं बनता, परन्तु अमरीका ने एक एक्ट- यूनाइटेड स्टेट्स - इंडिया पीसफुल एटॉमिक एनर्जी को- ऑपरेशन 2006 पेश किया। यह एक्ट अमरीकी कानून में भारत के लिए कुछ छूट मुहैया करवा कर भारत औरअमरीका के बीच परमाणु सहयोग को मुमकिन बनाता है, यह हाइड एक्ट कहलाता है। हाइड एक्ट के बाद अमरीकी कानून की धारा 123 में संशोधन हुआ और यह समझौता 123 कहलाया। इस समझौते में निम्न बातें सम्मिलित हैं –

1. इसमें असैन्य परमाणु ऊर्जा के क्षेत्र में सहयोग के सभी प्रावधानों और शर्तों का उल्लेख किया गया है।
2. 40 वर्षों तक अमरीका भारत को परमाणु ईंधन, उपकरण और टेक्नॉलॉजी की आपूर्ति करवाता रहेगा। बाद में इसे 10 साल के लिए बढ़ाये जा सकेगा।
3. दोनों देशों में से कोई भी एक उचित कारण बताते हुए एक साल के नोटिस देकर समझौते को समाप्त कर सकता है।

भारत और अमेरिका ने भारत द्वारा अमेरिका के इस्तेमाल किए गए परमाणु ईंधन का पुनर्प्रसंस्करण करने के बारे में इस समझौते पर हस्ताक्षर के बाद दोनों देशों के बीच हुए ऐतिहासिक असैन्य परमाणु करार को लागू करने का अंतिम चरण माना जा रहा है। इस समझौते के लागू होने के बाद प्रबंधों और प्रक्रियाओं के जरिये भारत अमेरिका द्वारा इस्तेमाल किए गए परमाणु पदार्थों का पुनर्प्रसंस्करण करेगा। यह पुनर्प्रसंस्करण भारत द्वारा स्थापित संयंत्र में किया जायेगा और इस काम को अंतरराष्ट्रीय परमाणु उर्जा एजेंसी के सुरक्षा मानकों के तहत अंजाम दिया जायेगा। इस समझौते के जरिये भारत आईएईए के सुरक्षा मानकों के तहत अमेरिकी कंपनियों को भारत के तेजी से बढ़ रहे परमाणु उर्जा क्षेत्र में भागीदारी का अवसर दिलवा सकेगा।

लेकिन अमेरिका अभी इस समझौते से संतुष्ट नहीं है। वह अमेरिकी कंपनियों की सुविधा को देखते हुए उसमें बदलाव चाहता है। रोचक यह है कि अमेरिकी सरकार अपनी कंपनियों के लिए तो हर सुविधा चाहती है, लेकिन वह भारत को जरूरी रियायतें देने के प्रति अभी भी उदासीन है। अमेरिका का वायदा था कि भारत के लिए परमाणु उपकरणों तथा उच्च तकनीक के निर्यात को सरल बनाने के लिए वह अपनी कुछ घरेलू नीतियों में बदलाव लाएगा, लेकिन अब वह इस दिशा में कोई कदम नहीं उठा रहा है। परमाणु उपकरणों, तकनीक तथा सामग्री के निर्यात सम्बन्धी संघीय नियमावली 'सीएफआर' (कोड ऑफ फेडरल रेगुलेशन) में भारत के प्रति आवश्यक बदलाव का वायदा वह नहीं पूरा कर रहा है।

अमेरिकी ऊर्जा विभाग चाहता है कि भारत सरकार इस तरह का अधिकृत वायदा करे कि वह अमेरिकी परमाणु सामग्री व उपकरणों का केवल शांतिपूर्ण

कार्यों के लिए उपयोग करेगा। वह इस तरह का वायदा (अंडर टेकिंग) सीधे भारत सरकार से चाहता है, न कि एनपीसीआईएल (न्यूक्लियर पावर कार्पोरेशन ऑफ इंडिया लि) से, जिसे भारत सरकार ने अमेरिकी कंपनियों द्वारा स्थापित परमाणु रियेक्टरों का संचालक (ऑपरेटर) नियुक्त किया है। भारत के विदेश विभाग का कहना है कि उसने परमाणु सहयोग के संदर्भ में 123 समझौते के समय ही स्पष्ट रूप से अमेरिका को अधिकृत विश्वास दिलाया था, जिसके प्रति उत्तर में अमेरिका ने भी वायदा किया था कि वह भारत के लिए अपने निर्यात नियमों का अनुकूलन करेगा तथा भारत को परमाणु तथा प्रक्षेपास्त्र तकनीक पर नियंत्रण रखने वाली तमाम संस्थाओं, 'वैसेनार एजेंरमेंट', 'आस्ट्रेलिया ग्रुप', 'दि मिसाइल टेक्नालॉजी कंट्रोल रिजीम' तथा 'न्यूक्लियर सप्लायर ग्रुप' आदि का सदस्य भी बनवा देगा। अब इस सबके बावजूद फिर से 'अंडरटेकिंग' माँगने का कोई औचित्य नहीं है।

अमेरिकी दबाव के जवाब में भारत का कहना है कि नया संशोधित विधेयक में पुराने विधेयक की वे सारी आधारभूत बातें शामिल हैं, जो आपूर्तिकर्ता कंपनियों से सम्बन्धित हैं। इसके अतिरिक्त जो परिवर्तन किये भी गये हैं, वे अंतर्राष्ट्रीय कन्वेंशंस के अनुकूल हैं। अमेरिका वास्तव में अपने देश की कंपनियों के साथ उन भारतीय कंपनियों का भी हवाला दे रहा है, जो नये विधेयक की शर्तों, से संतुष्ट नहीं है। नये विधेयक में परमाणु ऊर्जा के क्षेत्र में निजी कंपनियों के प्रवेश के लिए भी मार्ग रखा गया है, लेकिन उन पर सरकारी नियंत्रण भी बना रहेगा।

भविष्य के सुपरपावर–भारत या चीन

अमेरिका में दो साल पहले शुरू हुई मंदी वहाँ के बड़े बैंकों की गलत नीतियों का अंजाम थी। अमरीका में जनता आर्थिक संकट और बेरोजगारी में वृद्धि का जिम्मेदार, अमरीकी बैंकरों को मानती हैं। अमेरिकी समाज में लोगों की आमदनियों में बढ़ते फासले और बेरोजगारी के खिलाफ प्रदर्शन कर रहे हैं। पूंजीवाद के नये पैंतरे के रूप में भूमंडलीकरण को आये हुये महज दो ही दशक हुये हैं कि ये स्थिति आ गयी। कभी न कभी पूंजीवाद के खिलाफ लोग लामबंद होंगे, यह तय था, लेकिन इतनी जल्दी होंगे, यह पता नहीं था। तो क्या अब अमेरिकी पूंजीवादी नीतियां उसके लिए अब खतरनाक साबित हो रही हैं? क्या अमेरिका इस संकट से आसानी से निकल पायेगा? या अब भारत और चीन एक नयी विश्व शक्ति के रूप में उभरेंगे।

अमेरिका के इन हालातों के बाद अब चीन और भारत के बीच आर्थिक सुपरपॉवर बनने की होड़ जारी है। चीन आधिकारिक तौर पर दुनिया की दूसरी सबसे बड़ी अर्थव्यवस्था बन चुका है। मंदी को ठेंगा दिखाकर भारत तेजी से आगे दौड़ रहा है और इस मंदी में सबसे मजबूत आधार हमारा कृषि सेक्टर है। हमारे कमजोर सेक्टर हैं भ्रष्टाचार, साम्प्रदायिकता, जातिवाद, प्रांतवाद और पूंजीवाद।

बहरहाल घटनाक्रमों के मद्देनजर अब विश्व स्तर पर यह माना जा रहा है कि अमेरिका का राजनीतिक, आर्थिक और सैन्य प्रभाव अगले दो वर्षों में काफी कम हो जायेगा और वर्ष 2025 तक वह एकमात्र सुपरपॉवर का दर्जा खो देगा। ब्रिटेन के शीर्ष खुफिया संगठन ने अपनी रिपोर्ट में इस बात के संकेत देते हुए कहा है कि इस दौरान चीन और भारत अमेरिका को प्रभुत्व के मामले में कड़ी प्रतिस्पर्धा देते हुए उसके साथ शीर्ष पर आ जायेंगे। राष्ट्रीय खुफिया परिषद ने अपनी इस रिपोर्ट में वर्ष 2025 को लक्ष्य बनाकर दुनियाभर में शक्ति संतुलन के रुझान का विश्लेषण किया है। रिपोर्ट में कहा गया है कि इस दौरान परमाणु हथियारों का उपयोग काफी बढ़ने की संभावना है।

भारत की आर्थिक विकास दर 8-9 फीसदी है। चीन की विकास दर भी पिछले तीन दशकों से लगातार 10 फीसदी से ज्यादा है। अर्थशास्त्रियों के लिए ये किसी पहेली से कम नहीं है। अमेरिकी करेंसी डॉलर के भविष्य पर खतरा मंडरा रहा है और विशेषज्ञों का मानना है कि रिजर्व करेंसी के रूप में इसके दिन पूरे हो गए है। अब चीन की मुद्रा रेनमिनबी (आरएनबी) का जमाना आ रहा है। चीन की अर्थव्यवस्था मजबूत होने का असर उसकी करेंसी पर साफ दिख रहा है। इसकी माँग और ताकत दोनों ही बढ़ी है। इसका विश्व अर्थव्यवस्था में रोल बढ़ता ही जा रहा है और संभावना व्यक्त की जा रही है कि यह डॉलर की जगह ले लेगी।

एक तरफ भारत और चीन की विकास दर बढ़ रही है तो दूसरी तरफ अमेरिका की अर्थ-व्यवस्था बुरी तरह से चरमरा रही है। अमेरिका की अर्थ-व्यवस्था केवल 1.8 फीसदी की दर से बढ़ रही है, याने करीब-करीब स्थिर है। अमेरिका में आर्थिक विकास की दर 2011 में 2.3 प्रतिशत होने का अनुमान है, जबकि 2010 में अमेरिकी अर्थव्यवस्था की वृद्धि दर 2.9 प्रतिशत थी। प्रति परिवार संपत्ति की कीमत में करीब 20 फीसदी की गिरावट आई है। उपभोक्ताओं की सामान खरीदने की क्षमता में गिरावट आ रही है। मकानों की कीमतें गिर रही हैं और नौकरियों का संकट है। और तो और अब डॉलर की पूछ भी काम हो रही है। रिजर्व करेंसी के रूप में इसके दिन पूरे हो गए हैं। अब चीन की मुद्रा रेनमिनबी (आरएनबी) का जमाना आ रहा है। अब भारत और चीन के सुपर पावर बनने के संकेत प्रबल होते जा रहे हैं।

शांति के लिए यू.एन. की भूमिका

वैश्विक अपराधों पर लगाम, लगातार वैश्विक उन्नति के लिए प्रयास और एक सुरक्षित विश्व की स्थापना करना संयुक्त राष्ट्र की प्रमुख चुनौती है। महिलाओं और बीमार लोगों की सुरक्षा पर भी यूएन को शांति के लिए ध्यान देना होगा।

दुनिया के विकसित देश सीना तान कर कह रहे थे कि हमने (यू.एन.ओ.) नाम की संस्था बनाई है, जो विश्व को युद्ध से बचाएगी। द्वितीय विश्वयुद्ध के

बाद मानवजाति को युद्ध से बचाने की भूमिका संयुक्त राष्ट्र संघ ने संभाली। यू.एन.ओ. समर्थक भले ही दावा करें कि उन्होंने युद्धों को रोकने में बहुत बढ़ी भूमिका निभाई अथवा 'युद्ध' शब्दावली के आसपास चलने वाली गतिविधियों पर अंतरराष्ट्रीय दबाव पैदा किया, पर आज युद्ध ने अपना दूसरा रास्ता खोज लिया है। युद्ध अब आतंकवाद के रूप में छद्म तरीके से लड़ा जा रहा है।

श्रीलंका में छह वर्षों तक चले गृह युद्ध की समाप्ति के बाद जिस तरह से अब वहाँ पर संयुक्त राष्ट्र की भूमिका पर सवाल उठाये जा रहे हैं उनका आज की तारीख में कोई औचित्य नहीं है क्योंकि अब जब श्रीलंका अपने पुनर्निर्माण की तरफ बढ़ रहा है तो इस तरह की केवल रिपोर्टों पर आधारित किसी भी बात को लेकर किसी भी संस्था पर सवाल उठाये जाने से कुछ भी हासिल नहीं होने वाला है। इस पूरे गृह युद्ध ने जिस तरह से भारत की घरेलू राजनीति पर भी प्रभाव डाला और श्रीलंका की परिस्थितियों को शांत करने के प्रयास में भारत ने पूर्व प्रधान मंत्री राजीव गाँधी समेत कई नेताओं को खोया इससे भारत भी इसके प्रभाव से अछूता नहीं रह सका? आज भी श्रीलंका की तमिल समर्थक पार्टियाँ श्रीलंका के सिंहलियों का अनावश्यक विरोध करती रहती है क्योंकि इससे उन्हें भी कुछ वोट मिल जाया करते हैं। आज जब श्रीलंका को पुनर्निर्माण और पुनर्वास के लिए धन की आवश्यकता है तो पश्चिमी देशों के प्रभाव में जीने वाले यूएन से यह आशा कैसे की जा सकती है कि वह निष्पक्ष होकर कुछ कर पायेगा क्योंकि अमेरिका और अन्य विकसित देशों के लिए दुनिया में केवल तेल ही महत्त्वपूर्ण है और दुर्भाग्य से श्रीलंका के पास यह नहीं है तो ये देश वहाँ जाकर क्या करते?

दुनिया के किसी भी देश में मानवाधिकारों की पैरवी करे वाले लोग यह भूल जाते हैं कि परिस्थितियों के अनुसार मानवाधिकारों को परिभाषित करने से दुनिया में पहले से ही बहुत सारी समस्याएँ उत्पन्न हो चुकी हैं और आज भी ये देश अपने प्रभाव का इस्तेमाल केवल वहीं पर करना चाहते हैं जहाँ से इन्हें कुछ आर्थिक लाभ भी हो तो फिर दुनिया में यूएन की जरुरत ही क्या है क्योंकि जब उसे आर्थिक सहायता देने वाले देशों के अनुसार ही सब कुछ चलना है तो इस तरह के मुखौटे की दुनिया को क्या जरुरत है? देश चाहे जो भी हो वहाँ पर रहने वाले इनसानों के अधिकारों की परिभाषा भी केवल इसी आधार पर तय की जाती है कि वे अमेरिका के हितों का कहाँ तक पोषण कर सकते हैं? यह सही है कि आज के समय में हर देश अपने आर्थिक हितों को भी साथ ही रखता है पर क्या आर्थिक हित इतने प्रभावी होने चाहिए कि उनके आगे मानवीय मूल्यों की कोई बिसात ही न रह जाये? श्रीलंका और अन्य घरेलू विद्रोह झेल रहे देशों को यह अच्छे से पता है कि इस तरह के छद्म युद्धों का पूरे देश पर क्या प्रभाव पड़ता है फिर भी समस्याग्रस्त देशों की मदद करने के स्थान पर उनकी नीतियों को बिना सोचे समझे ही कटघरे में लाना किस तरह से उचित कहा जा सकता है?

देश तभी सफल हुआ करते हैं जब उनकी नीतियों को नागरिकों की जरूरतों के अनुसार चलाया जाता है पर आज जाति, धर्म, नस्ल और न जाने किन किन बातों पर कुछ देश दूसरे देशों में दखल दिया करते हैं जबकि इस मामले में एक अंतर्राष्ट्रीय समझौता होना चाहिए और उसका किसी भी परिस्थिति में उल्लंघन भी नहीं होना चाहिए। बड़े राष्ट्रों ने जब यूएन को बनाया तब उन्होंने केवल अपने संसाधनों को एक दूसरे के खिलाफ इस्तेमाल करने से बचने और सीधी लड़ाई को रोकने के पर ही मुख्य रूप से अपना ध्यान केन्द्रित रखा जबकि आवश्यकता यह थी कि किसी भी देश में इस तरह की कोई समस्या होने पर यूएन के पास इतने अधिकार होने चहिये थे कि वह खुद ही सही गलत का फैसला कर सके और आम नागरिकों के हितों की रक्षा कर सके। आज भी यूएन अपने पुराने ढर्रे पर चल रहा है जबकि दुनिया के सामने चुनौतियाँ बदल गयी हैं। आज आतंकवाद सबसे बड़ा मुद्दा है जब अमेरिका ने आतंक की विभीषिका को झेला तब उसने इससे 3 दशकों से लड़ रहे भारत की परिस्थितियों का सही एहसास हुआ और उसने बहुत कड़े नियम बना दिए जिससे आज भी अमेरिका में आने जाने वाले किसी भी मुसलमान को किल्लत झेलनी पड़ती है पर इस बात पर अमेरिका किसी की भी नहीं सुनता है तो वह दूसरे देशों के मामलों में टाँग क्यों अड़ाता है। अमरीका में आतंकवाद की घटना के बाद (11 सितंबर) उसने 20 दिसंबर, 2001 को एक कानून पारित किया और आतंकवाद के खिलाफ सीधी लड़ाई लड़ने की घोषणा की। संयुक्त राष्ट्र संघ ने भी एक प्रस्ताव पारित कर पूरी दुनिया से आतंकवाद के विरूद्ध एकजुट होकर लड़ने की अपील की। 9-11 के बाद अमरीका ने, जिसके पास सब प्रकार के कानून पहले से ही मौजूद थे, नयी परिस्थिति में नया कानून बनाया- पेट्रोओट एक्ट, 2001। एक दूसरा कानून भी बनाया जिसका नाम है- फाइनेन्शियल एंटी टेररिज्म एक्ट, 2001। इतना ही नहीं, अमरीका ने इन चुनौतियों से निपटने के लिए 'आंतरिक सुरक्षा' हेतु एक नयी फौज गठित कर दी। अमरीका जैसा देश, जो मानवाधिकार की वकालत पूरी दुनिया में ढोल पीटकर करता है, उसने भी आतंकवाद के खिलाफ लड़ाई लड़ने के लिए कानून व्यवस्था खड़ी की। इस तरह की रिपोर्ट यूएन को केवल कमजोर करने का काम ही करती हैं और देशों के बीच सद्भाव को केवल घटाने में ही इस्तेमाल की जा सकती हैं।

ऑनर किलिंग और खाप पंचायत

खाप पंचायतों की सगोत्रीय विवाह पर प्रतिबंध लगाने की माँग न तो तर्क संगत है और न ही समाज के लिए व्यावहारिक ही है। गौरतलब है खाप पंचायतें सगोत्रीय और प्रेम विवाह करने वाले जोड़ों को सदियों से जान से मार डालने का फरमान जारी करती आई हैं। और हर साल सैकड़ों की तादाद में हरियाणा और पष्छिचमी उत्तर प्रदेश में ऐसे प्रेमी युगलों की हत्या कर दी जाती है। पंचायतों का मामना है

कि एक ही गोत्र और एक ही गांव में प्रेम विवाह करना परंपरा के खिलाफ ही नहीं, अपराध भी है। पिछले 13 अप्रैल को सर्वजातीय खाप पंचायतों में हरियाणा, राजस्थान और पष्छिचमी उत्तर प्रदेश के सैकड़ों गाँवों के पंचायतों के प्रतिनिधि इक्ट्ठे हुए और सगोत्र और प्रेम विवाह के खिलाफ प्रस्ताव पारित किया लेकिन इसमें कोई सर्वसम्मति से निर्णय नहीं हो पाया था। फिर 2 मई को पंचायतों के प्रतिनिधि जुटे और आठ प्रस्ताव पारित किए गए। जिसमें हिंदू विवाह अधिनियम 1955 की धारा में बदलाव और प्रेम और सगोत्र विवाहों को मान्यता न देना शामिल है। तब से लेकर अब तक पंचायतें हरियाणा सरकार और केंद्र सरकार पर अपनी माँगों को मानने पर दबाव बनाती रही हैं। लेकिन केंद्र सरकार ने इनकी सारी माँगों को अस्वीकार करते हुए इन पंचायतों के कार्यों पर ही सवाल खड़े कर दिए। लेकिन हरियाणा में पंचायतें अपनी माँगों को लेकर अड़ी हुई हैं। गौरतलब है करनाल न्यायालय ने बहुचर्चित मनोज-बबली हत्याकांड में पाँच दोषियों को फांसी की सजा सुनाई हुई है जिसको रद्द करने की माँग भी पंचायत की ओर से उठती गयी। हरियाणा में पहली दफा किसी जिला न्यायालय ने ऑनर किलिंग के अपराधियों को फाँसी की सजा सुनाई जिसका केवल देश में ही सराहना नहीं हुई बल्कि विदेश में इसे एक ऐतिहासिक फैसला करार दिया गया।

ऑनर किलिंग की कुप्रथा महज भारत के कुछ तथाकथित विकसित राज्यों में ही नहीं प्रचलित है बल्कि यह बंगलादेश, सूडान, इराक, इरान, मिश्र, फिलिस्तीन, ब्राजील, अर्जेंटीना, इजराइल, जार्डन, पाकिस्तान, तुर्की, सीरिया और लेबनान सहित दुनिया के कई देशों में प्रचलित है। जहाँ हजारों की तादाद में प्रेमी-युगलों की हत्या कर दी जाती है। संयुक्त राष्ट्र पॉपुलेशन फंड की रपट के मुताबिक हर वर्ष दुनिया में कम से कम 5 हजार से ज्यादा प्रेमी-युगल मौत के घाट उतार दिए जाते हैं।

ऑनर किलिंग के खिलाफ पंचायतों के कई बेतुके तर्क है। इन्हीं में गोत्र विवाह की अनुमति हिंदू स्मृतियों में भी नहीं दी गयी है, का हवाला देना भी शामिल है। क्योंकि इससे होनी वाली संतान में दोष पैदा होने की संभावना बढ़ जाती है। लेकिन देश के प्रख्यात वायरोलॉजिस्ट और नेशनल इस्टीटयूट ऑफ वायरोलाजी (एनआईवी) के पूर्व निदेशक डॉ. कल्याण बनर्जी पंचायतों की इस मान्यता को अवैज्ञानिक ठहराते हैं और इससे ऊपर उठकर इनसानियत के हित में कार्य करने की सलाह देते हैं। उनका मानना है गोत्र की जांच के बजाय स्त्री-पुरुष में जीन्स की अदला-बदली की जाँच करनी चाहिए। इससे अनेक घातक थैलेसिमिया और कोएलिक होने की संभावना काफी कम हो जाती है। उनका यह तर्क भी उचित लगता है कि भारतीय समाज में कई समुदायों में सदियों से माता के वंश में शादियाँ होती रहीं हैं, लेकिन ऐसा कोई प्रमाण नहीं है कि होने वाली संतानें दोषपूर्ण पैदा होती रही हैं। उदाहरण के तौर पर भृगुवंशी सदियों से अपने ही गोत्र में शादियां करते आ रहे हैं लेकिन ऐसा कोई प्रमाण नहीं है कि उनकी संतानें दोषपूर्ण हों।

दरअसल, सगोत्रीय विवाह पर स्मृतियों में लगाया गया प्रतिबंध संतान के दोषपूर्ण होने के कारण नहीं है बल्कि इससे खून और जीन्स में बदलाव न होने से उच्च बुद्धिमान संतानें नहीं पैदा होती हैं, इसके कारण लगाया गया है। लेकिन इसके भी अपवाद रहे हैं। मुसलमानों में तो सगे दादा-चाचा में विवाह होना आम बात है। इसी तरह पंजाबियों में भी सगे मामा, फुफा के भाई बहनों में विवाह होने का आम प्रचलन है। इससे क्या उनमें दोष पैदा हो जाते हैं?

हरियाणा, राजस्थान, पश्चिमी उत्तर प्रदेश में खाप पंचायतों का प्रचलन सदियों से रहा है। इनके जरिए अनेक सांस्कृतिक, धार्मिक, वैवाहिक, कृषि सम्बन्धी, घरेलू, गाँव सम्बन्धी और दूसरे अनेक समस्याओं को निपटाने के कार्य किए जाते रहे हैं। समाज में इनकी हैसियत बहुत ही मायने रखती रही है। लेकिन सरकारी कानून की नजर में इनकी कोई हैसियत नही रही है। इनके जरिए किए गए फैसले मुसलमानी फतवे से किसी मायने में कम नहीं रहे हैं। और जो इसके फतवों के खिलाफ जाता है उसे गाँव निकाला, जातिनिकाला गोत्र और प्रेम विवाह के मामले में तो मौत की ही सजा देने के फतवे जारी होते रहे हैं। अब जबकि समाज में हर स्तर पर बदलाव आया है और मान्यताएँ तथा अनेक परंपराएँ टूट रहीं हैं, ऐसे में पुरानी मान्यता और परंपरा को ढोते रहना किस तरह उचित ठहराया जा सकता है? दूसरी बात गोत्र विवाह या प्रेम विवाह को इज्जत से जोड़कर देखना महज मूढ़ता और अहंकार के सिवा क्या कहा जा सकता है? जिन हिंदू धर्म-ग्रंथों का पंचायतें हवाला देती हैं उसी में युवक-युवती को अपने मन और इच्छा के मुताबिक प्रेम विवाह करने की खुली छूट दी गयी है। अथर्ववेद में कहा गया है-जब युवा और युवती शिक्षा और विद्या हासिल कर चुके, तो वे अपनी इच्छा के मुताबिक गुण, कर्म और स्वभाव के अनुकूल अपने जीवन साथी का चुनाव कर लें। यदि विवाह में परिवार के लोग शामिल होते हैं तो बहुत अच्छा, अन्यथा संतान की इच्छा का मान रखते हुए उन्हें इजाजत दे देनी चाहिए। यानी एक भी मंत्र वेद में ऐसा नहीं आया है जिसमें प्रेम विवाह को नाजायज ठहराया गया हो। इस लिए खाप पंचायतों का धर्म-ग्रंथों की दुहाई देना बकवास के सिवा कुछ नहीं है। अब तक कि खाप पंचायतों के जरिए किए जा रहे निर्णय विवाद के घेरे में आते जा रहे हैं इनकी प्रासंगिकता पर ही सवाल उठाए जाने लगे हैं। हरियाणा और पश्चिमी उत्तर प्रदेश में जन्मगत जाति प्रथा और ऊँचनीच का भेदभाव बहुत अधिक है, इसलिए प्रेम विवाह यहाँ कभी स्वीकार नहीं किए जाते हैं। जबकि इन दोनों इलाके के लोग खुद को ज्यादा उच्च भी मानते रहे हैं। जाहिर तौर पर खुद को उच्च मानने की मानसिकता एक मूढ़ता से ज्यादा कुछ नहीं है। उच्च तो वह होता है जो जमाने के मुताबिक अपनी मान्यताओं और धारणाओं में बेहिचक बदलाव के लिए तैयार रहता है। यदि खाप पंचायतें अपनी प्रांसगिकता बनाये रखना चाहतीं हैं तो जमाने के मुताबिक अपनी गलत मान्यताओं रूढ़ियों और परंपराओं में बदलाव लाना होगा। समाज सुधार का कार्य इस तरह से नहीं होता जैसा कि खाप पंचायतें करना

चाह रही हैं। सामूहिक निर्णय ऐसे नहीं होने चाहिए कि जिससे इनसानियत का गला ही घोट उठे। यदि प्रेम विवाह अपराध है तो हर तरह के प्रेम पर खाप पंचायतों को प्रतिबंध लगा देना चाहिए, और खाप पंचायतों के प्रतिनिधियों और दूसरे लोगों को अपराधी घोषित कर हर किसी से क्रूरता के साथ पेश होने की परंपरा डालनी चाहिए। खाप पंचायतों के फरमान कितने घिनौने होते हैं। इसके एक नहीं सैकड़ों उदाहरण हमारे सामने हैं। इसको देखते हुए केंद्र सरकार ने खाप पंचायतों को ही अप्रासंगिक ठहरा दिया है। पंचायतों के इस तरह के फैसले न केवल परिवारों को तोड़ने का कार्य करते हैं बल्कि आत्महत्या करने के लिए भी मजबूर करते हैं। इस लिए अब समय आ गया है कि यदि पंचायतों को जिंदा रहना है तो उन्हें अपनी पुरानी कार्यशैली को ही नहीं बदलना होगा बल्कि नए जमाने के मुताबिक खुद को ढालना भी होगा। तभी ऑनर किलिंग और दूसरी क्रूर समस्याओं को खत्म किया जा सकता है।

सौन्दर्य प्रतियोगिताओं की सार्थकता

सौन्दर्य प्रतियोगिता को अंग प्रदर्शन में बदलते देर नहीं लगती। युवाओं व बच्चों के लिये ऐसे आयोजन गलत परम्परा की नींव डालने जैसे हैं। यह भारतीय संस्कृति के विरुद्ध और समाज के लिये घातक है। ऐसी प्रतियोगिता में बच्चों को भेजने से बचना चाहिए। आयोजन यदि शारीरिक सुंदरता या पोशाक पर आधारित न होकर बौद्धिक विकास या योग्यता पर आधारित हों तो कोई हर्ज नहीं है।

आज सौन्दर्य प्रतियोगिताओं में कैसे कपड़ों का चलन है, यह समाज से छिपा नहीं है। इन प्रतियोगिताओं में फूहड़ता का खुला प्रदर्शन होता है। सौन्दर्य प्रसाधन सामग्री पर 75 प्रतिशत विदेशी कम्पनियों का कब्जा है। बहुराष्ट्रीय कम्पनियाँ इन बालाओं को ऊँचे दाम देकर अपनी प्रसाधन सामग्री का प्रचार कराती हैं, जिसके परिणामस्वरूप खराब माल भी ऊँचे दामों में बेचकर मनमाना मुनाफा कमाती हैं। फलतः हमारे देश का बना माल उचित मूल्य पर नहीं बिकता है। सौन्दर्य प्रतियोगिता के माध्यम से बहुराष्ट्रीय कम्पनियों को भारत जैसा विशाल बाजार उपलब्ध हो गया है, जो स्वदेश की अस्मिता व स्वदेशी के लिए घातक होगा। भारत में सौन्दर्य प्रतियोगिताओं की बाढ़-सी आ गयी है। पिछले चार वर्षों में भारत की युवतियाँ ब्राह्माण्ड सुन्दरी, विश्व सुन्दरी चुनी गयी हैं। पर इन प्रतियोगिताओं के अतिरिक्त भी अन्तरराष्ट्रीय स्तर पर अनेक भारतीय बालाओं को इस प्रकार के पुरस्कार प्रदान किए गये हैं। यह एक षडयंत्र के अन्तर्गत हो रहा है। न केवल व्यापारिक कम्पनियाँ अपितु भारतीय संस्कृति पर हमला बोलने वाले इस षडयंत्र में शामिल हैं। व्यापारिक कम्पनियां अपने उत्पादों को घर-घर में भेजना चाहती हैं और संस्कृति पर आक्रमण करने वाले भारतीय नारी की गरिमा को नग्न करना सौन्दर्य स्पर्द्धाओं का आयोजन हमारी भारतीय संस्कृति को कलंकित करने वाला है। बाह्य सौन्दर्य की हमारे यहाँ कमी नहीं, परन्तु मानसिक (आंतरिक) सौन्दर्य को हम अधिक महत्त्व

देते हैं। शीलरक्षण का हमारी संस्कृति में अनन्य महत्त्व है। द्रौपदी सौन्दर्यवती थी, परन्तु उसके मानसिक सौन्दर्य के कारण ही उसका शील रक्षण हुआ।

अमरीका में स्वामी विवेकानन्द से एक शिक्षित महिला ने प्रश्न किया, 'आपके देश की महिलाएँ हमारे देश की महिलाओं जैसी ही साक्षर हैं, कार्यकुशल हैं, फिर मर्दों के कंधे से कंधा मिलाकर हर क्षेत्र में वे काम करें, ऐसा आपको लगता है या नहीं?' स्वामी जी का जवाब बहुत मार्मिक है, 'क्यों नहीं, ऐसा जरूर लगता है। परंतु आपके इस साक्षरता प्रधानत्व और व्यवहारकुशलता के बदले, आपके यहाँ की महिलाओं जैसा शील अगर हमारे देश की महिलाओं को प्राप्त हो, तो बेहतर है कि हमारी स्त्रियां निरक्षर ही रहें।'

विद्वान गेटे के अनुसार 'सौन्दर्य का आदर्श सादगी और शान्ति हैं' वास्तविकता का दूसरा पहलु यह हैं कि किसी का सुंदर चेहरा उसकी काबिलियत का परिचायक नहीं है। जब तक कि उसके गुण भी अच्छे न हो तब तक उसका बाहरी सौन्दर्य किसी काम का नहीं। सीरत की खुशबू व्यक्ति के व्यवहार और बौधिकता को सुरभित करता हैं। जिसके पास सूरत और सीरत दोनों हो तो यह सोने पर सुहागा हो जाता हैं। क्योंकि बिना गुणों के कोरा ऊपरी सौन्दर्य किसी काम का नहीं होता। सौन्दर्य तो कुछ समय के बाद कमजोर हो जाता हैं परन्तु सीरत हमेशा कायम रहती हैं। दैहिक सौन्दर्य सिर्फ आँखों को संतुष्ट कर सकती हैं पर गुणों का सौन्दर्य उसके व्यक्तित्व को निखारने में वरदान हैं। तभी तो एक चीनी कहावत है ''बिना सदगुणों के सुन्दरता अभिशाप हैं'' आंतरिक और बाहरी सुन्दरता का कमाल था कि भारत की युवतियों ने सौन्दर्य प्रतियोगिता में दुनिया में भारत के सफलता का झंडा फहराया ....आंतरिक सौन्दर्य के अभाव में अच्छे-अच्छे खुबसूरत भी बदसूरत की कतार में आ जाते हैं यही सब बात पुरुष वर्ग पर भी लागू होती है। इसका मलतब यही है कि व्यक्ति के व्यवहार और गुणों से सुन्दरता हैं। व्यक्ति अपनी सौम्यता, सभ्यता तथा व्यावहारिकता कुशलता से अपने प्रति नफरत रखने वालों के मन में भी प्रेम का अंकुर जगा सकता है। इसके विपरीत खूबसूरत व्यक्ति अपनी व्यावहारिकता अकुशलता से लोगों के बीच नफरत का पात्र बन जाता है। अपने बाहरी और आंतरिक गुणों पर ध्यान देते हुआ उसे आकर्षक बनाना चाहिए।

आईपीएल–अंतर्राष्ट्रीय क्रिक्रेट पर उसका असर

24 सितंबर 2007 की रात ने क्रिकेट की बात बदल दी। कुछ उसी तरह जैसे 25 जून 1983 की रात ने बदल दी थी। 25 जून 1983 को भारत वन डे क्रिकेट का विश्व चैम्पियन बना था। उसके बाद वन डे क्रिकेट की लोकप्रियता की ऐसी लहर आई कि क्रिकेट का वह नया रूप ही बहुत से लोगों के लिए असली क्रिकेट हो गया। 25 सितंबर 2007 कुछ ऐसी ही लहर टी-20 यानी ट्वेन्टी-ट्वेन्टी क्रिकेट के लिए लेकर आया। और होता भी क्यों नहीं, अभी कुछ ही महीने हुए थे, जब

भारत वन डे क्रिकेट के वर्ल्ड कप टूर्नामेंट से बड़े बेआबरू होकर पहले ही दौर में बाहर हुआ था। टीम की हालत डावांडोल थी। टीम की कमान नए कप्तान को सौंपी गयी थी। भारतीय टीम बहुत कम उम्मीदें लेकर दक्षिण अफ्रीका पहुँची थी। सबकी जुबान पर था कि ऑस्ट्रेलिया, दक्षिण अफ्रीका या इंग्लैंड में से कोई टीम टी-20 के पहले विश्व कप की चैम्पियन बनेगी, जिन्हें क्रिकेट के इस नए स्वरूप का ज्यादा तजुर्बा है। भारत तो अभी कुछ समय पहले तक टी-20 क्रिकेट खेलने से ही इनकार करता रहा था। एक अनुभवहीन टीम, एक बड़ी चुनौती!

लेकिन धोनी के धुरंधरों ने वह कर दिखाया, जिससे क्रिकेट की दुनिया की अचंभित रह गयी। और भारत के लोग फटी आँखों से कामयाबी का वह शिखर देख रहे थे, जिसके लिए वो 24 साल से लालायित थे। भारत एक बार फिर बादशाह था। क्रिकेट के उस स्वरूप में जो रोमांच और उत्तेजना से कहीं ज्यादा भरा हुआ था, फटाफट क्रिकेट का भी छोटा रूप, साढ़े तीन घंटों की कशमकश के बाद फौरन नतीजा, पूरा मनोरंजन।

भारत की कामयाबी और क्रिकेट के इस नए रूप की कशिश ने ऐसा समाँ बाँधा कि टी-20 क्रिकेट भारतीय क्रिकेट प्रेमियों के कल्पनालोक का हिस्सा बन गया। क्रिकेट को एक नया बाजार मिला। क्रिकेट के कारोबारी इस नए बाजार में कूद पड़े। इंडियन प्रीमियर लीग का जन्म हुआ। और आईपीएल ने अपने पहले ही साल में जो सफलता एवं लोकप्रियता पाई, उससे किक्रेट का पूरा गतिशास्त्र (डायनेमिक्स) ही बदल गया है।

आईपीएल ने क्रिकेट की लोकप्रियता को नए सिरे से परिभाषित किया है। भारतीय खिलाड़ियों के अलावा विदेशी खिलाड़ियों ने भी आईपीएल की शोहरत का लोहा मान लिया है और इसीलिए वे आईपीएल में खेलने के लिए बेताब रहते हैं। कभी गर्म मौसम, बेतहाशा भीड़ और खानपान को वजह बताकर भारत न आने वाले विदेशी खिलाड़ी आईपीएल की चमक में इस तरह बँध गए हैं कि अब न तो उन्हें यहाँ के तथाकथित मसालेदार खाने की चिंता है और न ही वे यहाँ के 'बेतरतीब' यातायात से भयभीत हैं। आईपीएल ने सभी विदेशी खिलाड़ियों को भारत से इस कदर जोड़ दिया है कि ऑस्ट्रेलिया के स्पीड स्टार ब्रेट ली जैसे खिलाड़ी भारत को अपना दूसरा घर कहते हैं।

नब्बे के दशक तक विदेशी खिलाड़ियों के ये जलवे थे कि वे भारत दौरे पर आने से पहले अपना खाना और पानी साथ रख लेते थे। आज जो गैरी कर्स्टन भारत से भावनात्मक लगाव होने की बात कह रहे हैं, वो कभी भारत दौरे पर आने से नाक भौं सिकौड़ते थे। कर्स्टन ने तो यहाँ तक कह दिया था कि भारत में लोगों को यातायात की समझ नहीं है। आज वही कर्स्टन भारत को क्रिकेट की महाशक्ति मान रहे हैं और बार-बार भारत आना चाहते हैं।

इस संदर्भ में एक और खिलाड़ी का जिक्र जरूरी है और वह है शेन वॉर्न। एक खिलाड़ी के तौर पर वॉर्न जब भारत दौरे पर आते थे तो उनके साथ उनका खाना और पानी भी होता था, क्योंकि भारतीय खाने से उन्हें बीमार होने का डर था। अब यही वॉर्न साल भर में भारत के चार चक्कर लगाते हैं और आईपीएल में अपनी टीम राजस्थान रॉयल के साथ जमकर राजस्थानी थाली का स्वाद लेते हैं। बदलते वक्त के साथ भारत में हालात बदले और विदेशियों को भारत के प्रति अपनी राय भी बदलनी पड़ी। अगर यही बात क्रिकेट से जोड़कर देखें तो इसमें आईपीएल का बड़ा योगदान है।

आईपीएल में खेलने से जो धन और लोकप्रियता मिलती है उसका अहसास विदेशी खिलाड़ियों को पूरी तरह हो चुका है। शॉन मार्श, यूसफ अब्दुल्लाह, एडम वोगस, ड्रिक नानेस, जे थेरॉन, माइकल लंब, डेविड हसी, ड्वान स्मिथ, रियान हैरिस जैसे विदेशी खिलाड़ियों को आईपीएल में दमदार खेल दिखाने के बाद ही राष्ट्रीय क्रिकेट टीम में जगह मिली थी।

आईपीएल ने विदेशी खिलाड़ियों के मिजाज इस कदर बदल दिए हैं कि भारत के बारे में उनकी राय ही बदल गयी है। अब न गर्म मौसम की शिकायत रही और न ही खाने की चिंता। अब ये विदेशी खिलाड़ी खचाखच भरे स्टेडियम में 40 डिग्री तापमान में खेलकर भी बार बार भारत आना चाहते हैं।

एक जमाने में वन डे क्रिकेट ने इस खेल के लिए नए सिरे से भीड़ जुटाई थी, जिससे औद्योगिक अर्थव्यवस्था की नई जीवन शैली के बीच अप्रासंगिक होते इस खेल में नई जान आई। वैश्विकरण से फिर जीवन शैली बदली। और सैटेलाइट टीवी से कम समय में ही संपूर्ण मनोरंजन देने वाले दूसरे खेल भारतीय दर्शकों को भी उपलब्ध हो गए। इससे क्रिकेट को नई प्रतिस्पर्धा का सामना करना पड़ा। अब आईपीएल स्वरूप के साथ क्रिकेट ने उसका जवाब दिया है। इसलिए यह कहना गलत नहीं होगा कि आईपीएल क्रिकेट का नया सहारा बना है, जिसका असर टेस्ट क्रिकेट पर भी होगा।

जाहिर है, क्रिकेट के मैदान पर अब नए कौशल देखने को मिलेंगे। जो कौशल आईपीएल में विकसित होंगे, वो टेस्ट के मैदान तक पहुँचेंगे। इससे क्रिकेट ज्यादा आकर्षक होगा। लेकिन एक अहम सवाल यह है कि क्या क्रिकेट के कर्ता-धर्ता आईपीएल की नई लोकप्रियता को भुनाने के अभियान में कुछ ज्यादा ही बेसब्र नहीं हो गए हैं ? टूर्नामेंट के बीच क्या वह रोमांच और अहमियत बची रहेगी, जिसके लिए विश्व कप जाने जाते हैं? खेल प्रतियोगिताओं की विशिष्टता इंतजार के पहलू से भी कायम रहती है। जब हर साल एक ऐसा टूर्नामेंट हो, जिससे नए चैम्पियन सामने आयें, तो उनकी क्या वही अहमियत होगी, जो चार साल बाद हुए टूर्नामेंट के चैम्पियन के साथ जुड़ी होती है?

वन डे क्रिकेट ने अगर अपना महत्त्व खोया तो उसकी एक वजह ओवरडोज भी थी। आईपीएल क्रिकेट के उभार के साथ वन डे क्रिकेट के सामने वजूद का संकट खड़ा है। लोगों को अब वन डे मैच न तो उतने रोमांचक लगते हैं और ना वे मनोरंजन के लिए अब अपना पूरा दिन बर्बाद करना चाहते हैं। यह सही है कि टेस्ट क्रिकेट बना रहेगा, क्योंकि आखिर क्रिकेट के इतने जानकार तो हमेशा रहेंगे, जो उसके महत्त्व को समझ सकें। लेकिन वन डे क्रिकेट की ऐसी क्या खासियत है जो उसे आईपीएल की मार से बचा सके? आखिर वह भी मनोरंजन के लिए फटाफट रूप में सामने आया था, और अब उससे ज्यादा फटाफट क्रिकेट सामने है।

बहरहाल, दुनिया और मानवता के विकासक्रम के साथ बहुत सी कलाएँ, शिल्प और विधाएं खोती रही हैं। अगर क्रिकेट के किसी रूप के साथ भी ऐसा हो तो वह शोक मनाने का विषय नहीं है। बल्कि क्रिकेट की यह विशेषता एक संतोष का विषय है कि वह बदलते वक्त की जरूरतों के मुताबिक ढल जाता है और अपना एक नया रूप पेश कर देता है। क्रिकेट संभवतः दुनिया के एकमात्र ऐसा खेल है, जिसके तीन स्वरूप एक साथ प्रचलन में हैं। तीन स्वरूप- जिनके मूलतत्व भले एक हों, लेकिन जिनकी विधाएँ, तकनीक और कौशल में भारी फर्क है।

नागरिक के कर्तव्य और अधिकार

आज आम नागरिक अव्यवस्थाओं, दैनिक समस्याओं, भ्रष्ट व्यवस्था के विरुद्ध त्राहि त्राहि तो करता है, स्वयं उस व्यवस्था को चुनौती देने में समर्थ होते हुए भी चूक जाता है, कोई भी हितकारी या सकारात्मक कदम नहीं उठा पाता, इन परिस्थितियों पर विचार करते हुए जो तथ्य सामने आते हैं, उनमें प्रमुख हैं।

नागरिक को देश की संवैधानिक व्यवस्था की जानकारी न होना

विधान सभा चुनाव से पूर्व, चुनाव की अवधि में चर्चा करने पर ये जानकार दुखद आश्चर्य हुआ कि पढ़े लिखे वर्ग को भी हमारी संवैधानिक व्यवस्था की पूर्ण जानकारी नहीं है। कम पढ़े-लिखे या अनपढ़ लोगों की तो बात ही छोड़ दी जाय।उदाहरणार्थ बहुमत दल किस प्रकार सरकार बनायेगा, वोट न देने से क्या हानि है,लोकसभा के चुनाव से या विधान सभा के चुनाव के पश्चात देश और प्रदेश पर क्या प्रभाव पड़ता है, आदि। एक पब्लिक स्कूल की अवकाश प्राप्त (उच्चतर माध्यमिक स्तरीय) शिक्षिका से चर्चा चल रही थी तो उनका कथन था कि मैं तो इस बार सारे बटन दबाकर आऊँगी। आक्रोश तो उनके वाक्य में झलक रहा था कि व्यवस्था से त्रस्त हैं परन्तु उनका ये वाक्य! अंततः उनको बताया कि ऐसा करने का कोई लाभ नहीं और ना ही ऐसा संभव है। तो भी वो कितना समझ पायीं,ये नहीं कह सकती। शिक्षित वर्ग की ये बहुत बड़ी विडंबना है कि पूर्ण ज्ञान न होने पर किसी से जानकारी लेना उसको अपमानजनक लगता है।

ये तो मात्र एक उदाहरण है, शेष जन भी इसी व्याधि से ग्रस्त हैं। अशिक्षित जन या अर्धशिक्षित को तो बस इतना ही ज्ञात होता है कि चुनाव होने हैं, कौन से चुनाव हैं, इनसे क्या लाभ-हानि होगी उसे कुछ पता नहीं होता। आज भी ऐसे मतदाताओं की ही अधिकता है, जो जाति, सम्प्रदाय, क्षेत्रवाद तथा अन्य क्षुद्र लाभों से प्रभावित हो कर वोट देते हैं। महिलाओं और बच्चों को तो आदेश का पालन करते हुए उसकी प्रत्याशी को वोट देना होता है, जिसको घर के पुरुष या अभिभावक पसंद करते हैं। जबकि देश की राजनीतिक व्यवस्था में सुधार के लिए सर्वप्रथम आवश्यक और महत्त्वपूर्ण है, देश की संवैधानिक प्रणाली से परिचित कराना। इसके लिए सरकारी रूप से तथा राजनीतिक दलों की ओर से भागीरथ प्रयास किये बिना वांछित परिणाम कभी नहीं आ सकते और देश का उद्धार नहीं हो सकता।

हम बात तो करते हैं कि व्यस्क मताधिकार 20 वर्ष से भी कम आयु में मिल जाना चाहिए,परन्तु ये विचार कभी नहीं किया जाता कि नागरिक कर्तव्यों या अधिकारों और संवैधानिक व्यवस्था के ज्ञान के अभाव में सब व्यर्थ है और ये और भी बड़ी विडंबना होगी देश के लिए।ये ज्ञान तो सबको ही दिया जाना आवश्यक है,आप अपने आम परिचितों, मित्र मंडली में चर्चा करके देखिये तो ये अनुभव आपको स्वयं ही हो जायेगा।

अशिक्षित अंगूठा छाप लोगों को संसद, विधायिकाओं में भेजने और महत्त्वपूर्ण उत्तरदायित्व सौपने से पूर्व उनके लिए शिक्षित होना और शिक्षित होने पर भी उनको विधिवत प्रशिक्षण दिया जाना अनिवार्य होना चाहिए (भले ही इसके लिए संविधान में संशोधन करना पड़े।)

अपराधी, माफिया आदि के चुनाव लड़ने पर प्रतिबन्ध लगाया जाना किसी भी परिस्थिति में अनिवार्य होना चाहिए। जब तक इन लोगों का विधायिकाओं,सांसदों और स्थानीय प्रशासन में प्रवेश पर प्रतिबन्ध नहीं होगा देश की राजनीति में सुधार की आशा करना ही बेमानी है।

चुनाव लड़ने से पूर्व सभी प्रत्याशियों का अपनी आय-व्यय का लेखा-जोखा प्रस्तुत किया जाना और प्रतिवर्ष प्रत्याशी और उसके परिजनों की आय-व्यय की पूर्ण जाँच की व्यवस्था किये बिना राजनीति से भ्रष्टाचार दूर होने की कोई संभावना नहीं हो सकती। मेरे विचार से उनकी किसी पद पर रहने की अवधि पूर्ण होने पर भी उनकी जाँच समय समय पर होनी चाहिए।

दल-बदल कानून को संशोधित कर कठोरतम बनाये बिना सांसदों और विधायकों की खरीद फरोख्त पर नियंत्रण स्थापित नहीं किया जा सकता। इसी प्रकार निर्दलियों के चुनाव लड़ने और बिकने पर कठोरतम नियम होना चाहिए क्योंकि आवश्यकता के अनुरूप उनके भाव चढ़ते जाते हैं, परिणाम स्वरूप जनता

द्वारा अस्वीकृत प्रतिनिधि उनके साथ मिलकर ही सरकार बनाकर स्वेच्छाचारी बन जनता को रुलाते हैं।

राईट टू रीकाल और राईट टू रिजेक्ट लागू करना भी तभी उपयोगी हो सकता है,जब जनता शिक्षित हो, अन्यथा तो इस व्यवस्था का दुरूपयोग होगा और राजनीतिक दल जनता को मूर्ख बनाते हुए अव्यवस्था बनाये रखेंगें।

नैतिकता स्वयं में एक बहुत ही पावन शब्द है, परन्तु वर्तमान राजनीति में नैतिकता की बात करना दिवास्वप्न देखना है, राजनीति का अर्थ ही राज की नीति है और राजनीति में साम-दाम-दंड-भेद सब सम्मिलित है।राजनीति के प्रकांड पंडित चाणक्य ने भी भारत को अखंड साम्राज्य बनाने के लिए इसी सूत्र को अपनाया था, शिवाजी, भगवान् कृष्ण सभी को राजनीति के इन महामंत्रों को अपनाना पड़ा था। स्मरणीय है कि ये सब सूत्र देश धर्म की रक्षार्थ अपनाए गये थे।

आज देशों को ऐसे ही भारत निर्माताओं की आवश्यकता है। जनता तो स्वयं ही शासकों की अनुगामी होगी क्योंकि 'यथा राजा तथा प्रजा'।

ग्लोबल वार्मिंग का भयावह सच

ग्लोबल वार्मिंग के मुद्दे पर पूरी दुनिया को पसीना छूट रहा है। बीते सौ सालों में पृथ्वी की सतह का तापमान एक डिग्री बढ़ गया है। इस सदी में तापमान में और भी तेजी से वृद्धि होने की आशंका है। तापमान में इस वृद्धि से विश्व की खाद्य सुरक्षा पर घातक प्रभाव पड़ेगा। यदि वैश्विक ताप में वृद्धि पर अंकुश नहीं लगाया गया तो खाद्य पदार्थों का वैश्विक उत्पादन 30 प्रतिशत तक घट सकता है।

कृषि उपज पर पड़ने वाले प्रभावों को भारत के सदर्भ में आसानी से समझा जा सकता है। गेहूँ व धान भारत की प्रमुख फसलें हैं। देश में कुल कृषि उपज में 42.5 प्रतिशत हिस्सा धान का है। चूँकि जलवायु परिवर्तन से वर्षा अनियमित हो रही है इसलिए वर्षा आधारित खेती होने के कारण धान की पैदावार पर सबसे ज्यादा दुष्प्रभाव पड़ेगा। दो डिग्री सेंटीग्रेट तापमान बढ़ने से धान का प्रति हेक्टेयर उत्पादन 75 क्विंटल कम हो जायेगा। भारत का औसत धान उत्पादन 900 लाख टन है। तापमान की वर्तमान वृद्धि दर के आधार पर धान के उत्पादन में 2020 तक 6.7 प्रतिशत, 2050 तक 15.1 प्रतिशत और 2080 तक 28.2 प्रतिशत की कमी आने की आशंका है।

संयुक्त राष्ट्र के खाद्य और कृषि संगठन की 2009 में जारी एक रिपोर्ट के मुताबिक तापमान में प्रति डिग्री सेल्सियस की बढ़त के साथ भारत में गेहूँ की उपज दर में प्रति वर्ष 60 लाख टन की कमी आयेगी। वर्तमान कीमतों के आधार पर आर्थिक नुकसान की गणना करें तो प्रति वर्ष करीब सात हजार करोड़ रुपये से ज्यादा का नुकसान होगा। वर्तमान गति से तापमान बढ़ता रहा तो गेहूँ के उत्पादन में 2020

तक 5.2 प्रतिशत, 2050 तक 15.6 प्रतिशत और 2080 तक 31.1 प्रतिशत की कमी आने की आशंका है। इसी तरह की गिरावट अन्य फसलों में भी आ सकती है।

अंतरराष्ट्रीय खाद्य नीति शोध संस्थान ने विश्व स्तर पर जलवायु परिर्वतन की वजह से खाद्य पदार्थों के उत्पादन और उनकी कीमतों पर पड़ने वाले प्रभावों पर एक विस्तृत अध्ययन किया है. इसके मुताबिक जलवायु परिवर्तन के प्रतिकूल प्रभाव से 2050 तक गेहूँ की उत्पादकता में 50 प्रतिशत, चावल में 17 प्रतिशत और मक्के की उत्पादकता में 6 प्रतिशत की कमी आएगी। परिणामस्वरूप इन कृषि उत्पादों की कीमतें आसमान छूने लगेंगी। अध्ययन के मुताबिक इन कृषि उपजों की कीमतों में 180 प्रतिशत से 194 प्रतिशत तक का इजाफा होगा। इस दौरान गेहूँ की कीमत बिना जलवायु परिवर्तन के 40 प्रतिशत, चावल की कीमत 60 प्रतिशत व मक्का की कीमत 30 प्रतिशत बढ़ जायेगी। जलवायु परिवर्तन के फलस्वरूप बढ़ी महँगाई से आम आदमी के उपभोग पर नकारात्मक प्रभाव पड़ना निश्चित है।

आशंका है कि कीमतें बढ़ने से 2050 तक अनाज उपभोग 50 प्रतिशत तक घट सकता है। इस आधार पर कैलोरी उपलब्धता में 15 प्रतिशत की गिरावट आएगी। रिपोर्ट यह भी कहती है कि जलवायु परिवर्तन का सबसे बुरा प्रभाव दक्षिण एशियाई देशों पर पड़ेगा, जिससे इस क्षेत्र में रह रहे 1.6 अरब लोगों की खाद्य सुरक्षा खतरे में पड़ जायेगी और संयुक्त राष्ट्र के दुनिया से भूख और कुपोषण मिटाने के प्रयास अप्रभावी हो जायेंगे।

सबसे महत्त्वपूर्ण सवाल यह है कि आखिर जलवायु परिवर्तन के दुष्प्रभावों को न्यूनतम कैसे किया जाये। आईएफपीआरआई की रिपोर्ट का आकलन है कि इसके लिए दक्षिण एशिया में कृषि एवं ग्रामीण विकास के लिए 1.5 अरब डालर के अतिरिक्त वार्षिक निवेश की जरूरत पड़ेगी। वैश्विक स्तर पर इस लक्ष्य को प्राप्त करने के लिए सात अरब डालर के निवेश की आवश्यकता पड़ेगी, जबकि खाद्य एवं कृषि संगठन पहले ही कह चुका है कि 2050 में दुनिया की पूरी आबादी को भरपेट भोजन के लिए खाद्यान्न उत्पादन को 70 प्रतिशत बढ़ाने की जरूरत होगी। खासकर दुनिया के दो विशालतम उपभोक्ता देशों भारत व चीन को कम से कम 29 अरब डालर निवेश करने की आवश्यकता है।

जलवायु परिवर्तन से खाद्य सुरक्षा खतरे में पड़ने वाली है। इससे बचने के लिए कृषि में भारी निवेश और पर्यावरण अनुकूल प्रौद्योगिकी का इस्तेमाल करना होगा। जलवायु परिवर्तन एक ऐसा मसला है जिसके लिए निर्विवाद रूप से सबसे ज्यादा विकसित देश जिम्मेदार हैं। इसलिए पर्यावरण संतुलन को बनाये रखने की पहली जिम्मेदारी विकसित देशों की ही बनती है। इसकी भरपाई तभी हो सकती है जब विकसित देश अपने सकल घरेलू उत्पाद का एक निश्चित हिस्सा जलवायु परिवर्तन के दुष्प्रभावों को कम करने पर खर्च करें।

विज्ञान, प्रौद्योगिकी और नवोन्मेष नीति-2013

प्रधानमंत्री डॉ मनमोहन सिंह ने कोलकाता में भारतीय विज्ञान कांग्रेस के शताब्दी अधिवेषन के उद्घाटन सत्र में विज्ञान, प्रौद्योगिकी और नवोन्मेष नीति-2013 प्रस्तुत की। इस नीति का केंद्र बिंदु है-यह नीति लोगों के लिए है और लोग इस नीति के लिए हैं। इसका उद्देश्य विज्ञान, प्रौद्योगिकी और नवोन्मेष के सभी लाभों को राष्ट्रीय विकास तथा सतत और अधिक समावेशी विकास के लिए उपयोग में लाना है. इसमें अनुसंधान और विकास, प्रौद्योगिकी तथा नवीनीकरण की गतिविधियों में निजी क्षेत्र की भागीदारी को बढ़ावा और प्रोत्साहन देकर अनुसंधान और विकास पर होने वाले कुल खर्च का सही आकलन करने पर जोर दिया गया।

इस नीति का उद्देश्य देश के त्वरित, सतत और समावेष्ठी विकास की अपेक्षाओं को पूरा करने के लिए खोज और वैज्ञानिक समाधानों में तेजी लाना है तथा सुदृढ़ और व्यवाहारिक विज्ञान, अनुसंधान और नवोन्मेष प्रणाली के द्वारा देश के लिए उच्च प्रौद्योगिकी पर आधारित विकास का मार्ग प्रशस्त करना है।

विज्ञान, प्रौद्योगिकी और नवोन्मेज़ नीति-2013 की मुख्य विशेषताएँ:

- समाज के सभी वर्गों में वैज्ञानिक सोच को प्रोत्साहित करना।
- समाज के सभी वर्गों के युवाओं में विज्ञान के उपयोगों के लिए कौशलों को बढ़ावा देना।
- प्रतिभाशाली युवाओं के लिए विज्ञान, प्रौद्योगिकी और नवोन्मेष में करियर को आकर्षक बनाना। विज्ञान के कुछ अग्रणी क्षेत्रों में वैश्विक नेतृत्व हासिल करने के लिए अनुसंधान और विकास का विश्व स्तरीय ढाँचा स्थापित करना।
- वर्ष 2020 तक भारत को पाँच बड़ी वैश्विक वैज्ञानिक शक्तियों में खड़ा करना (वैश्विक वैज्ञानिक प्रकाशनों में भारत के हिस्से को 3.5 प्रतिशत से बढ़ाकर सात प्रतिशत करना और विश्व की एक प्रति शीर्ष पत्रिकाओं में आलेखों की संख्या मौजूदा स्तर से बढ़ाकर चार गुना करना)।
- विज्ञान, प्रौद्योगिकी और नवोन्मेष प्रणाली के योगदानों को समावेशी आर्थिक विकास के एजेंडे के साथ जोड़ना और उत्कृष्टता तथा संगतता की प्राथमिकताओं पर ध्यान देना।
- अनुसंधान और विकास में निजी क्षेत्र की भागीदारी बढ़ाने के लिए माहौल तैयार करना।
- सफल प्रयोगों को दोहराकर तथा नई सरकार-निजी क्षेत्र भागीदारी (पीपीपी) की व्यवस्थाएँ कायम करके अनुसंधान और विकास के निष्कर्षों को सामाजिक और व्यवासायिक उपयोगों में बदलना।

- नई प्रणालियों के माध्यम से विज्ञान और प्रौद्योगिकी आधारित अधिक जोखिम के महत्त्वपूर्ण नवीनीकरण को बढ़ावा देना।
- आकार और प्रौद्योगिकी की सीमाओं के दायरे में संसाधनों के बेहतर उपयोग से कम लागत की नवीनीकरण गतिविधियों को बढ़ावा देना।
- विज्ञान और प्रौद्योगिकी आधारिक ज्ञान से संपदा संवर्धन के कार्यक्रमों को मान्यता देने वाली सोच और मूल्य प्रणाली को बढ़ावा देना।
- एक सुदृढ़ राष्ट्रीय नमोन्वेष प्रणाली की स्थापना करना।

विज्ञान प्रौद्योगिकी और नवोन्मेष नीति की प्रमुख अपेक्षाएँ:
- निजी क्षेत्र के योगदान को बढ़ावा देकर इस दशक में अनुसंधान और विकास में कुल खर्च को सकल घरेलू उत्पाद के मौजूदा एक प्रतिशत से बढ़ाकर दो प्रतिशत करना।
- देश में अनुसंधान और विकास में कार्यरत कर्मियों के समकक्ष पूर्णकालिक कर्मियों की मौजूदा संख्या में पाँच वर्षों में कम से कम 66 प्रतिशत वृद्धि करना।
- नवीनीकरणों के लाभों की पहुँच, उपलब्धता और खरीद क्षमता को, विशेष रूप से महिलाओं, विशिष्ट क्षमताओं वाले लोगों और समाज की कमजोर वर्गों के लिए बढ़ाना।

अध्याय-7

इंटरव्यू कैसे दें?

यदि हमें उद्देश्य की जानकारी मिल जाये तो लक्ष्य प्राप्ति में आसानी होती है। इस लिहाज से साक्षात्कार देने वाले तमाम प्रतियोगियों के लिए यह अपेक्षित है कि इस तथ्य को अच्छी तरह समझ लें कि आखिर साक्षात्कार क्यों लिया जाता है। यदि 'क्यों' की जानकारी मिल जाये जो 'कैसे' की जानकारी प्राप्त कर पता लगाया जा सकता है कि उन्हें 'क्या' तैयारी करनी होगी।

वास्तव में देखा जाये तो साक्षात्कार द्वारा प्रतियोगी की आवेदित पद हेतु क्षमता का सही-सही आकलन किया जाता है। चूँकि यह आकलन सम्बन्धित विषयों के विशेषज्ञों द्वारा किया जाता है, इसलिए प्रत्याशियों से अपेक्षा की जाती है कि वे सतही ज्ञान के बल पर भ्रामक उत्तर न दें। बेहतर तो यही होगा कि राज्य सेवा के अंतर्गत उपलब्ध पदों के लिए आवेदन करते समय ही उन पदों की प्रकृति तथा आवश्यकताओं की जानकारी प्राप्त कर उसकी पूर्ति हेतु सभी संभावित क्षेत्रों का ज्ञान अर्जित करें। अकसर देखा गया है कि साक्षात्कार के दौरान प्रत्याशी से पहला सवाल यही किया जाता है कि उसने यही क्षेत्र ही क्यों चुना या आवेदित पद के लिए ही वह क्यों आवेदन कर रहा है।

प्रत्याशियों के पास इसका सौद्देश्यपूर्ण जवाब होना चाहिए। महज देशसेवा, समाजसेवा जैसे उत्तर पर्याप्त नहीं होते हैं। जब तक प्रत्याशियों को इस बात का ज्ञान न हो कि साक्षात्कार में किस तरह के प्रश्न पूछे जायेंगे या क्या किया जायेगा तब तक वे इसकी पूर्णरूपेण तैयारी भी नहीं कर पायेंगे। आमतौर पर सिविल सेवा

परीक्षा का साक्षात्कार विश्वविद्यालय प्रायोगिक परीक्षाओं की मौखिक परीक्षाओं (वाइवा) जैसा नहीं होता है और न ही अन्य नौकरियों के लिए जाने वाले साक्षात्कार की तरह प्रत्याशियों की खिंचाई वाला होता है।

इसके बोर्ड में बैठने वाले सभी सदस्य अपने-अपने क्षेत्रों के विशेषज्ञ होने के साथ ही साक्षात्कार लेने के प्रति अत्यंत गंभीर होते हैं। वे प्रत्याशियों को परेशान कर उलझाने के स्वाभाविक तरीके से बातचीत के लहजे में साक्षात्कार लेते हैं। उनका उद्देश्य प्रत्याशियों की प्रतिक्रिया, व्यवहार, आत्मविश्वास, निश्चयता, सकारात्मकता, नकारात्मकता, अभिरुचि, निर्णय लेने की क्षमता, उसकी पृष्ठभूमि आदि का आकलन होता है। वे टालमटोल कर भ्रामक जवाब के बजाय ईमानदारीपूर्वक प्रत्याशियों द्वारा प्रश्न के उत्तर न जानने के जवाब को ज्यादा तरजीह देते हैं, क्योंकि उन्हें भी पता होता है कि कोई भी व्यक्ति सर्वज्ञाता नहीं होता है।

साक्षात्कार के दौरान उत्तर देते समय आत्मविश्वास तथा निश्चित दृष्टिकोण सर्वाधिक महत्त्वपूर्ण होता है। यदि प्रश्न का विश्लेषण कर तर्कपूर्ण जवाब दिए जायें तो साक्षात्कार लेने वाला निश्चित ही प्रभावित होता है। हाँ, इसके लिए ज्यादा ज्ञान बघारने की आवश्यकता नहीं है, क्योंकि आपके ज्ञान के प्रमाण स्वरूप मुख्य परीक्षा के प्राप्तांकों की सूची उनके पास पहले ही उपलब्ध होती है। साक्षात्कार में बड़बोलेपन की बजाय मितभाषी प्रत्याशी के चयन की संभावना ज्यादा होती है, क्योंकि वह साक्षात्कार हेतु निर्धारित 15-20 मिनट में साक्षात्कार लेने वालों के ज्यादा से ज्यादा प्रश्नों के जवाब देकर उन्हें संतुष्ट कर सकता है।

साक्षात्कार के समय केवल विषयगत ज्ञान की जानकारी नहीं ली जाती। अपने प्रदेश, उसके राजनीतिक, सामाजिक, भौगोलिक स्थिति की जानकारी ज्यादा से ज्यादा होनी चाहिए तथा समसामयिक विषयों की जानकारी के साथ-साथ समस्याओं के समाधान की भी जानकारी यथेष्ठ मानी जाती है। साक्षात्कार के लिए बौद्धिक ज्ञान जितना आवश्यक है, उतना ही व्यावहारिक ज्ञान भी जरूरी है, क्योंकि सिविल सेवा से जुड़े सभी पद लोकहित तथा जनसंपर्क के अंतर्गत आते हैं।

लिहाजा इन पदों के प्रत्याशियों से यह अपेक्षा की जाती है कि उनका दृष्टिकोण लोकहित तथा कल्याणकारी भावनाओं के अनुरूप हो। बुद्धिमत्ता, व्यवहार के अलावा प्रत्याशी के हावभाव, वेशभूषा तथा प्रतिक्रिया का भी साक्षात्कार में आकलन किया जाता है। आकर्षक व्यक्तित्व तथा सौम्य व्यवहार साक्षात्कार में सफलता की कुंजी माने जाते हैं।

1. हासिल करें पूरी सफलता

थोड़ा अजीब सा लगता है ना आधी सफलता प्राप्त करना। सफलता क्या आधी हो सकती है? कुछ लोग मानते है कि पूर्ण सफलता प्राप्त नहीं तो क्या हुआ हमने सफलता प्राप्त करने के लिए मेहनत की और प्रयास किया। वहाँ तक नहीं पहुँच

पायें तो क्या हुआ? दरअसल यह अलग तरह की मानसिकता है जो कई युवाओं में भी देखने में आती है। वे सफलता के लिए प्रयास करते हैं और मन से करते हैं पर इतना ही करते हैं जितना सफलता प्राप्ति के लिए जरूरत होती है।

फिर उन्हें सफलता मिल ही जाना चाहिए आपके मन में यह प्रश्न आना स्वाभाविक है, लेकिन ऐसा नहीं होता सफलता प्राप्त करने के लिए अगर औसतन 100 प्रतिशत मेहनत करना पड़ती है। आपका लक्ष्य 150 प्रतिशत होना जरूरी है ताकि आप 100 प्रतिशत पूर्ण सफलता प्राप्त करें।

प्रतियोगी परीक्षाओं की तैयारी करते समय अकसर युवा यह गलती कर जाते हैं कि जितना जरूरी है उतना ही पढ़ते हैं पर जब परीक्षा देने की बारी आती है तब वे अपना सर्वश्रेष्ठ नहीं दे पाते बल्कि 60 से 70 प्रतिशत तक ही दे पाते हैं। परिणाम आने के बाद वे यह जरूर कहते हैं कि चलो 70 प्रतिशत तो आए हैं अगली बार के लिए थोड़ी ही मेहनत करना है, लेकिन यह मानसिकता क्यों नहीं आ पाती कि पहली बार में ही जोरदार मेहनत की जाये और अपना 150 प्रतिशत दे तब जाकर 100 प्रतिशत सफलता हासिल होगी।

2. साक्षात्कार में बातचीत के नियम

आज प्रत्येक क्षेत्र में प्रतिस्पर्द्धा इतनी अधिक बढ़ गयी है कि अपनी योग्यता अनुरूप सफलता या सही स्थान पा लेना भी बहुत बड़ी उपलब्धि मानी जाती है, नौकरी की समस्या की जटिलता का अंदाजा तो इसी बात से लगाया जा सकता है कि छोटी और गैर-सरकारी नौकरियों में भी एक पद के लिए हजारों प्रार्थी आवेदन करते हैं।

साक्षात्कार आज विभिन्न प्रतियोगिता परीक्षाओं का महत्त्वपूर्ण अंग बन गया है, चाहे सिविल-सेवा हो या राज्य-सेवा, बैंक-सेवा हो या प्रबन्धन के क्षेत्र में सफलता प्राप्त करने के लिए। साक्षात्कार क्या है ? साक्षात्कार का मतलब यहाँ मौखिक परीक्षा अथवा अंतर्वीक्षा से है। यह एक ऐसा समय होता है, जिसमें कितने भी प्रतिभाशाली उम्मीदवार क्यों न हों धैर्यहीन हो जाता है, तरह-तरह के ख्याल उनके मन को कुरेदता रहता है, जिससे उनके आत्मविश्वास में कमी हो जाती है, जबकि असलियत यह है कि यह बहुत ही सहज प्रक्रिया है, साक्षात्कार लेने वाला बोर्ड तो यह देखता है कि आप मानसिक सतर्कता, आलोचनात्मक ग्रहणशक्ति, स्पष्ट और तर्कसंगत प्रतिपादन की शक्ति, संतुलन निर्णय की शक्ति, रुचि की विविधता, गहराई, नेतृत्व और सामाजिक संगठन की योग्यता बौद्धिक तथा नैतिक ईमानदारी अपने विचार को कितने विश्वास, बुद्धिमानी और सहजभाव से उनके सामने रख पाते हैं।

साक्षात्कार का सामना करने से घबराना कैसा ! जिस पद के लिए आपने आवेदन किया है और उस पद के लिए जो भी शैक्षणिक योग्यता निर्धारित की गयी

हैं, उससे सम्बन्धित सवाल ही आपसे साक्षात्कार में पूछे जायेंगे उस विषय के तो आप अच्छे जानकार हैं, तभी तो आपने लिखित परीक्षा उत्तीर्ण की। इसके लिये तो आपको अपने आप पर गर्व करना चाहिए और आपके अन्दर आत्मविश्वास पैदा होना चाहिए, जरा सोचिए, आप कितने सौभाग्यशाली हैं। एक पद के लिए हजारों प्रत्याशी लिखित परीक्षा में बैठते हैं और उन हजारों में से चुने हुए कुछ प्रतिभाशाली उम्मीदवारों को ही उत्तीर्ण घोषित कर साक्षात्कार के लिए बुलाया जाता है।

सामान्यत: यह पाया गया है कि कई योग्य और मेधावी छात्र लिखित परीक्षा में तो अद्वितीय प्रदर्शन करते हैं, पर साक्षात्कार में असफल हो जाते हैं। इसका मुख्य कारण यह है कि साक्षात्कार के दौरान कई उम्मीदवार आत्मविश्वास की कमी के कारण घबरा जाते हैं और सफलता का स्वर्णिम अवसर खो बैठते हैं। साक्षात्कार में सफलता की सबसे महत्त्वपूर्ण शर्त है-आत्मविश्वास। आत्मविश्वास ही साक्षात्कार में उम्मीदवार को सफलता दिला सकता है। कई योग्य एवं मेधावी प्रत्याशी भी प्राय: साक्षात्कार में असफल हो जाते हैं, क्योंकि आत्मविश्वास की कमी के कारण वे अपनी योग्यता, ज्ञान व जानकारी का सही प्रदर्शन साक्षात्कार मंडल के सामने नहीं कर पाते हैं। साक्षात्कार में असफल या आत्मविश्वास की कमी हो जाने का भय प्राय: उन छात्रों में पाया जाता है जो पहले कभी असफल हो चुके होते हैं, पर ऐसे छात्रों को यह बात हमेशा याद रखनी चाहिए कि इस संसार में आज तक ऐसा कोई व्यक्ति हुआ ही नहीं, जिसने कभी असफलता का सामना न किया हो, भूले ही आगे चलकर उस व्यक्ति ने अपार सफलता हासिल क्यों न की हो। अत: उम्मीदवार को चाहिए कि अपने मनोबल को कायम रखें तथा पूर्ण आत्मविश्वास के साथ साक्षात्कार में भाग लें। फिर तो सफलता अवश्य ही आपके कदमों को चूमेगी पर इतना निश्चित है मन की किसी भी प्रकार की कमजोरी उसे मंजिल तक पहुँचने में बाधक बनेगी।

इंटरव्यू की तैयारी एक दिन, एक रात व सप्ताह में नहीं की जा सकती है जैसा कि वर्तमान में अधिकतर उम्मीदवार करते हैं। सही तो यह है कि साक्षात्कार के लिए संभाव्य प्रश्नों की तैयारी करके उनके उत्तरों का मनन करना चाहिए। प्रतियोगिता परीक्षा से सम्बन्धित विभिन्न पत्र-पत्रिकाएं हिन्दी व अंग्रेजी में निकलती हैं, जिनमे नवीनतम जानकारियाँ भी होती हैं। उन्हें नियमित रूप से पढ़ें, पर एक बात का ध्यान मुख्य रूप से रखनी चाहिए कि यह पत्र या पत्रिका किसी योग्य लेखक द्वारा लिखित हो या किसी अच्छे प्रकाशन की हो, बेहतर होगा समाचार पत्रों के संपादकीय व अन्य स्तरीय लेखों, दूरदर्शन और आकाशवाणी से प्रसारित समाचारों, परिचर्चाओं और अन्य करेंट अफेयर से भी सम्पर्क बनाये रखना अति आवश्यक हैं। तात्पर्य यह है कि पत्र-पत्रिकाओं के स्तर का विशेष रूप से ध्यान रखना चाहिए। विभिन्न सामाजिक तथा राजनीतिक पत्र-पत्रिकाओं पर भी नजर दौड़ाना आवश्यक है। इसके अलावा देश-विदेश की नवीनतम घटनाएँ, सामाजिक,

राजनीतिक, वैज्ञानिक एवं आर्थिक गतिविधियों से भी अवगत रहना चाहिए।

साक्षात्कार को कभी भयावह संकट नहीं समझना चाहिए, बल्कि यह सोचकर प्रसन्न रहें कि लम्बे समय से किये गये परिश्रम तथा तैयारी का प्रमाण प्रस्तुत करने का सही समय आ गया है, साक्षात्कार के प्रश्नों का बहुत हद तक पूर्वानुमान किया जा सकता है। साक्षात्कार की शुरूआत प्रायः सामान्य रुचि के प्रश्नों से की जाती है, कई नामों के साहित्यिक या शाब्दिक अर्थ होते है, नाम के बाद उम्मीदवार के जन्म स्थान तथा सम्बन्धित राज्य के विषय में प्रश्न पूछे जाते हैं, कई बार उम्मीदवार इन प्रश्नों का उत्तर नहीं दे पाते हैं, सिविल सेवा परीक्षा के एक उम्मीदवार ने इतिहास व लोक प्रशासन विषय का चयन किया था। वह रसायन में स्नातकोत्तर था। उससे रसायन के प्रश्न पूछे गये जिनका वह संतोषजनक उत्तर नहीं दे सका। साक्षात्कार बोर्ड के पास आपका सम्पूर्ण बायोडाटा तथा जीवन परिचय रहता है। उम्मीदवार से उसकी शैक्षणिक पृष्ठभूमि से जुड़े प्रश्न पूछा जाना स्वाभाविक है। हर परीक्षा में सम्मिलित उम्मीदवारों से यह प्रश्न बार-बार पूछा गया है आपकी रुचि क्या है? यदि इस नौकरी के लिए आपका चयन नहीं हुआ तो आप क्या करेंगे? अपने किसी कमजोर पक्ष की चर्चा करें,? पिता की आजीविका क्या है? अन्य भाई-बहन क्या करते हैं? उम्मीदवार खाली समय का उपयोग कैसे करता है? उम्मीवार से कुछ विशेष प्रश्न भी पूछे जाते हैं जैसे भविष्य की कल्पना क्या है। यहाँ कुछ बातों का ध्यान अवश्य रखना चाहिए। आवेदन पत्र में उम्मीदवार से उसके अभिरुचि, खेल-कूद में भागीदारी इत्यादि के संदर्भ में भी जानकारी माँगी जाती है। अपना रोब जमाने के लिए 'क्या शौक है?' के उत्तर में किसी ऐसे खेल का नाम कभी न बतायें जिसे आपने कभी खेला ही न हो? या किसी ऐसी चीज को अपना शौक न बतायें जिसकी आपको तनिक भी जानकारी ही न हो, अन्यथा आरम्भ के दो-चार प्रश्नों के उत्तर में ही सही स्थिति सामने आ जायेगी और आपकी छवि धूमिल हो जायेगी। विशेष अभिरुचि का नहीं होना अयोग्यता नहीं है। यदि जीवन परिचय में उम्मीदवार ने खेल का उल्लेख किया है तो उससे खेलों के विभिन्न प्रकार, प्राचीन पुरुष तथा महिला खिलाड़ियों के नाम खेलों के क्षेत्र में भारत की उपलब्धियाँ भविष्य में बेहतर उपलब्धियों के लिए सुझाव जैसे प्रश्न अपेक्षित हैं, यदि उम्मीदवार ने विशेष अभिरुचि में अध्ययन का उल्लेख किया है तो उससे पूछा जा सकता है कि उसने कौन-सी पुस्तकें पढ़ी हैं ? उसके प्रिय लेखक कौन हैं? प्राचीन लेखन व आधुनिक लेखन में क्या अन्तर है? इत्यादि।

साक्षात्कार में आप सर्वप्रथम समय के पाबंद रहे। इंटरव्यू के पूर्व रात्रि लगातार देर तक जागकर तैयारी करना उचित नहीं, अतः यथासम्भव समय पर सो जायें ताकि साक्षात्कार के दिन स्वयं को तरोताजा महसूस कर सकें। सही समय पर साक्षात्कार स्थल पर पहुँचे, कहीं ऐसा न हो कि आपका नम्बर आये तथा आप वहाँ उपस्थित ही न हों, समय पर न पहुँचने पर मानसिक परेशानी हो सकती है,

ऐसी हालत में आप सही जबाव देने में सफल भी नहीं रहते। इससे आपके विषय में गलत धारणा बनेगी और आप नौकरी पाने का अवसर भी खो देंगे।

साक्षात्कार के लिए जब आपका बुलावा आये तो साक्षात्कार कक्ष में अनुमति लेकर प्रवेश करें तथा शालीनतापूर्वक अभिवादन करें। यह भी ध्यान रखें कि बिना अनुमति के कभी भी कुर्सी पर न बैठें। साक्षात्कार के बाद जब आपको जाने की इजाजत दी जाये तो बाहर जाने से पूर्व भी धन्यवाद अवश्य दें।

प्रश्नकर्ता द्वारा जब प्रश्न पूछा जाये, उसका संक्षिप्त उत्तर पूर्ण विश्वास और सुलझे हुए विचारों से सूक्ष्म व गहनता से दिया जाये। प्रश्न को ध्यान से सुनना चाहिए। कभी प्रश्न पूछने एवं सुझाव देने का प्रयास नहीं करना चाहिए। यदि पूछे गये प्रश्न से आप अनभिज्ञ हैं, तो बड़ी विनम्रता से कह देना चाहिए कि 'मुझे इसकी जानकारी नहीं है' कह देना कहीं अधिक श्रेष्ठ है। इससे खराब असर नहीं पड़ता। कभी-कभी सदस्यगण अजीबोगरीब प्रश्न पूछ बैठते हैं। इसमें घबराने की आवश्यकता नहीं है। कई बार ऐसा भी होता है कि सही उत्तर होने पर पुनः पूछ लिया जाता है। ऐसी हालत में अपने उत्तर के प्रति पूर्ण रूप से दृढ़ रहें। साक्षात्कार के लिए जाते समय आवश्यक प्रपत्र, साक्षात्कार की सूचना, सभी प्रमाणपत्र अपने साथ अवश्य ले जायें। फाइल में सभी प्रमाण पत्र इत्यादि आकर्षक ढंग से व्यवस्थित एवं क्रमानुसार लगाये ताकि साक्षात्कार कर्ता देखें तो पहली बार से ही आपकी सुघढ़ता, स्वच्छता तथा व्यवस्था से प्रभावित हुए बिना नहीं रहे।

यदि आप अधिकारी पद के लिए साक्षात्कार हेतु जा रहे हैं तो अपकी वेशभूषा उसी के अनुसार होनी चाहिए, कुर्सी पर बैठने का अंदाज भी अधिकारी जैसा ही हो। इंटरव्यू के समय वेशभूष का काफी प्रभाव पड़ता है। भड़कीले कपड़े पहन कर न जायें, बेहतर होगा तड़क-भड़क के स्थान पर आप सादे, मगर स्मार्ट वेशभूषा में जाये। बाल व्यवस्थित हो, दाढ़ी बनी हो, नाखून कटे हों व जूतों में पॉलिश हो इत्यादि। साक्षात्कार कक्ष में धूम्रपान करना, पान-मसाला चबाना, सिर पर हाथ से खुजलाना, अँगुलियाँ चटखाना, उबासी लेना, मुँछों पर ताव देना, नाक में अँगुली देना, नाखून चबाना इत्यादि से सामने वालों पर गलत प्रभाव पड़ता है।

प्रतिभावान छात्र जो किसी साक्षात्कार की तैयारी करना चाहते हैं उनको विषय से सम्बन्धित विद्वानों तथा अनुभवों से दर्शन प्राप्त करने के लिए अपने स्वयं के अन्दर उत्कृष्टता तथा श्रेष्टता प्राप्त करने के पूर्ण प्रयास करना चाहिए। सम्भव हो तो कुछ सफल व्यक्तियों से सम्पर्क बनाये रखें तथा अनुभवों से कुछ सीखें। आवश्यकतानुसार किसी अच्छे प्रशिक्षण केन्द्र की सहायता भी ली जा सकती है।

अतः दृढ़ इच्छाशक्ति, पूर्ण आत्मविश्वास, कठोर परिश्रम, धैर्य और संयम जैसे गुर आप अपने साथ रखें, फिर तो कोई भी साक्षात्कार बोर्ड आपको असफल घोषित कर ही नहीं सकता। किसी सफलता को प्राप्त करने के लिए इच्छा ही

पर्याप्त नहीं है, बल्कि उसके लिए पर्याप्त प्रयास करना भी अति आवश्यक है।

साक्षात्कार में सफलता प्राप्त करने के मूल मंत्र

आज प्रत्येक क्षेत्र में प्रतिस्पर्धा इतनी अधिक बढ़ गयी है कि अपनी योग्यता के अनुरूप सफलता या सही स्थान पा लेना भी बहुत बड़ी उपलब्धि मानी जाती है। नौकरी की समस्या की जटिलता का अंदाजा तो इसी बात से लगाया जा सकता है कि छोटी और गैर-सरकारी नौकरियों में भी एक पद के लिए हजारों प्रार्थी आवेदन करते हैं। किसी भी क्षेत्र में सफलता प्राप्त करने के लिए साक्षात्कार विभिन्न प्रतियोगिता परीक्षाओं का महत्त्वपूर्ण अंग बन गया है। साक्षात्कार एक ऐसा समय होता है, जिसमें कितने भी प्रतिभाशाली उम्मीदवार क्यों न हों, धैर्यहीन हो जाते हैं, उनके मन में तरह-तरह के ख्याल आते रहते हैं, जिससे उनके भीतर आत्मविश्वास की कमी आ जाती है। हमें साक्षात्कार का सामना करने से कभी घबराना नहीं चाहिए। जिस भी पद के लिए आवेदन किया हो, उस पद के लिए जो भी शैक्षणिक योग्यता निर्धारित की गयी हो, उस विषय से सम्बन्धित गहन अध्ययन करके जायें और हमेशा सही उत्तर देने में अपने आपको सक्षम समझें। हमेशा वहाँ अपने आप को सतर्क पायें। प्रायः यह देखा गया है कि कई योग्य और मेधावी छात्र लिखित परीक्षा में तो अद्वितीय प्रदर्शन करते हैं, परंतु साक्षात्कार में असफल हो जाते हैं इसका मुख्य कारण है साक्षात्कार के दौरान कई उम्मीदवार आत्मविश्वास की कमी के कारण संतुलन नहीं रख पाते और सफलता का स्वर्णिम अवसर खो बैठते हैं।

अतः साक्षात्कार की सबसे महत्त्वपूर्ण शर्तें हैं- आत्मविश्वास, कठिन परिश्रम और मानसिक संतुलन, इन्हीं से उम्मीदवार साक्षात्कार में सफल हो सकता है। उम्मीदवार को चाहिए कि वह अपने मनोबल को हमेशा कायम रखे तथा पूर्ण आत्मविश्वास के साथ साक्षात्कार में भाग ले। फिर तो सफलता अवश्य ही आपके कदमों को चूमेगी। साक्षात्कार की तैयारी एक दिन सप्ताह या महीने में नहीं होती। इसके लिए उम्मीदवार को सामाजिक तथा राजनीतिक पत्र-पत्रिकाओं पर नजर दौड़ाना आवश्यक है। इसके अलावा देश-विदेश की सामाजिक, राजनीतिक, वैज्ञानिक एवं आर्थिक गतिविधियों से भी अवगत रहना चाहिए। साक्षात्कार को कभी भयावह संकट नहीं समझना चाहिए, बल्कि यह सोचकर प्रसन्न रहें कि लंबे समय से किए गए परिश्रम तथा तैयारी का समय आ गया है। उपरोक्त तथ्यों को हम ध्यान में रखें तो सफलता अवश्य ही कदम चूमेगी और निश्चित है कि किसी भी प्रकार की बाधा मंजिल तक पहुँचने में बाधक नहीं बनेगी।

3. साक्षात्कार की तैयारी कैसे करें?

प्रायः देखा गया है कि अनुभवी व्यक्ति भी अकसर साक्षात्कार के नाम से नर्वस हो जाते हैं, फिर पहली बार साक्षात्कार का सामना करने वाले का घबरा जाना तो

स्वाभाविक ही है। किन्तु यदि हम पहले से ही तैयार रहें तो किसी भी साक्षात्कार का सामना सफलता पूर्वक कर सकते हैं।

साक्षात्कार क्या होता है?

किसी प्रत्याशी की योग्यताओं का आकलन करने के लिये अन्य व्यक्ति या व्यक्तियों के द्वारा उससे बातचीत करने को साक्षात्कार कहा जा सकता है। यह बातचीत प्रायः प्रश्नोत्तर के रूप में होता है। साक्षात्कार में प्रत्याशी की योग्यताओं तथा बुद्धिमत्ता को परखने के लिये प्रायः वर्तमान हलचलें व खबरें, सामान्य ज्ञान, प्रदान किये जाने वाले जाब आदि के सम्बन्ध में प्रश्न पूछे जाते हैं।

साक्षात्कार के लिए क्या तैयारी करें?

- **संस्था के विषय में जानें:** जिस संस्था में आप साक्षात्कार देने जा रहे हैं उसके विषय में अधिक से अधिक जानकारी प्राप्त करने का प्रयास करें। उनके वेबसाइट, समाचार पत्र आदि से संस्था का उद्देश्य, क्रिया-कलाप आदि के विषय में ज्ञान प्राप्त करने की कोशिश करें।
- **'जाब' के विषय में जानें:** जिस जाब के लिये आपने आवेदन किया है उसके विषय में अधिक से अधिक जानकारी प्राप्त करें।
- **महत्त्वपूर्ण समाचारों पर ध्यान रखें:** वर्तमान हलचल तथा महत्त्वपूर्ण समाचारों से स्वयं को अवगत कराते रहें। न्यूज चैनल देखें तथा समाचार पत्र पढ़ें।
- **सामान्य ज्ञान बढ़ायें:** विशेष करके अपने नगर, प्रदेश और देश के विषय में सामान्य ज्ञान बढ़ाने का प्रयास करें।

विशेष ध्यान देने वाली बातें

- मन से जो घबराहट और अनजान भय है उसे निकालने का प्रयास करें। स्वयं में आत्म-शक्ति उत्पन्न करें।
- साक्षात्कार के लिये सादे तथा साफ-सुथरे वस्त्रों में जायें।
- प्रश्नों का उत्तर संयत होकर दें।
- संक्षिप्त में सारगर्भित उत्तर दें, उत्तरों को अनावश्यक रूप से लंबा करने से बचें।
- अपने उत्तरों में अपनी योग्यताओं तथा बुद्धिमत्ता को प्रदर्शित करने का प्रयास करें।

4. टेलीफोनिक इंटरव्यू

अब वह वक्त गया, जब इंटरव्यू के लिए लंबी-लंबी कतारों में घंटों खड़े रहकर अपनी बारी का इंतजार करना पड़ता था। फार्मूला वन जैसी आज की तेज रफ्तार जिंदगी में जहाँ जीने के पैमाने बदले हैं, वहीं इंटरव्यू भी हाईप्रोफाइल हो गए

हैं। टेलीफोन इंटरव्यू ने नौकरी को नई परिभाषा दी है। उम्मीदवार आमने-सामने इंटरव्यू करने लायक क्षमता का है भी या नहीं, यह पता करना ही आमतौर से टेलीफोन इंटरव्यू का उद्देश्य होता था, पर अब अंतिम निर्णय के लिए भी इसका उपयोग हो रहा है।

क्या होता है टेलीफोन इंटरव्यू में?

टेलीफोन इंटरव्यू किसी कंपनी द्वारा प्रतिभागियों को छाँटने का प्रथम चरण होता है। टेलीफोन इंटरव्यू करने का सबसे प्रमुख कारण समय की कमी और आये हुए आवेदनों की अधिकता है। इस इंटरव्यू के द्वारा कंपनी सैलरी को लेकर उम्मीदवार की अपेक्षाओं, उसके कार्य प्रणाली और अनुभव के बारे में फौरी तौर पर जानकारी ले लेती है। इससे फायदा यह होता है कि इतनी जरा सी जानकारी के लिए कंपनी को प्रतिभागियों की भारी-भरकम भीड़ का सामना नहीं करना पड़ता। साथ ही समय की भी बचत होती है। टेलीफोन इंटरव्यू के द्वारा आपकी बातचीत का तरीका, विभिन्न परिस्थितियों में काम करने की इच्छा और क्षमता आदि का आकलन करने की कोशिश की जाती है।

टेलीफोन इंटरव्यू ने नौकरी तलाश करने वालों की राह आसान कर दी है। अब उन्हें पहले की तरह कंपनी की इंटरव्यू कॉल का महीनों इंतजार नहीं करना पड़ता है। यह बात तो पूरी तरह साबित हो चुकी है कि टेलीफोन और इंटरनेट अब केवल व्यापारिक जरूरत ही नहीं रह गए हैं। बल्कि ये उम्मीदवारों को जॉब ढूंढने में भी मदद कर रहे हैं। टेलीफोनिक इंटरव्यू ने तो इसे पूरी तरह परिभाषित कर दिया है।

टेलीफोन इंटरव्यू उम्मीदवार के लिए बेहद फायदेमंद होता है। यह उम्मीदवार का समय तो बचाता ही है, पैसों की भी बचत करवाता है। टेलीफोन इंटरव्यू उनके लिए एक बोनस की तरह होता है, जो किसी दूसरे शहर में नौकरी की तलाश कर रहे होते हैं। यह किसी कंपनी में पहले से ही काम करने वालों के लिए भी फायदेमंद है।

हालाँकि टेलीफोन इंटरव्यू से आप उम्मीदवार के चेहरे के हाव-भाव, उसकी पर्सनैलिटी को समझ नहीं सकते। वह इसके फायदे कम, नुकसान ज्यादा मानती हैं। इसलिए सिर्फ टेलीफोन से बातचीत द्वारा किसी उम्मीदवार की सही तसवीर बना पाना बेहद मुश्किल काम है। इसीलिए सही उम्मीदवार की नियुक्ति के लिए टेलीफोन इंटरव्यू का इस्तेमाल करना सौ फीसदी आदर्श नहीं लगता। टेलीफोन इंटरव्यू से कंपनी और उम्मीदवार, दोनों को अपने जॉब प्रोफाइल के मुताबिक नौकरी चुनने का मौका मिल जाता है। इससे दोनों को आगे की लंबी प्रक्रिया से गुजरना नहीं पड़ता।

प्रारंभिक तैयारी

- टेलीफोन इंटरव्यू देने से पहले घबराहट को दूर करने के लिए कुछ प्रारंभिक तैयारी कर लेनी चाहिए।

- हमेशा ऐसा समय लीजिए, जो आपके लिए सुविधाजनक हो। सुबह, शाम या जिस ऑफिस में आप पहले ही काम कर रहे हों वहाँ इंटरव्यू देने से बचना चाहिए।
- ऐसा समय लीजिए, जिस समय फोन का नेटवर्क ज्यादा व्यस्त न रहता हो और कॉल ड्रॉप होने की संभावना कम रहती हो।
- सबसे मुख्य बात आप अपने आस-पास के माहौल को पूरी तरह जांच लें। ऐसा न हो कि एक तरफ आप फोन से बात कर रहे हों और दूसरी तरफ बच्चों के खेलने की आवाजें ना आ रही हों।
- रिज्यूमे अपने सामने रख लें, जिससे रिज्यूमे से सम्बन्धित सवालों के जवाब आराम से दे सकें।
- अपने पास एक गिलास पानी रखें, क्योंकि इंटरव्यू के दौरान शायद आपको ब्रेक लेने का मौका न मिलें।
- अपने पास एक नोट पैड रख लें, जिससे आप महत्त्वपूर्ण बिन्दुओं को नोट कर सकें।
- अपनी आवाज में चुस्ती बनाये रखें। इसके लिए आप इंटरव्यू से पहले मनोरंजन सम्बन्धी कार्यकलाप कर सकते हैं। उदाहरण के लिए, गाना गाकर आप आत्मविश्वास बढ़ा सकते हैं।

उत्तम दृष्टिकोण

यद्यपि किसी भी उम्मीदवार का टेलीफोन इंटरव्यू करने से पहले उसे इसका एडवांस नोटिस दिए जाने का नियम है, लेकिन ऐसी भी कंपनियाँ होती हैं, जो इसे फॉलो नहीं करतीं। वहाँ से आपको अचानक फोन आ जायेगा और इंटरव्यू कंडक्ट किया जाने लगेगा। इसलिए आवेदन भेजने के बाद किसी भी वक्त इंटरव्यू कॉल के लिए मानसिक रूप से तैयार रहें।

इसके लिए वॉइस प्रोजेक्शन का अभ्यास करें। इसका अर्थ यह है कि आप किसी विशिष्ट प्रभाव को अपनी आवाज के माध्यम से कैसे दिखा सकते हैं। मसलन, अगर आपको यह अभिव्यक्त करना हो कि आप अंदर से बहुत ताजा और आशावादी अनुभव कर रहे हैं, तो अपनी आवाज के माध्यम से कैसे दर्शाएंगे।

इसका अभ्यास आप टेपरिकॉर्डर के माध्यम से भी कर सकते हैं या किसी मित्र की सहायता भी ले सकते हैं। अपनी आवाज और बोलते समय की खामियों को उनसे पूछें और उन्हें सही करने का भी अभ्यास करें। जैसे कि अगर कोई प्रश्न पूछा जा रहा है, तो शुरुआत में हममममम...अहहहहह...या बीच में ऐसी ध्वनि निकालते हुए अपने तर्क पर विचार करके बोलने की आदत में सुधार लाएं। इसके साथ टेलीफोन इंटरव्यू की प्रैक्टिस और जनरल इंटरव्यू प्रैक्टिस भी करते रहें। इस इंटरव्यू में भी आपको जॉब और कंपनी से सम्बन्धित जानकारी का प्रदर्शन करना

होगा, ताकि लगे कि आपने कंपनी के बारे में जानने के लिए थोड़ी मेहनत की है और आपके लिए इस इंटरव्यू की कीमत है।

टेलीफोन इंटरव्यू में टेक्निकल प्रश्न पूछा जाना आम बात है। ऐसे प्रश्न बहुत गंभीर या गहरे नहीं होते, लेकिन उनका उत्तर हर उम्मीदवार को आना चाहिए। यह भी याद रखें कि टेलीफोन से इंटरव्यू शुरु होते समय आपके कानों की भूमिका बढ़ जाती है और इसी के माध्यम से दूसरा भी आपको समझने की कोशिश कर रहा होगा। इसलिए इसका फायदा उठाने की कोशिश करें। क्योंकि टेलीफोन इंटरव्यू का उद्देश्य बातचीत के माध्यम से दूसरे राउंड के लिए आपका मूल्यांकन करना होता है, इसलिए इस बात पर निगाह बनाये रखें कि आप अपनी योग्यता अधिक से अधिक साबित कर सकें।

टेलीफोन इंटरव्यू के दौरान

- अभिव्यक्तिपूर्ण और बहिर्मुखी बनें। लेकिन ऐसा न प्रतीत हो कि आप उत्तर देने की जल्दी में हैं और दूसरे को सुनना तक नहीं चाहते।
- चूँकि यह इंटरव्यू टेलीफोन पर होगा, इसलिए कई लोग चीटिंग कर सकते हैं। यानी किसी और को साथ बैठाकर उससे उत्तर पूछकर जवाब दे सकते हैं। पर इससे भ्रांतियां भी उत्पन्न हो सकती हैं। आप एक ही प्रश्न के कई उत्तर दे सकते हैं या फिर हकलाने लग सकते हैं। अपने उत्तर बार-बार बदल सकते हैं।
- आप भी ऑर्गेनाइजेशन के बारे में, अपनी जॉब और उसकी जिम्मेदारियों के बारे में प्रश्न कर सकते हैं। लेकिन यह सब आप इंटरव्यू के अंत में पूछें।
- स्पष्ट और आवश्यकतानुसार धीमी गति में बोलें। बहुत तेज आवाज में न बोलें।
- जिनका उच्चारण करने में आपको दिक्कत आती हो या जिनका अर्थ सही-सही आपको पता ही न हो, ऐसे शब्दों का प्रयोग करने से बचें।
- ऐसा न सोचें कि सरल भाषा से आपका प्रभाव नहीं जमेगा। टेलीफोन इंटरव्यू में इस बात पर अधिक दारोमदार होता है कि आप उत्तर में क्या कह रहे हैं और कितने प्रवाह में कह रहे हैं?
- अगर इंटरव्यू दो या तीन मिनट में ही समाप्त हो जाये, तो उस पर अपनी निराशा या आश्चर्य प्रकट न करें।
- टेलीफोन इंटरव्यू के दौरान सिगरेट पीना, चुइंगम चबाने या कुछ खाने-पीने जैसे कार्यकलाप न करें।
- मुस्कराते हुए बात करिए। इससे इंटरव्यू लेने वाले पर आपका सकारात्मक प्रभाव पड़ता है। साथ ही आपकी आवाज की टोन भी बदल जाती है।
- इस बात से हम सभी वाकिफ हैं कि अच्छा श्रोता होना बेहद आवश्यक है, क्योंकि अच्छा श्रोता ही अच्छा वक्ता होता है, इसलिए टेलीफोन

इंटरव्यू के दौरान नियोक्ता की बात को पूरी तरह सुनें, उसे बीच में काटे नहीं। उसके प्रश्न के खत्म होने के बाद ही अपना उत्तर देना शुरू करें।

- अपने उत्तर को कम शब्दों में टू द पॉइंट रखें।
- जिन प्रश्नों के पूछे जाने की संभावना हो, जैसे कि सैलरी, काम करने का अनुभव या लोकेशन आदि, की तैयारी पहले से ही कर लें।
- टेलीफोन इंटरव्यू के दौरान बैचेनी दूर करने के लिए 1 से 5 तक गिनती गिनें और साँस को बाहर छोड़ें।
- आप जिस कंपनी में काम कर रहे हैं, उसे छोड़ना क्यों चाहते हैं? इस तरह के प्रश्नों पर कोई टिप्पणी करने से बचें या फिर कंपनी के बारे में कोई गंभीर टिप्पणी करने से बचें।
- अगर आपका इंटरव्यू कम समय में खत्म हो, तो इस पर आश्चर्य व्यक्त न करें।
- टेलीफोन इंटरव्यू के बाद कंपनी के लोगों को धन्यवाद की ई-मेल करना न भूलें। उससे नियोक्ता पर सकारात्मक प्रभाव पड़ता है।
- अपने परिणाम का फॉलोअप लेते रहें।

5. स्मार्ट सवाल-स्मार्ट जवाब

मान लीजिए आप बड़े अरमानों के साथ नौकरी पाने की चाह में इंटरव्यू देने गए हों और इंटरव्यू में आपसे ऐसे सवाल पूछे जायें जिनके जवाब आपको पता ही न हों..। जबकि इंटरव्यू के दौरान ज्यादातर उम्मीदवार कुछ रटे-रटाए सवालों की उम्मीद करते हैं और उनके रटे-रटाए जवाब देकर चले आते हैं। मसलन आपकी सबसे बड़ी कमजोरी क्या है? या आप इस पद पर क्यों काम करना चाहते हैं? और आपको इस पद के लिए क्यों चयन किया जाये? लेकिन स्थिति उल्टी हो जाने पर क्या किया जाये, क्योंकि ऐसी स्थिति किसी बुरे सपने से कम नहीं होती। एक तो इंटरव्यू रूम का गंभीर माहौल, उस पर अजीबोगरीब सवाल! इस स्थिति से बचने का केवल एक ही तरीका है। इसका सामना करना और सफलता हासिल करना। इंटरव्यू के दौरान कई बड़े सामान्य सवाल होते हैं जिनके जवाब जरा मुश्किल हो सकते हैं।

बेशक, इंटरव्यू के लिए जाने से पहले आपने भी इन सवालों के जवाब तैयार कर लिए होंगे। लेकिन आप भूल गए हैं कि साक्षात्कार भी वक्त के साथ-साथ ज्यादा स्मार्ट हो गए हैं। वे अब इन सवालों की बजाय आपसे कुछ नया पूछने को तैयार हैं। बेहतर होगा कि आप इनके लिए पहले से तैयार होकर जायें। जानते हैं कुछ समायिक सवाल और उनके जवाब।

सवाल 1 : क्या आपने अपनी मौजूदा नौकरी में सोशल मीडिया का उपयोग किया है? अगर हाँ, तो कैसे?

जवाब : अगर आप सोशल मीडिया को लेकर जागरूक नहीं हैं, तो आपको पता कर लेना चाहिए कि आजकल सोशल मीडिया हरेक नौकरी का जरूरी भाग बन गया है। दरअसल, तमाम कंपनियां अपने ग्राहकों से बातचीत के लिए इसी का सहारा ले रही हैं। इसलिए साक्षात्कार यह सवाल पूछकर यह जानना चाहता है कि आपको चयन करने पर कंपनी को सोशल मीडिया फ्रंट पर कितना फायदा मिल पायेगा। इसलिए अगर आपको सोशल मीडिया की जानकारी है, तो विस्तार में बताइए कि आप उसे कंपनी के लाभ के लिए कैसे उपयोग करते थे। और अगर आपने उसे उपयोग नहीं किया है, तो बता दीजिए कि आपकी कंपनी सोशल मीडिया पर कैसे सक्रिय है

सवाल 2 : अपनी कंपनी की सफलता में आपने क्या योगदान दिया है?

जवाब : आजकल के प्रतियोगिता से भरे बाजार में साक्षात्कारकर्ता किसी ऐसे उम्मीदवार का चयन नहीं करना चाहते, जो सिर्फ काम पूरा करता हो। उन्हें किसी ऐसे कर्मचारी की तलाश होती है, जो सिर्फ काम पूरा करने से कुछ ज्यादा कर सके। अगर आपने ऐसा कुछ किया है, तो उस बारे में साक्षात्कारकर्ता को उदाहरण देकर बताइए। मसलन कि आप बता सकते हैं कि आपने कैसे कंपनी का रेवेन्यू बढ़ाने में मदद की या फिर आपने बाजार में अपनी कंपनी की छवि को कैसे बेहतर किया। अगर आपके पास इससे जुड़े कुछ डेटा हैं, तो उनका भी जिक्र जरूर करें।

सवाल 3 : क्या आप सैलरी कट के साथ सहज हैं?

जवाब : सैलरी बेहद नाजुक विषय होता है। इसलिए इस सवाल का जवाब सोच-समझ कर दें। आदर्श रूप से आप कह सकते हैं, मेरा मौजूदा सैलरी --- है। मुझे पता है कि इस जॉब में --- सैलरी ऑफर की जा रही है। हर एक व्यक्ति की तरह मैं चाहता हूँ कि मेरी सैलरी में बढ़ोतरी हो लेकिन यहाँ का वर्क प्रोफाइल सैलरी से ज्यादा आकर्षक है। मुझे उम्मीद है कुछ समय बाद जब मैं खुद को सिद्ध कर लूँगा, आपको मेरा इनक्रीमेंट करने में गुरेज नहीं होगा।

सवाल 4 : सबसे बेहतर काम कर करने के लिए किस तरह के वर्क कल्चर और एनवायरमेंट की जरूरत है?

जवाब : कोई भी कंपनी किसी ऐसे कर्मचारी को नियुक्त नहीं करना चाहती, जो उसके वर्क कल्चर में शामिल न हो सके। वहीं कुछ हायरिंग मैनेजर इस तरह के सवाल अपनी कंपनी के कार्यालय के वातावरण में सुधार की चाहत में पूछते हैं। इसलिए आपको इस सवाल का जवाब बड़ी सावधानी से देना चाहिए। यानी कि ना तो आपको ऐसे वातावरण की माँग करनी चाहिए, जो कि कंपनी के लिए संभव नहीं हो। और ना ही आपको इसके जवाब में चुप्पी साध लेना चाहिए। आखिरकार आपको हायरिंग मैनेजर को भी तो खुश करना है। बेहतर होगा कि आप कंपनी के किसी मौजूदा कर्मचारी से पहले ही वहाँ के कामकाज के तौर-तरीकों के बारे में फीडबैक ले लें और उसके मुताबिक अपना जवाब तैयार कर लें।

सवाल 5 : आपको पिछले जॉब से क्यों निकाला गया?

जवाब : इस समय यह सवाल उन सभी लोगों से पूछा जा सकता है जिन्हें आर्थिक मंदी के चलते संस्थानों ने निकाल दिया होगा। हालाँकि यह एक मुश्किल सवाल है, क्योंकि ले-आफॅ करते समय किसी कंपनी ने वजह नहीं बताई होगी। इस सवाल का जवाब जितना ईमानदारी से हो सके दिया जाना चाहिए। आदर्श रूप से आप साक्षात्कारकर्ता को बता दें कि आर्थिक मंदी का असर आपकी कंपनी पर भी पड़ा और उन्होंने ज्यादातर स्टाफ को निकाल दिया। साथ ही यह बताना न भूलें कि आपकी परफॉर्मेंस का इससे कोई वास्ता नहीं था। पिछले संस्थान में अपनी उपलब्धियाँ गिनाना न भूलें।

सवाल 6 : अपने सबसे बुरे बॉस के बारे में बतायें।

जवाब : याद रखें कि अपने पुराने संस्थान और बॉस के बारे में कुछ बुरा न कहें, वरना आपके होने वाले बॉस को लगेगा कि भविष्य में आप उनकी भी बुराई कुछ इसी तरह करेंगे। किसी की बुराई करने के बजाय जतायें कि आपने अपने हर बॉस से कुछ न कुछ सीखा है और आप इस बात के लिए सभी के कृतज्ञ हैं।

सवाल 7 : दूसरों की नजर में आपकी इमेज कैसी है?

जवाब : अपने परफॉर्मेंस के बारे में दूसरों की राय लेते रहना चाहिए। इस तरीके से आप अपना सही आकलन कर अपनी परफॉर्मेंस को सुधार सकते हैं। दूसरे से अपने बारे में पूछने से आप अपनी कमजोरियाँ और खूबियाँ भी जान सकते हैं। इस सवाल के जवाब में बतायें कि आपके पुराने सहकर्मी आपके बारे में क्या सोचते थे और आप उनकी राय को कितना महत्त्व देते हैं। अपने अच्छे रिश्ते को हाइलाइट करके आप नियोक्ता को प्रभावित कर सकते हैं।

सवाल 8 : आपसे कंपनी को ऐसा क्या ज़ायदा होगा जो दूसरों से नहीं हो सकता?

जवाब : इस सवाल के जवाब में अपने रेज्यूमे और पोर्टफोलियो की मौखिक डीटेलिंग करें। अपने साक्षात्कार में जतायें कि आप किस तरह उनकी कंपनी के लिए फायदेमंद साबित हो सकते हैं। अपने जवाब में कहें, इस कार्य के लिए मैं सबसे उपयुक्त व्यक्ति हूँ। क्योंकि मेरा पैशन और काबिलीयत मुझे बेहतर देने को प्रेरित करता है। मैं सर्वोत्तम परिणाम देने के लिए प्रतिबद्ध हूँ।

सवाल 9 : अगर आप एक कंपनी पसंद कर सकें काम करने के लिए तो वो कौन-सी होगी?

जवाब : इस सवाल के जवाब में किसी और कंपनी का नाम लेने के बजाय उसी कंपनी का नाम लें जहाँ इंटरव्यू दे रहे हों। उसी नौकरी और कंपनी का जिक्र करें और उसकी खूबियाँ गिनायें जिनके कारण आपको वो आकर्षित करती है। इसके जवाब में यह जरूर कहें कि अगर वह नौकरी आपके लिए श्रेष्ठ नहीं होता तो आप उसमें आवेदन ही नहीं करते।

साक्षात्कार में सामान्य रूप से पूछे जाने वाले प्रश्न

आपकी जानकारी के लिये यहाँ पर साक्षात्कार में सामान्य रूप से पूछे जाने वाले प्रश्न दिये जा रहे हैं:

1. अपने विषय में बताइये?
2. हमारी संस्था के विषय में आप क्या जानते हैं?
3. क्या आप समझते हैं कि आप इस जाब के काबिल हैं?
4. आप हमारे लिये ऐसा कौन सा काम कर सकते हैं जो कोई दूसरा नहीं कर सकता?
5. कम्प्यूटर आपरेटर (या जिस जाब के लिये साक्षात्कार लिया जा रहा है वह पद) के लिये कौन-सी योग्यताएँ आवश्यक होती हैं?
6. आप हमारी संस्था में क्यों काम करना चाहते हैं?
7. अपने नियन्त्रण-प्रबंध के विषय में बताइये?
8. एक प्रबंधक के लिये कौन से कार्य सर्वाधिक कठिन होते हैं?
9. आपका पिछला मालिक आपको कैसा व्यक्ति लगता था?
10. आपके पिछले नौकरी में आपकी कौन-कौन-सी उपलब्धियाँ रही हैं?
11. क्या इस पद को आप अपने योग्य समझते है?
12. आपके करियर लक्ष्य क्या हैं?
13. यदि आपका देश के किसी अन्य स्थान में स्थानांतरण कर दिया जाये तो क्या आपको स्वीकार होगा?
14. आप कौन-कौन-सी कमजोरियाँ हैं?
15. ऐसा कौन-सा प्रश्न है जिसके पूछने की आप उम्मीद कर रहे थे किन्तु पूछा नहीं गया?
16. क्या आप हम से कुछ प्रश्न पूछना चाहते हैं?
17. यदि आपको हमसे कुछ पूछने के लिये कहा जाये तो आप क्या पूछेंगे?

साक्षात्कार में चालाकी वाले सवाल

अच्छी नौकरी पाने के लिए पहले तो लिखित परीक्षा पास करना होता है, फिर उसके बाद साक्षात्कार का सामना करना पड़ता है। साक्षात्कार के लिए प्राय: अभ्यार्थी समसामयिक तथा सामान्य ज्ञान के अलावा भी अन्य बहुत सी विषयों का अध्ययन करके अपनी तैयारी करते हैं। किन्तु कभी-कभी साक्षात्कार लेने वाला अधिकारी ऐसे प्रश्न पूछ देता है जो कि तैयारी के लिए अध्ययन किए गए विषयों के अन्तर्गत नहीं आता। उदाहरण के लिए आपसे कहा जाता है, 'यदि आप जिस अधिकारी के नीचे काम करेंगे वह अत्यधिक गुस्सैल और जल्दी ही धैर्य छोड़ देने वाला व्यक्ति है, क्या आप उसके नीचे काम करना पसंद करेंगे?' देखा जाये तो यह एक चालाकी से भरा प्रश्न है। जाहिर बात है कि गुस्सैल और अधैर्यवान व्यक्ति के साथ कोई भी काम

नहीं करना चाहेगा किन्तु आप अपना जवाब 'नहीं' में देते हैं तो आप अयोग्य सिद्ध होते हैं और यदि 'हाँ' में देते हैं तो आपको अतिआत्मविश्वासी समझा जा सकता है।

साक्षात्कारकर्ता कब क्या प्रश्न पूछ लेगा यह कहा नहीं जा सकता। कई बार तो आपके किसी जवाब से ही वे एक नया प्रश्न बना लेते हैं। इसलिए, बॉस के गुस्सैल तथा अधैर्यवान होने वाले प्रश्न उत्तर इस प्रकार से देकर बचा जा सकता है कि 'मैं पूरा प्रयास करूँगा कि उन्हें सन्तुष्ट रख सकूँ', किन्तु यदि पूछा जाये, बगैर गले का जिराफ या बिना सूँड़ का हाथी में से आप क्या बनना पसन्द करेंगे?' या 'एक औसत आकार के पहाड़ को एक कि.मी. तक सरकाने में कितना समय लगेगा?' तो भला क्या उत्तर दिया जा सकता है।

यह सही बात है कि साक्षात्कार के दौरान कई बार ऐसे अटपटे प्रश्न भी पूछे जाते हैं जिनका कि जॉब से कुछ भी लेना देना नहीं होता। प्रश्न चाहे हमें कितने ही अटपटे से लगें किन्तु साक्षात्कारकर्ता मूर्ख नहीं होता, ऐसे प्रश्न पूछने के पीछे भी उसका कुछ न कुछ उद्देश्य होता है। अटपटे प्रश्न पूछ कर शायद वह आपकी मानसिकता को परखना चाहता हो या फिर आपके भीतर छुपी हई विशेषताओं को टटोलना चाहता हो। ऐसे प्रश्नों के उत्तर आप किस प्रकार से देते हैं यह बात ही साक्षात्कारकर्ता के महत्त्वपूर्ण होती है न कि प्रश्न का उत्तर, क्योंकि वह भी जानता है कि बेतुके प्रश्न का कोई सही उत्तर नहीं होता। इन प्रश्नों को सुनकर आपकी क्या प्रतिक्रिया होती है बस उससे ही साक्षात्कारकर्ता आपके व्यक्तित्व का अनुमान लगा लेता है। वैसे यह भी सही है कि कई बार ऐसे प्रश्न सिर्फ साक्षात्कारदाताओं की संख्या को फिल्टर करने के लिए भी किए जाते हैं।

अत: धैर्य तथा संयम के साथ किसी भी प्रश्न का विश्लेषण करने के बाद ही उसका उत्तर देना ही उचित है।

आप भी पूछ सकते हैं सवाल

यूँ तो इंटरव्यू का मतलब सिर्फ साक्षात्कारकर्ता के सवाल और उम्मीदवार का जवाब होता है। लेकिन अगर उम्मीदवार ने थोड़ा होमवर्क किया है, तो वह भी साक्षात्कारकर्ता से कुछ सवाल पूछ सकता है। आपका उत्साह आपको अतिरिक्त नंबर दिला सकता है।

नौकरी के इंटरव्यू का बुलावा आते ही आपकी तैयारियों का सिलसिला शुरू हो जाता है। हरेक उम्मीदवार हायरिंग कंपनी के बारे में तमाम जानकारियाँ जुटाना शुरू कर देता है, ताकि वह साक्षात्कारकर्ता के सारे सवालों के जवाब दे सके। लेकिन क्या आपने कभी सोचा है कि आप साक्षात्कारकर्ता से क्या पूछेंगे?

जिस तरह उम्मीदवार की यह कोशिश रहती है कि वह साक्षात्कारकर्ता पर अच्छा प्रभाव छोड़े, वहीं साक्षात्कारकर्ता की भी यह कोशिश रहती है कि वह आपके ऊपर अपनी कंपनी का अच्छा प्रभाव छोड़े। इसलिए अगर इंटरव्यू के दौरान

साक्षात्कारकर्ता से कंपनी के बारे में कोई सवाल पूछते हैं, तो इसे नकारात्मक कतई नहीं माना जायेगा। हो सकता है कि आपका उत्साह देखकर साक्षात्कारकर्ता आपसे प्रभावित हो जाये। हालाँकि इतना जरूर है कि आपके सवाल ऐसे न हों, जिन्हें सुनकर साक्षात्कारकर्ता असहज हो जाये।

पूछें ये सवाल

विशेषज्ञ की अगर मानें, तो आप स्मार्ट प्रश्न पूछकर साक्षात्कारकर्ता को दिखा सकते हैं कि आपने अपना होमवर्क अच्छे से किया है और आप नौकरी को लेकर वाकई गंभीर हैं। आप उनसे कंपनी, पॉलिसी, माहौल और अपनी पोजिशन के बारे में सवाल कर सकते हैं। बेशक, इससे साक्षात्कारकर्ता आपको और ज्यादा गंभीरता से लेगा।

1. पुरानी कंपनी में मुझे बेहतरीन टीम मेंबर कहा जाता था। यहाँ पर कंपनी की ओर से टीमवर्क को किस तरह बढ़ावा दिया जाता है?
2. किसी भी कंपनी में काम करने के लिए नौकरी संतुष्टि बेहद जरूरी है। मैं कंपनी के लिए सब कुछ करने को तैयार हूँ, लेकिन क्या कंपनी भी मुझे प्रमोशन देने के लिए तैयार है?
3. मुझे आपकी कंपनी के उद्देश्य और वैल्यू बेहद पसंद आई। क्या इन्हें रोजमर्रा के जीवन में भी लागू किया जाता है? क्या ऐसे कुछ उदाहरण मौजूद हैं?
4. अगर आपका बेटा-बेटी या फिर उनके दोस्त नौकरी की तलाश में है, तो क्या आप उसे अपनी कंपनी में काम करने की सलाह देंगे?
5. वे कौन-सी ऐसी चीजें हैं, जो कंपनी को अपने प्रतिद्वन्द्वियों से अलग खड़ा करती हैं। जनता और कर्मचारी दोनों के नजरिए से?
6. क्या कंपनी की ओर से अपने कर्मियों के ज्ञान बढ़ाने के लिए कोई ऑनलाइन कोर्सेज भी चलाए जाते हैं? क्या उन्हें करने वाले कर्मचारियों को कोई अतिरिक्त लाभ मिलता है?
7. मेरे स्तर पर नियुक्त किए गए कर्मचारी से कंपनी व्यवसायिक और निजी स्तर पर उन्नति के लिए क्या उम्मीद करती है?
8. क्या कंपनी निजी और कार्य के वक्त में अंतर करती है। क्या कर्मचारी को जिम्मेदारी देते समय इस चीज का ध्यान रखा जाता है?

और भी हो सकते हैं सवाल

ये सवाल सिर्फ आपको एक आइडिया देने के लिए बताए गए हैं। लेकिन इसका मतलब यह नहीं है कि आप साक्षात्कारकर्ता से ये ही सवाल पूछेंगे। आप अपने सवाल अपने करियर और निजी लक्ष्य के मुताबिक तय कर सकते हैं। अगर आपको कंपनी में ज्यादा जिम्मेदारी वाली नौकरी मिल रही है, तो आपके सवाल उससे जुड़े हो सकते हैं।

6. कुछ बतायें अपने बारे में

यह प्रश्न इंटरव्यू में पूछे जाने वाले सबसे कठिन प्रश्नों में से एक होता है, इसलिए प्रत्याशियों को चाहिए कि वह पहले से इस प्रश्न का उत्तर तैयार रखें। कई लोगों के लिए यह एक व्यर्थ और उबाऊ प्रश्न होता है, और उनकी राय में इस प्रश्न का जवाब कोई नहीं देना चाहेगा। इसके बावजूद यह प्रश्न पूछा जाता है। इसलिए आप इंटरव्यू दे रहे हों या नहीं, इस प्रश्न के उत्तर के लिए तैयार रहना चाहिए।

याद रखें कि साक्षात्कारकर्ता आपके जवाब की उतनी परवाह नहीं करता, जितना वह आपका आत्मविश्वास, उत्साह और कार्य के प्रति प्रेम देखना चाहता है। जवाब देने की रफ्तार ही जवाब है। जवाब देने के दौरान रुकना, हिचकना आपकी अपने बारे में जानकारी और विश्वास की कमी को दर्शाता है। इसलिए अगली बार जब आपका सामना 'अपने बारे में बतायें..' सरीखे प्रश्न से हो तो इन कुछ उपायों को अपनाएँ :

- 'तीन-चार शब्दों में अपने बारे में बताता हूँ।' यह जुमला फौरन साक्षात्कारकर्ता का ध्यान खींचता है। लिहाजा, कम से कम, सधे हुए और रचनात्मक शब्दों के चुनाव का प्रदर्शन करें।
- 'मेरे जीवन का उसूल है कि..' वक्तव्य साबित करता है कि निजी विकास आपकी वृहद योजना का बेहद महत्त्वपूर्ण हिस्सा है। यह आपकी स्वत: प्रेरणा को भी दर्शाता है।
- 'मेरा निजी सिद्धांत है कि..' कंपनियाँ लंबी दौड़ के धावक रखना पसंद करती हैं, कुछ दूर चल कर हाँफने वालों को नहीं। यह पंक्ति आपके एक विचारक रूप को दर्शाती है, सिर्फ एक कर्मचारी रूप को नहीं।
- 'जो लोग मुझे सबसे अच्छी तरह जानते हैं, उनका मानना है..' यह जवाब आपकी अपने बारे में जानकारी दर्शाता है।
- 'मैंने आज सुबह इंटरनेट पर अपने बारे में विचार जानने का प्रयास किया और पाया कि..' यानी आप टेक-सैवी, हंसोड़ और मजाकिया स्वभाव के हैं, जो हमेशा दूसरों को याद रहता है।
- 'मेरे शौक हैं..' लोगों को यह परवाह नहीं कि आप क्या करते हैं - वह आपकी असलियत जानना चाहते हैं। हालाँकि आपके शौक ही आपके व्यक्तित्व का आईना होते हैं। शौक उत्साह को भी दर्शाते हैं।
- 'जब मैं सात वर्ष का था, तब से मैं..' यह जवाब दर्शाता है कि आप आज तक इसी नौकरी के लिए तैयारी करते रहे हैं।
- 'यदि मेरे जीवन पर फिल्म बनें तो उसका नाम होगा..' बढ़-चढ़ कर काम करने वाला, रोचक और रोमांचकारी व्यक्तित्व।
- 'बताने की बजाय करके दिखाऊँ तो?' इसके बाद आपसे किसी रूबरू

प्रदर्शन की उम्मीद की जाती है। कार्य प्रदर्शन कौन नहीं देखना चाहता? ऐसा जवाब कौन याद नहीं रखेगा?

- 'मुझे अकसर यह शिकायत सुनने को मिलती है कि..' यह आत्म सजगता और फीडबैक के लिए तैयार रहने की मानसिकता को दर्शाता है।याद रखें कि यह उदाहरण सिर्फ शुरुआत हैं। असली परीक्षा तब पास होती है, जब शुरुआत के आगे आप अपने तार्किक और प्रासंगिक शब्दों के जरिए बात पूरी करते हैं। ऐसे जवाब बेशक काफी हद तक खतरनाक और लीक से हट कर होते हैं और उनकी सफलता का भी यही कारण होता है। यदि ऐसा न हो तो आप भी रेस में दौड़ रहे अन्य प्रत्याशियों जैसे ही साबित होंगे। आपको नौकरी आपके चुस्त जवाबों के आधार पर ही मिलती है, इसलिए जब आपसे आपके बारे में पूछा जाये तो जरूरी है कि सुनने वाला आपका जवाब हमेशा याद रखे।

7. आपकी कमजोरी क्या है?

आपकी सबसे बड़ी कमजोरी क्या है? अकसर इंटरव्यू हॉल में यह सवाल साक्षात्कारकर्ता को सबसे ज्यादा परेशान करता है। जाहिर है, जब साक्षात्कारकर्ता उम्मीदवार से उसकी शक्ति पूछता है, तो वह उन्हें तमाम शक्तियाँ गिना देता है, लेकिन कमजोरी की बारी आते ही उसकी समझ में नहीं आता कि क्या बताए।

कमजोरी नहीं शक्ति - दरअसल, इंटरव्यूअर यह सवाल आपको उलझाने के लिए ही पूछता है। ऐसे में आपको उसे चालाकी के साथ डील करने की जरूरत है। ज्यादातर लोग सलाह देते हैं कि कमजोरी के जवाब में आपको अपनी शक्ति बतानी चाहिए। लेकिन विशेषज्ञों का मानना है कि आपको शक्ति भी सोच-समझकर बतानी चाहिए। कमजोरी के जवाब में ज्यादातर लोग अपने आपको पूर्णतावादी बताते हैं, तो कुछ लोग अपने को कठोर परिश्रम भी बताते हैं। हालाँकि कई बार साक्षात्कारकर्ता इस तरह के जवाबों से परेशान हो जाता है और दूसरे सवाल पूछने लगता है। वैसे, इसमें कोई दो राय नहीं है कि साक्षात्कारकर्ता होना भी कमजोरी है। कुछ लोग यह भी कहते हैं कि जल्दी में वे पूर्णता से थोड़ा कम बेहतर काम करते हैं।

कोई कमजोरी नहीं कुछ लोग इस सवाल का जवाब कोई कमजोरी नहीं बताकर भी देते हैं। लेकिन विशेषज्ञ इससे बचने की सलाह देते हैं। ऐसा कतई संभव नहीं है कि आपमें कोई कमजोरी नहीं हो। इसलिए अगर आप अपने में कोई कमजोरी नहीं होने की बात कह रहे हैं, तो यह आत्मघाती कदम होगा। आप चाहें, तो साक्षात्कारकर्ता को उलझाने के लिए कह सकते हैं कि आपकी पत्नी कहती है कि आप नक्शा पढ़ने के मामले में बेहतर नहीं हैं। जाहिर है जब तक आपका जॉब प्रोफाइल शहर में घूमने का नहीं होगा, तब तक साक्षात्कारकर्ता

इसे कोई बड़ी कमजोरी नहीं मानेगा और आप सीरियस सवाल को अपने हंसोड स्वभाव के बूते टाल देंगे। दरअसल साक्षात्कारकर्ता का लक्ष्य आपसे गलती कराना होता है। वह चाहता है कि आप कहीं गलती करें और वह आपके नंबर काट ले। इसलिए आपको इस तरह के सवालों का जवाब देते वक्त बेहद सावधान रहने की जरूरत होती है।

क्या हो जवाब - विशेषज्ञ की मानें, तो आपके लिए अपनी कोई वास्तविक कमजोरी बताना सबसे बेहतर विकल्प होगा। हालाँकि आपको ध्यान रखना होगा कि यह कमजोरी सीधे तौर पर आपको प्रभावित नहीं करती हो और साथ में आपके पास इसमें सुधार करने की योजना भी तैयार होनी चाहिए। मसलन कोई आफिस जॉब के लिए आवेदन करने वाला उम्मीदवार कह सकता है कि वह लोगों से मिलने-जुलने की आदत में सुधार कर रहा है। इस तरह साक्षात्कारकर्ता इसे उसकी कमजोरी नहीं मानेगा, क्योंकि उसे आपसे ऑफिस का काम ही कराना है। साथ ही, वह उसे सुधार की योजना बताकर खुद को मजबूत कर रहे हैं। ध्यान रहे कि कमियाँ हर इनसान में होती हैं, लेकिन उनमें सुधार लाने की कोशिश करके आप उन कमजोरियों को भी शक्ति के तौर पर पेश कर सकते हैं। इसी तरह आप हाल ही में दूर की गयी अपनी कमजोरी के बारे में भी बात कर सकते हैं।

८. *व्यक्तित्व की छवि का सवाल है*

भले ही आपका इंटरव्यू बहुत अच्छा हुआ हो, लेकिन अगर बाहर निकलकर आपका प्रभाव ठीक नहीं है तो आपको इसका नुकसान हो सकता है। आइए जानते हैं कि आप कैसे अपना प्रभाव बेहतर बना सकते हैं:

आपका इंटरव्यू बहुत अच्छा हुआ। लेकिन इसका मतलब यह कतई नहीं कि आखिरी सवाल के बाद आपका इंटरव्यू खत्म हो गया। इंटरव्यू के बाद आप कमरे से बाहर निकलते हैं, सीढ़ियों से नीचे उतरते हैं और फिर रिसेप्शन से होते हुए बिल्डिंग से बाहर निकलते हैं। यही नहीं, बाहर अपनी कार या ऑटो में बैठने तक भी आप साक्षात्कारकर्ता की नजर में रहते हैं। जानते हैं कुछ ऐसे टिप्स जिनकी मदद से आप इंटरव्यू के दौरान और उसके बाद भी अपना बेहतर प्रभाव छोड़ सकते हैं।

चालू रहे बातचीत

अगर इंटरव्यू खत्म होने के बाद साक्षात्कारकर्ता भी आपके साथ ही बाहर निकल रहे हैं, तो चुपचाप चलने की बजाय उनके साथ किसी न किसी विषय पर बातचीत जारी रखें। इस तरह आपका आत्मविश्वास नजर आएगा। फिर आप चाहें अपने सप्ताहाँत के बारे में बात करें या फिर बाकी बचे हुए दिन के बारे में। यही नहीं, आप साक्षात्कारकर्ता से उसके रोजमर्रा की दिनचर्या के बारे में भी बात कर सकते हैं।

सकारात्मक बॉडी लैंग्वेज

भले ही आपका इंटरव्यू अच्छा हुआ हो या फिर खराब, लेकिन इंटरव्यू ऑफिस छोड़ते वक्त आपकी बॉडी लैंग्वेज समारात्मक रहनी चाहिए। विशेषज्ञ का मानना है कि कई बार इंटरव्यू पैनल आपकी हरकतों पर नजर रखता है। अगर इंटरव्यू के बाद आप खुद ही बुझे-बुझे से नजर आते हैं, तो वे भी आपको रिजेक्ट करने में देर नहीं लगाते। इसलिए अच्छा होगा कि इंटरव्यू के बाद ऑफिस छोड़ने तक आप आत्मविश्वासी नजर आयें।

जबान संभाल कर

बेहतर होगा कि इंटरव्यू ऑफिस की बिल्डिंग छोड़ने तक आप अपने सेलफोन को स्विच ऑन न करें। दरअसल, आपको इस बात की कोई जानकारी नहीं है कि कंपनी का कोई ऑफिशल आपके साथ लिफ्ट या सीढ़ियों पर तो नहीं है। ऐसे में, हो सकता है कि सेलफोन ऑन करते ही आप किसी से बात करते वक्त साक्षात्कारकर्ता या कंपनी के बारे में कुछ उल्टा-सीधा कहने लगें। इसलिए बेहतर होगा कि आप फोन को बाहर निकलकर ही ऑन करें। और अगर जरा भी खतरा मोल नहीं लेना, तो अपने घर पर आकर ही किसी से फोन पर बात करें।

अगला स्टेप क्या?

अगर आपको लग रहा है कि आपका इंटरव्यू सकारात्मक चल रहा है और साक्षात्कारकर्ता आपमें रूचि ले रहा है, तो आपको भी अपनी ओर से पहल करनी चाहिए। बेहतर होगा कि आप सब कुछ साक्षात्कारकर्ता से ही उम्मीद करने की बजाय अपनी ओर से भी पहल करें। मसलन आप इंटरव्यू के बाद अपनी जॉब प्रोफाइल और अपने काम के बारे में पूछ सकते हैं। बेशक, इस तरह साक्षात्कारकर्ता पर आपका सकारात्मक प्रभाव ही पड़ेगा कि आपने खुद को इस नौकरी के लिए योग्य मान लिया है।

न भूलें शुक्रिया कहना

इंटरव्यू के बाद साक्षात्कारकर्ता को शुक्रिया तो सभी कहते हैं। लेकिन कई बार बाहर निकलते वक्त रिसेप्शनिस्ट या फिर ऑफिस असिस्टेंट को शुक्रिया कहना भी फायदेमंद साबित होता है। दरअसल, कई बार साक्षात्कारकर्ता आपका रवैया देखने के लिए ऑफिस के दूसरे कर्मचारी या फिर रिसेप्शनिस्ट से आपके बारे में जानकारी लेते हैं। अगर आपने उनके साथ अच्छा व्यवहार किया है, तो बेशक आपको अच्छे नंबर मिलेंगे।

9. नई नौकरी की शुरूआत

बधाई हो! आखिर आपके सपने पूरे होने वाले हैं। आपको ड्रीम जॉब मिलने जा रहा है। कड़ी मेहनत और तैयारियों का सुखद परिणाम सामने है। अब

क्या करेंगे? ज्यादातर लोग नहीं जानते कि आगे क्या करेंगे, खासतौर पर तब, जबकि यह उनकी पहली नौकरी हो। मेहनत से जिस नौकरी को हासिल किया है, उसके लिए मानसिक तौर पर भी पूरी तरह तैयारी जरूरी है। पहली नौकरी की शुरुआत में आमतौर पर लोग इतने रोमांचित हो उठते हैं कि बिना कुछ सोचे-विचारे सभी कागजों पर हस्ताक्षर कर लेते हैं। लेकिन अगला कदम क्या होगा, यह नहीं सोच पाते। बेहतर है नौकरी शुरू करने से पहले कुछ चीजों पर ध्यान दें-

1. अगर नौकरी के सिलसिले में लिखित पत्र न मिलकर फोन पर या मौखिक रूप से यह सूचना मिली है तो संस्थान को बतायें कि आपको इस सूचना से हार्दिक प्रसन्नता हुई है, लेकिन यदि यह सूचना लिखित में आपको मिलती तो आपकी खुशी और बढ़ जाती।
2. अगर आपने दो स्थानों पर साक्षात्कार दिए हैं और पहली कंपनी से आपको नियुक्ति पत्र मिला है तो दूसरे संस्थान को अवश्य इसकी सूचना दें और जानें कि वहाँ भर्ती सम्बन्धी प्रक्रिया कहाँ तक पहुँची है।
3. एक बार नौकरी सम्बन्धी सभी विकल्प और डेडलाइंस मिल जायें तो निर्णय लें कि क्या आप इसे इसी तरह स्वीकार कर सकते हैं या फिर और बातचीत करना चाहते हैं। हालाँकि पहली नौकरी में आम तौर पर तजुर्बा न होने के कारण लोग बातचीत करने से बचना चाहते हैं, लेकिन यदि मन में कोई भी संदेह है तो उसे नौकरी शुरू करने से पूर्व अवश्य स्पष्ट कर लें।
4. यदि जॉब मार्केट के हिसाब से आप पूरी तैयारी कर चुके हैं तो आपको यह भी अवश्य जानना चाहिए कि मार्केट के अनुसार आपके काम का स्तर क्या है और उसके लिए कितनी सैलरी आपकी होनी चाहिए।
5. ज्यादातर लोगों को लगता है कि केवल तनख्वाह पर बातचीत की जानी चाहिए, लेकिन यह सोचना गलत है। सैलरी के अलावा भी बहुत से क्षेत्र ऐसे हैं, जिनके बारे में नौकरी शुरू करने से पहले स्पष्ट रहना चाहिए। ये क्षेत्र हैं- यात्रा भत्ता, नियुक्ति की तारीख, शुरुआती पैकेज, बोनस, प्रोमोशन, छुट्टी, कंपनी की शर्ते और काम के घंटे।
6. यह बात अवश्य की जानी चाहिए कि किस तारीख से आप नौकरी की शुरुआत करेंगे। कई बार कंपनियाँ साक्षात्कार के तुरंत बाद ही नियुक्त कराना चाहती हैं, जबकि हो सकता है आप इतनी जल्दी मानसिक तौर पर तैयार न हों। बेहतर हो कि हर पक्ष पर विचार करने के लिए कंपनी से थोडा समय अवश्य माँग लें।

7. एक बार नौकरी के लिए मानसिक तौर पर तैयार हो जाने के बाद फोन पर कंपनी को इसकी सूचना अवश्य दें कि आपको प्रस्ताव स्वीकार है। अच्छा होगा यदि आप एक स्वीकृति पत्र कंपनी को भेज दें।
8. यदि आप जॉब ऑफर को अस्वीकृत करना चाह रहे हैं तो कंपनी को इसकी सूचना फोन पर दें और सम्बन्धित पत्र भी भेजें। कभी भी कंपनी के साथ बातचीत का अपना सूत्र न खोयें, क्योंकि हो सकता है कभी दोबारा फिर आप उसी कंपनी में नौकरी करना चाहें।

www.ingramcontent.com/pod-product-compliance
Lightning Source LLC
Chambersburg PA
CBHW050145170426
43197CB00011B/1964
9789350570968